道教转型中的机遇与应对

当代道教研究 第一辑

丁常云 主编

上海三联书店

本书编委会

顾　问　陈耀庭　李光富　张凤林　袁志鸿　张金涛
　　　　吉宏忠　刘仲宇　林其锬　詹石窗
主　编　丁常云
副主编　郑土有　李似珍　白照杰
编　委　（按姓氏笔画为序）：
　　　　丁常云　王　驰　尹志华　尹信慧　龙飞俊
　　　　叶有贵　白照杰　李　纪　李　福　李似珍
　　　　杨玉辉　杨世华　沈　岚　张　欣　张开华
　　　　张月荷　张兴发　张春鸿　张高澄　邵志强
　　　　范诚风　周高德　郑土有　赵翠翠　祝逸雯
　　　　姚树良　夏光荣　郭汉文　黄永锋　黄景春
　　　　董中基　谢路军　蔡林波　薄建华

总　序

《当代道教研究》是由上海市浦东道教文化研究所推出的系列研究丛书。它以当代道教为主要研究对象。预定每年出版一册，每册约30万字。

上海市浦东道教文化研究所，是在上海市浦东新区民宗委的关怀下，经过上海市道教协会批准同意，由浦东新区道教协会发起组织并且直接领导的道教研究机构。浦东道教研究所的研究人员主要由道教界从事学术研究的知识分子，学术界对于道教有兴趣、有研究的知识分子以及各界关心道教教理、斋醮科仪、慈善活动和文学艺术的有识之士组成。浦东道教文化研究所由中国道教协会咨议委员会副主席、浦东新区道教协会会长、上海太清宫住持丁常云道长领衔，下设有顾问委员会、学术委员会、图书资料室、办公室等机构。丁常云道长长期主持《上海道教》杂志的编辑工作，发表过很多有关当代道教研究的著述，对于当代道教现状及其发展趋势等有许多真知灼见。参与研究所目前学术研究活动的还有中国道教协会文化研究所的张兴发道长、上海社会科学院宗教研究所原所长陈耀庭研究员、复旦大学郑土有教授、华东师范大学李似珍教授、上海社会科学院哲学研究所白照杰博士，以及毕业于四川大学宗教与道教文化研究所的沈岚硕士等。

浦东道教文化研究所作为一个由道教界主办的道教研究所，其建所宗旨就是在宗教信仰自由政策的指引下，坚持爱国爱教的道教"中国化"的研究方向，遵守国家法律法规，遵守道门清规戒律，以"实事求是"的态度研究道教的历史和现状，研究道教包含的社会、思想、文化、艺术、科技等各种要素，整理道教文化遗产，发扬道教优良传统，广泛团结社会上一切同情道教、热爱道教、关心道教的各界人士，联合海内外一切道教界和学术界的高道大德，为推动当代道教的发展和革新，为保护和弘扬中华传统文化，为实现中华民族伟大复兴的中国梦而奋斗。

当代道教指的是现代中国人信仰的一种民族宗教。它产生于中国本土，植根于中国传统文化，并且已经传播于某些少数民族之中，还随华人移居到了海外。道教存在已经有几千年，而且至今仍保持旺盛的生命力。在本丛书中的当代道教，其形态可以是精研思辨的道家哲学，也可以是精研修炼的道家仙学，也可以是在庙观殿堂中无数信众烧香念经、崇敬礼拜的道教。正是因为有这样丰富的形态及其历史变化，中国传统文化之一脉的道家和道教才得以传承和发展，并对历代中国社会和民众以及中国历史文化乃至当代社会保持着深入而持久的影响力。

《当代道教研究》就是一套以当代道教实体及其所包含的丰富内容为研究对象的丛书。它不限制研究对象的学科分类，不限制道教门派和地域的区别，不约束各种研究方法的采用和发挥，只要求能够秉承实事求是和严肃而负责的研究态度，只要求尊重而不伤害道教徒的宗教感情，无论是与当代道教有关的研究课题，还是当代道教徒信仰和关心的内容，只要是有利于当代道教健康发展有用的课题，都可以研究，其成果也理应获得在本丛书中发表的机会。

近代上海道教曾经有过《扬善》半月刊和《仙道月报》，它们对于近代中国道教的发展产生过深远的影响。改革开放以来，在贯彻和执行宗教信仰自由政策的感召之下，上海道教界创办了《上海道教》杂志，至今已经历时三十余年，在海内外，在宗教界和学术界都有良好的声誉。上海道教协会创办上海道教学院，坚持培养不同层次的道士和皈依信徒，一批批道教迫切需要的人才由此涌现，并最终走上了道教组织的各级领导岗位。如今，由上海道教界自己创办研究机构，发表道教界自己的道教研究成果，无疑表现了上海道教界对道家和道教文化的自觉上升到了一个新的高度。浦东道教研究所的成立和本丛书的问世和发行，必将有利于提高上海道教徒的信仰水平，有助于上海道教在教义建设、组织建设和社会活动能力等方面的健康发展，并且终将对于中华传统文化的现代化、中华民族的现代化、中华大家庭的现代化发挥积极作用，并为中国参与人类命运共同体的建设事业贡献道教自身的力量。这些目标的实现，正是创办和出版本丛书的企望。

陈耀庭
上海社会科学院宗教研究所原所长

序　言

改革开放以来，随着我国宗教信仰自由政策的全面贯彻落实，道教与其他宗教一样得到恢复与发展，道教宫观恢复开放，道教接班人得到规范培养，道教文化得以弘扬。特别是近十多年来，随着我国经济社会的快速发展，国家对传统文化高度重视，民众对信仰生活需求迫切，道教遇到了前所未有的发展机遇，社会的发展和民众的需求，都需要当代道教有所作为。2016年召开的全国宗教工作会议明确提出：要支持各宗教在保持基本信仰、核心教义、礼仪制度的同时，深入挖掘教义教规中有利于社会和谐、时代进步、健康文明的内容，对教规教义作出符合当代中国发展进步要求、符合中华优秀传统文化的阐释。这就要求，古老的道教必须要与时俱进，适应社会进步要求，发挥出应有的时代价值。

但是，就目前道教现状来看，与社会和时代发展要求还相差甚远，具体表现为道教自身建设严重滞后、道教优秀人才严重匮乏、道教优秀文化难以彰显、道教积极作用难以发挥，这些问题严重制约了当代道教的发展。根据全国宗教工作会议精神要求，我们认为加强道教自身建设已成当务之急。一方面，要对当前道教的现状和存在问题进行客观分析，探索研究解决问题的途径与方法；另一方面，要积极思考如何更好地弘扬道教优秀文化，服务当代社会和民众信仰需求，从而促进道教事业的健康发展。

浦东道教文化研究所应运而生。该所由浦东新区道教协会和上海钦赐仰殿道观联合成立，主要致力于开展当代道教研究。研究所出版《当代道教研究》系列丛书，每辑选定一个专题展开。本辑选题为"道教转型中的机遇和应对"，这是一个综合性选题，涉及当代道教建设与发展的诸多问题，本辑内容共分四章，分别为历史机遇、面临挑战、现代转型和创新发展。

其一，历史机遇。当代道教遇到了难得的历史机遇，可谓是"前所未有"，这是新时代的发展给道教带来的新机遇。从道教历史看，清代以后，道教日趋衰微，道教教义思想发展基本停滞，道教自身建设少人关注，道教前辈生存维艰。虽然，在20世纪40年代初，陈撄宁先生等曾努力复兴道教，并有《复兴道教计划书》问世，提出了许多良好愿望和设想，可是，由于历史条件所限，大多未能付诸实施。1957年，中国道教协会正式成立后，诸多有识之士也曾多方努力，积极推动道教的自身建设并取得了一定成效，但是，也由于社会条件限制，使得道教的生存和发展难以为继。改革开放后，道教才得到恢复与发展，正如许多前辈道长所言，道教遇到了百年未遇的发展黄金时期。但是如何把握机遇、顺势而为，这是当代道教徒必须要认真研究的重要课题。

第一章所收录的七篇文章，紧紧围绕主题，探索研究道教发展机遇与现代启示。一方面，要注重借鉴道教历史发展的成功经验，为当代道教发展提供必要的启示。陈耀庭教授的《道教历史发展经验及其现代启示》，从道教历史发展经验出发，指出当代道教必须要顺应时代潮流，以开放的心态迎接新科技、新事物、新人才，必须要固本强身，不断加强自身建设，积极服务中国社会发展，充分发挥道教应有的时代价值。白照杰博士的《唐代道教变迁历程对当代道教的启迪》，分析了唐代道教鼎盛的原因，并指出其中存在的问题，对这些问题的关注和对相关经验的借鉴，将有助于规划和解决当代道教的继承与发展问题。另一方面，更要抓住社会转型发展给道教带来的机遇，发挥道教优势，积极有所作为。张欣博士的《传统道教文化与当代社会伦理重建》，则是针对目前所出现的诸多社会问题，阐述要大力挖掘道教传统伦理思想，为当代社会伦理秩序的重建发挥积极作用。郑土有教授的《非物质文化遗产保护与道教文化建设》，呼吁要重视道教中的非物质文化遗产保护，丰富我国非物质文化遗产的内涵，彰显道教文化的时代价值。同时，教内的道长还从加强自身建设出发，借鉴历史发展经验，提出推动道教健康发展的有关思考。归潇峰道长的《传统戒律建设与道教健康发展》，阐述了道教戒律与道教发展的关系问题，提出了当代道教建设的重要性。张兴发道长的《改革开放四十年道教发展回顾与总结》，客观分析了改革开放以来，我国道教发展的成功经验和不足之处，提出了道教未来发展的有关思考。通过本章相关内容的研究与思考，分析道教历史发展之经验与教训，为当代道教事业的健康发展提供了诸多重要的理论依据和思想启迪。

其二，面临挑战。当代道教在得到快速发展的同时，也面临着诸多前所未有的新挑战，市场经济所带来的"商业化"问题，戒律松弛所带来的"世俗化"问题，信仰淡化所带来的教风问题，人才匮乏所带来的管理问题，等等。这些问题的存在，严重制约着当代道教的发展，影响着道教积极作用的发挥，这就需要我们进行积极探索、认真研究并加以解决。

第二章所收录的六篇文章，针对目前存在的诸多问题进行分析研究，并提出了有关解决问题的思考与建议。陈耀庭教授的《新时代下道教教义创新与时代适应问题》，针对当前道教教义严重滞后的现状，提出道教教义体系创新发展的基本构想，具有十分重要的现实意义。袁志鸿道长的《道教教风问题与道门自身形象》，分析了加强教风建设的重要性，提出了加强新时期道教教风建设的思考与建议，要求道教界代表人士率先垂范，树立榜样示范作用。还有陈耀庭教授的《走出国门的道教应该怎样坚持中国化》，阐述了当代道教走出国门需要解决的几个问题,见解深刻,颇有新意,这是坚持道教中国化方向需要思考的新问题。归潇峰道长的《道教信徒队伍建设的路径探析》,是当代道教值得关注的新课题,因为道教信徒队伍建设直接关系到道教的生存与发展。文章对当代道教信徒队伍建设明显滞后的原因进行了分析,并对道教信徒及其队伍建设等方面进行探析,为当代道教信徒队伍建设探索了新思路。黄新华道长的《道教服务社会能力的现状分析》,提出了当代道教要不断探索服务社会的新平台、新途径、新机制,多角度、多举措地提高道教服务社会的能力和水平。祝逸雯博士的《略谈道教的世俗化问题》,则提出要用社会化、制度化来防止道教世俗化的过"度",通过理性化的实践来坚持道教信仰的神圣性。针对当前道教存在的问题和面临的挑战,道门自身必须要进行认真研究、深刻反思,积极给出有效回应。本章所收录的相关文章,就是有针对性的探索、思考和回应,对于当代道教所面临的诸多问题进行积极而有益的探讨,意义重大而深远。

其三,现代转型。所谓"现代转型",就是要积极主动处理好道教与现代社会发展的各种关系问题,更好地促进道教与现代社会相适应。道教历史表明,在人类历史上,曾经有过许多宗教,其中有的生存至今,有的还从一个地区或者民族宗教演变为世界宗教,有的夭折消逝,残留在史籍记载或者历史遗迹之中。究其原因,最重要的一条就是宗教本身能否适应社会发展的要求,能否随着社会的不断变化而不断调整其教义、组织和仪式等内容,继续发挥其在社会生活中的积极作用。因此,当代道教必须要与社会主义社会相适应,而且这个适应必须是主动的而不是被动的,必须是积极的而不是消极的。只有积极主动地适应社会,正确处理好与社会发展的关系,才能充分发挥当代道教应有的时代价值。

第三章所收的七篇文章,从不同的角度论述了道教的现代转型问题,对于当代道教的转型发展进行了有益探索。丁常云道长的

《道教院校教育的探索与思考》，针对当前道教办学现状，提出了一系列有针对性和建设性的举措，对于办好道教院校教育具有重要的指导作用。杨玉辉教授的《道教宫观管理的现代转型》，对宫观管理存在的问题进行阐述和分析，提出相应的对策和措施，以期解决宫观管理现代转型的问题，具有很强的针对性。沈岚硕士的《道教服务信众的途径与方法》，提出了服务信徒的"修学体系"，对于进一步做好服务信徒的工作有着重要的启迪作用。针对我国经济社会的快速发展，道教宫观如何处理好与经济社会的关系问题，丁常云道长的《道教宫观与经济社会关系探析》作了很好的回应，指出当代道教宫观要积极主动适应和服务经济社会发展，要在市场经济和自养经济中找准位置，从而保持道教宫观的健康发展；同时，在经济社会发展中，新时代发展出现的新景象，也给道教发展带来了新机遇。赵翠翠博士的《社会转型与道教发展的契机》，分析社会转型过程中出现的诸多问题，提出道教要积极回应社会关切的诸多问题。黄景春教授的《道教适应时代发展的新态势》，立足当今财神、月老信仰的兴盛和车神崇拜的兴起，以及新经文的产生和新的组织形式的出现，提出了对道教转型发展的思考和建议。另外，道教慈善始终是道教的优良传统，如何在当代社会中更好地发扬光大，值得探讨和研究。李纪道长的《道教慈善公益活动原则及实践》，从道教经典和戒律条文出发，考察在道教信仰中"施"与"受"两者的关系，提出社会慈善公益实践要"归其本真"。

其四，创新发展。所谓"创新发展"，就是要积极实现道教的自我完善与自我转型，以开拓创新的时代精神，以弘道兴教的历史责任，不断推进道教各项事业的健康有序发展。当代社会，随着中华民族的繁荣昌盛和经济社会的快速发展，道教的复兴与发展是必然的。但是，我们在迎接道教复兴时代的到来之时，必须要做好自身建设的诸多工作，为当代道教的复兴发展打好坚实的基础，造就一个教义高境界、教风高水准、信仰高风范、教徒高修养、管理高水平的道教。这就需要我们不断加强道教组织建设、道教人才队伍建设和道教宫观管理，不断加强道教信仰建设、道教戒律建设和道教文化建设，树立道教良好的社会形象，探索研究道教未来的发展之路。

第四章所收九篇文章，分别从道教文化、戒律、伦理、弘教方式等方面阐述了道教的创新发展问题，提出了有关思考和建议，对于当代道教建设和发展具有重要的指导意义。白照杰博士的《道教文化建设的创新发展》，从传播学角度出发，由创新文化内容、传播媒介和受众人群三个方面入手，对道教文化建设提出了思考和建议。刘仲宇教授的《道教戒律的历史、现状与当代发展》，从传统道教戒律建设出发，分析了戒律在道教的制度、教徒的宗教生活中所起到的重要作用，指出道教戒律建设必须与时俱进、创新发展，这是道教自身建设的必然要求。面对新媒体时代，如何利用高科技手段传播道教，是时代发展的新课题。张月荷博士的《移动互联网时代道教的弘道之路》，就是围绕新媒体时代道教的弘教方式展开研讨，提出要充分利用现代传媒工具弘道兴教，具有重要的时代意义。道教养生文化是道教服务社会的重要内容，值得深入探讨和研究。李似珍教授的《道教养生文化的转型与发展》，剖析了道教养生文化的转型与发展路径，对于当代道教养生文化的发展有着重要的指导意义。坚持道教中国化方向，是时代与道教发展的需要，更是当代道教自身建设的重要内容。丁常云道长的《切实推进当代道教中国化进程》，围绕坚持道教中国化方向问题，提出了诸多思考与建议。当然，坚持道教中国化方向，是一个系统工程，也是一项长期的工作，需要系统研究和精心谋划，制定实施工作计划，要在坚持道教文化自信，坚持对中华文化认同、融合与发展的基础上，稳步推进。

通过对"道教转型中的机遇和应对"的分析和研究，我们清楚地看到，当代道教要生存，就必须跟上时代发展的步伐，适应社会进步的要求；当代道教要发展，就必须积极服务当代社会，为社会的发展作贡献,这是一个不争的历史事实。在新的时代,只有通过不断加强道教自身建设,才能促进道教事业健康发展;只有正确处理好道教与当代社会的关系,才能摆正道教的位置,发挥道教应有的时代价值;只有不断探索研究道教的未来发展问题,才能准确把握道教的发展定位,探索当代道教的发展之路。

本书所收录的文章,以当代道教发展为主线,立足道教现状,注重自身建设,谋求未来发展,客观分析研究,提出思考与建议,均为当代道教研究和关注的重要内容,对于推动当代道教的现代转型与创新发展意义重大而深远。其中,既有对道教历史经验的研究,有对道教现状的分析,又有对新时代、新问题的探索,有对道教未来发展的思考。当然,有些问题的提出也仅仅只是一家之言,诸多意见和建议也只是抛砖引玉而已。我们诚恳地期待道教界同道和学术界朋友的批评和指正,也期待着有道之士在批评和讨论本书各项议题的过程中,引发更多关注和支持,形成共识,共同为当代道教的自身建设和未来发展不懈努力。

丁常云
中国道教协会咨议委员会副主席

目　录

第一章　历史机遇
道教历史发展经验及其现代启示 …………… 陈耀庭 / 3
唐代道教变迁历程对当代道教的启迪 ………… 白照杰 / 21
传统道教文化与当代社会伦理重建 …………… 张　欣 / 35
传统戒律建设与道教健康发展 ………………… 归潇峰 / 47
非物质文化遗产保护与道教文化建设 ………… 郑土有 / 62
改革开放 40 年道教发展的回顾与总结 ……… 张兴发 / 73
道教伦理思想与社会主义核心价值观 ………… 谢路军 / 90

第二章　面临挑战
新时代下道教教义创新与时代适应问题 ……… 陈耀庭 / 99
道教教风问题与道门自身形象 ………………… 袁志鸿 / 114
走出国门的道教应该怎样坚持中国化 ………… 陈耀庭 / 125
道教信徒队伍建设的路径探析 ………………… 归潇峰 / 133
道教服务社会能力的现状分析 ………………… 黄新华 / 145
略谈道教的世俗化问题 ………………………… 祝逸雯 / 155

第三章　现代转型
道教院校教育的探索与思考 …………………… 丁常云 / 169
道教宫观管理的现代转型 ……………………… 杨玉辉 / 187

道教服务信众的途径与方法 …………………… 沈　岚 / 200
社会转型与道教发展的契机 …………………… 赵翠翠 / 210
道教宫观与经济社会关系探析 ………………… 丁常云 / 223
道教适应时代发展的新态势 …………………… 黄景春 / 236
道教慈善公益活动原则及实践 ………………… 李　纪 / 248

第四章　创新发展

道教文化建设的创新发展 ……………………… 白照杰 / 259
道教戒律的历史、现状与当代发展 …………… 刘仲宇 / 269
道教伦理建设的创新发展 ……………………… 丁常云 / 283
移动互联网时代道教的弘道之路 ……………… 张月荷 / 301
道教养生文化的转型与发展 …………………… 李似珍 / 317
道教在当代社会的使命与担当 ………………… 丁常云 / 336
道教文学在网络时代的表现形态 ……… 王　杰　蔡林波 / 350
切实推进当代道教中国化进程 ………………… 丁常云 / 363
新时代道教发展亟需解决的问题 ……………… 张　阳 / 376

第一章 历史机遇

道教历史发展经验及其现代启示

陈耀庭[*]

摘 要：道教有几千年的历史。道教的历史发展和中华历史一样，经历过盛衰起伏、波涛汹涌、风平浪静。道教历史发展的经验可以从多学科多角度进行总结，本文从宗教实体发展的角度阐述：道教实体处理与社会环境之间的关系的经验是一个"顺"字；道教实体建设和管理的经验是抓住一个"人"字；道教实体面对发展和进步的当今社会和信众要胸怀一个"新"字。文章认为，道教作为中华文化组成部分，只要坚持中国化的方向，适应中国社会发展的大环境，抓紧培养高层人才，严格管理道教实体的各项工作，以开放的心态欢迎各种新科技、新事物、新人才，就能长远保持其在中华文化内的一席之地，为中华民族的伟大复兴贡献自己的力量。

关键词：道教历史　发展经验　顺　人　新

本文所说的道教，是指产生于中国土地上的，有教义思想、斋醮科仪、养生功法，有几千年历史的一种宗教，而不是指停留在书本、大学课堂和研究机构中的道家哲学。道教在几千年以前的华夏土地上发生，直到今天在中华大地上还继续存在着，并且跟随华人的移居传播到了海外。道教有专职的教职人员，有千百万的信徒群

---

[*] 陈耀庭，上海社会科学院宗教研究所原所长、研究员。

众。道教一直影响着华人社会的生活，这种影响今天依然存在，并且在可以预见到的未来仍将存在。

道教有几千年的历史，而这几千年的中华文明史是盛衰起伏的，有时波涛汹涌，有时风平浪静，所以，道教作为中华传统文化组成部分，其发展也不是平平坦坦的。人们希望从道教历史发展的经验和教训中得到启示，以便在今天和未来的生活中，一方面继续保持大道弘传，获得修道信仰的成果；一方面继续弘扬中华传统文化，在民族复兴的伟大事业中贡献道教和道教徒的力量。

道教经典《阴符经》开卷就告诉我们："观天之道，执天之行，尽矣。"认识道教历史发展的经验，就是"观天之道"。吸收这些历史经验，驾驭当代道教的发展，就是"执天之行"。我们要做的，就是学道教历史发展的大道，执道教历史发展的牛耳。

一、主观与客观，一个"顺"字

道教实体的生存与发展，首先要处理好自身与周围环境的关系。处理这一关系要注意一个"顺"字。

《阴符经》说："天地，万物之盗；万物，人之盗；人，万物之盗。三盗既宜，三才既安。"道教的生存和发展离不开它的生存环境，因此，最重要的就是处理好同生存环境的关系。在这一关系中，道教自身是主观一方，而其生存和发展的环境则是客观一方。主观一方的生存发展离不开客观的环境条件一方，也就是人离不开天地万物。

从中国发展的历史来看，当社会处在动荡的破坏性过程中，道教也就生存维艰、发展停滞。在20世纪中叶以前的一百多年里，中国社会剧烈动荡，民不聊生，各大名山道观，香火凋敝、建筑倾颓，道众修道难以为继。当社会动荡过去，民生得到恢复的时候，道教以及它的神学思想就会重新振兴，发挥稳定社会、促进经济、安定民心、规范人伦的重要作用，而道教自身也会得到客观环境的支持，在比较宽松的环境中获得发展的机会。这样一个主观与客观相辅相成的局面，就是近四十年里我们看到的，中国社会重视传统文化、贯彻落实宗教信仰自由政策，而道教在这样的环境中高举爱国爱教的旗帜，与社会主义社会相适应，发挥作为中华文化重要组成部分的功能。

在道教与社会环境的主客观关系中，道教能够把握的只有自己。葛洪《抱朴子内篇》的《黄白》篇引用了《龟甲文》中的名句"我命在我不在天，还丹成金亿万年"。这句话说的是内丹修炼的道理。其实，如果不仅仅把"我命"看作个人的生命，而是将它看作道教这个组织实体的命运，那么，这句话的意思就是：道教生存发展的命运，不在外部，而在道教自己。记得四十年前，道教在"文革"后开始恢复的时候面临着种种困难，已故的陈莲笙道长在他的《道教徒修养讲话》第五讲《我命在我》中就说过，"我可以理解为大'我'和小'我'、国家民族的'我'、道教的'我'以及道士个人的'我'"。"道教的命运在我们道教徒自己手里，这也是'我命在我'。""国运昌盛，社会稳定，道教的'命'自有天机。但是。对于我们每个道教徒来说，一定要作出努力，上对得起祖师，下对得起后辈，把发扬和继承的'命'牢牢掌握在自己的手中。"①

因此，道教生存和发展的关键是在"道教自身"。"道教自身"最重要的内容就是道教信仰自觉达到怎样的水平。所谓道教的信仰自觉，分析起来，就是道教中人怎样认识自己，怎样认识道教信仰的内容，怎样认识道教组织的特点，怎样认识道教自身的社会功能。认识道教的历史地位，特别是要认识自己同社会其他组织系统之间的关系，也就是道教和生存发展环境的关系。只有对道教信仰有了这样自觉的认识，道教的生存和发展才有希望。

辛亥革命以后，中国社会出现了巨大变化。面对变化时，道教

---

① 陈莲笙：《陈莲笙文集》，上海辞书出版社 2009 年版，上册，第 47、49 页。

界提出了要适应这一变化的要求。南北道教界发表了两个文件表达了道教适应社会变化的主张。

北京的《宣言书》说:"道教为中华固有之国教,国体革新,道教亦应变制,此中央道教会之所由发生而亟欲振兴者也。"意思是,国家从王朝变成了民国,国体革新了,道教制度也应该变化。但是,为什么要变,怎样变,怎样才能适应社会环境变化,全真派的先辈们还是不甚了了。

上海的《发起词》称:"当此时代过渡,难御世界风涛,若无群策群力,何能斯振斯兴。"第六十二代天师张元旭则在成立会上的讲话中称:"兹当民国初立,万事维新,国体现已更新,教务亦当整理。"这些话意思也是时代正在发生变化,道教也要重新整理,不然不可能抵御世界风涛。但是,世界有什么样的"风涛",道教应该怎样适应世界的风涛,正一派的先辈们也是不甚了了。

南北道教界先辈们当时没有接触先进的思想,对于中国社会环境发生的变化虽有认识,却极其肤浅。当时中国社会发生的变化是非常深刻的。这种深刻体现在,一是两千年封建帝制变为民国体制,二是农业社会自然经济已经被先进的以洋枪洋炮为代表的工业经济冲垮了封闭的大门,三是中国社会从封建社会开始沦为半殖民地半封建社会。这种变化是深刻、广泛而持久的。道教,这一植根于自然经济社会的传统信仰,应该怎样适应新的社会环境,先辈们没有弄明白,也不可能弄明白。

北京的《宣言书》还说道:"以符箓为道者,是道贼也;以服食为道者,是道魔也;以炼养为道者,是道障也。更有深林寂壑,痼癖烟霞,蓬莱方丈,谬托神仙,理乱不知,黜陟不闻,于物与民胞毫无系念,自为计则得矣,如苍生何,如世界何尤。其甚者硁硁自守,顽石难移。"[①] 先辈们在这里不加分析地全面否定道教各派的信

---

① 《道教会布告》,《藏外道书》,巴蜀书社1994年版,第24册,第472、474页。

仰文化，否定了道教思想和行为的全部内容，可是又提不出新的信仰内容和行为，这样就等于自我扼杀了历史的道教和当年道教发展的依据和前景。

上海的《发起词》也说道："盖寺院自光复以后，业产田庐常失自主权限。过去者，既已而斯；将来者，胡复可言。恒产恒业，将化为乌有。教徒教业，必自之渚沦。"先辈们表明道教界当时关心的只是历史上留下来的"恒产恒业"，要求道教的宫观坛场不能丢失。但是，道教的生存和发展关键并非一点教产，而是怎样把和变化了的社会环境的关系处理得当。先辈们的担心是小事，道教如何适应新的社会环境才是大事。道教如果得不到剧变后的社会的承认，那么，产业连同道教本身全部都会丧失殆尽的。

这些在历史转折关头留下来的重要文献资料，表明当时的道教界对于自己信仰自觉的水平以及对于社会变化的认识水平都是很低的。他们抓不住中国历史变革的根源和发展脉络，更不能认清道教必须跟上和如何跟上社会发展步伐的道理。因此，民国初期南北两个道教组织都无力引导道教走上主动适应社会变化的道路，而且也无力引导和统摄道教成立一个代表自己实体力量的合法组织。

近几十年来对于道教实体发展的研究已经公认，客观的社会环境对于道教的生存和发展具有重要的决定意义，道教只有主动地顺应社会的发展和变化，才能够在中国传统文化中拥有自己合理的地位，并获得生存和发展的机会。所以，我们说，第一条历史经验就是要"顺"。"顺"的当代意义就是，在宗教信仰自由政策贯彻落实的社会环境中，拥护中国共产党的领导，拥护社会主义制度，坚持走道教中国化的道路，为中华民族的伟大复兴贡献道教的力量。

二、组织与法治，一个"人"字

道教的生存与发展，其次要抓好道教信徒的发展和培养，以及加强自身组织的问题。处理这一关系，要注意一个"人"字。

宗教的各种组成要素中，起决定作用的是宗教徒。没有宗教徒就没有宗教。讲道教的历史发展，实际上就是讲信仰道教的人的历史变化。离开了信仰道教的人，离开了道教信仰的组织，就没有道教的神学思想和斋醮科仪、修持功法，当然也不会有洞天福地和仙观琳宫等全部内容。

汤因比在《历史研究》中曾经说过："一个人类社会本身就是人和人之间关系的一个体系，人不仅仅是个个体也是一种社会动物，因为他如果和其余的人彼此之间没有关系，他就完全无法生存。而一个社会，我们可以说，社会是人和人之间关系的产物，而他们的这种关系的产生是由于他们个人活动范围的一致。这种一致把许多个体范围结成了一个共同范围，而这种共同范围就是我们所说的社会。"① 这样一种对人和社会关系的认识，同样可以用来观察宗教徒和宗教的关系。宗教徒的数量多少和素质高低决定了宗教组织能够达到的水平以及驾驭各种社会关系的能力。因此，研究道教徒及其组织的发展对于探讨道教历史的经验就万分重要了。所以，我们说，第二条历史经验就是要抓好道教信徒以及自身组织的发展和培养，也就是要抓住"人"的问题。

从1949年起，大陆地区道教大概有三十年，没有培养青年道士。因此，在改革开放以后，在落实宗教信仰自由政策中，恢复和振兴道教遇到的最突出的困难问题是没有"人"，就是道教缺乏年轻力壮的新生力量，缺乏青年道士。

中国的道教徒有两大类，一类是专职的道教徒，包括祭酒、道士、道姑、法师等；一类是普通的道教徒，指的是平时做工种田，而在节日和举行道场时才到道观中去祭拜神灵的普通信徒。

这种两类格局是中国古代先民的原始信仰状态的延续造成的，道教的普通信徒来源于中国社会中原有的天神崇拜和祖先崇拜的信

---

① ［英］汤因比：《历史研究》，上海人民出版社1966年版，上册，第267页。

众，专职的道教徒来源于中国社会中执行先民的天神崇拜和祖先崇拜仪礼的职官或者民间的巫师。中国古代的祭祀活动是按照宗法制度的尊卑、高下、长幼区别，以宗法伦理程序确定的规模进行的。《礼记》中说道："天子祭天地，祭四方，祭山川，祭五祀，岁遍。诸侯方祀，祭山川，祭五祀，岁遍。大夫祭五祀，岁遍。士祭其先。"① "有天下者，祭百神。诸侯，在其地则祭之，亡其地则不祭。……王自为立七祀。……诸侯自立五祀。……大夫立三祀。……适士立二祀。……庶士庶人立一祀，或立户，或立灶。"② 执行祭祀仪礼的是职官和巫师。所有这些祭祀活动的目的，用《礼记·礼运》的话说，就是"陈其牺牲，备其鼎俎，列其琴瑟，管磬钟鼓。修其祝嘏，以降上神，与其先祖。以正君臣，以笃父子，以睦兄弟，以齐上下，夫妇有所。是谓承天之祐"。③

东汉末年，有独立组织形式的早期道教建立，逐渐具备了作为宗教的各种要素。其中最重要的就是专职的宗教徒，以及独立于宗法制度之外的道教组织。早期道教的一派是正一盟威之道，入道者都要交五斗米。交米和不交米就在形式上将信仰者同不信仰者区别了开来，将道教徒同非道教徒区别了开来。早期道教的另一派太平道的道徒头裹黄巾，身着黄服，故世称"黄巾"，在衣着上将道教徒区别了出来。太平道的首领张角自称"大贤良师""天公将军"，弟张宝、张梁称"地公将军""人公将军"。各方都有首领称为"帅"。正一盟威之道的创教人张陵为"天师"，其子张衡、孙张鲁被尊为"系师、嗣师"。下设祭酒、鬼卒等职。所有这些神职人员都依信仰深浅和德行高下来区别。据《要修科仪戒律钞》卷十引《太真科》

---

① 《礼记·曲礼》，《十三经注疏》，中华书局1980年版，上册，第1268页。
② 《礼记·祭法》，《十三经注疏》，中华书局1980年版，下册，第1588—1590页。
③ 《礼记·礼运》，《十三经注疏》，中华书局1980年版，下册，第1416页。

称"学久德积，受命为天师署男女祭酒二千四百人，各领户化民",①各神职人员都有自己的职能。

道士的培养和传承，历来是由各山各庙各宗派的前辈道士以收徒的办法，加上各朝代颁发"度牒"来给予承认和数量控制的，千余年来一直如此。可是从辛亥革命以后，随着时代发展变化，到各山各庙拜师学道的人逐渐减少，到1949年以后，寻师访道的青年人进一步减少，以致到改革开放以后，道教发展进入恢复、振兴的时候，出现人才奇缺的状况。道门中就采用道教学院和道学班等新形式，以公开教学和拜师学艺相结合的新方法，加速培养了上千名青年道士。这一批批青年道士和道姑成了道教恢复、振兴的主要力量，有的现在已经登上了道教实体组织的领导岗位。已故的陈莲笙道长在《关于中国道教文化的当代发展的三个问题》一文中提出过明确的希望，希望道教继续抓紧培养人才。他说："当代社会的竞争归根结底是人才的竞争，因此，我们要大力注意吸收人才、培养人才、启用人才和留住人才。"② 如今第一批培养的青年道士，也即将变成老人了，他们的接班人的选拔又成了道教生存和发展的迫切问题。

道教的组织，在封建社会的郡县制管理体系中，一直依附于郡县管理体制之内。道教有许多道观，但是历史上道观没有横向的组织联系，也没有独立的自上而下的组织体系。管理道观的只有衙门的道会司，即朝廷的无薪的道教管理部门。早期道教的太平道和正一盟威道等两派曾经冲破宗法社会结构的模式，把不同地区和不同宗族的有共同信仰的道教徒组织在一起，建立了自己的独立的组织系统。太平道张角"遣弟子八人使于四方，以善道教化天下，转相诳惑。十余年间，众徒数十万，连结郡国，自青、徐、幽、冀、荆、

---

① 胡道静、陈莲笙、陈耀庭：《道藏要集选刊》，上海古籍出版社1989年版，第8册，第437页。
② 陈莲笙：《陈莲笙文集》，上海辞书出版社2009年版，上册，第10页。

扬、兖、豫八州之人，莫不毕应。遂置三十六方，'方'犹将军号也。大方万余人，小方六七千，各立渠帅"。① 太平道的"方"是类似于军事编制的组织形式。正一盟威道的组织称为"治"，史称张陵"统承三天，佐国扶命"，创立二十四治，十九静庐，其中以阳平治（今四川彭县）、应堂治（今四川绵竹）和鹤鸣山治（今四川大邑）等为最大。据刘宋陆修静的《道门科略》记载："天师立治置职，犹阳官郡县城府，治理民物，奉道者皆编户著籍，各有所属。令以正月七日、七月七日、十月五日一年三会，民各投集本治，师当改治录籍，落死上生，隐实口数，正定名簿，三宣五令，令民知法。"②因此，"治"就是天师职掌的行政编制的组织形式。

道教有了独立的宗教组织形成以后，立即显示了它作为社会力量的巨大作用。太平道起事时"天下响应，京师震动"，军事力量威震六州。正一盟威道以"治"代替宗法社会下的郡县制，控制着地方的户籍，为后来张鲁的汉中政权组织奠定了基础。由此可见，早期道教的实体具有一定的军事和政治力量以及经济力量。不过，在强大的宗法制度的社会组织体系面前，道教这个宗教实体面对着的必然是被改造的命运。

首先，朝廷禁止一切道教实体的存在。无论是葛洪或是寇谦之都否定早期道教扰乱社会稳定，"诳眩黎庶，纠合群愚，进不以延年益寿为务，退不以消灾治病为业，遂以招集奸党，称合逆乱"，③ "愚人诳诈无端，人人欲作不臣，聚集逋逃罪逆之人及以奴仆隶皂之间，诈称李弘"。④ 魏晋以降，历代都禁止独立的道教组织存在。

其次，道教领袖被非宗教化。曹操拜张鲁为镇南将军，封为阆

---

① （宋）范晔：《后汉书》，中华书局 1965 年版，第 8 册，第 2299 页。
② 胡道静、陈莲笙、陈耀庭：《道藏要集选刊》，上海古籍出版社 1989 年版，第 8 册，第 477 页。
③ 王明：《抱朴子内篇校释》，中华书局 1980 年版，第 158 页。
④ 胡道静、陈莲笙、陈耀庭：《道藏要集选刊》，上海古籍出版社 1989 年版，第 8 册，第 378 页。

中侯，邑万户，使其位次三公。又将张鲁五个儿子及其主要祭酒等均封为列侯。其后，又将封侯后的张鲁及其家属等带回邺城定居，割断了道门领袖和普通教徒的联系。再次，将有影响的方士聚而禁之。据张华《博物志》，曹操曾将有影响的方士全部集中于魏国。其中有陇西封君达、甘陵甘始、上党王真、谯国华佗（字元化）、卢江左慈（字元放）等十六名。这些人道术种类繁多，都有一定的群众基础。曹操"本所以集之于魏国者，诚恐斯人之徒接奸诡以欺众，行妖慝以惑人，故聚而禁之"。① 这样就从根本上瓦解了道教实体的组织结构，使其不可能形成为对封建宗法制度有威胁的政治和军事力量。

魏晋两代一系列分化和瓦解道教实体的做法取得了成效，直到清廷被推翻，中国社会发生了根本变化，道教希望有代表自己利益和为自己利益发声的组织，但是终因为主观和客观的原因未能如愿。直到1957年，跨宗派的中国道教协会成立，随后各地也都成立了地方性的道教协会。这样才有了代表自己利益的道教组织。实践证明，道教协会能不能发挥组织的作用，还有赖于其领导人员有没有信仰自觉、有没有为道教界服务的能力。这里也是一个"领导人才"的培养问题。

特别是，近期来大陆道教和港澳台地区道教都有人提出，道教不能只是道士（专职神职人员）的道教，应该是道士和普通道教信徒共同的道教。因此，许多地方已经开始建立有组织的普通道教信徒的队伍，发挥普通信徒的力量，选拔普通信众中的骨干，参与到道教组织以及各种道教慈善和文化活动中来。这一工作除了向当代道教提出了新的社团工作的要求以外，如何在普通信徒中发现、选拔和使用人才，又是新的"人才"的问题。

---

① （三国）曹植：《辨道论》，《广弘明集》，《四部丛刊初编》，上海书店出版社2015年版，第110册，第56页。

近几十年来对于道教实体发展的历史研究已经说明，道教信徒人数的多少是中国社会稳定和中华文化发展的标志之一。道教要有诚挚的领袖，这样的领袖人物的水平引领着道教发展的方向。道教组织的稳定和健全、道教组织的活跃和规范，对于道教的生存发展具有决定意义。道教必须不断壮大信众人数，在中国宗教信仰的信徒中占有相当的份额，并且要拥有一支有高尚品德、有高深道学、有相当的社会活动能力、有吸引信众的魅力的宗教领袖队伍。只有有了制度健全和上下贯通的道教组织，才能完成道教在新时代理应承担的各项神圣使命。而要完成这一切，关键的关键是道教要有足够数量的人才。所以，我们说，第二条历史经验就是"人"。"人"的当代意义就是，在宗教信仰自由政策贯彻落实的社会环境中，在道教的发展过程中，要扩大和组织信众队伍，要继续培养更多的道士，要选拔足够数量的不同层次的领袖人物，健全和强化自己的组织。只有这样，道教才能承担和完成自己的历史使命。

三、改革与守旧，一个"新"字

这四十余年的道教恢复振兴过程，我们都是亲身经历的过来人。在此期间，各名山各宫观，我们也去了无数次了。总的感觉是，前十年一开始时是尽量复古，然后逐渐适应现代的物质变化的要求，于是，后来几十年出现了殿堂和园林古色古香，而办公场所和生活设施逐渐现代化的局面。总的感觉就是道教中的"新"的东西越来越多。

其实，发展变化就是新的取代旧的。已故的陈莲笙道长在他的《道教徒修养讲话》的第一讲就说道："社会要发展，时代要变化，一代与一代的道士都不一样，我们这一代的道士和我们的度师就不同了，我们同天师初创道教时代的道士就更不同了，将来的道士和我们这一代比肯定会有更大的变化，我相信更加进步，更加提高，更加有出息。"① 这段话就告诉我们一代总比一代"新"。顺应环境，适应发展，就要承认"新"，接受"新"，变化为"新"。

记得 20 世纪 80 年代初期，道教界人士到香港道观参访，看到用电点亮的蜡炬和柱香，都不能接受，有的还上纲上线称那是欺骗神灵。可是，随着大陆地区对庙观等文物保护单位禁止使用明火的法规颁布，现在大陆各大道观都已经接受发端于香港等地的香烛坛场现代布置。随着全民环保意识的增强，宫观的香烛和金银纸燃化等都有了数量的减少和烟雾的消除措施。

记得 90 年代初期，道教界到港澳台道观参访，看到有的道观法务接待人员拿着砖头一样的大哥大，办公地点设置得像银行，一排玻璃柜台，一行行电脑和打印机，一台台电话和传真，总觉得过分排场。许多道长以为接待法务活动或者处理内外事务，只要有一台电话，几张写字台，几把算盘，几支圆珠笔就可以了，不必如此排场豪华，以致提出改进接待和办公条件的青年道士还被误认为华而不实和铺张浪费。可是，现在一些大中型道观都有了很现代化的办公和接待场所。

以上这些都是道教宫观在现代社会物质文明迅猛发展的大背景下，硬件建设方面发生的新变化。

在近四十余年里，道教的变化还体现在宫观管理上。前二十年，一些宫观在恢复过程中还沿用旧管理模式。库房的钥匙吊在一位道长的裤带上，财务报销权力在主管道长的签字上，财务账本在主管部门的塑料袋里，袋里就是一沓子现金和报销过的发票。万一有人来检查宫观财务，当家交出来的就是一只塑料袋，连个流水账都没有。这种状况，随着青年道士培养到位，随着财务制度和仓库管理制度的引进和建立，得到了根本的改变。现在的道教协会和大中型道观都有了和社会事业单位一样的财务科室和财务制度，配备了保

---

① 陈莲笙：《陈莲笙文集》，上海辞书出版社 2009 年版，上册，第 29—30 页。

险箱、电脑、点钞机、各种凭证管理设施等。

在近四十余年里，道教的变化还体现在道士培养上。由于道教恢复的紧迫需要决定了当今道士培养工作必须改变传统的拜师学道的制度，即改变为公开的学院式教育和拜师学道相结合的方式。这样，既能解决缺少带徒弟的老道长的难题，又能利用现代教育的方法加快道士培养的速度。同时，还改变了原来只有北京的中国道教协会独家培养道教徒的方式，调动有条件的地方道教协会的积极性，在上海、衡山、武当山、青城山等地都批准成立了合格的大专以上水平的道教学院。这样的教育制度、培养方法，以及培养道士的规模，都是中国道教历史上从未有过的。

以上都是道教实体在现代社会管理和教育方法发展的大背景下，道教组织在这两个领域里发生变化的实例。这些是今天的人们踏进道教圈子的时候，都能看到和感觉到的道教的"新"现象。

不过，道教有些领域的革新变化，历来就是不大容易的。随着道教基本上得到恢复、开放了大小宫观、培养了青年道士、团结了相当数量的学术界人士以后，道教在教义思想、科仪活动和养生实践等方面，也出现了需要适应时代变化的呼声。但是，这些领域的适应性变化要比起上述的领域困难得多。

就道教养生领域来说，在21世纪初曾经有过一个热潮，社会对道教养生表现出很大的兴趣。结果某些人利用网络对某地某宫观某道长的养生功法刮起一阵风暴，拿一些查无实据的伪证，加上上纲上线的罪名，将该位道长打下道教养生的阵地。直到十年以后的今天，道教养生和道教医药的弘扬和推广工作还是难以正常开展。当然，这场风暴也暴露了当代道教养生实践还没有同现代中西医理论和实践相结合，道教养生推广工作还停留在师傅说徒弟做的传统方法上。教训说明，道教养生实践需要做大量的理论探索和实践检验的基础工作，走适应当代人们习惯的中西医理论和实践的路子，用当代科技挖掘更多像青蒿素那样的宝藏，使道教养生和医药实践融入当代社会，为造福中华和人类作出贡献。

就道教科仪领域来说，在21世纪初，当代道教信众出现了拜太岁的信仰要求，香港和上海的道观敏锐地发现了这一新的信仰苗头，于是立刻编写《太岁神传略》、制定全新的因地制宜的祭拜方式，几年里连续出版《拜太岁》和《拜太岁二集》等推广书籍等多种方法，规范而有目的地全面推开。通过近二十年的努力，拜太岁，这一道教新科仪终于得到了大陆道教、港澳台道教和海外各地道教的普遍接受和承认，并且成为道教关心和吸引当代中青年信众的一个增长点。

就教义思想的领域里来说，在20世纪最后十年里，道教界就有了构建现代化的道教教义思想的尝试。2000年在庐山举行的中国道教文化研讨会上，中国道教协会的一位领导提出了"生活道教"的理念。他解释："所谓生活道教，就是要在发扬爱国爱教、仙道贵生、慈爱和同、济世利人等优良教义思想的基础上实现道教关爱现实、利益人群、传扬真道、福臻家国、修道成仙的价值理想。将道教信仰落实于生活，将道教精神圆融于生活，运用道教的智慧解决生活中存在的各种困惑，从而觉悟人生，升华人生，圆满人生。生活道教指的是生命形态的全部，包括物质和精神两个层面。"① 这个"生活道教"的理念，将传统道教的神学思想和宗教行为同当代社会和信众生活结合起来，为道教教义思想的变化打开了广阔的天地。但是，遗憾的是，由于当时中国道教协会领导层对于教义思想的现代构建的意见并不一致，各地道教领袖对于道教教义思想革新的迫切性的认识也各不相同，最后，"生活道教"的理念并没有得到响应，以致搁浅。如果将来要编写当代道教教义思想革新历史的话，从2000年到2002年，似乎可命名为"当代道教教义思想革新史的挫折时期"。

---

① 《践行生活道教德臻人间仙境》，转引自张凤林：《正一道教当代发展之我见》。

从2002年到2015年，道教教义思想现代重构的课题逐渐受到全道教的重视，可以称为"当代道教教义思想革新史的准备时期"。

这一时期的开始以2002年的香港和上海的两次会议为标志。

香港是一个现代化的都市。香港道教是典型的都市道教。香港回归以后，和内地道教的关系日趋紧密。香港道教敏锐地感觉道教教义思想必须跟上时代的步伐，并将这一认识反馈给了内地道教界。香港道教在2002年1月由香港道教学院主持召开了"道教教义与现代社会国际学术研讨会"，会议全面研讨了当代道教如何适应社会发展的问题，包括：道教教义如何适应现代社会及文化需要；道教教义如何面对多元宗教信仰的处境；道教教义与现代善信生活的关系；道教教义与环境保护的关系；道教教义与现代宫观制度的关系，等等。道教研究前辈李养正先生评价此次会议"摆脱以往拘囿于古籍的研究方式，开始关注当代道教实际，阐明道教与新时代相适应，既是新时代对道教的客观要求，也是道教自身发展的客观要求；同时也着力探讨古老道教如何与新时代相适应的具体问题"。① 出席这次会议的主要是大陆、港台地区以及法国、日本等国的学者，道教界的有识之士与会的大多只是旁听，提交论文的不多。从会议的论文看，大部分都还是概述性质的，但是，作为一次开创性的研讨会，具有相当的号召力。

香港会议以后，大陆道教也在2002年11月在上海召开了"道教思想与中国社会发展进步研讨会"，以后又连续在泉州、衡山和南昌等地召开了三次同样名称的研讨会，集中研讨了道教教义思想的四个方面，并且连续公开出版了三本会议论文集。

2002年11月在上海召开的第一次会议，回顾和总结了道教教义思想历史发展的经验和教训。2003年在福建泉州召开的第二次会议，

---

① 李养正《序》，《道教教义与现代社会国际学术研讨会论文集》，上海古籍出版社2003年版。

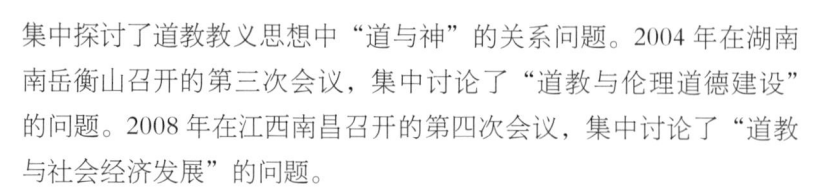

集中探讨了道教教义思想中"道与神"的关系问题。2004年在湖南南岳衡山召开的第三次会议，集中讨论了"道教与伦理道德建设"的问题。2008年在江西南昌召开的第四次会议，集中讨论了"道教与社会经济发展"的问题。

这四次会议，共发表了两百来篇道教各有关主题的研究论文。这些论文有的从哲学角度，阐发传统道教思想范畴的新的时代意义，或者从历史学角度对历史人物作出了新的时代意义的评价，或者从文献学角度对道教重要文献提出新的解释和分析。这些论文提高了全道教对于教义革新的迫切性的认识。但是，因为在研究范围上局限于学术界已经有所研究的成果，在研究方法上没有突破原来学科的局限，在研究结论上没有出现有影响的突破，所以，对道教教义思想的重构没有发挥实际的推动作用。但是，以如此规模连续举行四次重要会议，给海内外道教界的震动是很大的。道教教义思想重新构建的必要性和迫切性逐渐为道教界普遍接受和重视。

在这一时期中，道教界内部有不少道长开始关心道教教义思想的革新问题，发表了许多有价值的文章。值得指出的是中国道教协会原副会长丁常云道长，一直在百忙中关心道教和当代社会的关系问题，发表了一系列文章。例如，在2002年上海会议上，丁会长发表论文《张宇初对道教教义思想的贡献及现代启示》，就是结合当代实际，研究历史上的高道及其著作的重要文章。在2003年衡山会议上，丁会长发表了《试论道教戒律的"道德伦理"及其现代意义》，从道教戒律的角度探讨道教的道德伦理对现代社会的意义。此外，丁会长还著有《道教慈善文化及其现代思考》《传承老子之道，共建和谐世界》《坚持中国化方向是当代道教发展的新境界》等文章。前不久，丁常云会长还将自己的文章结集出版，书名就是《道教与当代社会》。丁常云的研究与学术界研究的不同之处，就在于他始终以当代道教发展的要求为出发点，采用文献学和历史学的方法，从历史经验中寻找解决新问题的方向和方法。比起学术界从哲学或历史学角度的纯文献研究,更具有针对性和说服力。

2002年香港会议以后,香港道教学院以"道教教义与现代社会"为主题,利用自己的地理优势和治学长处,对于道教教义思想的现代化继续作出自己的贡献。从理论建树来说,香港道教学院首创并支持在本院开设"道教神学概论"的课程,在学院成立二十周年时出版了由陈耀庭教授著的《道教神学概论》一书。这个课程和著作,给道教教义思想明确定位为有神论思想,将道教神学和道家哲学明确区别,在海内外产生了广泛的影响。

另外,在以革新的教义联系当代的实际方面,香港道教学院利用《香港道讯》(双月刊,每期约10至16页)这一阵地,不断发表通俗而贴近现代善信生活的道教教义思想革新的文章,勇敢地站出来掌握香港道教对香港社会生活的话语权。例如,《特首梁振英的道家智慧》(134期)、《从〈太平经〉看"占中"》(145期)、《从道家智慧看香港社会的深层次》(145期)、《漫谈瘟疫与香港信仰习俗》(135期)、《道教界花车巡游的文化意蕴》(128期)、《庙会活动对青年人的意义》(131期)、《观音借库之社会功能》(121期)、《从香港骨灰龛问题说到道家道教的生死观》(119期)、《香港道教文化遗产的保育及其建议》(158期)、《香港道教女性地位初探》(159期)、《面对抑郁与困境,如何自强——从道教的教义说起》(162期)、《多元社会下的道教角色》(163期)、《道教面对多元社会下的道德挑战》(163期)、《中华烹饪:阴阳调和之应用》(165期)、《特朗普是否身处亢龙有悔之境?》(166期),以及《怀抱道教去旅游》《从旅游中去悟道》(168期,2018年12月),等等。

近几年来,《香港道讯》还发表了一些有关道教和高科技的关系的文章,很受社会各界的关注,例如,《从道教的观点看基因改造食物》(137期)、《道教怎样看动物的权益》(141期)、《从〈道德经〉中看待如何使用手提电话的几点启示》(149期)、《浅说道教看现代科技》(149期)、《道家生命哲学对现代生命教育的启示》(162期)、

《道家视野下的人工智能》（166期）、《人工智能对未来道教发展的挑战与反思》（166期）、《人工智慧时代：人会更自由还是更堕落》（166期），等等。

正是由于港澳台地区和大陆道教共同的努力，道教教义思想的革新工作获得了道教界上下的普遍关注，并且获得了大多数道教界人士普遍赞同。原来对这一工作持有怀疑态度和不支持的人已经不再对此提出非议或设置障碍。于是，在2015年，在中国道教协会第九次代表会议的工作报告中正式提出了构建道教教义思想的现代体系的工作项目，获得了道教界一致通过，并且得到学术界一致支持。因此，可以认为，从2016年开始，道教教义的革新正式进入了"道教教义思想的现代体系构建期"。这一时期预计要五年时间。

如果道教教义构建工作在五年内获得成功，那么这一新的构建成果就将进入"道教教义思想的现代体系的贯彻传播期"，将新的现代构建的教义思想成果对当代道教信徒进行有组织有步骤的再教化，并且使其全面贯彻到道教实体的各个组成要素之中。这个过程的时间比起理论构建时间恐怕会更加长一点。

我对道教教义思想的革新说得特别多一点，是想说明一个宗教的教义思想的革新，比起其硬件的革新要困难得多，碰到的阻力也大得多，需要的时间也长得多。特别是，要能够得到全道教的认可，并且贯穿道教界组织和人员的全体活动之中，得到贯彻执行，发挥教化的作用，那更不是一件轻而易举的事情。

有一点可以肯定，社会的变化必然会导致道教教义思想的适应性变化，不管需要多长时间，不管需要付出多大代价。道教随着社会变化，一定会抛弃旧的思想和某些不适应社会发展的活动方式，一定会有新的思想和活动方式来更新。这是绝无疑义的。因此，我把道教发展的历史经验的第三条，归纳为一个字，那就是"新"。

唐代道教变迁历程对当代道教的启迪

白照杰[*]

摘　要：唐代是中国道教的鼎盛时期之一。彼时，道教获得朝野一致关注，在社会层面的影响力空前高涨，但与此同时也暴露出一些发展中存在的普遍问题。对这些问题的关注和对相关经验的借鉴，将有助于我们目前合理规划和解决当下的道教继承和发展问题。

关键词：唐代道教　政教关系　国家原则　"中心-地方"　宗教权威

引　言

大唐王朝是中国古代最为绚烂的一段时光。在李唐皇室的统治下，中国传统文化与印度、中亚、西亚，甚至欧洲等国家和地区的文化获得深入交流的机会，代表各种文化的各色人群同时活跃在这片古老的土地上，将佛教、祆教、摩尼教、基督教聂斯托利派（景教）、伊斯兰教等外来宗教带入中国，刺激着中国本土宗教的发展和演变。对道教的发展和转型而言，唐代无疑是一个关键时期，这一认识在无数道教史专著中得以反复确认。在李唐王朝的支持下，道教获得的社会和政治地位的高度是空前绝后的，达到历史发展的高峰，甚至一度在公元 8 世纪四五十年代成为大唐的"国家原则"

---

[*] 白照杰，上海社会科学院哲学研究所助理研究员，致力于中古宗教研究。

(state doctrine)①,甚或"国教"(state religion)。② 然而刚刚享受了开元天宝的繁华,唐代道教的形态便迅速地发生了某种变化,以至于以"经教"为中心的"中古道教"走向尽头,而以地方法派为代表的道教团体则如雨后春笋般涌现,形成所谓的"近世道教",为此后千年的中国道教画下基本轮廓。这一转变当然不能简单地归因于"渔阳鼙鼓"永久性地打断了原本和谐的盛世乐章,历史的偶然中常常隐藏着深层积累已久的原因,这些深层原因往往会呈现出"必然性"的色彩。事实上,道教在发展高峰中的这一历史转型,与"唐宋变革"的整体现象合拍。尽管安史之乱的爆发对唐宋变革而言是一个重要的标志性事件,但正如蒲立本(Edwin G. Pulleyblank)的研究所表明的那样,这场甚至影响了中国文化基本性格的战争却更可能是长期积累的社会问题的最终爆发,③ 对其所带来的变革问题需要从更具长期性、制度性的方面进行思考。仅就唐代道教的发展和转变而言,其间也存在不少类似的内在问题,而对这些较深层次问题的讨论则可以得出一些不受时代限制的普适性认识。这些普适性认识,无疑可为当代道教的发展提供一些借鉴。

一、道教的政教关系与主体性地位

"不依国主,则法不立",是中国古代宗教发展的重要主题之一。在中国古代王朝的统治理论中,皇帝同时拥有"国君"和"天子"

---

① Timothy Barrett, *Taoism under the T'ang: Religion and Empire during the Golden Age of Chinese History*, Warren, Conn.: Floating World, 2006, 59;译文参考曾维佳译:《唐代道教——中国历史上黄金时期的宗教与帝国》,齐鲁书社2012年版,第44页。

② Charles Benn, "Religious Aspects of Emperor Hsüan-tsung's Taoist Ideology", D. Chappell ed., *Buddhist and Taoist Practice in Medieval Chinese Society*, Honolulu: University of Hawaii Press, 1987, 128.

③ 蒲立本著,丁俊译:《安禄山叛乱的背景》,中西书局2018年版。

双重身份,① 政权本身天然地带有所谓"制度性宗教"的制度性和超越性特征。② 同欧洲天主教与各国王权间可以达成独立、并峙的关系不同,中国古代宗教所要处理的与朝廷间的关系,除一般意义上的"政教关系"外,更多了一层"宗教间关系"——朝廷也拥有一套超越性的信仰体系,并成为帝国内宗教事务的最高裁决机构。在此语境下,一个宗教是否能获得足够的发展空间,首先要看其自身是否能与朝廷的理论体系相匹配,并为朝廷提供某些必要的理论补充和现实功能。换言之,对朝廷而言,是否"有用"和如何"致用"是建立互助型政教关系的基础和前提。

道教与李唐朝廷的亲密关系是教界和学界均非常热衷的一段佳话。但即使是在这段佳话中,也隐藏着非常值得当代人反思的悖论。李唐朝廷与道教的密切关系,最晚始于大唐创业战争中岐晖、王远知等道士对李渊(618—626 在位)、李世民(627—649 在位)的辅佐。这些道士除为李唐军队提供粮食等现实帮助外,更重要的是参与有利于李唐阵营的符命创作,其中最典型者即霍山、龙角山等受符命事件。③ 因此,丁煌便认为高祖和太宗在建国时期对道教的关

---

① 金子修一发现中古皇帝祭祀时在不同场合使用不同称谓,以强调自身既具备人间皇帝的地位,同时又具有宇宙秩序中"天子"的身份。见金子修一著,肖圣中、吴思思、王曹杰译:《古代中国与皇帝祭祀》,复旦大学出版社 2017 年版,第 5—11 页。
② 有关中国"制度性宗教"(institutional religion)的界定问题,早已是学界熟稔的问题。1961 年杨庆堃正式提出这一概念后,对此概念(及松散性宗教 diffused religion)的辨析在一段时间内成为一个学术热点。相关讨论,参金耀基、范丽珠:《研究中国宗教的社会学范式——杨庆堃眼中的中国社会宗教》,杨庆堃著,范丽珠译:《中国社会中的宗教:宗教的现代社会功能与其历史因素之研究》,上海人民出版社 2006 年版,序言。
③ Stephen Bokenkamp, "Time after Time: Taoist Apocalyptic History and the Founding of the T'ang Dynasty," Asia Major 3. 7, 1 (1994): 59-88;李刚:《唐高祖创业与道教图谶》,《宗教学研究》,1998 年第 3 期,第 15—21 页。

注，主要是觉得道教具有"战略意义"。① 但在武德八年（625年）和贞观十一年（637年）前后发生的几起事件，使大唐统治者察觉有必要将道教老君与自家祖统绑定起来，以增加统治集团的神圣性。② 由此，道教逐渐获得皇室宗教的地位。随着高宗朝（650—683）及神龙政变（705年）之后一段时间的发展，朝廷与道教的关系得到进一步强化，以至于道教因素在玄宗时代（713—756在位）融入官僚（道举）和礼乐（太清宫、九宫贵神祭祀、五岳真君祠、圣地禁樵牧等）制度中，深深地卷入世俗统治系统。在"家国一体""朕即天下"的时代里，李唐统治者（尤其是玄宗）的个人信仰当然是促成道教不断走上坡路的重要原因，但道教对朝廷价值体系的认同及对既有意识形态的补充性功能，才是使其获得朝廷长期支持的基础。

安史之乱的出现不仅打破了李唐的治世，更对道教带来巨大的打击。面对安史之乱后纷繁复杂、权力下移的局面，朝廷对道教的支持力度显然不可能恢复到天宝年间的程度，处理"实务"、不断地"补漏洞"成为当务之急。然而，尽管如此，李唐统治者却从来没有放弃联合道教以稳定统治、神化皇权的努力，如德宗时期（779—805在位）朝廷便借四川白日升天的谢自然之口认定李唐统治的合法性，③ 而唐僖宗（873—888在位）对高道杜光庭（850—933）的倚重也极具特点。④ 因此可以说，道教终唐一代都可以被认为是李唐的"家族宗教"（如有二十几位公主成为道士，但并无一位公主出家为

---

① 丁煌：《唐高祖太宗对符瑞的运用及其对道教的态度》，《汉唐道教论集》，中华书局2009年版，第54—72页。
② 参白照杰：《整合及制度化：唐前期道教研究》，格致出版社2018年版，第28—40页。
③ 参白照杰：《仙道传说与政治舆论：唐代女仙谢自然史事及传说阐幽》，第二届中古宗教史青年学者论坛，湖南大学岳麓书院，2017年12月。
④ 参白照杰：《唐僖宗入蜀后的道教信仰与皇权重建》，待刊；Franciscus Verellen, *Du Guangting* (850 - 933): *taoïste de cour à la fin de la Chine médiévale*, Collège de France, IHEC, 1989。

比丘尼),① 李唐朝廷与道教被牢牢地捆绑在一起。

这样的捆绑当然可以促成一种良好的政教关系,但其中也隐藏着巨大的风险。显而易见,在上述政教关系的建构中,李唐朝廷握有全部主动权,道教几乎总是处于从属地位。因此,朝廷从实用角度出发,将道教建构为维护和彰显李氏统治天授权威的团体——这一点也成为道教最重要的政治功能。而当王朝开始走下坡路、甚至最终崩溃时,作为维持旧王朝统治话语工具的宗教,便要承担沦为"朝代牺牲品"的危险,有可能会随着旧王朝一同被历史埋葬。事实上,这样的情况在道教史上并不缺少案例。众所周知的朱元璋(1368—1398 在位)压制全真道的原因之一,便是全真道与蒙元朝廷的密切关系令这位明太祖感到不满。

然而,这样的"锅"并不是一定要"背"的。道教方面可以通过强调自身主体性,开发多层次教—俗关系来避免类似危机中的无措。就唐代而言,龙角山庆唐观在唐亡后的情况可以为我们提供一些参考。有关龙角山,前文描述唐初创业战争中的道教时便已涉及。传说老君于此山现身,公开支持李唐统治,李唐统治者因此尊奉此山为圣山(改名龙角山,所在之浮山县更名神山县),山上的老君庙也被改建为颇有政治意味的"庆唐观"。然而,雷闻的研究指出,随着唐王朝灭亡,这座道观"失去了与王朝正当性的关联",地位岌岌可危。但庆唐观的一个转型最终使其避免了随旧朝一起沦落的尴尬。失去中央朝廷庇护后的庆唐观,更倾向于与晋南地方社会产生联系,将根系从"庙堂之高"转移到"江湖之远"的民间社会,从而融入地域传统,重获生命力。② 这个因转型而重获生命的案例让我们感受

---

① JiaJinhua(贾晋华),"The Identity of Tang Daoist Priestesses,"Jin hua, Jia, Xiaofei Kang, and Ping Yang eds., *Gendering Chinese Religion: Subject, Identity, and Body* (Albany: State University of New York Press, 2014),103 - 132.
② 雷闻:《龙角仙都:一个唐代宗教圣地的塑造与转型》,《复旦学报》2014 年第 6 期,第 88—98 页。

到道教的强大适应力,但之所以能够完成转变,却要归因于道教在朝廷设计的政教关系之外,还建立了另外一套与世俗社会的互动体系。在这套体系中,道教的政治和社会身份是相对独立的,在关系塑造过程中拥有较大的主动权和灵活性。

唐代"道士"个人与政治人物和政治势力的关系,亦对当下情况具有很好的借鉴意义。王远知(528—638)、潘师正(586—684 或 584—682)、司马承祯(647—735)、李含光(682—769)等后世所谓"茅山宗师"与李唐统治者之密切关系,早已成为一般道教史著作中必会提及的内容。① 然而,成功的合作往往缺少启示意义,失败的教训才更能发人深省,煊赫一时的史崇玄的案例或许可以给我们更多的警示。太清观主史崇玄是神龙年间(705—707)到先天年间(712—713)最富盛名的道士。根据雷闻和白照杰等人的研究可知,史崇玄加入太平公主(约 665—713)阵营,四五年里,就参与了两次以上的宫廷政变,并成为金仙(689—732)和玉真公主(692—762)的度师,继而领编《一切道经音义》。其间获得朝廷高度重视,最终获得"金紫光禄大夫、鸿胪卿员外置同正员、上柱国、河内郡开国公、太清观主"的地位和实权。② 然而,正是由于史崇玄坚定地加入太平公主阵营,过度卷入太平公主与李隆基的政治斗争,最终在太平公主势力陷落时,一同被玄宗处死,不可避免地成为上层政治斗争的牺牲品。与史崇玄相比,活跃于唐敬宗时期(824—826 在

---

① 茅山道士与唐代帝王建立的亲密关系最为持久稳定,可参考之资料甚多,见刘大彬(活跃于 1311 年)编,江永年增补,王岗点校:《茅山志》,上海古籍出版社 2016 年版;Edward H. Schafer, *Mao Shan in T'ang Times*, second edition, Boulder, 1989; Kirkland, Russell. "Taoists of the High T'ang: an Inquiry into the Perceived Significance of Eminent Taoists in Medieval Chinese Society," Ph. D. diss., Indiana University, 1986. 但显而易见的是,作为这些成功案例主人公的高道,多数并不愿常伴君王左右,请求归山成为其表奏和通信的常见主题。

② 雷闻:《长安太清观与〈一切道经音义〉的编纂》,《唐研究》2009 年第 15 卷,第 199—226 页;白照杰:《烟花易冷——周唐鼎革中的太清观主史崇玄》,《中国俗文化研究》2019 年第 16 辑,收稿待刊。

位）的升玄法师刘从政（812—869）对政治关系的拿捏显得更有分寸。通过对刘从政相关碑铭、唐文等材料的考察，可知他曾为敬宗皇帝传法，成为帝王之师，烜赫一时。但传法之后，刘从政并没有长期停留朝中，而是很快返回洛阳，成为地方道门领袖，避免卷入纷繁复杂的中晚唐朝廷事务，得以善终。①

以上论述的归旨在于促使道教内部就建立怎样的"道教与政府关系"和"道士与政治人物关系"进行反思。"不依国主，则法不立"，而太依赖政治人物和过度卷入政治事务又难免在政治风浪中载沉载浮，在这对矛盾之间是否可以找到恰当的协调点？道教和道士在现实生活中对这样的关系应当如何拿捏？道门的修道原则是否以及如何限制常人难以免俗的权力欲求？相信上述唐代道教情况，可为当下问题提供某些或直接、或间接的启发。

二、道教的"中心—地方"与宗教权威的重构

晋唐时期是道教经书出世和编纂的高峰期之一，此时期上清、灵宝、天师等道教传统均有大量经书降世。② 在这些新出世的经书中，最神圣者往往不是在创作之初就怀有广泛传播之期望的"弘传性经书"，而是旨在秘密传授、只有仙真认可的"应得之人"（deserved man）才有可能获得的"秘传性经书"。③ 对这一经书秘传传统在唐代变迁状况的深入了解，将为当下道教发展提供重要启示。

---

① 雷闻：《传法紫宸——敬宗之师升玄先生刘从政考》，《中华文史论丛》2017年第1期，第59—88页；白照杰：《被遗忘的唐代高道——升玄先生刘从政》，《上海道教》2016年第4期，第65—69页。
② 并不是所有的道教书籍都应该被称为"道经"，当代用语的不规范为此问题的辨析带来麻烦。实际上，所谓道经，基本都出自仙真之口或是天文转化，具有天然的神圣性，而由道士编纂和创作的书籍，则不当以"经"称之。
③ 这些应得之人被认为"仙籍"有名，身体上也表现出一些特殊，如身有"仙骨"。参白照杰：《唐前期道籍的宗教性追溯：仙籍考论》，《道学研究》2014年第2期，第30—50页；《炼骨成真：中古道教仙骨信仰研究》，《弘道》2017年第2期，第12—27页。

有关晋唐道教经书秘传的内涵和形式，首先需要加以综合说明。在道教传统中，"克里斯马（Charisma）"的获得强调神圣性赋权，道教内部认为宗教权威的获得是上天或仙真的恩赐。但是，在中古道教教义中，这一神圣赋权最典型的物质化表现，便是通过仪式流程而获得的具有"排他性"的神圣经书。在中古道教的义学中，这些经书本身是天界之文在人间的显现，尽管人间经文与其天界根源在形象上存在巨大差异（人类的眼睛无法承受天文本体的光芒，也难以辨识真正的天界之文），但其神圣性却无可置疑。① 也正由于这些经书过于神圣，经书授予的过程自然与一般世俗之书大不相同。世俗之书只是"文卷"，而神圣之书则内嵌"契约"，故需在仪式中因盟而受、② 因师而传，私自窥读成为亵渎经书的大罪。③ 质言之，与仙真达成恰当契约，构成得受经书的前提。而在"换取"这些经书时，修道者需要表现出强烈的"信仰"和"信念"，这些"信"在物质层面最终转化为大量财物，即"法信"。而所谓"法信"的基本原则就在于以贵重物品交换经书，以此反映修道者"爱法不爱财"的价值选择。④ 复杂的授受过程和审慎的择人理念，使得只有少数人才能大量拥有此类经书，而当某人依据符合道教内部规定的方式不断积累经书时，他的道内地位也便水涨船高。约形成于南北朝末、

---

① 有关中古道经形成的天书观问题，可参考吕鹏志：《早期〈灵宝经〉的天书观》，郭武主编：《道教教义与现代社会国际学术研讨会论文集》，上海古籍出版社 2003 年版，第 571—597 页；王承文：《灵宝"天文"的宗教神学渊源及其在中古道教经教体系中的重大意义》，王承文：《敦煌古灵宝经与晋唐道教》，中华书局 2002 年版，第 740—789 页；谢世维：《天界之文：魏晋南北朝灵宝经典研究》，台湾商务印书馆 2010 年版，第 1—124 页、第 253—292 页；谢聪辉：《南宋中期以前传统道经出世的典型与特质》，谢聪辉：《新天帝之命：玉皇、梓潼与飞鸾》，台湾商务印书馆 2013 年版，第 79—96 页。

② 孙瑞雪：《魏晋南北朝道教传授仪式中的盟誓》，《世界宗教研究》2013 年第 3 期，第 77—84 页。

③ 白照杰：《道法外传与经需师受——兼论中古道教崩溃之原因》，《道学研究》2015 年第 1 期，第 13—25 页。

④ 参白照杰：《效信盟天——晋唐道教法法信研究》，财神庙会议，2018 年 10 月。

普及于唐代的道教"法位制度"便是以此逻辑为根据建立起的一套道士提升系统。伴随着某一分类经书的仪式授予,坛中道士得以逐级递升。①

然而,尽管从中古道教义学逻辑出发,经书的神圣性是经书秘传的根本原因。但在现实层面,因果关系则很可能被颠倒过来,秘传方式保证了经书的神秘性,因而也维护了道经的神圣性——神秘约等于神圣。然而,中古中后期,尤其是唐代道教的发展情况却在无意间消解了中古道经的神圣性。导致这一过程的原因之一很可能是一系列"盛世修典"的文化项目。众所周知,中古时期,朝廷和道教内部常常会致力于道教典籍编纂的大项目,其中较重要者如北周之《无上秘要》、唐代的《要修科仪戒律钞》及《开元道藏》。这些疏钞、类书、藏经,改变了道经的文本形态,使其或从独立文本演变为套书中的一部分,或被按照教义内容分拆为无数碎片。而不论是"部分"还是"碎片",都不再与仪式或盟受产生必然联系,人们可以很轻易地窥读书中内容。由此,道法的秘传属性遭到了预想不到的破坏,而以秘传为原则建构起的道内等级体系被置于尴尬境地。与此同时,因为掌握大量经书而获得宗教权威的道士的地位也遭遇质疑,中古经教的整个体系被推到悬崖边上。由此而论,中古经教的崩溃与"道法外传"之间存在深刻的内在因果关联。

从唐后期到宋初道教发展情况来看,道教最少找到两种重塑自我权威和神圣性的办法:一是依托玉皇、梓潼,以飞鸾的形式新降道经,重新创作雷法等重要道法;二是改变道书的书写范式,掺入大量隐语,此点在内丹书中表现得最为明显。前者自不待言,至于书写范式的改变,则使道经本身无法透露全部道法内容,即使修学者获得道书也必须投靠明师,从而维护前辈道士的权威。这两个办法

---

① 参白照杰:《仙阶与经教——先唐道教法位制度渊源爬梳》,《弘道》2017年总第68期,第100—119页;《唐前期(618—755)道教法位制度厘证》,《宗教学研究》2017年第1期,第63—79页。

的出现，都与唐中后期开始越来越明显的"地方道教"和"道外修道者"的兴起直接挂钩。对地方道教来说，龙虎山、净明道、雷法系统道派的兴起学界都已有一定了解，这些新道派多数与李唐中央朝廷关系疏远，且多不出于两京这样的核心地区，而是与某较偏僻地域间建立起密切关联。所谓"道外修道者"，更是这些新道教运动的主力军，相关情况李平已做过梳理。① 这些原本处于边缘的"道派"和"道士"很快便走向中心，成为宋元新道教的主流。在整体趋势的变化中，道教的形态得到重塑，神圣性和权威性再次回归。不难发现，如果我们将唐中期以后与朝廷关系密切的"道教势力"视作中古经教的拥趸，那么这些原本在盛唐时期将道教推向发展高峰的势力，在唐后期则扮演了固化的、过时的角色。对比之下，原本处于边缘，甚至并不具有正式道士身份（不录名道籍，未获得官度）的一些人物，为道教的继续发展提供了新鲜血液和活力刺激。当我们沿着时间轴继续往下观察时，王重阳及其全真道的兴起无疑成为印证此观点的又一个典型案例。

以上有关唐代道教发展趋势演变的解说，对当代道教而言具有极强的借鉴意义。当代道教正处于一个激烈的变革期，尤其是在多种"道藏"都已流通，甚至获得电子化的时代，旧有经书和道法都不足以维持道士和道教的神圣性和权威性，而要求出现新的、能够取得广泛认同的"降经"也已不太现实。因此需要寻找新的方式（modes），使以"道教协会"为中心的、具有半官方身份的道教组织能够在主流层面获得国家和社会认同，继承和发掘独特的社会功能，成为无法替代的社会存在。对处于边缘的"散修"（散居道士和道外修道者），也当在一定程度上予以容忍，甚至支持。这些边缘性存在，很可以为主流道教提供刺激，促使主流道教界在面对新问题时

---

① 李平：《宫观之外的长生与成仙：晚唐五代道教修道变迁研究》，中央编译出版社 2014 年版。

获得新思路。换言之，允许"道教人士"构成的多元性和多层次性，是避免道教走向僵化无法自我解救的一个必要方式。

三、道教与佛教等其他宗教间的关系

有关中古时期道教与佛教及其他宗教关系的研究已经非常丰富，谢世维所撰写的回顾文章，部分总结了相关研究成就。[①] 从研究成果来看，不论是许里和（Eric Zürcher）那几篇对后人研究具有经典指导意义的论文，[②] 还是李丰楙、柏夷（Stephen R Bokenkamp）、[③] 沙夫（Robert H. Sharf）[④] 以及谢世维本人[⑤]等中西方学者不断推出的相关讨论，均使我们感受到此时期佛道交涉由浅入深、越来越复杂的具体过程。

就唐代而言，尽管道宣（596—667）的《广弘明集》和《集古今佛道论衡》再三强调佛、道二教争论激烈，唐武宗（840—846在位）灭佛与道教信仰亦存在直接联系，但更多材料却显示出当时已经是主流信仰的佛、道等宗教在日常生活中很少出现剑拔弩张的现象，时间越向后推移，所谓"三教融合论"的现象也就越明显。一般观念认为，不同宗教之间的纷争，在理论上根源于根本教义无法弥合，而在现实中则更多地反映为对"宗教市场"的争夺——即争取朝廷和民众的支持和皈信。但在唐代，包括佛教在内的外来宗教

[①] 谢世维：《融合与交涉：中古时期的佛道关系研究回顾》，《清华中文学报》2012年第8期，第263—299页。

[②] Eric Zürcher, "Buddhism Influence on Early Taoism", *T'oung Pao* vol. 60 (1980): 84–164; "Prince Moonlight: Messianism and Eschatology in Early Medieval Chinese Buddhism", *T'oung Pao* vol. 68. 1-3 (1982): 1–75.

[③] Stephen R. Bokenkamp, *Ancestors and Anxiety: Daoism and the Birth of Rebirth in China*, Berkeley: University of California Press, 2007.

[④] Robert H. Sharf, *Coming to Terms with Chinese Buddhism: A Reading of the Treasure Store Treatise*. 中译见夏志前、夏少伟译：《走进中国佛教：〈宝藏论〉解读》，上海古籍出版社2009年版。

[⑤] 谢世维：《大梵弥罗：中古时期道教经典中的佛教》，台湾商务印书馆2013年版。

已在数百年的时间里自觉地完成了在地化转变，由具备"商业精神"和"传教士精神"的宗教团体转变为以禅宗为代表、带有"中土农耕气质"的"中国佛教"。① 就道教方面来看，道教自产生之初就具有极强的包容精神和综括气质，对佛教观念和实践的借鉴（尤其是有关宗教团体的组织和日常安排②）并不会引起道教徒的不满，因为彼时道教的旨趣在于建立囊括其他一切宗教，并将之整合入大道信仰的伟大事业。是故从基本思想上，道教与佛教等宗教之间存在进行交流的某种平台，两者间的对话可以令彼此受益。在现实生活或民众生活层面，唐代及更晚时期，道教与佛教等宗教分享着类似的"宇宙论系统"，一同致力于解决大众所遇到的相同主题的问题，虽然彼此存在竞争，但同样也存在对话的可能和经验。总体而论，唐代道教与佛教等宗教间的交涉（不论是借鉴、融摄，还是反向刺激），有助于彼此更多地思考本宗教未来的发展道路，提出解决当下或潜在危机的合理方案。

这一发生在中古，尤其是唐代的宗教关系现象，是否能为当代道教带来某种启示呢？答案是肯定的。当代道教与其他宗教间的壁垒较之以往更为森严，"正本清源"、强调自身特殊性成为当下道教理论建设的重要议题。这样的理论探讨当然有助于确定"道士身份"、重建"道教认同"，但过于强调"本源"或许本身便是自我局

---

① 陈金华教授近年在多个讲座中，均主张禅宗的兴起是中国文化由"外向"转向"内向"的表现和结果。
② 有关这一点，道教对佛教寺院形式的借鉴，代表着中古前期道教形态转变的到来。最晚到唐代，在"寺院主义"成为普遍观念下，隶籍宫观是成为道士的关键标准。可见，宗教间的交流确实可以刺激道教进入新的发展阶段。参 Livia Kohn, *Monastic Life in Medieval Daoism: a Cross-cultural Perspective*, University of Hawai'i Press, 2003；孙齐：《唐前道观研究》，山东大学博士论文，2014年；白照杰：《唐前期（618—755）"道士身份"界定研究》，《宏德学刊》2017年第2期，第70—81页。

限、自我捆绑的错误观念。① 这一错误观念建立在接受"某种文化具有某一固定形态"的认识上，但实际上，任何有活力的文化传统都具有强大的弹性，无时不刻地处于某种自我调适的变动中，而变动的力量，既可出于自觉，亦可源于外在刺激。换言之，只要取裁得当，其他宗教的优秀理论和经验亦可为道教发展前进提供资粮。然而，这还不是最重要的启示，另一个方面的启发尽管常常遭遇忽视，但在当下而言却或许更为急迫。

当代社会是"上帝死了""神圣解体""世俗化覆盖一切"的社会，宗教存在的正当性受到"唯科学主义"和"世俗主义"的质疑。尽管几乎所有人都能察觉这种对立的片面性，但其所造成的信仰和传统破坏却仍不容小觑。如何抵制过分世俗化、重新找回人类存在的神圣性（或者说人类崇高的存在目的），已成为宗教界人士需要努力攻克的重要难题。在面对这一急迫的、影响宗教安身立命之根本的问题时，千年来生长于同一地域、同一人群、同一文化体系中的道教与佛教等中国宗教，首先是天然的盟友，而非纠结于琐碎细节的敌人。唐代的现象使我们获得有关道教与佛教在理论和实践上存在互渗、贯通以及在现世目的上存在明显一致的认知，这种认识或许可以令当代宗教人士重新思考与其他宗教间的关系定位。就目前情况来看，若从大局着想，互相支持显然比互相敌对要更有意义。

结　　论

以上分三个方面，简单讨论了唐代道教发展历程中一些重要现

---

① 道教方面对此类观念的强调，显然是在纷乱复杂的当代生活中重新界定"我"的普遍现象的一部分。最常见的确定"我是谁"的办法，是建构一个对立面或异己者，与彼不同者即是此（"我"）。但这样的自我建构方式即使不完全错误，所得出的"我"也将会是片面的。更好的判断"我"的方式，是建立足够丰富的文化和关系网络，并赋予此网络动态特征，进而在这样的动态网络中找到自身的坐标（坐标也处在移动状态下）。

象，而最终将落脚点放在对当代道教的启示上。当代社会是以往数千年未有之"大变局"，复杂情况远非唐代可比，道教面临这样的社会变动，必然要走转型的道路。如何转型、向什么方向转型都缺少可供直接袭用的借鉴对象，但"以史为鉴"依旧可提供一些宏观的启示。

或许在探论具体的"启示"之前，更重要的是对"启示"精神的提倡，这种精神在根本上是一种"自觉"。道教是自觉地寻求转变，还是被动地随潮流盲动，将成为影响未来道教生存状态的一个关键。对"启示"的寻求，正是道教内部对转型的自觉思考。尽管任重而道远，但千里之行恰始于今之足下。

传统道教文化与当代社会伦理重建

张 欣[*]

提 要: 我国当代社会伦理的发展和实践在受西方伦理、改革开放初期过度关注经济发展和目前社会转型等多重因素的影响下,出现了伦理秩序失衡的现象。挖掘传统道教文化众多生命伦理、生态伦理、道德伦理等伦理思想以为今用,对于当代社会正确价值观念的塑造,"有德行者必有福报,无德行者寸步难行",社会治理机制的构建和社会伦理秩序的重建,都具有积极的指导价值和借鉴意义。

关键词: 道教文化　生命伦理　生态伦理　道德伦理

引 言

伦理学本质上是关于道德规律的学科,是道德思想观点的系统化、理论化,它以人类的道德问题为研究对象,经济利益和道德的关系问题以及个人利益与社会整体利益的关系问题构成了伦理学要解决的基本问题。[①] 伦理作为人类对自我的规范和约束,作为人类对自身行为的调节控制和内在管理,这是有意识的、积极的、主

---

[*] 张欣,厦门大学哲学博士,上海市道教协会文化研究室副主任,《上海道教》责任编辑。
[①] 冯益谦:《公共伦理学》,华南理工大学出版社 2010 年版,第 7 页。

动的、自觉的人类活动，是人类向善的实践理性，它以人的自我生存和发展这一最高价值尺度为基础，是人类生存环境与人类自我之间约束关系的积极反映。①当代西方伦理学具有形式主义、非理性主义、相对主义等特点。② 在我国，"伦理"一词最早见于《礼记·乐记》："乐者，通伦理者也。"当代社会，我国伦理发展和实践在受西方伦理、改革开放初期过度关注经济发展和目前社会转型等多重因素的影响下，出现了漠视生命、见利忘义、缺失诚信、网络暴力泛滥以及生态受到破坏等伦理秩序失衡的现象。整体层面的伦理秩序失衡加剧了具体的人与人之间、人与自然之间的不和谐，提高了社会交易成本，阻碍了经济社会发展，降低了人们的幸福感。面对这一情况，以社会主义核心价值观为基础，大力弘扬包括道教文化在内的中华优秀传统文化，推动伦理秩序重建已迫在眉睫。

伦理秩序的重建本质上是社会道德文化的修复、重组和提升。在中华优秀传统文化不断复兴的时代背景下，这种文化修复离不开对优秀传统文化中人文道德理念的继承与弘扬。道教以"道"为最高信仰，以效法天地、倡导和谐为要旨，数千年来形成了国泰民安的社会目标自然素朴和人文理想。作为中华优秀传统文化的重要组成部分，道教文化早已融入我国民众的民族性格、生活习俗和思维方式之中，其自然无为、贵柔尚朴等主张对于化解当代社会所面临的生态环境恶化、人际关系冷漠和人心躁戾等伦理危机，从生命伦理、生态伦理和道德伦理等方面重建当代社会伦理秩序具有积极的指导价值和借鉴意义。

---

① 冯益谦：《公共伦理学》，华南理工大学出版社 2010 年版，第 11 页。
② 参李鸣镝：《论当代西方伦理学的一般特点》，《哲学文史研究》2016 年第 9 期，第 53 页。

一、当代社会伦理的特点和伦理失衡现象管窥

我国传统伦理思想主要是对人性的本质、道德的起源与本质、道德的原则与规范、道德的理想与修养等问题的探索，① 这些问题在文化发展过程中具体化为人性善恶、名教与自然之关系、义利之争、理欲之辩等内容。我国古代思想家对这些问题进行了深入的思考和探究。

当代社会，由于文明程度的提升，人的价值日益凸显，个体的主体地位和自由度显著提高。另一方面，个体生命主体地位的上升和自由度的增强也产生了负面结果，即自身道德约束的减弱。"从伦理道德的角度来看，个体作为行为主体的作用却出现了逐渐式微的趋向。"② 这一结果不断累积，便造成了今天伦理失衡现象持续涌现的局面。

人类在探究外部自然世界奥秘的同时，对自身也充满了好奇。在久远的古代，由于知识的匮乏，神被赋予了创造一切的无穷力量，人往往也被认为是由神所创造的。在西方文化中，上帝创造了人类；在中国文化中，人是由女娲创造的。随着对世界的了解和认识的加深，人们对自身的认知日渐趋于理性。关于生命的产生，《周易·系辞下》曰："男女构精，万物化生。"《庄子·知北游》述曰："人之生，气之聚也。聚则为生，散则为死。"③ 一方面，有了生命，世间万物才有价值和意义；另一方面，个体由降生到死亡的生命过程只有一次存在的机会。这些都决定了生命是世间万物中最宝贵的存在，但现实中漠视生命的现象却屡有发生。从 2013 年某大学投毒案到当下频发的校园霸凌事件，这些漠视生命的行为早已跨越了人类伦理

---

① 田亮、陈丛兰、敬晓庆：《中国传统伦理概论》，西北工业大学出版社 2012 年版，第 9 页。
② 参甘绍平：《当代社会道德形态的基本特征：从个体德性走向整体伦理》，《伦理学研究》2015 年第 4 期，第 27 页。
③ （晋）郭象注，（唐）成玄英疏：《南华真经注疏》，中华书局 1998 年，第 421 页。

的底线。

诚信是中华民族的传统美德,同时也是千百年来中华儿女立身处世的道德基石和基本价值准则。"诚"即诚实、真诚。《礼记·中庸》有言:诚者,自成也。宋代朱熹解释说:诚者,真实无妄之谓,天理之本然也。[1]"信"指信用、守信。《墨子·经上》曰:"信,言合于意也。""诚"强调的是人的内在品性,"信"强调的是人的外在修养。"诚"和"信"在涵义上虽有所区别,但从道德伦理的角度考察,却具有内涵的同一性。《说文解字》解释:诚,信也;信,诚也。[2]《白虎通·性情》说:"信者,诚也,专一不移也。"[3] 当代公民社会,各项制度的不断完善及全球化浪潮的深入发展推动着传统宗法制度体系的进一步瓦解。人员流动不断增强,人与人之间的交往范围不断扩展,传统宗法制度对诚信机制的维护力越来越弱,而法律制度对诚信缺失行为及其后果的惩戒却经常陷入软弱无力之窘境,守信者受损害、失信者得利益的情形一再出现。诚信缺失已成为当下社会的顽疾,并渗透到社会生活的几乎各个方面。

见利忘义是当代社会伦理失衡的另一突出表现。近代西学东渐以来,西方思想文化对中国的影响不断加深,对西方思想文化的非理性和良莠不分地接纳吸收,使西方的拜金主义等伦理观念不断冲击着我国传统的以"义"为先的义利观。及至全球化浪潮席卷下的当代社会,在社会主义市场经济背景下,坑蒙拐骗、见利忘义等行为更频繁地出现。从旅游过程中大量出现的见利忘义行为可以窥见社会义利观倒置之问题。随着人民群众收入水平的提高、生活观念的转变以及交通的日益便捷,外出旅游已成为平常百姓休闲放松、体验各地风土人情的假期生活方式。旅游在满足人们精神需求、给

---

[1] (宋)朱熹:《中庸集注》,《朱子全书》第6册,第48页。
[2] (汉)许慎:《说文解字》,中华书局1985年版,卷三上,第70页。
[3] (清)陈立:《新编诸子集成:白虎通疏证》,中华书局1994年版,卷八,第382页。

景区带来巨大经济利益的同时，门票涨价、假景观、天价食品、强制购物等旅游乱象及无所不在的假冒伪劣商品，却在助长不良社会风气，不断挑战着传统的道德伦理和价值观念。

当代社会伦理失衡还表现在以道德绑架为形式的网络暴力的泛滥。所谓道德绑架，通俗理解，就是以自己的价值观念为标准，以道德为名义，强制性地将别人的"权利"转变为其不得不承担的"义务"。网络暴力是在虚拟的网络世界中，通过诽谤、诬蔑、诋毁等手段，对他人进行侮辱或者其他精神伤害的暴力形式。网络暴力视公共道德和社会伦理为无物，实质是现实暴力在网络世界的延伸。

除了人与人、人与社会之间伦理关系的失衡，人与自然之间的伦理失衡现象在当下也已司空见惯，其突出表现便是生态环境的恶化。生态环境是人类赖以生存和发展的基础，它包括了水、土地、大气以及各种动物和植物等。大规模开发建设过程中对环境保护的忽视，使我国成为目前世界上水土流失情况最为严重的国家之一，水污染、土地污染、空气污染等生态矛盾非常尖锐。生态系统结构的破坏和功能的失调，不仅制约着经济社会的进一步发展，从长远看，对国家生态安全、人民群众的饮水安全和粮食安全也构成了威胁。如果不能正确规范人与自然的伦理关系，实现可持续发展，我们对美好幸福生活的追求就成了无源之水，更严重的，我们可能将丧失生存的基本条件而无以安身立命。

二、传统道教文化与生命伦理重建

对于生命价值的认识和对于生命逍遥境界的向往，构成了道教的生命伦理追求。继承和大力弘扬道教生命伦理思想对于当代社会生命伦理秩序的重建有着积极的借鉴和指导意义。

传统道教文化的弘扬有助于我们认识生命的本质。人类自古以来便恋生惧死，因此孜孜以求地探寻生命的本质，以期能够长生久视。道教以"道"为信仰，并以"道"作为包括生命在内的万物的起源和本质，《道德经》曰："道生一，一生二，二生三，三生万物。"又曰："道生之，德畜之，物形之，势成之。"道教认为，生、老、病、死是生命在不同阶段所呈现的状态，是"从无到有，复归于无"的演化过程，永恒的道才是生命的本质。正是基于这一观念，庄子才会在妻子死亡后不是悲悲戚戚而是鼓盆而歌。

传统道教文化的弘扬有助于树立和传播珍爱生命的观念。《太上老君开天经》说："万物之中，人最为贵。"珍爱生命首先在于保护生命，维护生命的存在。陶弘景《养性延命录》指出："人所贵者，盖贵于生。"《太平经·乐生赐天心法》说："人最善者，莫若常欲乐生，汲汲若渴，乃后可也。"《度人经》说："仙道贵生，无量度人。"对于生命的艰辛和不易，《道德经》曰："出生入死，生之徒十有三，死之徒十有三；人之生，动之于死地，亦十有三。"因此，对于人来说生命才是最宝贵的，声名财利皆乃身外之物。《道德经》曰："名与身孰亲，身与货孰多。"生命既以道为本质，对生命的尊重和珍爱就是对道的尊重和敬仰。另一方面，生命产生于"无"，由"无"而生，最后又复归于"无"，正是生命才使"有"的世界充满了盎然生机。从这个角度讲，生命也是值得我们倍加珍惜的。

在"重生、贵生"生命伦理观的基础上，道教主张通过修行实现养生、延生的目标。《道德经》曰："人法地，地法天，天法道，道法自然。"在道教看来，人只有效法天地才有可能实现长生久视。通过效法天地，道教探索创立了外丹、内丹、双修、静功、动功等独具特色且实用的养生理论和养生功法。道教养生智慧以"道"为核心，以延长生命长度和维护生命健康为目标，在提高生命质量的同时，希望延续健康的生活状态，直至生命结束。道教经典中专门记载有黄帝问道广成子以求养生术的故事。道教的养生修炼主要在于心性品德和身形生命两个方面，即所谓的"性命双修"，在维护好身形生命的基础上，强调道德修养对于生命存续的重要作用。《玉清经·本起品说十戒》说："人之行恶，莫大于嫉、杀、贪、奢、骄、淫也。若此念在心，伐尔年命矣。"道教认为，只有通过心性品德修养实现精神的清静寡欲，不为外物所累，生命才能真正得以保养，才有可能实现延年益寿的目标。《太平经·经文部数所应诀》说："人欲去凶远害，得长生者，本当保知自爱自好自亲，以此自养，乃可无凶害也。"

现代社会，凭借强势经济地位，西方思想文化和生活方式渗透到我们生活的各个方面，但西方文明和科技发展在给人们带来充裕物质享受的同时，却使现代人的精神更加空虚，科技主义和人本主义的伦理冲突更加尖锐。道教生命伦理为我们突破西方思想桎梏和缤纷物质世界的迷雾，从传统东方文化的视角看待世界、发现生命本身的价值提供了思想指导。道教重生、贵生的伦理思想，不仅强调自然生命的长久，更强调通过心灵和精神的升华，最终实现生命的自由和逍遥。现实中，钱财等外部物质需要构成了我们幸福生活的物质基础，但如果一味地陷于对钱财的痴迷，则很可能迷失自我，将宝贵的生命困于物质的牢笼。如何在物欲横流的世俗名利世界中找寻"至德之世"的快乐意境呢？道教先祖南华真人为我们开辟了一条发现生命本质、与道相守，从而实现精神的自由与逍遥的路径——陆沉。两千多年前的南华先祖虽然物质上一无所有，却依靠"陆沉"于世俗世界的非凡智慧构筑起理想的精神乐园。司马承祯在《坐忘论》中说："生之所贵者，道也。"因此，道教主张通过见性开悟，显露生命的本然状态。人赤条条地来到这个世界，从无到有，经历几十年沧桑后，最终还是要复归于无。在这从无到有，又复归于无的生命历程中，只有保持本心的宁静和愉悦，才能体验生命的灿烂，感受生命的幸福。道教认为，运用内丹心性理论践行心性修炼，从而发现生命本身的价值，我们才有可能驾御外物，而不被外部名利世界诱惑和羁绊，也才有可能超越世俗功利的束缚，以无碍之平常心去随顺外境的因缘变化，实现生命的自由和逍遥。《性命圭旨》云："灵台洁净，欲念自然染污不得，天理时时现前，譬如杲日当空，魍魉灭迹，此一心地法门，是古今千圣不易之道。"

道教文化中的生命伦理思想为我们认识生命、了解生命、改造自我提供了理论指导。在当代社会，继承和弘扬道教文化，借助道教关于生命伦理的思想，将传统的道教养生理论和实践与现代生活相结合，服务于当代人民群众的健康生活，同时借助道教心性修养理论和实践，帮助现代人摆脱心灵桎梏，发现生命本身的价值和意义，将促进当代社会生命伦理的重建，为实现生命的自由和逍遥指明方向。

三、传统道教文化与生态伦理重建

《庄子·齐物论》曰："天地与我并生，而万物与我为一。"道教认为，万物都由道而生，尽管存在形式各有不同，但都是道的体现，共同的本质决定了天地万物与人的统一性。《老子想尔注》述曰："一散形为气，聚形为太上老君，常治昆仑，或言虚无，或言自然，或言无名，皆同一耳。"因此，道教不仅关注人的生命的存在与价值，而且从"天人合一"的宏观高度倡导人与其他一切众生以及天地万物的相互依赖、和合共生。一切众生皆有道性，因此，道教教化世人要以慈爱之心关注和爱护一切生命。《元始四十九章修道经》曰："一切诸众生，悉贪生惧死。我命即他命，慎勿轻于彼，心贪口腹，乐甘肥，杀戮充啖食。"《太上老君戒经》说："一切众生，含气以上，蚑飞蠕动之类，皆不得杀。蠕动之类，无不乐生，自蚊蚁蜓蛐，咸知避死也。"《抱朴子》云："慈心于物，恕己及人，仁逮昆虫。"除了教理教义和戒律约束，道教还利用宗教放生仪式唤醒世人的慈爱之心，通过使生命重获生机，呼吁世人将对人自身的关注扩展到对其他一切众生的爱护。

人与天地万物之间的和谐共处是人类安身立命的基础。《太平经》说："夫人命乃在天地，欲安者，乃当先安其天地，然后可得长安也。"为了维护人与自然环境的和谐，道教在倡导善待自然的同时，制定了各种道德规范和行为准则来约束人们的活动。《老君说一百八十戒》规定："不得以足踏六畜，不得渔猎伤煞众生，不得冬天发掘地中蛰藏虫物，不得妄上树探巢破卵，不得惊鸟兽，若人为己杀鸟兽鱼等皆不得食。""不得妄凿地毁山川，不得竭水泽，不得妄轻入江河中浴，不得在平地燃火，不得以秽物投井中，不得塞池井，不得无故走马驰车，不得以毒药投渊池江海中。"《太平经》曰："慎无烧山破石，延及草木，折华伤枝，实于市里，金刃加之，茎根俱尽。其母则怒，上白于父，不惜人年。人亦须草自给，但取枯落不滋者，是为顿常。天地生长，如人欲活，何为自恣，延及后生。有知之人，可无犯禁。"① 只有善待自然，维护生态系统的平衡，人类的持续生存才有保障。人生于天地间，衣食住行等基本生存需要的满足都源于对自然资源的获取。除了约束人活动和诫止人的不当行为，为了降低或减轻对自然环境的不利影响，道教主张通过俭朴的生活来尽量减少对自然界的索取。《通玄真经·九守》曰："尊势厚利，人之所贪，比之身则戏，故圣人食足以充虚接气，衣足以盖形御寒，适情辞余，不贪得，不多积。"②《丹阳真人语录》曰："饥则餐一钵粥，睡来铺一束草，褴褴褛褛，以度朝夕，正是道人活计。"

  道教的"天人合一"思想揭示了人与自然界中天地万物的密切联系，认为人与外部自然环境是统一的整体，遵循着共同的运动法则。这一思想对于我们正确认识和把握人在自然界中的地位、恰当处理人与自然的矛盾、以系统性的视角看待生态环境具有积极的指导意义。继承和发扬道教"天人合一"的生态观将有助于众生平等观念的广泛传播，有助于重建当代社会的生态伦理秩序，从而推动生态环境和人类社会的可持续发展，并为当下的生态文明建设贡献智慧。

---

① 王明：《太平经合校》，中华书局1960年版，第572页。
②《道藏》，上海书店1988年版，第16册，第686页。

四、传统道教文化与道德伦理的重建

在道教看来，人性本是淳善清净的。《云笈七签》卷九五《仙籍语论要记部》中说："既言一切众生，有神识，初淳善不杂，行必合规，动应真理，进退俯仰，行住起卧，莫有失节，一一诸法，皆合道宗，无有差异。"①《太上老君内观经》说："始生之时，神源清净，湛然无杂。"当人迷失于对世俗世界中声色财利的追逐时，贪求之心便会遮蔽敦厚淳善之本性。《道德经》曰："五色令人目盲；五音令人耳聋；五味令人口爽；驰骋畋猎，令人心发狂；难得之货，令人行妨。"《云笈七签》卷九五《仙籍语论要记部》说："染滞所驱，贪著利己所招尔。"在个体价值和主体性显著增强、利益目标的选择范围极大拓展的当代社会，理性道德控制和约束感性欲望的难度不断加大。只有以理性道德为基础建立与当代社会价值观相适应的行为准则，世人才有可能约束自身的行为，从而摆脱感性欲望的控制和奴役。康德曾指出："在这个范围内，他的理性对于感性就总有一种不能推卸的使命，那就是要考虑感性方面的利益，并且为谋今的幸福和来生（如果可能的话），而为自己立下一个实践准则。"② 因此，撷取道教诚信、守义等道德伦理主张，将其与社会主义核心价值观相结合，重建当代社会道德伦理，将有助于建立适应当代社会价值需要的道德规范和行为准则。《关圣帝君觉世宝训》曰："人生在世，贵尽忠孝节义等事，方于人道无愧，可立于天地之间。"《抱朴子》说："欲求仙者，要当以忠孝和顺仁信为本，若德行不修，而但务方术，皆不得长生也。"《太平经》曰："人尽习教为虚伪行，以相欺殆，我独教人为善，至诚信，天报此人。"③ 又曰："子欲重知其大信效，天道神灵及人民相得意，相舍于心，而至诚信。"另一方面，道

---

① 《道藏》，上海书店1988年版，第22册，第649页。
② [德]康德著，韩水法译：《实践理性批判》，商务印书馆1999年版，第62页。
③ 《道藏》，上海书店1988年版，第24册，第343页，《太平经》第6卷。

教劝诫与警告世人不得见利忘义。陆修静在《受持八戒斋文》中说："不得盗他物以自供给。"《玉清经·本起品》劝诫道："不得欺凌孤贫，夺人财物。"《妙林经二十七戒》曰："不得盗窃人物，不得妄取人财。"《老君说一百八十戒》规定："不得横求人物"，"不得强取人物"，"不得妄取人一钱以上物"。道教还将道德约束与神仙信仰相结合，运用神明监督和因果报应思想劝诫世人加强道德自律，从而引导外在的行为规范转化为人本身的内在品德修养。《太上感应篇》说："诸横取人财者，乃计其妻子家口以当之，渐至死丧。若不死丧，则有水火、盗贼、遗忘器物、疾病、口舌诸事，以当妄取之值。"① 又说："取非义之财者，譬如漏脯救饥，鸩酒止渴，非不暂饱，死亦及之。"②《关圣帝君觉世宝训》诫曰："凡人心即神，神即心，无愧心，无愧神，若是欺心，便是欺神。故君子三畏四知，以慎其独。勿谓暗室可欺，屋漏可愧。一动一静，神明鉴察。十目十手，理所必至。况报应昭昭，不爽毫发。"

　　道教所追求的道德理想在于复归真道境界。《庄子·渔父》云："真者，精诚之至也。""真"是与道合一的状态，是至上的道德境界，是世人普遍接受的道德规范和价值目标。"从个体德性向整体伦理的位势改变，构成了当代社会道德形态的一个基本特征。换言之，从价值上讲，我们重视个体的人的地位；然而从道德上讲，我们却不能依靠个体的人的作用，而是需要立足于作为行为主体的社会整体的力量"。③ 因此，发挥作为社会整体力量重要组成部分的文化在当代伦理道德重建过程中的重要作用，将道教文化中的真、善伦理思想纳入当代伦理道德重建过程，唤醒人们的真、善本性，不仅有助于世人抵御感性欲望对清净心灵的侵蚀，而且有利于整个社会正

---

① 《道藏》，上海书店1988年版，第27册，第139页，《太上感应篇》第30卷。
② 《道藏》，上海书店1988年版，第27册，第139页，《太上感应篇》第30卷。
③ 参甘绍平：《当代社会道德形态的基本特征：从个体德性走向整体伦理》，《伦理学研究》2015年第4期，第27页。

确价值观的塑造，有利于"有德行者必有福报，无德行者寸步难行"的社会治理机制的构建。

在价值观念迥异、利益诉求多元的当代社会，有效规范人们的道德行为，仅仅依靠法律法规和各项制度是难以实现的。唤醒人们心中本然存在的真善美，重建道德伦理秩序，需要从包括道教文化在内的中华传统优秀文化中汲取思想资源。2017年10月召开的中国共产党第十九次全国代表大会，向全世界庄严宣告中国特色社会主义进入了新时代。在努力实现中华民族伟大复兴的新的历史时代，继承和弘扬传统道教文化，挖掘其伦理思想以为今用，将有利于社会主义核心价值观引领作用的更好发挥，有利于当代社会伦理的重建，有利于两个百年目标和中华民族伟大复兴中国梦的实现。

传统戒律建设与道教健康发展

归潇峰[*]

摘　要：戒律是宗教基本的道德和行为准则，是区分神圣与世俗的重要界限。自立教以来，道教的戒律条文不断发展和完善，形成了相对稳定的戒律体系，这些道教传统戒律不仅约束了道教徒的举止行为、日常生活，而且进一步规范了宗教活动的神圣与庄严。当前社会飞速发展，道教如何坚守传统戒律这一基本底线，积极推动道教在当代的健康发展，成为当前道教研究亟待解决的一项重大课题。

关键词：戒律　道教建设　当代发展

一、传统戒律的发展脉络

传统道教戒律，按广义而言可以分为戒、律、科、清规等多种类型，狭义则专指戒、律二类，本文所言之戒律主要是后者（戒与律）。所谓的戒律一般是指"为道士修真必须遵守的戒条和法规"，[①] "约束道士行为以防止违反教规的警戒条文"。[②]《道教大辞典》解释说："道教戒律是教团为了自身的巩固和发展，要求信仰者应当遵守

---

[*] 归潇峰，现任昆山市道教协会副秘书长，《江苏道教》责任编辑，致力于当代社会与道教互动研究。
[①] 方克立：《中国哲学大辞典》，中国社会科学出版社1994年版，第339页。
[②] 黄海德、李刚：《简明道教辞典》，四川大学出版社1991年版，第193页。

的思想原则和行为准则。"① 这是对道教戒律最基本的一种解释，可无论是历史典籍又或是当代辞典对戒律的解释往往都是分开定义。《道教义枢》说："戒者，解也，界也，止也，能解众恶之缚，能分善恶之界，又能防止诸恶也。律者，率也，直也，栗也，率计罪愆，直而不枉，使惧栗也。"②《中华道教大辞典》的解释十分全面："戒是约束道士言行、防止'恶心邪欲''乖言戾行'的规戒，戒是戒条，主要以防范为目的。律是约束道士言行、防止'恶心邪欲''乖言戾行'的律文，律是律文，主要以惩罚为手段。律文是根据戒条而建立的。"③ 所以说，作为一个稳定而连续的宗教，戒律为道教自身的制度化建设提供了一套较为系统的规范和准则。伴随着历史的演进和发展，其戒律内容得以不断充实和完善，形成了相对稳定的戒律体系，指导道教徒举止行为、日常生活，规范了宗教活动的神圣与庄严。可以说，道教戒律是道教区别于其他宗教的重要表达。

按道教人士观点认为，道教源于黄帝、始于老子、创于张道陵，是一个具有内在传承脉络的本土宗教。而大部分专家学者则继承了"宗教四要素"的基本观点，深受卿希泰先生对中国道教研究成果之影响，认为系张道陵正式创立了道教。这里综合道教历史、教义思想、教团发展等多方面因素，将道教戒律之发展脉络简要划分为七个时期：雏形时期、初订时期、发展时期、转型时期、改革时期、低谷时期、复苏时期。

1. **雏形时期**。道教戒律之源头众多，一方面源自原始宗教祭祀之禁忌，另一方面源于道家文化理论和新思想流派。在传统斋戒祭祀里，沐浴更衣、不饮酒、不食荤，称为"斋"。诚如，朱越利先生指出：原始道教已有戒律，初期有些戒律与斋合在一起。所谓节食

---

① 中国道协：《道教大辞典》，华夏出版社1994年版，第517页。
② （清）孟安排：《道教义枢·十二部义第七》，《中华道藏》，华夏古籍出版社2004年版，第五册，第556b页。
③ 胡孚琛：《中华道教大辞典》，中国社会科学出版社1995年版，第564页。

斋、心斋，要求祭祀必恭敬清洁，要求去欲除秽，实际上就包含着戒。① 按此说法，道教戒律在雏形时期以"斋戒"的要求出现。在文化理论和思想流派方面，道教戒律则是以先秦老君《道德真经》为思想源流，《经》云"不自见故明，不自是故彰，不自伐故有功，不自矜故长"（第16章）；"知足不辱，知止不殆"（第44章）；"一曰慈，二曰俭，三曰不敢为天下先"（第67章）。这些言论实际上就是在告诫人们要学会知足、慈俭、谦逊，从中似乎已经可以发现道教戒律的某些端倪。汉时老君思想与黄帝联系起来，形成了"黄老"学派思想，其不累于俗、不谋于智、情欲寡浅、休养生息、顺乎自然的理论对当时政治、经济、社会等诸多方面都产生了重要影响。东汉末年，自张天师创设正一盟威道时便制定了一些仅在内部通行的规定，称为科律。如"教以诚信不欺诈，有病自首其过""置义米肉，悬于义舍，行路者量腹取足；若过多，鬼道辄病之""有小过者，当治道百步，则罪除""又依《月令》，春夏禁杀，又禁酒"。② 这些规定不同于原始祭祀时期的"以斋为戒"，而是道教出现之后真正的"道戒"（亦称"道诫"），对教内某些事项做出禁止性规定，是早期道教戒律雏形之重要体现。

2. 初订时期。如果说，后汉三国以前的道教戒律主要体现在经典和流派之中，那么，"三张"时期的《老君想尔戒》则成为道教戒律制订的重要标志，其内容为"行无为，行柔弱，行守雌，勿先动，此上最三行；行无名，行清静，行诸善，此中最三行；行无欲，行知止足，行推让，此下最三行"。③ 可以说，《道德尊经想尔戒》（亦称《老君想尔戒》）是道教最早的具条文形式的戒律，标志着道教

---

① 朱越利、陈敏主编：《道教学》，当代世界出版社2000年版，第261页。
② （西晋）陈寿：《三国志·张鲁传》，中华书局1959年版，第263—264页。
③ 《太上老君经律》，《中华道藏》，华夏古籍出版社2004年版，第八册，第581a—581b页。

戒律正式出现。① 通常而言，魏晋南北朝的道教出现了向官僚贵族和士大夫阶层传播的迹象，尤其是天师道北迁之后，张家失去了宗教的权威性，使得南北方道教长期处于领袖缺失的状态，出现了教区组织涣散、戒律松弛的局面。面对此类情形，寇谦之、陆修静等一批教内有识之士开始重视对南北天师道的规范管理并进行了道教改革，制订了大量的戒经律文，大致有《老君音诵戒经》《太上经戒》《女青鬼律》《玄都律文》《老君说一百八十戒》《太上老君戒经》《太上老君经律》《正一法文天师教戒科经》等戒律经书。② 同时，南朝陆修静祖师从斋醮仪式的规范着手，重点对南天师道进行改革，其所著科戒道书尤多，今《正统道藏》存有《太上洞玄灵宝众简文》《洞玄灵宝五感文》《陆先生道门科略》《太上洞玄灵宝授度仪》《洞玄灵宝斋说光烛戒罚灯祝愿仪》各一卷。③ 这些戒律大多为因时、因事而制订，内容比起雏形时期的"斋""诫"更为详细具体，并且进一步结合儒家伦理纲常，作为教内基本准则，以规范教民的日常生活。

3. 发展时期。唐朝是道教发展的全盛时期，一方面表现在李唐统治者对道教的大力扶持，采取尊封老子为"太上玄元皇帝"、优宠道士、兴建道观、设置崇玄馆等一系列崇道措施，另一方面唐朝道教高道辈出、教派融合、思想发展、理论转型等多种因素，极大推动了道教戒律的长足发展，主要代表人物有朱法满、张万福、杜光庭。初唐玉清观道长朱法满所撰《要修科仪戒律钞》是当时道教科仪戒律的代表之作，全书共十六卷，收入《正统道藏》的洞玄部戒律类。该部类抄所引科仪戒律皆为南北朝至唐初之三洞经戒科仪。其中，卷一至卷二辑录道士传授、讲诵道经之科仪；卷三录道教弟

---

① 唐怡：《道教戒律研究》，四川大学博士学位论文，2006年，第19页。
② 卿希泰主编：《中国道教史》，四川人民出版社1996年版，第1卷第560—561页。
③ 刘绍云：《道教戒律与传统社会秩序研究》，山东大学博士论文，2006年，第16页。

子奉师礼仪；卷四至卷七辑录各种戒律愿念；卷八至卷九辑录各种行斋科仪；卷十至卷十一辑录治屋、治名、治所属、治室之法，以及各种上章奏表科仪；卷十二至卷十四抄录各种行道结缘之杂仪；卷十五至十六辑录道士及各种人等疾病丧葬之仪。①张万福道长是唐中期长安清都观道士，睿宗时曾参与金仙、玉真两位公主授道箓，他的著作十分丰富，在道教戒律方面主要有《三洞众戒文》《三洞法服科戒文》《传授三洞经戒法箓略说》等。第一部戒律是为方便道士修持而编纂的戒律手册，具有很强的针对性和实用性。第二部戒律系抄录道经《天师请问法服品》而成，是规范道士法服方面的戒律规范。第三部戒律简述了传授道教经戒法箓之阶次以及传授时应具备之信物、券契等规则要求。如前所述，早期道教戒律体现在斋法里所含的一些禁止性的"戒"（"诫"），而对斋醮科仪的规范化和制度化，在某种程度上来说同样属于道教戒律范畴，《三洞法服科戒文》即是如此。而唐末五代的杜光庭则是斋醮规范方面的集大成者，他对道教斋醮科仪进行了大量的整理和修订，并把斋戒思想和道门戒律结合起来，代表作《道门科范大全集》就是以陆修静的灵宝斋为基础，进一步吸收张万福斋醮戒律思想，从而修订形成了一套完整的斋醮科仪体系（含道场戒约），有效约束了参与法事道场的道长的行为举止，规范了道教斋醮科仪的内容和形式，极大提高了宗教活动的神圣与庄严。

4. **转型时期**。与唐朝的整合及制度化的道教不同，宋金元时期道派林立，北方出现了真大道、太一道、全真道，南方出现了天心、神霄、清微、净明诸派，新道派的出现和设立，使得普遍化、大众化道教戒律因为修持方法不同在近世早期面临着巨大转型压力，而随着时代发展、朝代更迭，各道派相互融合，形成了"北全真、南正一"的局面。宋朝时期，虽然在道教戒律转型方面没有出现过代

---

① 丁常云：《试论道教戒律建设的发展历程》，《中国道教》2004年第6期，第11页。

表性人物，但宋真宗时的张君房却值得一提，他曾被举荐主持编修《大宋天宫宝藏》，后因其卷帙浩繁、检索复杂，于是择其精华，重新辑录成《云笈七签》一百二十卷，这是"研究北宋以前道教经典教义及其方术、历史之重要资料"。① 其中，卷三十七至四十专门介绍道教戒律，主要有五戒十善、玉清经本起五戒、智慧本愿大戒、十善劝助戒、太霄琅书十善十恶、思微定志经十戒、妙林经二十七戒、老君想尔戒、老君二十七戒、老君说一百八十戒、老君说五戒、化胡经五戒、大戒经十戒、百病百药、初真十戒、清戒、女真律戒、太上黄素四十四方经戒、金书仙志戒、上清大洞戒、灵宝戒、八戒，等等，这些戒律条文是宋人张君房总结汇编了前代道教戒律，是当时道教最全面的戒律合集。金大定七年（1167）王重阳祖师在山东创立全真道，其修持之法与传统正一派完全不同，继承了钟吕内丹道的思想，其特点重视合一儒释道三教、以"全精全神全气"为成仙证真之境界、以"苦己利人"为宗教实践原则。② 这些不同之处让传统戒律规范已无法适应新教派的需求，道教戒律亟待转型。于是，重阳祖师在《重阳立教十五论》《重阳金关玉锁诀》《重阳教化集》等道书上对全真道戒律提出了详细规定，同时还以"三坛大戒"开坛传戒，其内容由"初真戒""中极戒"与"天仙大戒"三部分组成，乃为全真道授受传承之根本戒律。③ 需要说明的是，全真道发展到元朝时教团不断壮大，《全真清规》应运而生，进一步规范了全真道士在生活、礼仪等方面的戒条和规文，使全真派的戒律规范再次得以成功转型。

5. **改革时期**。明初道教"玄纲日坠，道化莫敷，实丧名存，领

---

① 胡孚琛：《中华道教大辞典》，中国社会科学出版社1995年版，第230页。
② 参卿希泰、唐大潮《道史》，江苏人民出版社2006年版，第213—215页。
③ 见见：《道教戒律的历史发展与特色》，《中国道教》2004年第6期，第18页。

衰裘委"。① 面对纷繁复杂的状况，第四十三代天师张宇初祖师清整道教，治理弊端，昭宣圣治，改革戒律，专作《道门十规》一卷，内容囊括道教源派、道门经箓、坐圜守静、斋法行持、道法传绪、住持领袖、云水参访、立观度人、金谷田粮、宫观修葺等方面，张宇初天师的十条规戒化简御繁、总结升华，对教徒的信仰生活和社会生活等方面都作出了非常细致的规定，这就是在告诫教徒要遵守教规，一改道门之不良风气。此外，明清时期全真派对戒律同样进行了一定程度的改革，主要表现在传戒对象和范围上。如前所说，金元时期王重阳祖师创教时曾颁布多项清规戒律，并创造性地设置了"三坛大戒"。然而早期的初真、中极、天仙之戒仅在内部相授，不对外公开，直至清初全真龙门派第七代律师王常月祖师深感道门颓敝、邪说流行，在担任北京白云观方丈之后，曾先后三次开坛说戒，度收弟子千余人，又南下江浙之地弘道说戒，度化弟子。王祖师所著之《初真戒律》《碧苑坛经》正是体现了其道教戒律思想。前者是初出家的道士、女冠及在家善男信女所奉持的戒律，是王常月祖师传戒的理论和实践的依据。后者是其在南京隐仙庵说戒内容，由他的弟子整理而成，详论修炼次第与方法，继承全真道先性后命的内丹法要，并以修性为本，而修性的关键是做到戒行精严，他提出以初真、中极、天仙三坛大戒为戒、定、慧的渐进之基，针对"元风不振，戒律松弛，道化颓靡，黄冠失教，屡屡受教羽流，多有违条犯戒"的现象。②

6. **低谷时期**。清朝时期，从清世祖顺治开始就一直强调要学习汉族的政治和文化，但是清廷对汉族的宗教信仰一直保持疏远态

---

① 张宇初：《道门十规》，《中华道藏》，华夏古籍出版社2004年版，第42册，第639b页。
② 刘绍云：《道教戒律与传统社会秩序研究》，山东大学博士论文，2006年，第22页。

度。① 鸦片战争、甲午中日战争、八国联军侵华等一系列事件，让华夏大地满目疮痍，伤痕累累。在延续明后期抑制政策和清前期疏远态度之后，清晚期的道教几乎陷入了停滞，其戒律方面的建树亦是微乎其微。1912 年，先后在北京和上海分别成立了两个全国性的道教会，即北京的"中央道教总会"、上海的"中华民国道教总会"，前者发起人和领导人为全真宫观住持，后者是以江西龙虎山天师府为本部，以上海为总机关部的正一派全国性组织。② 两个全国性道教组织虽然都有明确宗旨（北京《宣言书》、上海《发起词》），都是为了适应社会变化所作出的调整，以自身利益为出发点，但许多会务设想终因经费困难、各自为政、缺乏称职的领袖队伍而未能实现，在道教戒律方面同样没有开展符合时代的调整。刘仲宇指出：1919 年，中国发生了影响深远的"五四"新文化运动。这一反传统运动，主要的打击对象是所谓孔家店，即僵化了的儒学，而对于道教，虽然有过一些批判之声，却很少正眼去看。③ 可见，20 世纪前期的道教一直是被边缘化，并没有得到足够的重视，戒律方面自然没能有所发展。1949 年以后，道教虽然确立了其宗教地位，但却比其他宗教慢一拍，加之在 1978 年改革开放以前，各宗教受到了重大打击，寺观教堂被占作他用，教职人员另谋他业，一切宗教活动停止，道教在戒律方面基本没有任何调整，亦无法调整。总之，从清晚（1840）至改革开放（1978）之间，这百余年间道教戒律的发展受到了社会、政治等多方面因素的制约，总体表现为沉寂的状态。

7. 复苏时期。改革开放以后，随着宗教信仰自由政策的贯彻落实，宗教工作开始步入正轨，经过 40 年发展，道教成为中国五大宗教之一，现有道教教职人员 4 万余人，道教宫观 9000 余座，道教院

---

① 参陈耀庭：《陈耀庭道教研究文集》，上海书店出版社 2015 年版，上卷第 290 页。
② 卿希泰、唐大潮：《道教史》，江苏人民出版社 2006 年版，第 346 页。
③ 刘仲宇：《重返社会舞台的努力——道教教义探讨升温的宗教社会学评析》，《攀援集》，巴蜀书社 2011 年版，第 430—431 页。

校10所。① 新时代推动了道教各项工作的有序开展，其中就包括道教戒律的复苏。需要说明的是，笔者认为当代道教戒律一方面是指组织（道协、道观）对道教管理而制定的一系列规章制度，其表现虽然不是传统意义上的道教戒律形式，却在当代传度授箓、冠巾传戒、民主管理等方面作出了详细而严格的规定，仍发挥着戒律所具有的作用，形式上不同于传统道教戒律，可称为"类戒律"；另一方面是鉴于传统道教戒律的约束、规范等作用依旧十分重要，而如今教内戒律松弛，于是开始继承传统、创新发展对传统道教戒律清规进行符合当代的修订和颁布，故谓之"复苏"。基于这样两种前提，我们发现除了原国家宗教事务局颁发的《宗教事务条例》《宗教教职人员备案办法》《宗教活动场所主要教职任职备案办法》等以及中国道协每届修改的《章程》之外，自中国道协第五届理事会（1992）开始，先后颁布《道教宫观管理办法》《关于正一派道士授箓的规定》《道教宫观主要教职任职办法》《关于全真派道士传戒的规定》《道教全真派冠巾活动管理办法》《道教正一派传度活动管理办法》等，尤其是第九届理事会（2015）通过的《道教宫观规约》，是在继承传统道教戒律的基础上制定的新时代戒律，内容体现的是"律"的特征，即"为而处之"，主要的处罚方法有神前思过、抄经思过、迁单、革除道门等。据此，《上海道教清规榜》《龙虎山道教清规榜》也先后颁布实施，成为地方道协、道观的典范。可以说，宫观规约和清规榜的正式出现，标志着停滞了100多年的道教戒律又重新复苏起来，相信未来会发展得更为完善。

二、当代道教戒律的构建与发展意义

道教历经数千年的发展形成了相对完整和系统的道教戒律体系，

---

① 《中国保障宗教信仰自由的政策和实践》白皮书，新华网：http://www.xinhuanet.com/politics/2018-04/03/c_1122629624.htm.

对其自身产生了极为深远影响。在面临当前机遇与挑战并存的局面，教内出现了教徒戒律意识淡薄、戒律体系不完善等问题，而这些问题严重影响了道风建设，制约了道教发展。因此，道教戒律在新时代的再次构建和复苏，对当代道教健康发展具有重要意义。

1. **戒律是道教立教的基础**。众所周知，宗教都有属于其自身的独特信条，这是一种宗教区别于其他宗教的重要标志，而戒律所规定之内容正是信条体制的一个向度。如果说，道教徒所说之"道"是道教最高信仰，是道教与其他宗教最本质上的区别，是道教的立教之本，那么道教徒日常所遵守的戒律则是依"道"而设的具体条文，是对信仰忠诚度的重要衡量标准，是道教立教的基础。《老子想尔注》是重点对老子思想进行神学建构，并赋予其具有宗教意味的思想理论。其中"守道诫"，即遵守由"道"衍生出的规定，以及其本身所蕴含的柔弱、少欲、守静等思想都是早期道教戒律的雏形，而这些初期戒律思想恰恰是道教区别其他宗教的重要特征，是祖天师立教之初所设立的，为今后道教的发展和支派的诞生奠定了戒律层面的理论基础。如净明派就是围绕道教基本戒律思想，结合世俗社会和儒家伦理的要求，提出了以"八宝垂训""十戒"、《太微仙君功过格》等作为规范准则。这里需要指出的是，虽然此时（宋元时期）已经产生了"功过格""清规"（如《全真清规》）这类新名词、新形式，但其本质上依旧发挥着戒律的作用，并且对道教徒已从原先"他律"转变为"自律"，更加深入教徒内在精神上的约束。

2. **戒律是道教发展的保障**。在宗教教团之中，宗教规则——戒律（包括清规）的功效，首先在于约束宗教组织内部人员的言行、思想，有效地促使教徒个体的活动同组织目标一致；其次是充当宗教组织内部管理之准绳。道教戒律在维系道教教团组织方面也同样扮演了重要角色。通过建立和完善一套所有教徒共同认可和严格履行的规则——道教戒律这一规则是道教徒当无条件服从的权威，使道教徒的言行、思想都有了可以为据的准则。① 从道教发展看，历史上的道教教团组织曾出现过颓废和变动，如魏晋南北朝时天师道分化问题，明初道教纷乱、弊端杂处的问题，清初道门颓敝、邪说流行的情况，这些时期的道教工作都开展得不理想，难以保证推动道教长期稳定发展。于是寇谦之、陆修静、张宇初、王常月等一批高道大德积极开展清整道教，丕振玄风，他们工作的共同点就是重视戒律。南北朝的《老君音诵戒经》《正一法文天师教戒科经》《陆先生道门科略》等，规范了道教组织体制和斋醮仪范，为唐朝道教的蓬勃发展提供了内在可能；明朝张宇初天师对戒律内容化简御繁、总结升华，专作《道门十规》一卷，以规定教徒的信仰生活和社会生活，使明朝道教得以平稳有序发展；清初王常月祖师对内部相授的"三坛大戒"公开说戒，度收弟子千余人，促进了全真道在江南地区的广泛流传，出现了教门"龙门中兴"。总之，历代祖师高道对传统道教戒律的适时修订，有效地改变了道教颓废不兴之面貌，保障了道教的健康稳定。

3. 戒律是道观管理的方式。道观是弘扬道教文化的主要阵地，是满足道教徒信仰需求的平台，是开展道教活动的重要场所。因此，道观管理的好坏直接决定着道观的自身发展状况，进而影响道教的整体形象。针对道教的管理，分级管理法历来就是一种很好的管理方法。道教传统分级管理法，主要是道教十方丛林的管理体制。② 即道观最高领导为方丈（住持）、监院，下设三都、五主、十八头、二十四执事，分别负责道观日常工作。基于这种传统方法，参与管理的道长在担任具体职务时，根据所制定的规戒条文开展工作，而戒律无疑是对道观管理提出了详细要求。如张宇初天师《道门十规》所涉及的"住持领袖"篇，就是记述担任宫观住持的条件以及如何

---

① 唐怡：《道教戒律研究》，四川大学博士学位论文，2006 年，第 118 页。
② 闵智亭：《道教仪范》，中国道教学院编印，1990 年版，第 12 页。

做一名道门领袖;"金谷田粮"篇则记述租课金谷、簿书库堂应为都监、上座监临掌管,以下者止依腊叙长幼轮管,要求做到大公无私,不得亏瞒入己,违者处罚,甚则更替。再如《全真清规》里关于"坐钵规式""簪披次序"等内容都是道观日常修行、斋醮道场规范的具体要求,不仅展现了道长的良好形象,更是道观规范管理的体现。如今,管理道观早已采用现代民主管理体制,通常是设置"管理委员会",下设宗教活动组、法物流通组、消防安全组、财务管理组等若干小组,并在道观管委会的统一领导下开展日常管理工作。①这种方式与传统管理类似,只是更多体现了民主化、法制化。但是,这种管理模式并不能完全取代传统的管理方式。当代道教宫观管理,仍然离不开"戒律"管理,这是现代道观管理的重要内容,我们必须要制定符合时代特色要求的"新规榜",以此在时代浪潮里更好地管理、规范当代道观日常事务。

4. 戒律是道士修行的准则。莱斯特·库尔茨说:(宗教)在恰当行为与不恰当行为之间划定一条禁忌线,建构人们的宗教身份和社会认同,维系社会秩序的合法性,同时为人们日常生活提供一定的引导。② 道教戒律之于道士的重要意义就在其能够成为道教徒作为宫观修行、日常生活的基本行为准则,进而规范道长的举止言行、精神心理等方面。戒律对道长的修行首先是体现在对外在日常的生活习惯、行为举止、威仪形象上的规范。道教"科仪三师"陆修静、张万福、杜光庭在他们斋醮仪范的著作里都不同程度地提及了道士的日常穿戴、科仪法事着装等要求,以此规范道长的仪容仪表。《正一威仪经》曰:"道士行住坐卧,皆当合道,正容敛色,端直其身,不得倾斜,失其仪相,威仪先首,可不慎之。"③ 可见,道教徒的日

---

① 参丁常云:《道教与当代社会》,中西书局 2017 年版,第 449 页。
② [美] 莱斯特·库尔茨著,薛品、王旭辉译:《地球村里的诸神——宗教社会学入门》,北京大学出版社 2010 年版,第 43 页。
③ 《正一威仪经》,《中华道藏》,华夏古籍出版社 2004 年版,第 42 册,第 101c 页。

常生活起居当有威仪，行走坐卧需合要求，不可举止轻浮、过分随便。又如，饮食方面道教十分重视戒酒、节酒，《虚皇天尊初真十戒文》里说"不得饮酒过差，食肉违禁，当调和气性，专务清虚"。①朱法满的《要修科仪戒律钞》也说："断酒节行，调和气性，神不损伤，无犯众恶。"② 不难发现，醉酒是乱气伤神之事，不适合调和道长自身之气性，亦不利于在宫观修行。其次，道教戒律对道长的修行则体现在内在心灵、思想意识等无形方面，这一层面是为了加强对道长的自我内在约束。我们知道，道教戒律里非常强调"戒意"或"戒心"，尤其是唐末以后内丹道所倡导的性命双修更是非常重视。《无上内秘真藏经》卷九云："二者戒意，意不妄贪，无犯诸恶……五者戒心，心忍如地，无有怨结。"③ 所以说，戒律的内在作用就是为了克服一己之心欲，去除邪杂之念想，使心归于澄明正定，以方便更好修行。

5. 戒律是道风建设的举措。道风是道长、道观向外展示形象和风貌的直接表现，是外人最为直观的感受，也是他们对道教的第一印象。道风的好坏优劣直接关系着道教发展。我们发现，注重个人修持、戒律执行力强、宫观管理严格，那么道长、道观都可以展示出良好风貌，相反则往往会被外人摒弃，乃至于影响道观自养和一方道教形象。所以，要培育良好道风，关键举措在于对戒律的贯彻与执行。历代高道都十分强调持戒、守戒的重要性。就道长而言，要始终保持对道教经典的持诵，培养正信、正行的道教信仰。此外，戒律对道长的日常行为规定得非常细致，我们要结合五戒、九戒等基本戒律，规范自己的言行，约束自己的心性，秉持戒杀、戒盗、

---

① 《虚皇天尊初真十戒文》，《中华道藏》，华夏古籍出版社 2004 年版，第 42 册，第 647b 页。
② 朱法满《要修科仪戒律钞》，《中华道藏》，华夏古籍出版社 2004 年版，第 42 册，第 179c 页。
③ 《无上内秘真藏经》，《中华道藏》，华夏古籍出版社 2004 年版，第 5 册，第 443c、444a 页。

戒淫、戒诈、戒嗔等戒律要求。就道观而言，要严肃道门风气，整肃道观乱象。丁常云道长指出："当代道教宫观就必须要有一整套较为完善的清规戒律，这不仅是道教宫观内部管理的需要，是道教加强自身建设的需要，而且也是宗教活动场所区别于一般世俗单位的根本所在，更是道教宫观的神圣性所在。"① 因此，在当代要遵守中国道协的《宫观规约》和《关于道教协会和宫观负责人带头加强道风建设的若干意见》，制定出既符合道教教理教义又适合宫观自身发展的戒条（如上海道教清规榜）。同时，道观负责人要做好道风排头兵、先行者，精进修持、言传身教、自觉遵守戒律、自觉抵制歪风，坚持开展中国化、去商业化工作，努力展现道长、道观的良好道风道貌。

6. 戒律是社会教化的途径。通常认为，宗教对社会大众具有教化作用，而戒律的运用无疑是教化大众的重要途径。按照宗教社会学观点认为，宗教具有社会控制功能，"社会控制就是社会给予个人行为的各方面约束"，"所谓宗教手段，就是用宗教信仰、感情、仪式、教义约束人们的行为。宗教对人的这种约束就是它的社会控制功能"。② 这里的社会控制功能实则就是对道教戒律教化作用的一种社会学表达，"宗教是生机勃勃的复杂的想象性和仪式性的力量，它通过勾画那种超越对人类力量的惯常限制的时间和永生而形塑着生活的行动的过程，并以此改变着人类的意识"。③ 事实上，道教戒律在当代社会的作用就是在于弥补法制和道德所无法辐射之空白地带，即需讨论道教戒律如何辅助法制和道德开展服务社会、治理社会的工作。就以忠孝为例，在面临着社会大众所言之忠孝观念低沉、执

---

① 丁常云：《继承传统、学道持戒、坚定信仰、适应时代——关于当代道教戒律三个问题的思考》，《中国道教》2001年第4期，第18页。
② 戴康生、彭耀主编：《宗教社会学》，社会科学文献出版社2000年版，第171页。
③ [美]威廉·席崴克著，孙尚扬译：《追寻生命的整全——多元世界时代的神学伦理学与全球化动力》，华东师范大学出版社2011年版，第41页。

行力低的情况，忠孝似乎在道德上已经无法用有效方法去改变，在法制上又不能明确具体要求以管束，忠孝价值观的重新建构和大力引导迫在眉睫，这时亟需宗教戒律上关于爱国孝道思想的社会控制功能。在道教"三皈九戒"里要求"克勤，忠于国家；敬让，孝养父母"，净明道的"八宝垂训"之首要就是提及"忠孝"。这些戒律思想所蕴含的道教忠孝观，可以通过发挥宗教教化和劝善的作用在信众之间进行大力推广，进而扩大并泛化到周边的世俗大众，以此重塑忠孝风气。总之，道经戒律的社会控制功能在当代无论是对构建和谐家庭还是建设和谐社会都是非常之裨益。

　　传统道教戒律的建设和发展，不仅约束了道教徒的日常生活、宫观修行、精神心理等方面，而且也进一步规范了宗教活动的神圣与庄严，明显区别于其他宗教和世俗世界。在当代，要处理好传统道教戒律与道教健康发展的关系，一方面要注重戒律在道观、道教、社会层面的功用和价值，另一方面要重点思考道教戒律如何继承与发展、信仰与修持、适应与服务三大课题。如此，当代道教方能强本固基、应物变化，方能更好地积极与社会主义社会相适，以发挥更大作用。

非物质文化遗产保护与道教文化建设

郑土有[*]

摘　要：道教是我国土生土长的宗教，是我们的先民在生存实践中为满足人们的精神需求而形成的，在长期的发展过程中不断改进完善，表现了中国人对自然、对社会以及对人类自身独特的见解，是我国传统文化的重要组成部分，也是非物质文化不可或缺的部分。在非物质文化遗产保护的工作中，重视道教中的非物质文化遗产，不仅可以丰富我国的非物质文化遗产的内涵，也可以凸显道教文化的价值，扩大道教文化的影响，有利于道教文化的传承和弘扬。

关键词：非物质文化遗产　道教非物质文化　原生型宗教

引　言

2003年10月17日联合国教科文组织在巴黎举行的第三十二届会议上通过了《保护非物质文化遗产国际公约》（以下简称《非遗公约》），认为"承认全球化和社会变革进程除了为各群体之间开展新的对话创造条件，也与不容忍现象一样使非物质文化遗产面临损坏、消失和破坏的严重威胁，而这主要是因为缺乏保护这种遗产的资金"；而非物质文化"是文化多样化的熔炉，又是可持续发展的保

---

[*] 郑土有，复旦大学中文系教授、博士生导师，中国民俗学会常务理事及副秘书长，华东师大中国民俗保护研究开发中心兼职研究员。

证","是密切人与人之间的关系以及他们之间进行交流和了解的要素,它的作用是不可估量的"。正是因为这个原因,"必须提高人们,尤其是年轻一代对非物质文化遗产及其保护的重要意义的认识"。因此,可以说非物质文化遗产保护是由联合国教科文组织发起,旨在保护文化多样性、促进人类文化可持续发展的一场世界范围内的文化运动。我国因为自改革开放以来,步入社会急剧转型期,大量产生于农耕文明时期的非物质文化快速衰微乃至消亡。联合国教科文组织所推行的非物质文化遗产保护工作,正是我国迫切需要的,于是很快得到政府的积极响应。2004年8月第十届全国人大常委会批准加入《非遗公约》,我国成为首批缔约国之一。从此一场自上而下、声势浩大的非物质文化遗产保护工作在全国全面展开。从国家文化部到省市文化厅、区县文广局都设立了专门的非遗保护机构,有专职人员、专项经费作保障,我国成为国际上保护非物质文化遗产最为成功的国家之一。截至2018年,我国入选联合国教科文组织人类非物质文化遗产名录40项(包括"代表作名录"32项,"急需保护名录"7项,"优秀实践名册"1项),国家级非物质文化遗产代表作1372项,还有数量庞大的省市级、区县级非物质文化遗产名录。2011年2月25日,第十一届全国人民代表大会常务委员会第十九次会议通过了《中华人民共和国非物质文化遗产法》(以下简称《非遗法》),以国家法律的形式规定了非物质文化遗产保护工作的合法性。

《非遗公约》中对"非物质文化遗产"的定义是:"指被各群体、团体(有时被个人)视为其文化遗产的各种实践、表演、表现形式、知识和技能及其有关的工具、实物、工艺品和文化场所。各个群体和团体随着其所处环境、与自然界的相互关系和历史条件的变化不断使这种代代相传的非物质文化遗产得到创新,同时使他们自己具有一种认同感和历史感,从而促进了文化多样性和人类的创造力。"《非遗法》中对"非物质文化遗产"的定义是:"指各族人民世代相传并视为其文化遗产组成部分的各种传统文化表现形式，以及与传统文化表现形式相关的实物和场所。"

道教是我国土生土长的宗教，是在我们先民的生存实践中为满足精神需求而形成的，在长期的发展过程中不断改进完善，表现了中国人对自然、对社会以及对人类自身独特的见解，是我国传统文化的重要组成部分，也是非物质文化不可或缺的部分。在非物质文化遗产保护的工作中，重视道教中的非物质文化遗产，不仅可以丰富我国的非物质文化遗产的内涵，也可以凸显道教文化的价值，扩大道教文化的影响，有利于道教文化的传承和弘扬。

一、原生性和包容性：道教非物质文化的生成

道教是中国本土宗教，也是具有鲜明中国特色的原生型宗教，与中国传统文化息息相关。当然，道教也是一种包容性很强的宗教。其神灵谱系几乎罗列了所有自古以来在中华大地上形成的信仰神灵，从原始自然崇拜的雷神电母、风神雨师，到传说中修炼成仙的仙人，到各种各样的历史名人，而且不间断地将新产生的神灵罗列其中。当然道教对民间信仰神灵的"吸收"，并不是简单的"拿来主义"，而是进行符合道教原则的"改造"，并将他们安排在系统坐标的合理位置上，最突出地表现在葛洪的《枕中书》和陶弘景的《真灵位业图》中。信众要求把民间供奉的地方神灵置放于道教宫观中，宫观一般都能欣然接受；而民间造个小庙，供奉道教的大神，道教也不会干涉。这种情况在其他宗教中是很罕见的。

同时，道教的神灵也走出宫观，进入了民间信仰的视野，最典型的是八仙。八仙（汉钟离、铁拐李、张果老、吕洞宾、蓝采和、韩湘子、何仙姑、曹国舅）最初可能产生于民间，但在中国民间产生广泛的影响，无疑得力于道教全真教。汉钟离被奉为"正阳祖师"，为"北五祖"之一；吕洞宾被奉为"纯阳演政警化孚佑帝君"，全真道奉他为"五祖"之一，通称"吕祖"。八仙在成仙之前，虽然

社会地位不同、身份不一，有的出身官宦之家，有的是无家可归的乞丐，但成仙之后，都具有法力无边的仙术，都有助弱扶贫的善良之心、惩恶除邪的正义之气。民间百姓除了羡慕他们的长生不死和拥有仙术外，更是希望他们能够伸张正义，帮助解决生活中遇到的困难，如疾病、冤屈等。王母娘娘三月三日蟠桃会，八仙为王母祝寿的仙话在民间广为流传，所以八仙就成了人们做寿活动中不可缺少的仙人，而张挂八仙祝寿图、演八仙祝寿戏、唱八仙祝寿的歌谣等都是常见的表现形式。

正因为道教的包容性，使得它除了具有宗教的神圣性外，兼具世俗性，与中国老百姓的日常生活密切相关，如为信众驱鬼除妖、治病招魂、求雨祈晴，等等。

道教不仅有完整的理论体系、信仰体系，而且有一整套操作体系。这套操作体系继承和发展了自古以来流传于民间的巫术法术和民间知识，并进行了系统化整理和丰富发展。

二、道教创造了丰富的非物质文化遗产

《非遗公约》中非物质文化遗产包括以下方面：(a) 口头传说和表述，包括作为非物质文化遗产媒介的语言；(b) 表演艺术；(c) 社会风俗、礼仪、节庆；(d) 有关自然界和宇宙的知识和实践；(e) 传统的手工艺技能。《非遗法》根据我国的实际情况以及对非物质文化的理解，作了一定的调整，包括：①传统口头文学以及作为其载体的语言；②传统美术、书法、音乐、舞蹈、戏剧、曲艺和杂技；③传统技艺、医药和历法；④传统礼仪、节庆等民俗；⑤传统体育和游艺；⑥其他非物质文化遗产。而在我国非物质文化遗产代表作名录评审中，为了便于操作，再次作了改动，按照中国已有的学科分类体系共分为十类：(1) 民间文学，(2) 传统音乐，(3) 传统舞蹈，(4) 传统戏剧，(5) 曲艺，(6) 传统体育、游艺与杂技，(7) 传统美术，(8) 传统技艺，(9) 传统医药，(10) 民俗。按照这

个分类法,道教的非物质文化几乎涵盖所有的类别。

在民间文学类中有仙话。仙话是以记叙神仙活动为主要内容,以追求长生不死和人的自由为中心主题,反映人类渴求生命永恒和幸福美满生活愿望的一种口头叙事文学作品。它大量出现在秦汉时期,历朝历代都有大量的作品流传。历史上有不少的仙话集子,如西汉刘向的《列仙传》,东晋葛洪的《神仙传》,唐代杜光庭的《墉城集仙录》,南唐沈玢的《续仙传》,宋代曾慥《集仙传》,宋代陈葆光的《三洞群仙录》,元代赵道一的《历代真仙体道通鉴》,明代王世贞辑、汪云鹏辑补的《列仙全传》。仙话作品大多根据历代高道、仙人的事迹编创而来,歌颂他们惩恶助善、消灾除妖、治病济贫的事迹,符合民众的心愿,故在民间广为流传。典型的如八仙仙话,遍及大江南北,深入民心,影响极大。

在传统音乐类中有道教音乐,道教音乐又称法事音乐、道场音乐。据《魏书·释老志》记载,北魏明帝神瑞二年(415),寇谦之称于嵩山遇太上老君,授其天师之位,并赐予《云中音诵新科经戒》,制定了《乐章诵戒新法》,遂产生了《华夏颂》《步虚辞》等最初的道乐音韵。南宋时,道教音乐在中国民间广泛流传。明代道教音乐既承袭唐、宋、元三代之旧乐,又吸收南北曲音乐的新制道曲,吸收中国民间音乐如清江行、变地花、采茶歌等曲调,更加规范统一,进入定型时期。近代道教音乐,基本上承袭明代的传统。道教音乐是道教仪式中不可缺少的内容,它能烘托、渲染宗教气氛,增强信仰者对神仙世界的向往和对神仙的崇敬。道教音乐吸取了中国古代宫廷音乐和传统民间音乐的精华,结合道教信仰的特点,形成了道教音乐的独特艺术风格,是中国传统音乐的重要组成部分。2008年道教音乐入选第二批国家级非物质文化遗产名录。

在传统舞蹈类中,道教仪式活动有丰富的肢体动作,属于舞蹈范畴。清初叶梦珠辑《阅世编》卷九中谓道教法事:"引商刻羽,合乐笙歌,竟同优戏。"比如法事活动中的禹步,《洞神八帝元变经·

禹步致灵》中说："禹步者，盖是夏禹所为术，召役神灵之行步，以为万术之根源，玄机之要旨。""推演百端，触类长之，便成九十余条种，举足不同，咒颂各异。"葛洪《抱朴子内篇·登涉》引《遁甲中经》记载："又禹步法：正立，右足在前，左足在后，次复前右足，以左足从右足并，是一步也。次复前右足，次前左足，以右足从左足并，是二步也。次复前右足，以左足从右足并，是三步也。如此，禹步之道毕矣。"很显然，禹步是标准的舞蹈步伐。

在传统戏剧类中有以道教神仙信仰为内容的"神仙道化剧"。明代朱权在《太和正音谱》中将元杂剧分为十二类：神仙道化、隐居乐道、披袍秉笏、忠臣烈士、孝义廉节、叱奸骂谗、逐臣孤子、钹刀赶棒、风花雪月、悲欢离合、烟花粉黛、神头鬼面，神仙道化剧居首位。马致远作杂剧十五种，现存七种，其中有四部均采用神仙题材，分别是《西华山陈抟高卧》（又名《泰华山陈抟高卧》）、《马丹阳三度任风子》《吕洞宾三醉岳阳楼》《邯郸道醒悟黄粱梦》（又名《开坛阐教黄粱梦》）。元杂剧后，"神仙道化"一直是各剧种的主要演出剧目，至今如此。如《天官赐福》戏源自道教的三官信仰，是一种"吉祥小戏"，即在正式演出开始前的一段小戏，戏中天官降临、赐福人间的场面迎合了民众在节庆期间对喜庆、热闹等氛围的需求，因此颇受观众的喜爱。关公是道教中的重要神灵，根据他的事迹而演义的剧目很多，如《桃园结义》《单刀赴会》《三战吕布》《千里走单骑》《斩华雄》《过五关》等。而且还因为关公的信仰，产生了一种独特的地方剧种"关索戏"，流传于云南省澄江县阳宗镇小屯村。当地民间传说，关索戏的产生，是因诸葛亮出征南中时，以关羽之子关索为先锋，曾驻兵于今小屯村。它在演出形式上保留着较原始的面貌，演出时演员一般头戴面具，边唱边舞，有娱神歌舞的遗风。开演时举行祭祀，朝拜乐王庙，它专演三国故事，流传至今。2011年入选第三批国家级非物质文化遗产名录。

在曲艺类中有道情。源于唐代在道观内所唱的经韵，为诗赞体。

宋代后吸收词牌、曲牌，演变为在民间布道时演唱的新经韵，又称道歌。用渔鼓、简板伴奏。之后，道情中的诗赞体一支主要流行于南方，为曲白相间的说唱道情；曲牌体的一支流行于北方，并在陕西、山西、河南、山东等地发展为戏曲道情，以"耍孩儿""皂罗袍""清江引"为主要唱腔，采用了秦腔及梆子的锣鼓、唱腔，逐步形成了各地的道情戏。至清代，道情同各地民间音乐结合形成了同源异流的多种形式，如太康道情、洪洞道情、陕北道情、江西道情、湖北渔鼓、四川竹琴等。道情多以唱为主，以说为辅。有坐唱、站唱、单口、对口等表演形式。

在传统体育、游艺与杂技类中，有道教武术和气功，源自道士的修炼。著名的如武当武术，为内家之宗，起于宋而兴于明，相传为张三丰所创。其功法特点是强筋骨、运气功。强调内功修炼，以静制动，以柔克刚，以短胜长，以慢击快，以意运气，以气运身。又如太极拳，已传播到150多个国家和地区，海外练习者人数可达1.5亿。

在传统美术类，有道教壁画。秦汉间神仙思想盛行，在藻饰宫殿、陵墓的美术作品以及帛画中，常有神仙、祥异（瑞）等内容。辽宁金县营城子汉墓壁画，其左上端云气缭绕，中有一人，身披羽毛；右上端有一龙，昂头相向。画中央有戴三山冠的佩剑人和白发老翁，作神仙与墓主言谈状。壁画中仙人佩剑、羽衣、须发、云气等形象朴茂高古，线条古朴随意，为道教壁画的先声。唐宋时，道教壁画已相当普遍。现存泰山岱庙天贶殿的巨幅壁画《泰山神启跸回銮图》，以皇家宫廷生活为模式，描绘泰山神东岳大帝出巡和回銮的情景，场面浩大，人物众多，生动逼真，山水人物相互衬托，艺术的世俗化倾向浓厚，虽经明、清画工重加彩绘，工匠制作痕迹较重，但仍能体现宋代道画的特色。元代永乐宫壁画画面长90.68米，高4.26米，实绘大小神像共286尊。三清殿壁画沿用《朝元仙仗图》的样式，以"三清"为中心，组成层次井然的仪仗。全画分成多组,有雷公雨师、南斗六阙、北斗七星、八卦神君、十二生肖神君、二十八星宿、三十二天帝君等群像,每位帝君和圣母左右均有十余名玉女侍奉,云气缭绕,壮丽浩荡,金碧辉煌。纯阳殿有《纯阳帝君神游显化之图》壁画共52幅,七真殿有叙述全真教创始人王重阳诞生、得道、成仙和历次度化马丹阳、孙不二、丘处机等北七真事迹的故事画共42幅。这些壁画把山水、花鸟、鞍马、界画和人物糅合在一起,以表现人物情节为主,永乐宫壁画堪称是中国绘画史上的杰作。各道观建筑中也普遍采用民间广泛流传的八仙、麒麟、万年青等吉祥辟邪的装饰图案,木版印制的门神、灶君、关帝、财神等神像,在民间流传尤盛。

在传统技艺类中,有道教神像制作技艺、纸扎等。《洞玄灵宝三洞奉道科戒营私》规定,造像必须"依经具其仪相","衣冠华座,并须如法"。天尊"皴以九色离罗或五色云霞、山水杂锦"等,"不得用纯紫、丹青、碧绿等"。真人"不得散发、长耳、独角,并须戴芙蓉、飞云、元始等冠"。左右二真"或持经执简,把诸香华,悉须恭肃,不得放诞手足、衣服偏斜"等,有一整套的技艺规范。现存道教石刻造像,如泉州北郊清源山老君像巨型石刻、晋祠彩塑以及元代的龙山石窟等,都是不朽的艺术经典。泉州石刻老君像,背松倚望,意态谦恭,两眼平视,慈祥和蔼,美须大耳,左手依膝,右手靠几,全身线条遒劲有力,洗炼概括。石像高5.1米,以整块天然巨石雕成,宏伟壮观,是道教造像艺术中的珍品。太原晋祠圣母殿创建于北宋天圣年间(1023—1032),有圣母、宦官、女官及侍女像共43尊彩塑,以皇后、群臣、宫女的生活形象为范本,脸型、体态和感情流露都近于世俗生活的原型。龙山石窟,在太原西南约20公里处,始建于元元贞六年(1295)以前,窟内雕有三清、虚皇、张天师、三皇、玄真子、披云子和北七真的石像。主要修建者为随丘处机西游的十八行者之一的宋披云。因为道教宫观的需要,历代都有不少以雕塑道教神像见长的民间艺人,现在仍有一些传承人。

另外道教做法事时，会用到一些纸扎，如金童玉女等，也都是道士们亲手制作的。

在传统医药类中有道教医药和养生功法。道教提倡修道成仙，追求长生不死，这种信仰和理论促使其信奉者孜孜追求长生不老之药，并伴随"内以养己"的气功，通过养生、避世、清心寡欲以达到祛病延年、强健体魄的目的。道教在修炼过程中积累了大量有关医药养生、祛病延年、保健强身的知识与方术，《抱朴子内篇·仙药》中多为草木药服食方，陶弘景《本草经注》汇集药物达700余种，孙思邈在《千金翼方》中分类载药800余种。道教医学包括服食、外丹、内丹、导引等，源远流长，肇端于秦汉，形成于魏晋南北朝，在唐宋发展至鼎盛，是我国医学中的瑰宝。历史上许多道士都是名医。葛洪在《抱朴子·内篇》中说："古之初为道者，莫不兼修医术，以救近祸焉。""为道者以救人危使免祸，护人疾病，令不枉死为上功也。"唐代孙思邈，一生不慕荣利，始终隐居学道，以行医为事。中医中的许多丹方由道士所创。在内科、外科、妇科、儿科以及传染病、急症诸多方面，留下许多至今仍有实用价值和可供进一步研究提高的资料。

在民俗类中，道教创建的非物质文化异常丰富。大致可包括以下内容：

一是道教仪式。经过两千多年的发展，道教形成了丰富的斋醮科仪，所有的道教宫观里每逢朔月、望日，还有重要的宗教节日，以及各派的祖师圣诞时，都要举行祝寿、庆贺等典礼。道教的斋醮科仪，过程复杂，往往要通过建坛、设置用品、诵经拜忏、踏斗、掐诀念咒等来完成。一般有阳事与阴事之分，也就是有清醮与幽醮之分。清醮有祈福谢恩、却病延寿、祝国迎祥、祈晴祷雨、解厄禳灾、祝寿庆贺等，属于太平醮之类的法事。幽醮有摄召亡魂、沐浴度桥、破狱破湖、炼度施食等，属于济幽度亡斋醮之类的法事。

二是庙会。道教宫观中，每逢神诞日均要举行科仪活动，久而久之就形成了各种庙会。如东岳庙会、城隍庙会、吕祖庙会等。目前，一些主要的庙会均已列入各级非遗名录。

三是信仰活动。如除夕晚上的烧头香，正月里拜太岁、接财神，七月半的烧路头香等。

此外，还有一些与道教相关的非物质文化较难归入上述十类，如风水堪舆，可归入《非遗公约》中的"有关自然界和宇宙的知识和实践"。风水堪舆虽然表面上笼罩着许多玄学的迷障，但其核心以中国传统"气"的学说为哲学基础，以道教的天人合一思想为根本，探讨人与自然的关系，非常符合现代的生态学理念。

三、道教可以借助非遗扩大影响

如上所述，道教在长达两千多年的发展过程中，创造了丰富的非物质文化，为社会和谐、民生福祉，发挥了自身独特的作用。但这些文化，以前往往没有得到应有的重视，正是由于非物质文化遗产保护工作的开展，才使人们逐渐了解、认识了这些博大精深的道教非遗文化，认识到道教作为唯一本土宗教的重要价值。

当然，从目前的情况看，与蕴藏丰富的道教非物质文化相比，进入各级非遗代表作名录的还不多，主要问题是"封建迷信"观念的影响还是根深蒂固，因为道教非物质文化很多涉及信仰的问题，比如庙会、斋醮科仪等。因此，还需要进一步解放思想，从学理上作些分析。对道教界在非物质文化遗产保护工作中的重要性的认识也有待提高，目前已入选的道教非遗项目中，由道教协会或道教宫观作为申报主体、保护主体的，少之又少。这一方面说明道教界对非遗保护工作仍然不够重视，另一方面对道教非遗的保护也是极为不利的，因为很多项目源自道教，是以道教的教理教义为基础、以道教信仰作为核心内容的，没有道教信仰的人是很难去实现保护和传承的。

非物质文化遗产保护是一项重大的国策，道教界理应积极参与其中。需要在以下方面做工作：

一是对道教非物质文化进行普查。总体来说，目前除了一些比较重要的外，道教到底有多少非物质文化遗产项目，总体不太清楚，需要组织力量进行全面的摸底调查，然后根据情况进行归类，哪些是急需保护的，哪些是属于濒危的，哪些是传承情况较好的。

二是提高各道教协会、道教宫观参与道教非遗申报、保护的积极性。积极挖掘、整理道教非物质文化，符合非遗申报条件的，积极向各级部门进行申报，以获得政府和社会的认可。

三是做好道教非遗的保护工作。已经列入非遗项目的，宫观应该跟当地非遗主管部门、当地政府密切合作，做好保护传承的工作，为非遗保护作贡献。

四是做好道教非物质文化遗产的宣传推广工作，应该走出宫观，面向社区，面向社会，这既是对《非遗法》规定的责任，也是对道教知识的宣传。

做好道教非遗保护工作，对于当下道教文化建设具有重要的作用：一是通过调查、梳理，可以认识道教在中国传统文化中的地位和作用，提高道教信众的文化自信心；二是可以更好地融入社会，参与到文化建设中，比如一带一路建设、和谐社区建设、乡村振兴建设；三是完善道教的自身建设，争取国家的支持，提升道教的地位。

改革开放 40 年道教发展的回顾与总结

张兴发[*]

摘　要：改革开放 40 年来，在党和政府的领导下，中国道教界始终高举爱国爱教、团结进步的旗帜，坚定不移地走与社会主义社会相适应的道路，发扬道教优良传统，在自身建设、培养人才、弘扬文化、公益慈善、对外交流等方面取得了显著成绩，为经济发展、社会和谐、文化繁荣、祖国统一、民族团结、世界和平作出了积极贡献，从而促进了道教事业的健康发展。

关键词：改革开放　道教发展

回顾改革开放 40 年来道教的发展历程，总结经验与教训，对于促进道教健康发展，具有十分重要的意义。

一、40 年来道教发展历史回顾

1957 年 4 月，中国道教协会（以下简称中国道协）正式成立，选举以岳崇岱为会长的第一届理事会，并于 1961 年举行了第二次代表会议，选举以陈撄宁为会长的第二届理事会。后来由于众所周知的原因，道教受到了灾难性的冲击。

---

[*] 张兴发，中国人民大学 2017 级博士研究生，中国道教协会文化研究所专职研究人员，北京居庸关长城城隍庙、关王庙、真武庙住持。

(一) 改革开放给道教带来了新生

1978年12月,中共中央召开十一届三中全会,邓小平作了《解放思想,实事求是,团结一致向前看》[①]的重要讲话,纠正了长期以来"左"的指导思想,党和国家的事业沿着有中国特色社会主义道路前行。

1982年3月,中共中央发布了《关于我国社会主义时期宗教问题的基本观点和基本政策》,我国宗教信仰自由政策得到重新恢复。在国务院宗教事务局和各级人民政府的关心支持下,五大宗教及其爱国团体组织的活动得到了恢复,机构得到了重建,教务工作得到了开展,全国各地的寺观教堂陆续恢复和开放,宗教政策逐渐得到了贯彻落实。

道教作为中国传统的宗教之一,随着改革开放宗教政策的贯彻落实,也重新获得了正常开展教务活动的机遇,道教的传承和发展也得到了国家法律和政策的保障。1980年5月,中国道协第三次代表会议在北京召开,选举了以黎遇航为会长的第三届理事会,标志着道教从此走上了正常发展的轨道。

(二) 40年来道教取得的成绩

改革开放40年来,全国道教徒在爱国爱教、团结进步伟大旗帜指引下,配合党和政府贯彻落实宗教信仰自由政策,维护自身合法权益,在发扬道教优良传统服务社会,培养道教人才,弘扬道教文化,以及促进祖国统一和维护世界和平等方面做了大量工作,取得了显著的成绩,积累了有益的经验。

1. 积极协助党和政府贯彻落实宗教信仰自由政策。改革开放以来,随着党的宗教政策的全面贯彻落实,道教界的合法权益得到了保障。以中国道协为首的全国各级协会组织,在大力协助党和政府贯彻落实宗教信仰自由政策、反映道教界的合理要求和意见、维护

---

① 《人民日报》,1983年7月1日,第1版。

道教界的合法权益等方面做了大量的工作。1981年，中国道协向国务院宗教事务局提出开放21座全国重点宫观的意见，获得批准。①在各级党委和政府的领导下，中国道协积极推动地方上落实宗教政策，"文革"中道教界的冤假错案逐步得到平反，被封闭或被占作他用的宫观陆续归还，遭到破坏的宫观在各级政府的资助下得以重新修缮，道教房产政策逐步得到落实，道教活动逐步恢复正常。1998年中国道协第六届全国代表会议召开以后，一些落实政策情况比较复杂的道观，在政府的大力支持下也相继归还，如四川都江堰二王庙、成都二仙庵、江西南昌万寿宫、西山万寿宫、陕西佳县白云山、江苏苏州城隍庙、北京火神庙、泰山东岳庙、华山西岳庙、恒山北岳庙、居庸关城隍庙等。同时，在社会各界和海内外道教徒的支持下，对北京白云观、福建泉州玄妙观、湖北武当山、江苏苏州玄妙观，以及上海白云观、钦赐仰殿和城隍庙等道教宫观，进行了较大规模的维修，使这些宫观的殿宇面貌一新，古建得以更好维护。尤其是在2008年5月汶川地震以后，在国家和海外慈善资金的大力支持下，青城山道观、都江堰二王庙、大邑鹤鸣山道观、什坊大王庙道观、绵竹严仙观、安县金霞洞道观、梓潼法仙台道观等，得到了及时修复。2017年8月，国务院正式公布新修定的《宗教事务条例》②，这是贯彻落实中央关于宗教工作重大决策部署的重要举措，

---

① 道教21座重点宫观是：北京白云观、辽宁沈阳市太清宫、鞍山市千山无量观、江苏句容茅山道院、浙江杭州市抱朴道院、江西鹰潭龙虎山天师府、山东青岛市崂山太清宫、泰安泰山碧霞祠、河南登封嵩山中岳庙、湖北武汉长春观、湖北武当山（紫霄宫、太和宫）、广东博罗县罗浮山冲虚古观、四川成都市青羊宫、都江堰市青城山（常道观、祖师殿）、陕西西安市八仙宫、周至县楼观台、华山（玉泉院、镇岳宫、东道院）。

② 《宗教事务条例》于2004年7月7日国务院第57次常务会议通过，2004年11月30日中华人民共和国国务院令第426号公布，自2005年3月1日起施行。新修订的《宗教事务条例》自2018年2月1日起施行。新《条例》共分为9章77条，包括总则、宗教团体、宗教院校、宗教活动场所、宗教教职人员、宗教活动、宗教财产、法律责任和附则。

是全面推进依法治国的必然要求，体现了党和国家对宗教界人士和信教群众的关心和重视，标志着宗教法治建设取得了新进展，对宗教界提高依法管理能力和水平、维护合法权益、解决热点难点问题有着重要意义。

2. 加强自身建设，建立健全规章制度，规范教务活动。中国道协及全国各级道协组织历来重视道教自身建设工作，在组织建设、教制建设等方面，都取得了显著的成绩。组织建设方面，在各地党政部门的领导和中国道协的协助推动下，20多个省级道教协会成立，[1] 多省成立了市、县各级道教协会。制度建设方面，制定和完善了道教的各项规章制度。先后恢复了道教全真派传戒和正一派授箓制度，并制定和修订完善了《关于全真派道士传戒的规定》《关于正一派道士授箓的规定》和《关于对国外正一派道士授箓试行办法》。1989年11月在北京白云观、1995年11月在四川青城山常道观、2002年8月在辽宁千山五龙宫、2016年11月在武汉长春观、2017年8月在青岛崂山太清宫、2018年10月在湖南南岳大庙举行了六次全真派传戒法会，1991年10月在江西龙虎山天师府为台湾及海外正一派道士举行了授箓传度仪式，1995年12月、2006年12月又在江西龙虎山天师府举行了国内正一派道士授箓传度、升箓仪式。截至2018年，天师府共举办初授箓活动12次、升授箓活动2次，有2000余名内地正一道士取得箓职。传戒和授箓仪式的恢复和规范化，使道教的正常传承有了保障，这也是纯正道风、提高道教徒宗教素

---

[1] 2016年全国有23个省、4个直辖市、5个少数民族自治区。23个省：黑龙江省、吉林省、辽宁省、河北省、河南省、山西省、陕西省、山东省、安徽省、江西省、江苏省、浙江省、湖南省、湖北省、贵州省、四川省、云南省、甘肃省、青海省、福建省、广东省、台湾省、海南省。4个直辖市：北京市、上海市、天津市、重庆市。5个少数民族自治区：内蒙古自治区、宁夏回族自治区、广西壮族自治区、西藏自治区、新疆维吾尔自治区。此外还有两个特别行政区：香港特别行政区、澳门特别行政区。以上除了天津、新疆和西藏外，其余各省市自治区直辖区均成立了道教协会。

养的重要举措。为了加强对道教宫观和道教教职人员的管理，中国道协分别制定并陆续修订完善了《关于道教宫观管理办法》《关于道教散居正一派道士管理试行办法》《道教宫观方丈住持任职退职办法》《道教全真派冠巾活动管理办法》《道教正一派传度活动管理办法》等规章制度。2004年11月，国务院颁布《宗教事务条例》之后，中国道协积极组织全国道教界学习贯彻，并起草了《道教教职人员认定办法》。2016年12月九届四次会长会议审议通过了《国外全真派道士参加传戒活动暂行规定》，经修订后提交九届二次理事会审议。2017年9月在吉林省辽源市召开教务工作座谈会，听取各地道协对传戒、授箓、冠巾、传度等教制规章的意见建议并作出相应修改。协会本部新制定和修订了会议、人事、财务等二十多项规章制度，形成《中国道教协会制度汇编》，指导各地道协制定教制规章实施办法和日常性管理制度。

3. 开展道教学术研究，弘扬道教优秀文化。改革开放以来，中国道协积极开展道教文化研究，创办《中国道教》刊物。全国各地道协先后组织编辑《上海道教》《三秦道教》《广东道教》《道韵》《海峡道教》《泉州道教》《茅山道讯》《武当道教》《湖南道教》《道学研究》《之道》《江苏道教》《大道》《常州道教》《灵宝》《老庄》《玄门道语》《闻道》《咸阳道教》《道源教宗》《无锡道教》《凝眸云水》《道源》《净明道源》等报刊杂志，除《海峡道教》为公开发行外，其余均为内部流通。进入21世纪以来，中国道协及部分地方道协和宫观都先后创建网站、微博、微信平台，丰富了道教文化的传播途径。40年来，中国道教界在开展道教研究工作方面取得了显著成绩，一些重要成果如《中华道藏》，受到道教界和学术界的好评，被列入"十五"国家重点图书出版规划项目，于2003年出版发行。2016年中国道协组织实施《中华续道藏》编纂工程，该工程被列入"十三五"规划纲要。此外，中国道协还编纂出版了《道教大辞典》《中国道教风貌》《中国道教神仙造像大系》《道教养生方法精粹》

《道教文化之旅丛书》《老子集成》《道医集成》《道经精要》等书籍；地方道协和宫观编纂出版了《厦门朝天宫道学教材丛书》凡八部、《厦门朝天宫道教文丛》凡六部、《石竹山道院文丛》凡八部、《柘荣清云宫马仙与道教文化丛书》凡四部、《当代视角下的道教神学丛书》凡一部、《上海城隍庙道教文丛》凡十部、《茅山道院道教文化论丛》凡十二部；道教界的一些有识道长和学者撰有《道教概说》《道教与诸子百家》《当代中国道教》《道教义理学综论》《新编北京白云观志》《道教神仙信仰》《道教内丹修炼》《话说道家养生术》《道教戒律学》《道教章表符印文化研究》《道教文化与生活》《轻叩丛妙之门》《道法自然与环境保护》《当代道教》《道教手册》《清代全真道历史新探》等书籍。此外，中国道协还先后与西安市道协、武当山道协、庐山仙人洞道院、茅山道院、南昌万寿宫、上海市道协、浙江道协等机构联合举办了道教学术研讨会，分别围绕道教历史与文化、道教文化与现代文明、道教与现代社会生活、21世纪道教展望等主题展开了深入的研讨。2004年和2006年，中国道协与四川省道协联合举办了两届以"自然、生命、和谐、发展"为主题的"中国（成都）道教文化节"。2017年，陕西举办了两届"道教文化艺术周"活动。值得一提的是，中国道协与中华宗教文化交流协会，先后在西安（本次在香港闭幕）、湖南南岳、江西鹰潭、湖北武当山联合举办了四届"国际道教论坛"，极大地丰富了道教的文化内涵，传承了道教文化的真精神。

4. 重视人才培养工作，加强道教院校建设。至1990年5月，中国道协共举办了五期"道教知识专修班"（其中包括一期坤道班）和一期"道教知识进修班"，先后招收了206名来自全国各地宫观的青年道长。1990年5月，中国道协正式成立了"中国道教学院"。道教界的人才培养工作从此迈上了一个新台阶，为道教事业的健康发展打下了良好的基础。1999年8月，中国道协六届二次常务理事会专题研究了道教人才培养的问题，并形成了《道教教育工作座谈会会议纪要》，由国家宗教局批准转发全国各地。到目前为止，全国道教院校有上海道教学院、浙江道教学院、武当山道教学院、河北道教学院、青城山道教学校、南岳道教学院、海峡道教学院、广东道教学院、福建道教学院、陕西道教学院。与此同时，中央统战部与中国人民大学联合举办爱国宗教界人士研修班，全国各地诸多道长接受了培训，其中已有12名道长取得国民教育硕士学位，有两名正在攻读博士学位。此外，全国道教院校教材编写工作正在稳步推进。

5. 积极参加社会主义建设，为慈善公益事业作贡献。改革开放以来，中国道协和各地道协、宫观积极参与社会慈善公益事业。1998年，长江、松花江和嫩江流域发生中国历史上罕见的特大洪水灾害，当时中国道协第六届代表大会正在举行，全国道教界共同捐资560余万元。2003年，中国道协发出倡议，在甘肃民勤县建立"中国道教生态林基地"，治理荒沙，造福后代，海内外道教界积极响应。2006年，在成都第二届中国道教文化节期间，中国道协发起"中华道教慈善行（帮困助学）"活动，募集善款用于资助成都市1000名家庭贫困的在校大学生。2008年汶川地震后，道教界踊跃捐款数千万元。近年来，中国道协成立了上善慈善基金，首期资助青海、吉林、河南、湖南、贵州等地10所道观修复资金160万元，资助106名老年贫困道长每人每月300元生活费，为东北、西北等地道长提供棉衣1000件等。与此同时，上海慈爱公益基金会、江西慈爱公益基金会、湖南南岳道缘慈善基金会等道教慈善组织相继成立，为进一步做好道教慈善工作发挥了积极作用。中国道教界还积极响应中央定点扶贫战略和国家宗教局扶贫规划，开展对贵州省三都水族自治县的定点扶贫工作，帮扶三都慈善助学项目300余万元。在中国道协的积极倡议下，江西、陕西、江苏、海南等地道协也积极开展对三都的扶贫工作。同时，中国道协还指导各地道协、宫观开展好这项活动。在两届文化艺术周期间，中国道教界向长春、西安等地医疗机构分别捐赠100万元，用于"点亮心灯"项目在当地的医疗活动。

6. 积极与港澳台道教界和国外宗教界进行友好往来，为实现祖国统一和维护世界和平作贡献。在对外友好交往中，中国道教界把同港澳台地区道教界的交往作为重点工作，充分发挥与港澳台地区道教界同根同源的教缘优势，加强联系与交往，增进了解与友谊。1986年，中国道协首次邀请香港道教联合会组团来内地参访。此后，每逢重大教务、文化活动，皆邀请港澳台地区的道教团体和宫观代表参加。同时，中国道协和各地方道协还多次应邀出访港澳台地区参加活动、访问交流。从2001年起，中国道教界与香港蓬瀛仙馆合作，先后在我国内地、港台地区以及新加坡举办了第十八届道教音乐汇演。2005年，中国道协组成96人的道教音乐团，赴台举办了"海峡两岸道教音乐会"。通过举办2016和2017内地—港澳道教界迎春联谊会、大陆—台湾道教界迎春联谊会，形成固定联谊机制，中国道协还支持并指导北京白云观举行三地的道教宫观联谊会等。通过经常性的交往，中国道教界与港澳台地区道教界建立了密切的联系，增进了友谊。

在积极开展国际友好交往方面。中国道教界先后与近30个国家和地区的道教界人士、道教组织和道教学者建立了友好联系，派出百余个出访团，约850人次，先后访问了16个国家；接待了700余个来访团组，近10万人次。目前，中国道教界同新加坡、马来西亚、韩国等国家的道教组织都保持着密切的联系。中国道协积极派团参加国际宗教会议，在环境保护、宗教对话、世界和平等问题上，发表道教界的主张。1995年4月和5月，中国道协代表应邀出席了先后在日本和英国召开的"世界宗教与环境保护会议"，成为"世界宗教与环境保护联盟"的成员。2000年8月，中国道协领导参加了中国宗教领袖代表团，出席了在联合国总部举行的"世界宗教领袖和精神领袖千年和平大会"。2002年，中国道协派代表参加了在印度尼西亚召开的"亚宗和"第六次代表会议。2003年和2006年，中国道协代表出席了在哈萨克斯坦召开的两届世界宗教大会。2006年，中国道协领导出席了在日本召开的"世宗和"第八届大会。2013年，中国道协领导出席了在维也纳召开的"世宗和"第九届大会。在这些国际宗教会议上，中国道教界代表都积极呼吁宗教和睦、世界和平、人与自然和谐相处。

此外，中国道教界还接待了加拿大驻华公使、意大利宗教界和平委员会、日本宗教界和平委员会、东亚人文论坛参会学者、欧美等国道教界人士的来访。中国道协领导先后出席了意大利道教协会2016年道教文化节、中奥（奥地利）《道德经》研讨会、以色列亚洲宗教领袖大会、世界宗教领袖联盟"宗教与文明"大会、哈萨克斯坦"宗教反对恐怖主义"国际会议、世界和传统宗教领袖大会、亚洲宗教和平会议执委会议、中国非物质文化遗产英国巡回展、英国兰彼得威尔士三一圣大卫大学主办的多元文化国际交流论坛、新加坡韮菜芭城隍庙百年庆典、瑞士宗教与可持续发展大会等活动。

二、40年来道教发展的基本经验总结

总结40年的经验，中国道教取得的诸多成就，得益于党的宗教信仰自由政策的全面贯彻落实，得益于党和政府对宗教界人士和信教群众发挥积极作用的引导鼓励，得益于社会各界对道教事业的支持参与。从道教界自身来说，道教事业要在当代获得健康发展，就必须做到：爱国爱教，紧密团结在党和政府周围；与时俱进，自觉与社会主义社会相适应；完善制度，培养人才，不断加强自身建设；尊道贵德，对道教教义思想作出符合时代进步要求的阐释；服务社会，坚持中国化方向，发扬道教济世利人的优良传统。这些宝贵经验，对道教今后的工作和未来道教的健康发展，具有重要的指导意义。

（一）自觉拥护中国共产党的领导，拥护社会主义制度，坚持走爱国爱教的道路，是道教发展的必由之路。历史证明，国兴教才兴，

国衰教必衰。只有国家繁荣昌盛，道教才能健康发展。道教界要自觉拥护中国共产党的领导，坚持走爱国爱教的道路，把道教的前途和命运同国家、人民的前途和命运紧密联系在一起，把道教事业融入社会主义现代化建设的伟大事业之中。

（二）积极协助党和政府贯彻落实宗教信仰自由政策是道教发展的责任。中国道协和全国道教团体组织是爱国宗教团体和教务组织，积极协助党和政府贯彻落实宗教信仰自由政策，反映道教信众的意见，维护道教界的合法权益，发挥"桥梁"和"纽带"作用，这是各级道协引导道教界与社会主义社会相适应的职责所在。

（三）不断加强道教自身建设，与时俱进，自觉与社会主义社会相适应，是道教发展的基础。道教各级组织自成立以来，在道教思想建设、组织建设、人才建设、制度建设等方面采取了一系列的措施，从而使道教能够跟随国家前进的步伐健康发展。道教的各项工作能否顺利开展，道教界能否树立良好的社会形象，与道教自身建设做得如何，是密切相关的，道教自身建设应常抓不懈。

（四）对道教教义思想作出符合社会进步要求的阐释，是道教与社会主义社会相适应的理论基础，是道教发展的核心。道教经籍浩如烟海，教义思想博大精深，道教界要弘扬道教优秀文化、继承道教优良传统，必须对道教经籍进行整理，对道教教义思想进行研究，并作出符合社会进步要求的阐释。只有对道教教义思想作出符合社会进步要求的阐释，才能引导道教界适应时代，与时俱进。

（五）服务社会，促进和谐，坚持中国化方向，是道教发展的根本抓手。道教历来主张"修道者必先立功德"，服务社会，利益人群，是每一个道教徒的义务。改革开放以来，中国道协在团结、动员各地道协、宫观、道教界人士和广大信教群众积极参加国家社会主义现代化建设，根据自身特点展开各种力所能及的社会服务事业，以及参与社会助困济贫活动等方面，作出了一定的成绩，得到了社会的肯定。在宣传行善积德、诚实守信、慈爱宽容等社会伦理道德以促进社会和谐方面，也产生了一定的影响。在服务社会、促进和谐方面多作贡献，既是践行道教教义思想的必然要求，也是树立道教良好社会形象的必然要求。

三、40年来道教发展存在的问题

在肯定成绩的同时，我们道教界也应清醒地看到，目前，道教工作还有诸多问题和不足，具体表现为：

（一）信仰淡化、道风不振的现象亟须遏制。一些宫观存在商业化、世俗化、家族化等不良现象，少数教职人员存在戒律松弛、不务正业、借教敛财等不良行为。宗教活动恢复后，特别是90年代以来，部分道观逐步演变为"家庙""老板庙"和"承包庙"，庙里常住道士不懂教理教义、不受戒律，有的甚至靠一身道装就以为可以建庙收徒；还有的欺诈钱财、蒙骗群众、追逐个人享乐。还有少数宫观的当家更是为了金钱出卖道士证、传度证，更有一些巫医神汉也混入道教。这些问题的存在，严重败坏了道教的形象，伤害了广大信教群众的感情，亵渎了道教的神圣威仪，对道风戒律建设产生了极大的负面影响。

（二）道教协会的桥梁纽带作用没有得到充分发挥，不能很好地凝聚道教界的力量。改革开放后，随着中国道协工作的恢复与开展，地方道协组织也纷纷建立。到目前为止除新疆、西藏、天津外，全国各省、市、自治区均成立了道教协会，地市级和县级道教协会也纷纷成立，成为联系信教群众与党和政府的桥梁纽带，成为凝聚信教群众的重要组织力量。但是，到目前为止，仍然有一些道教地方协会团体组织，由于经费、人员、办公场所等问题的困扰，不能正常发挥应有的作用，甚至有些道协成为无资金、无人员、无办公场所的三无组织，不能开展正常的工作，成立以后多年不能换届，严重损害了道教的形象，影响了道协在广大信教群众心目中的地位。

（三）对教规教制没有进行系统梳理和监督落实，使道教界在教规教制遵守上无法形成共识。道教的戒律有三皈五戒、九戒、二十七戒、三百大戒等，但这些均是历史上流传下来的戒律，有些内容与当今社会法律法规不相适应，与当代道教文化生活不相符合，因此道教对此要作出符合时代阐释，对其要进行系统的梳理和研究，制订出一套符合当代道教发展的戒律仪轨，使道教界在教制教规上达到一致。

（四）适应社会进步和道教事业发展的道教教育体系尚未完整建立，外语、研究、管理等方面优秀人才严重匮乏。道教教育一直长期困扰着道教界，如何办好道教院校、如何编出高质量的道教教材、如何培养道教自己的师资队伍、如何教育出优质的道教人才等问题，都是当前道教亟待解决的困难。中央统战部王作安副部长在参加2011年"中国中岳论道暨第三届玄门讲经"活动时（时任国家宗教事务局局长）致辞说，经过30年的努力，中国道教界年龄老化、青黄不接的状况得以改变，基本实现了新老交替。但他也表示，道教教职人员数量不足、文化程度偏低、高素质人才缺乏的问题，仍然是中国道教健康发展的主要制约因素。此言一语中的，值得道教界深思。因此，"要通过开展玄门讲经活动，提升道教队伍的文化品位、信仰层次和精神境界"，王作安说，"同时要从道教界开展的此类活动中发现和物色一批道风端正、学修兼备的高素质人才，悉心加以培养。同时，要树立忧患意识，多渠道培养人才，多方位引进人才。"①

（五）对道教经典的研究阐释比较薄弱，适合当代社会发展进步要求的教义体系尚未建立起来。虽然道教经典卷帙浩繁，但是主要经典《道德经》《南华经》《太平经》《度人经》《抱朴子》《真诰》《道教义枢》等仍然思想清晰，内涵丰富，对这些经典进行进一步研

---

① 李贵刚：《中国宗教局局长：道教发展仍面临人才缺失瓶颈》，中新社登封2011年11月17日电。

究，作出符合当代社会发展的阐释，对于道教教义体系的当代建构至关重要。中央统战部王作安副部长在参加2011年"中国中岳论道暨第三届玄门讲经"活动时冀望通过玄门讲经活动来建立符合道教基本教义、适应中国社会发展进步要求的道教思想体系，把道教传统文化资源优势转化为促进社会和谐的力量，扩大中华文化国际影响的软实力。①

四、对道教发展的几点思考

当前，道教界正处在一个伟大的时代，中国共产党正团结带领全国各族人民，沿着中国特色社会主义道路，为全面建设小康社会和构建社会主义和谐社会而努力奋斗，为实现国家富强、民族复兴、人民幸福的中国梦而努力奋斗。抚今追昔，道教界深感遇上了最好的历史时期。道教界要牢固树立大局观念，把道教事业融入国家的发展大业之中，做好道教工作，服务社会，利益人群，维护稳定，促进和谐。根据当前的形势和道教的实际情况，道教界要围绕国家大局，着眼道教事业的未来，笔者有如下几点思考：

（一）牢固树立大局意识，进一步凝聚力量，为全面建设小康社会和构建社会主义和谐社会作贡献。要认真学习贯彻党的宗教工作方针政策和《宗教事务条例》。要引导道教徒学会运用法律手段维护自己的合法权益，通过正常途径反映自己的合理要求和建议。要妥善处理存在的矛盾和问题，维护社会安定团结的大好局面。要深入贯彻落实全国宗教工作会议精神，认真学习习近平总书记关于中国特色社会主义宗教理论的新思想、新观点和新要求，并将其转化为道教界的自觉行动和精神动力。要用社会主义核心价值观来引领和教育道教界人士和信教群众，认真挖掘和弘扬教义教规中符合社会

---

① 李贵刚：《中国宗教局局长：道教发展仍面临人才缺失瓶颈》，中新社登封2011年11月17日电。

进步、时代发展、健康文明的内容，并对教规教义作出符合当代中国发展进步要求、符合中华优秀传统文化的阐释。要努力弘扬尊道贵德、道法自然、慈爱宽容、清静恬淡、抱朴守真、劝善济世等价值理念，让道教文化中的思想精髓在当代社会中发挥积极作用。要坚持中国化方向，主动适应社会主义社会，适应和服务于当代中国的发展要求。

（二）牢固树立服务意识，树立道教界的良好形象。要大力挖掘、弘扬教理教义中有利于促进社会和谐的积极内容，大力兴办捐资助学、扶危济困、植树造林等社会慈善和公益事业，更好地服务社会，造福人群。要加强与广大信教群众的联系，树立为广大信众服务的观念，积极为信众提供服务，满足信众的精神和信仰的需求，化解信众心中的矛盾和困惑，疏缓其心理压力，做好抚慰信众心灵、促进信众身心健康的工作。

（三）牢固树立促进道教健康发展的意识，进一步加强道教自身建设，发挥好道教团体的桥梁纽带作用。各级道教组织和宫观，都要重视道教自身建设，加大工作力度。要在信仰建设、道风建设、组织建设、教制建设和人才建设等方面狠下功夫，力求抓出实效。在信仰建设和道风建设方面，广大道教徒要通过对教理、教义的学习，树立正信，严守戒律，严谨修持，纯洁心性。在组织建设方面，要健全各级组织，形成工作网络，改善结构，优化人员，充实班子，提高工作水平和工作能力。在制度建设方面，要结合道教的特点，建立健全各项规章制度，特别是人事制度和财务制度，完善内部民主管理体制。要按照习近平总书记讲话要求，"努力建设政治上可信、作风上民主、工作上高效的高素质领导班子"。要进一步健全教制建设，推动已经制定的各项教制规章落地施行，使道教活动和道教工作有章可循。要进一步发挥道教团体的桥梁纽带作用，把道教界人士和信教群众的力量凝聚到社会主义现代化建设上来。

（四）更加注重人才培养，办好当代道教教育。要按照习近平总书记强调的"政治上靠得住、宗教上有造诣、品德上能服众、关键时起作用"的标准，切实抓好道教人才队伍建设，努力培养一支有着较高素质的人才队伍。要进一步研究完善道教院校发展规划，整合全国道教学院资源，推进教学大纲和专业课统编教材的工作，形成培养道教人才的长效机制。要完善宫观学修制度，充分发挥宫观在人才培养中的基础作用。要善于发现人才、培养人才、成就人才，为人才的成长提供更多的便利和支持，打造合格、过硬的道教事业接班人队伍。要以中国道教学院新校舍建成为契机，进一步贯彻落实关于宗教院校的文件精神，坚持政治思想教育、道风教育、道教学识教育和宫观管理能力教育并重的原则，尽快建立适合中国道教情况和实际需要的道教教育体系和基本教育制度。

（五）增强弘扬道教教义思想和道教文化的意识，加强道教研究工作，弘扬道教优秀文化。道教有着丰富的文化内涵，是中国人特有的精神文化遗产之一。道教界作为道教文化的传承和护持者，有责任、有义务认真研究、深入发掘道教文化。一是要做好道教经典的整理和诠释工作；二是要对道教教义进行符合社会进步要求的阐释；三是要开发道教文化的现代价值；四是要发挥好道教文化研究所和《中国道教》《上海道教》《海峡道教》等杂志的平台作用，开展各种形式的专题研讨。要自觉承担起中华优秀文化的传承者、守护者、弘扬者的责任，努力彰显道教文化独特的理念、智慧、气度、神韵，为增强中华民族的文化自信作出贡献。要继续落实《关于实施中华优秀传统文化传承发展工程的意见》，办好国际道教论坛、玄门讲经、道教文化艺术周等活动，形成优秀文化品牌，创造出更多文化成果。增设"道源讲堂"，传播、普及道教知识和养生文化。继续推进《中华续道藏》编纂工程的开展，进一步办好中国道协会刊和网站，利用"两微一端"等现代网络平台，更好地传播道教优秀文化。

（六）增强交流合作的意识，积极开展对外友好往来，为促进祖国统一和共建和谐世界作出新的贡献。要进一步加强与港澳台地区道教界的联系和交流，广交朋友，增进了解和友谊。要积极开展同国外道教界和道教学者的友好交流，积极参与国际性的宗教会议、宗教对话、学术交流活动，扩大中国道教和中华传统文化在世界上的影响，宣传道教关于"和谐"的理念，为共建和谐世界贡献力量。

（七）加强道风建设，重点做好"去商业化"工作。要秉持抱朴守真、清静为正的理念，树立符合道教优良传统的价值导向，进一步加强道风建设。要积极推进"道教教义思想体系当代建构"工程，进一步加强信仰建设。要倡导各地道教宫观保持清静庄严的氛围，鼓励和支持真修实证。要探索建立具有当代道教特点的清规戒律体系和道风监督机制。要推动各地道协和宫观大兴学习之风，完善、落实学修制度。要修炼好"内功"，增强抵御商业资本入侵的能力，重点解决好道教领域的商业化问题和道教内部的商业化倾向。以全国宗教工作会议精神为指引，以落实十部门《关于处理涉及佛教寺庙、道教宫观管理有关问题的意见》等文件为抓手，加强内部管理，推进和谐道观、生态道观、文化道观建设。

（八）整合资源，积极兴办公益慈善事业。要更加注重整合道教慈善力量，做出有影响的公益慈善项目。要充分发挥上善慈善基金的作用，加强教内互助，帮助自养困难的道观进行维修，资助部分生活困难的老道长。要积极阐发道教关于道法自然、天人合一的生态智慧和俭朴恬淡的生活方式，进一步推动文明敬香、合理放生和生态宫观建设，推进生态文明建设。

（九）努力服务"一带一路"建设，让道教走向世界。要继续加强同港澳台地区道教界的友好往来，探讨拓展道教文化和教务交流的新渠道、新领域，巩固和发展大陆和港澳台地区道教界"一家亲"的传统道谊，为促进祖国统一作出积极贡献。要充分发挥道教在凝聚海外华人方面的精神纽带作用，积极弘扬丘祖西行的慈爱和平精神，配合好"一带一路"建设，推动成立世界道教联合会，为促进人类文明交流互鉴和建设人类命运共同体，贡献中国道教的思想智慧。

中国道教界伴随着国家富强、民族复兴的伟大时代步伐，走过了改革开放40年的光辉历程。回首过去，道教界倍感欣慰；展望未来，道教界深知任重道远。真切希望道教界继续高举爱国爱教、团结进步的旗帜，团结和引导全国道教界人士和广大信教群众，发扬道教优良传统，服务社会，济世利人，努力开创道教事业的新局面，为实现中华民族伟大复兴的中国梦贡献新的智慧和力量。

道教伦理思想与社会主义核心价值观

谢路军*

摘　要：本文从道教伦理思想中的"负阴抱阳""一言止杀""尊道贵德"等三个方面探讨了道教与社会主义核心价值观相适应的问题，阐释了道教伦理思想与社会主义核心价值观中的和谐、爱国、道德要求相通相合，必将有助于社会的和谐与发展，是社会主义精神文明建设的文化资源和践行社会主义核心价值观的重要内容。

关键词：道教伦理　社会主义核心价值观　负阴抱阳　一言止杀　尊道贵德

引　言

习近平总书记在中央统战工作会议（2015 年 5 月）上的重要讲话中明确要求用社会主义核心价值观引领我国宗教界，对宗教思想和教规教义进行符合时代进步要求的阐释，自觉抵御宗教极端主义思潮影响。党的十八届四中、五中全会也对培育和践行社会主义核心价值观提出了新的更高要求。当时国家宗教事务局制定了《关于在宗教界深入开展培育和践行社会主义核心价值观活动的意见》，进一步部署在宗教界深入开展培育和践行社会主义核心价值观活动。

那么，如何在宗教界培育和践行社会主义核心价值观？我认为，

---

* 谢路军，中央民族大学哲学与宗教学学院教授、博士生导师。

道教作为中华民族的本土宗教，在其中吸取营养是非常重要的。道教以道家思想为主干，融入医学、文学、天文、地理、阴阳五行等学问，深刻影响了中国文化的发展。追求和谐、社会责任和道德高尚的个人人格完善，始终是贯串道教发展的主线；而道教的这些追求又与社会主义核心价值观所倡导的"富强、民主、文明、和谐、自由、平等、公正、法治、爱国、敬业、诚信、友善"的内涵相吻合，可以为社会主义核心价值观的实现产生助力。道教是中华传统文化的重要组成部分，其独特的伦理道德思想和丰富的文化内涵是践行社会主义核心价值观的宝贵文化资源。

一、道教对"负阴抱阳"和谐思想的提倡与社会主义核心价值观相吻合

道教中蕴含了中华民族的精神追求，其自创立之初就追求一个和谐、富足、稳定的社会。兴起于四川青城山和鹤鸣山的五斗米道，以治病救人作为吸收信徒的手段，追求济世利人的社会理想。太平道在河北邢台平乡发起，也是以追求让人民过上幸福生活的太平盛世为目标。作为早期道教经典的《太平经》宣扬做人要有感恩的思想，提出人要报天、地、君、亲、师"五重恩"，不能做不忠君、不孝亲、不尊师的"三行不顺善之人"。[①]

道家、道教的最具代表性经典《道德经》更是反映了中华民族的思维方式和价值理念，其从本体论、方法论、处世论等层面提出了化解冲突与促进社会和谐的主张。它将宇宙间的万事万物看作一个有机的整体，而"道"是最初本源和内在的支配者。同时，它认为万物在本源上存在着互联互动的密切关系，正所谓"道生一，一生二，二生三，三生万物，万物负阴而抱阳，冲气以为和"（《老子》四十二章），即万物皆蕴含着阴阳两个对立方面，这两个方面之间相

---

① 王明：《太平经合校》，中华书局1960年版，第409页。

互激荡而达到阴阳和合的状态。老子是从阴阳和合的角度探讨和谐的理念的，正所谓"道冲，而用之或不盈，渊兮似万物之宗……湛兮似或存。吾不知谁之子，象帝之先"（《老子》第四章），即大道处于冲和的状态就会取之不尽用之不竭；又曰"知和曰常，知常曰明"（《老子》第五十五章），即懂得与天地万物保持和谐，也就懂得了天地万物运动变化的永恒法则，懂得了这一永恒法则方可称之为明智。老子洞察到事物的对立双方存在着相互转化的辩证关系，向相反的方面转化是"道"的运动规律，即"反者道之动"（第四十章）；又如老子说"祸兮福之所倚，福兮祸之所伏"（第五十八章）。故老子倡导"善者吾善之，不善者吾亦善之""善利万物而不争""去甚，去奢，去泰"（第二十九章）的处世原则以保持事物的动态平衡。

在中国哲学中认为"中"与"和"是不可分的，两者是有机联系的整体。其实，早老子、孔子两百年前的史伯就提出了"和实生物，同则不继"（《国语》）的思想；孔子亦提出"君子和而不同，小人同而不和"的思想。孔子的玄孙子思在《中庸》中说："喜怒哀乐未发谓之中，已发而中节谓之和；中也者天下之大本也，和也者天下之达道也。致中和，天地位焉，万物育焉。"即人的情绪含而不发之于外是中，发出而符合节度是和；中和乃天地之本，达到了中和，天地万物才能找到自己的位置而茁壮成长。《尚书》中的《大禹谟》则曰："人心惟危，道心惟微；惟精惟一，允执厥中。"儒家谓之"十六字心传"[①]，更是对"中和"思想作的最好诠释。世界包含着阴和阳两方面的属性，阴阳双方相生相养又相互转化，要努力实现阴阳和合；"中和"是达到天下"太平"理想的良方，"中和之气"充满于世方能万物滋生、人民和乐而实现人类和谐与共的太平社会。这些主张在中国古代社会虽然不可能实现，但却反映出中华民族追

---

① （宋）朱熹：《四书章句集注》，上海古籍出版社2001年版，第17页。

求和谐的社会理想。道教崇尚社会自由、平等、公正,追求庄子所说的"天地与我共生,万物与我为一"的境界,寻求精神超越和自由而"独与天地精神往来"。

习近平总书记指出,中华民族历来是爱好和平的民族。中华文化崇尚和谐,中国"和"文化源远流长,蕴涵着"天人合一"的宇宙观、"协和万邦"的国际观、"和而不同"的社会观、"人心和善"的道德观。自古以来,中华民族就积极开展对外交往通商,而不是对外侵略扩张;执着于保家卫国的爱国主义,而不是开疆拓土的殖民主义。中华民族的血液中没有侵略他人、称霸世界的基因,中国人民不接受"国强必霸"的逻辑,愿意同世界各国人民和睦相处、和谐发展,共谋和平、共护和平、共享和平。习近平总书记的讲话,对中国为什么走和平发展道路作出了全面、深刻而精辟的回答。我国走和平发展道路,不是权宜之计、外交辞令,而是对中华民族优秀文化传统的传承和发展,也是中国人民从近代以后苦难遭遇中得出的必然结论。和平发展道路是一条把中国利益同世界利益紧密相连的道路,是中国将长期坚持的基本外交政策。①

二、道教"一言止杀"的社会责任感为践行社会主义核心价值观贡献力量

老子曰:"天下皆谓我道大,似不肖。夫唯大,故似不肖。若肖,久矣其细也夫。我有三宝,持而保之:一曰慈,二曰俭,三曰不敢为天下先。慈故能勇,俭故能广,不敢为天下先故能成器长。今舍慈且勇,舍俭且广,舍后且先,死矣。夫慈,以战则胜,以守则固。天将救之,以慈卫之。"(《道德经》第六十七章)意思是说,天

---

① 中国人民对外友好协会会长李小林:《对外友协:发挥民间外交引领作用 拉近中外人民距离》,www.chinanews.com(2014年08月01日15:17)。

下都说我道大，似乎不像①。正因为道是真正的大，所以才不像（任何有形状的具体东西）。若像什么东西的话，早已成为细小的了。我有三件宝贝，持有而珍重它：第一件叫慈爱，第二件叫节俭，第三件叫不敢处在众人之先。慈爱所以能勇武；节俭所以能宽广；不敢处在众人之前头，所以能成为万物的尊长。现在有人割舍慈爱而搞勇武，舍弃节俭而搞铺张浪费，舍弃退让而搞领先出风头，就会死亡。那慈爱，用于作战就可取胜，用于守卫就会坚固。天将救人，则以慈爱去卫护它。

全真道的著名领袖丘处机为了社会的和谐与安定，以74岁高龄远行万里劝说成吉思汗止杀爱民，也是为了让人民过上太平幸福生活，可谓老子"慈"爱精神的体现。乾隆皇帝为之题词曰："万古长生，不以餐霞求秘诀；一言止杀，始知济世有奇功。"②

东汉时期道经《太平经》就从身心和谐、人际和谐、社会和谐与人天和谐等多个角度阐发了道教所倡导的"一言止杀"的社会理想。道教徒追求自由却从不放弃自身所承担的社会责任，如南朝有"山中宰相"之称的高道陶弘景，国家每有吉凶征讨大事必向他咨询。唐玄宗曾询问吴筠如何可以成仙，吴筠的回答是成仙是山野之人的事，需要积功累德长年累月才可以的事，而作为皇帝应以百姓的事作为第一要务。③

道教历来把国泰民安作为追求的方向。《老君音诵诫经》说天师之位的责任在于佐国扶命，其中蕴含着强烈的社会责任感，《太上洞玄灵宝真文要解上经》提出兴国爱民、普济群生思想，《灵宝无量度

---

① 不肖，即"不像"，意为"不像任何有形状的具体东西"。编者按：一说"不肖"，是"没有用"的意思。老子此句是说："天下都说我的道浩瀚无边，似乎没有什么用处。正因为大道无边，所以才仿佛没有具体的用途。如果真有什么具体的、专门的用处，道就无法维持其包罗一切的本相。"
② 乾隆题白云观丘处机殿："万古长生，不以餐霞求秘诀；一言止杀，始知济世有奇功。"一言止杀：丘处机曾劝元太祖成吉思汗"敬天爱民""不嗜杀人"。
③ （后晋）刘昫：《旧唐书》，中华书局1975版，第142卷，第5130页。

人上品妙经》提出国安民丰、欣乐太平的主张,这些都表达了道教对赖以生存的国土的社会责任感。这种社会责任思想在历代道教经典中都有传承,彰显着道教绵延不断的社会情怀。践行社会主义核心价值观必须要大力弘扬社会担当意识,这就是以人民百姓为核心的民族精神,以改革创新为核心的时代精神,这种精神是凝心聚力的兴国和强国之重大思想资源。

三、道教对"尊道贵德"的追求为践行社会主义核心价值观添砖加瓦

老子曰:"和大怨,必有余怨;报怨以德,安可以为善?是以圣人执左契,而不责于人。有德司契,无德司彻。天道无亲,常与善人。"(《道德经》第七十九章)意思是说,和解了大的怨恨,必然还有残余的怨恨;即使以德报怨,也会产生后续问题,怎么能算是妥善呢?老天爷不分亲疏,经常眷顾善于顺应天道的人。"天道无亲,常与善人"的思想与社会主义核心价值观所强调的"人心和善"的道德观是相通的。

道家还将"朴"视为道的本性,也是人格培养的需要。老子曰:"道常无名,朴,虽小,天下莫能臣也。"(第三十二章)因此,他将"朴"奉为道德理想。老子所说的"朴"是指未经雕凿的本然状态,也即事物自身所具有的本质和规定性。老子主张保持纯朴天真的自然本性,保持和发展自身的本质和规定性,即所谓"见素抱朴"(第十九章)、"敦兮其若朴"(第十五章)、"处其厚,不居其薄;处其实,不居其华"(第三十八章)、"复归于朴"(第二十八章)。这些主张启示人们要返归于真朴的生命之本源,以诚待人而绝伪弃诈;让自身和人际之间形成相互信任的和谐环境。老子正是觉察到种种的社会弊端而渴望人类应该保持纯朴自然的本性。因此,老子将返朴归真的个人修养推广到社会治理的层面,这必将会产生一种道德感召力,也是实现社会的优序良俗不可或缺的。

道教还将劝人为善作为道教伦理的重要内容。道教的神仙皆是积功累德而垂范后世的表率。道教中有"功德成神"的说法，即道教重视道德修养，将做了很多善事的人奉为神仙。如为世人所熟知的关公，他为人厚道忠义、扶贫济困而成为社会道德的典范。葛洪在《抱朴子》中曾告诫后人欲修仙者当以忠孝和顺仁信为本，若德行不修而但务方术皆不得成仙也。道教之劝善书也劝喻告诫世俗诸恶莫作、众善奉行，久久必获吉庆，这种众善奉行的思想所体现的正是道教追求完美人格的人生观。

道教倡导"慈心于物"的思想指出人与自然万物的生存是休戚相关的，要求人类社会必须认识自然、顺应自然，一切按自然规律行事。庄子比老子更为痛切地感受到"人为物役"的社会弊病和社会现实而强调"贵真""不物于物"的精神，将恢复真朴的本性视为最高的道德境界。庄子《渔父》中说：真者精诚之至也，不精不诚不能动人，所以"贵真"。真情发于内才能以情动人，有真诚之心才能产生发自内心的道德行为和喜怒哀乐。正是在这个意义上，庄子及其后学强调"法天贵真"而"不拘于俗"，这些思想有利于在社会上形成人人追求自由平等的良好氛围。

在中国历史上道教所倡导的和谐、社会责任和尊道贵德思想都是从"道"的质朴性出发来立论，将返朴归真的养生修养论延伸到治国主张，从而形成了比较完整的一套理论和践行体系。与社会主义核心价值观中的和谐、爱国、道德要求相通相合，必将有助于社会的和谐与发展，是社会伦理道德和精神文明建设的文化资源和践行社会主义核心价值观的重要内容。

第二章　面临挑战

新时代下道教教义创新与时代适应问题

陈耀庭[*]

摘 要：道教教义思想的革新是道教适应当代社会的一项系统工程。此工程立足当代，贯串古今，覆盖全局，深入细致，结构复杂，系统宏伟。这一创新的依据是要用道教教义向道教徒回答当代社会剧烈变化中提出的众多问题。它的创新成功的标志是能够以新构建的道教教义思想统一全道教实体人员的思想，适应时代，与时俱进，谋求当代道教健康稳定发展，为服务中华民族的复兴大业，实现伟大的中国梦作出贡献。

关键词：道教教义 当代社会问题 统一道教教义 系统工程

一、中国道协第九次会议提出了革新道教的系统工程

2015 年 6 月举行的中国道教协会第九次会议是一次团结奋进的会议。一批新上任的中年道教领袖踏上了全国道教工作的领导岗位，提出了办好论坛和讲经、加强道教研究、思想革新、文献整理、学院培养、养生文化、慈善事业、海外传播等八项重大规划。尽管会议文件中没有提出"系统工程"的概念，但事实上，第九次会议提出的全部规划就是一个革新道教的系统工程。新的领导班子就是想

---

[*] 陈耀庭，上海社会科学院宗教研究所原所长、研究员。

通过这个系统工程,使得道教能够适应当代社会的需要,并且服务于中华民族伟大复兴的大事业。

宗教,包括道教,本身就是庞大的社会系统中的一个子系统。中国社会是个大系统,中国的宗教是社会的子系统。不过,宗教本身又包含着复杂的要素,因此,宗教本身也是一个复杂的大系统。我在1986年就发表过论文《论宗教系统》,这篇论文提出:"以系统方法来认识宗教,任何宗教都是由宗教徒、宗教组织和宗教思想组成的社会实体。""一定数量的教徒按照一定的组织形式在宗教仪式中崇拜神灵、信仰教义,这就是我们看到的宗教系统在社会生活中作为一种实体出现的面貌。"所以,道教第九届理事会提出的各项工作,实际上就是从道教的各子系统推动道教实体的革新和发展的系统工程。

道教是中国宗教系统的一个要素。道教系统本身又是由道教徒、道教组织等子系统构成的庞大系统。在道教系统中最重要、最活跃的要素是道教徒。道教这个系统又是开放的,不是脱离社会大系统之外的,而道教系统和社会大系统的沟通依靠的就是道教徒要素的联系。道教徒始终处在社会的时代大系统之中,随着社会的脉搏一起跳动。因此,社会生活各种要求都体现在道教徒的思想和要求之中,道教徒的思想和要求就集中反映在道教的教义思想之中。道教教义思想顺应时代的发展而变化了,道教的组织系统也必然顺应时代的发展而变化,道教的斋醮科仪和法术等也会随之发展和变化,道教的养生方法和手段也会随着发展和变化。中国道协提出的全部规划,以及它的各项工作,正是反映了当代道教徒的变化和道教各子系统将顺应时代发展而发生巨大变化。

二、道教教义思想是道教系统中包含着多种要素的子系统

2002年,在上海举行的第一次"道教思想和中国社会发展进步研讨会"上,我曾经接受会议委托,研究和综述了道教教义思想发展的历史,发表了论文《道教教义创建和发展过程的四次变化》。这篇论文综述了海内外学术界对东汉、魏晋南北朝、唐宋和金元等四个时期的道教教义变化的论述,指出"道教信仰的道,本身就是发展变化的,而且永无止境",并且希望这一历史研究对于探讨"当今道教教义思想应该如何适应新的时代、如何适应社会主义社会的问题",有所帮助。

在这篇文章的最后,我对于道教教义思想研究中存在的问题提出了四个建议,这四个建议是围绕着一个核心问题提出来的。这个核心问题就是,目前对于道教教义思想的研究沿用的是学术界习惯的思想史、历史学和文献学的研究方法,使用的材料大多是摘录历代道门大德的著述的言论。这样的研究方法,既缺乏对于各个时代道教教义思想的总体结构及其要素变化的考察,也没有对道教思想和道教其他要素的联系进行多角度、多层次、多方面的研究,特别是还没有探索道教教义思想要素和社会要素的发展变化有些什么样的关联,因此,就难以涌现新的研究成果。在文章中,我特别批评了20世纪八九十年代学术界有些文章对金元时期道教教义思想的研究。这些文章利用这一时期出现的全真派道士内丹思想的文献,以内丹修炼观念代替道教教义思想的整体,出现了"修炼观念的变化是道教教义的根本性转变",并且使得"道教便呈现了一派新面貌"等观点。我的研究明确指出,无论内丹学理论有多么流行,也不能概括和代替道教教义思想的全部,无论修炼内丹的道士有多么多,也不能代表道教信徒的全部。内丹现象在全部道教历史上只是局部的、暂时的现象。因为,如果承认内丹学理论是道教教义的全部的话,那么,当今社会的道教就是没有教义的,或者,至少从金元开

始至今的许多道士，特别是不修炼内丹的道士都是没有教义思想的，也就是没有信仰的。

近三十年里，中国道教在恢复和振兴过程中，经历过艰苦的信仰自觉的过程。通过这个过程，道教界都认识到道教具有六大功能，即中华文化的守护剂、民族感情的凝聚剂、伦理秩序的稳定剂、社会矛盾的稀释剂、物欲奢侈的清静剂、身心健康的养护剂。道教的这样六大功能，是依靠道教的内丹学教义实现的吗？或者说，是依靠道教的修炼内丹的教义能够实现的吗？道教的养生修炼只是道教弘扬大道、信仰大道工程的子系统，而不是道教系统工程的全部。

1992年，在上海出版的《学习月刊》上，我发表了《论道教教义思想的结构》一文，在这篇文章中，我认为道教的教义思想作为道教的一个要素，作为一种无数人共同的思想信仰，它本身决不是一些思想论点的堆砌，例如本体观、宇宙观、社会观、伦理观等，而是一个由各种思想要素组成的相互联系的思想结构系统。这些要素都是由道教教义思想系统的核心要素"道"和"德"生发和衍生出来的，而且彼此又密切联系，组成一个思想的结构体。根据这样的结构分析，我在这篇论文中，吸收了杜光庭的《道德真经广圣义》中的分析成果，提出道教教义思想的结构是，以"道"和"德"为核心，以"天道""地道""人道"和"神鬼之道"为子系统的结构体。这四个要素包含着道教徒对于宇宙、社会、人和鬼神的基本认识，同时又支配和规范着道教各个子系统，例如斋醮、法术、规诫和组织等的运作和发展。道教教义的核心和四要素构成了道教教义系统，成为道教系统中至关重要的子系统。

三、推动道教教义思想系统的发展是社会生活的剧烈变化

我们常常说道教教义思想滞后了。这个"滞后"的标准就是指社会在飞速发展，社会思潮风起云涌，而这些飞速发展和风起云涌

在道教教义思想中都没有反映,或者说,道教教义思想中毫无社会发展的痕迹。

道教教义思想系统的形成有一个历史发展的过程,这个过程只能是社会发展的反映。因为,道教徒系统是开放的,教义思想子系统也是开放的。道教教义思想是道教徒的信仰,而道教徒又有普通人的社会生活,人的社会生活的需求和愿望自然反映到道教徒的信仰生活之中。中国自古就是一个农业国家,道教徒的主要成分也是农民。早期道教的经典《太平经》是道教教义思想形成时期的代表作。这部经典完整地体现了社会底层农民的心愿和追求,反映他们祈求一个"风调雨顺、国泰民安"的"太平"社会的理想。在这部经典里,道教以"道"和"德"为核心的思想同"气"结合起来,成为"天地人神"四个要素的核心,为道教提供了贯穿两千年的神学思想的基础。这同东汉社会的剧烈动荡,最后又趋于稳定发展的历史事实是相一致的。魏晋南北朝时期,随着中国的经济和社会进一步发展,一批深受儒家思想影响的文人学士进入道教,从政治和伦理等多方面对道教教义思想四个要素作进一步充实,道教的天地和人神体系逐渐完整,道教系统的各要素也逐渐完整。隋唐五代和北宋时期,中国的社会发展得更加完善,道教教义思想中核心和四个要素的结构关系已经形成。道教教义思想对于稳定中国农业社会经济的平稳发展、稳定中国农业社会的人际关系,都发挥了积极的作用,道教成为中国社会稳定发展不可或缺的重要因素。道教以道德为核心的四要素的结构关系已经完整确立。杜光庭在《道德真经广圣义》中说:"道德二字者,宣道德生畜之源,经国理身之妙,莫不尽此也。昔葛玄仙公谓吴王孙权曰:《道德经》乃天地之至妙,有天道焉,有人道焉,有神道焉。大无不包,细无不入。"① 杜光庭的话,可以认为道教教义思想的结构系统,在中国社会思想的"三教

---

① 《道藏》,上海书店1988年版,第14册,第314页。

平衡"和"三教融合"的稳定结构中，已经确立了它三足之一的位置。纵观道教教义思想的发展过程，可以认为，道教教义思想的发展时期大多出现在社会发生剧烈变化的时代，例如东汉、南北朝、唐五代和金元时期。不过，由于中国社会始终处在农业社会之中，一千多年的社会主流思想并没有出现根本性变革，所以，道教教义思想始终反映的是底层农民和统治农业社会的统治者的需求和愿望，没有根本性的变革。直到今天，道教宫观大殿屋脊上始终镌刻着的"风调雨顺，国泰民安"八个大字，正是这一历史发展过程的痕迹，尽管今天中国农业已经逐渐脱离靠天吃饭的小农模式，中国农民已经不是封闭守旧的农民，中国社会的治理也不再是依靠王朝集权。清代末年，西方的工业革命带来的洋枪利舰摧毁了中国的王朝统治，西方的工业文化冲击下的中国社会沦陷为半封建半殖民地社会，中国社会发生了剧烈变化，社会上下普遍寻找救国救民的思想武器。但是，中国传统思想无法跟上世界发展的步伐，道教界也没有出现优秀的思想家，道教教义思想失去了活力，未能回答时代提出的新问题。于是，道教系统的各个要素都出现了衰势。直到改革开放以后，道教在恢复、振兴，经过艰苦的信仰自觉的过程，道教系统必然是经过革新才获得了普遍关心和重视。

道教教义思想变革的要求，是来自道教系统中道教徒要素出现的巨大变化。近几十年有一大批经过当代道教院校培养的年轻道教领袖，以及受过当代教育的普通信徒进入道教徒的队伍，他们从适应当代中国社会的广泛视野，提出了振兴道教系统各要素的规划。

四、对当代社会提出的问题的回答是道教教义思想革新的依据

有一个历史教训，值得当代道教界人士重视。那就是1912年在北京发布的中华民国道教会《宣言书》。《宣言书》说："道教为中华固有之国教。国体革新，道教亦应变制。"但是，国体有怎样的革

新？道教有怎样的变制？宣言书只是说要"集合多人，协力进行"，要"力挽颓风，表彰道脉，出世入世，化而为一。务求国利民福，以铸造优美高尚完全无缺之共和为宗旨"。①这里的"多人"是谁，又在哪里？"协力"又如何"协"法？又从哪里发"力"？这里的"颓风"所指是什么？什么样的道脉值得"表彰"？

同年在上海又有中华民国道教总会发布了总会的《发起词》。《发起词》说："当此时代过渡，难御世界风涛，若无群策群力，何能斯振斯兴。"第六十二代天师张元旭则在成立会上的讲话中称"兹当民国初立，万事维新，国体现已更新，教务亦当整理"。但是，国体有怎样的更新，道教有怎样的整理，也无明确的阐述。至于"群力"在哪里，"群策"在何处，也都无下文，因此何来"斯振斯兴"？

北京的《宣言书》更是称："以符箓为道者，是道贼也；以服食为道者，是道魔也；以炼养为道者，是道障也。更有深林寂壑，痼癖烟霞，蓬莱方丈，谬托神仙，理乱不知，黜陟不闻，于物于民胞毫无系念，自为计则得矣，如苍生何如，世界何尤。其甚者硁硁自守，顽石难移。"这里把几乎所有当时的道教徒都列为"颓风"，那么道门中还有什么道脉值得表彰？道教的革新还有谁来冲锋陷阵，还有谁来承担道教传统的维系？

道教的革新，只能依靠道教徒自己。道教系统的革新，也只能依靠处身于变革的社会中的道教徒要素，依靠道教徒自身继承和变革道教教义思想的指导。有了道教教义思想系统的变革，才会有道教组织的变革，才会有道教斋醮和法术等行为的变革，才会有道教济世度人的入世功能的发展，才能发挥出当代道教的九大社会功能，而所有这些革新工程，都离不开道教徒自身具有符合时代需要的教义思想系统。

道教的教义思想系统，是一个开放的系统，而不是封闭和孤立

---

① 《藏外道书》，巴蜀书社1994年版，第24册，第472、474页。

的系统。教义思想在纵向发展的历史上,有一个继承优良传统和淘汰过时观念的过程,而推动其发展的真正动力,则应该是当时社会生活的发展和变化对于道教徒的影响。我们常常说,道教教义思想停滞和落后了,就是因为社会生活在近 200 年中发生了巨大变化,面对这些巨大的变化,道教没有对此作出历史的解释,也没有对道教徒的生活给予帮助和指导。因此,社会生活的巨大的变化,才是推动道教教义思想发展和变化的真正动力。

当代道教思想必须面对和回答的问题,有哪些呢?我以为有如下这些。

(一) 道德论

1. 作为道教教义思想的"道"和"德",与哲学或者伦理学意义上的"道"和"德"有没有区别和联系?有哪些区别?有哪些联系?

2. 为什么说道教教义思想的核心是"道"和"德"?

3. 道教有神论思想的"道"和"德"包含哪些内容?

4. "道德"和"气"的关系是怎样的?

5. 道教有神论思想的体系和其他宗教神学体系有哪些不同?有哪些特色?

(二) 创世论

1. 道教有没有创世说?道教如何解释世界创建的?

2. 什么是太上老君开天说?

3. 什么是元始天尊开天说?

4. 道教的"人从哪里来"的创世说和其他宗教的创世说有哪些不同?

5. 道教的创世说和当今自然科学对于创世说的历史解释有何区别?有否结合点?

(三) 神仙论

1. 道教的神仙世界是怎样的?神仙有什么样的本质、什么样的神体和神能?

2. 道教的多神体系是怎样的构成？同其他一神教神系比较，道教多神体系具有什么样的特点？

3. 什么是道教的"神人合一"？神仙和人能否沟通？人能不能变成神仙？如果能，需要什么条件？如果不能，为什么？

4. 道教的神仙和中国民间信仰的各种神灵和精怪有否关系？在什么条件下，民间流传的神灵和精怪会被吸收入道教神系？有的神灵和精怪为什么不能进入道教神系？

5. 道教的神仙说和其他宗教的神仙说有哪些不同？

6. 道教信徒怎样才能得到神仙的护佑？

（四）社会论

1. 为什么说道教的社会理想是"太平"社会？"太平"社会理想能否继续成为当代道教的社会理想？如果不能，为什么？如果能，太平理想的含义应该有那些变化？

2. 道教如何理解人类社会"平等"的社会关系？

3. 道教有没有"人权"观念？道教的人权观念和中国社会传统的人权观念有没有联系？

4. 道教支持国家的"一带一路"的睦邻友好的外交政策，支持"人类命运共同体"的理想，这是为什么？

5. 道教为什么反对一切恐怖主义思潮和行为？

6. 道教的"人该如何生存"的社会观和其他宗教的社会观有哪些共同点和差异点？

（五）自然论

1. 道教的"道法自然"应该怎样完整理解？

2. 人对于天地自然万物应该保持一种怎样的敬畏和谦卑的态度？人和天地万物有怎样的和谐关系？

3. 道教对于当代社会的浪费天然资源、大气污染、温度升高等自然环境问题为什么持谴责的态度？

4. 为什么说"人定胜天"和"征服自然"，只是一种想象？为什么说人的正确态度只能是在天道的指引下，对自然持保护的态度？

5. 道教对于当代自然科学的发展，包括生命科学的发展，例如转基因研究和克隆技术研究，采取怎样的态度？

（六）灵魂论

1. 人有没有灵魂？人的灵魂会不会离开自身肉体，反视自己的肉身？

2. 人能不能同死后的先人的灵魂相互沟通？

3. 人死以后，灵魂转生以后会不会同前世的人事有联系？

4. 道教有没有"末世"观念？道教有没有人死后"复活"观念？

5. 道教的"人死后往哪里去"的终极说和其他宗教的终极说有哪些不同？

（七）道士论

1. 为什么说道士具有神性，和普通人是不同的？道士和普通信徒有怎样的区别的？

2. 道士的神性，通过怎样的途径才能获得？因为哪些因素会导致消失？

3. 道士应该具有怎样的人性？道士的人性为什么应该高于普通人的人性？

4. 道士与其他宗教的神职教徒有什么样的区别？

5. 在当代社会，道士和一般信徒应该建立什么样的关系？

（八）经典论

1. 道教的经典是怎么出现的？道门中人是怎样对道教经典进行分类和编排的？

2. 道教经典怎样体现它的神圣性？它和一般社会书籍有哪些区别？

3. 道教经典怎样发挥其教化的功能？

4. 道教信徒应该怎样崇敬经典？怎样理解经典？怎样以经典内容指导生活？

（九）科仪论

1. 道教的仪式行为如何体现道教的基本信仰？
2. 道士在仪式中有哪些通灵的手段？怎样才能达到仪式通灵的目的？
3. 道士在仪式行为中，如何实现修道和学道的目的？道教信徒在仪式行为中怎样得到教化？
4. 道教的科仪和其他宗教的仪式行为有怎样的区别？
5. 道教徒在仪式中为什么要燃"香"和"上供"？

（十）法术论

1. 道教的法术行为如何体现道教的基本信仰？
2. 道士在法术中有哪些通灵的手段？怎样才能达到法术通灵的目的？
3. 道士在步罡踏斗和掐诀中，如何实现施法的目的？
4. 道门中人称的"大法"和"小法"（以张宇初《道门十规》为准）有哪些区别？
5. 道教的法术和东西方的巫术有哪些类同点和差异点？

（十一）修炼论

1. 道教曾经以"长生不死"为修炼目标，为什么说这个目标是理想？这个理想的积极意义以及消极作用应该如何理解？
2. 道士应该怎样修炼才能达到"全其本真"的目标？
3. 道士的修炼为什么要坚持"众术合修"的原则？怎样才能做到"众术合修"？
4. 道士的修炼应该怎样和当代生命科学的发展和变化相适应？应该怎样吸收当代医疗养生学的科技成果，体现"人为万物之灵"的生命理念？
5. 道教的隐世修炼同道教的社会责任能否保持一致？应该怎样保持一致？

（十二）伦理观

1. 道教怎样区别人的"善恶"？
2. 道教怎样阐述人的"忠孝"伦理规范？道教的"忠孝"有怎样的现代意义？
3. 道教怎样认识人的"爱情"和"婚姻"关系？为什么道教不主张同性恋婚姻和婚外情关系？
4. 道教为什么重视对于子女和儿童的教育和培养？
5. 道教为什么重视社会公共道德规范？
6. 道教如何将有神论教义思想贯串于人间世？

（十三）教团论

1. 道教的教团是什么性质的团体？道教协会有没有神性？其组织应该怎样体现"替天行道"的原则？
2. 道教教团组织在管理上如何体现众生平等的思想？教团领导如何保持道教徒的本色，如何对其行为实施监督和评价？
3. 道教以宫观和宗派为单位，以师徒关系为基础的组织原则，它具有什么样的历史作用，在当代社会为什么必须加以变革？其变革的前景是怎样的？
4. 道教的教团作为有信仰的社会实体，应该如何带领道教徒积极投入建设富强国家、太平社会和自我教育的各项活动？

（十四）文化论

1. 为什么说道教是中国人的精神文化的组成部分？承认道教是中国人的精神文化，是否意味着承认中华文化天然具有有神文化和无神文化等两部分？
2. 在中华文化和道教的关系方面，为什么说道教是中华文化的实体的一种，中华文化是道教存在的一种形式？道教和中华文化为什么是不能割裂开来的？
3. 道教作为有神文化在中国国内依宪实行不干预国家政治、教育的政策，那么传播到国外，道教是否继续贯彻这一准则？

4. 应该怎样正确理解让道教文化走向世界？如果这是一个战略目标，则应该如何实施这一目标？

以上是笔者归纳的道教教义思想需要回答的当代社会生活提出的 70 个问题。

在道教教义思想革新讨论中，人们经常谈论道教在当今社会中的话语权的问题，普遍感觉道教没有话语权就对当今社会没有影响力。

其实，在现代中国社会中，人们的言论自由权利是有《宪法》的保障的。道教的话语权，从法律层面说，应该不存在问题。

放在道教面前的问题是，面对众多的社会问题，面对当今社会的无数新事物，道教说什么和怎么说。上面列举的 70 个问题，都是道教信徒关心的，也是社会贤达关心道教怎么说的。平心而论，所有这些问题，都在道教教义思想应该回答的内容范围里，都是需要道教精心研究，才能回答的。要回答好这些问题，一定在道教教义思想系统工程完成革新以后，而不可能靠个别人的聪明智慧。当代已经涌现出一些敢于直面回答这些敏感问题的道长，我衷心希望中国道协八大系统工程完成以后，特别是教义思想革新工程成功以后，能够为这些道长提供足够的思想内容，让中国道教能够发挥优良传统，站在当代社会思想战线的第一线上，造福中华民族。

五、教义思想革新成功的标志是以革新内容统一当代道教教义思想

道教教义思想的革新作为一个系统工程，其中对于传统教义思想结构内容的革新及其新的构建只是这一系统工程的前半部分。这一系统工程能不能获得成功，关键还在其后半部分，即革新构建的道教教义思想要能够获得整个道教界的承认，要能够统一当代道教界的认识，并且体现在经过革新的道教系统的各种活动中间。

如果说前半部分的工作是一个在上层构建并自上而下的过程，

那么后半部分的工作就是将构建成果推向道教界全体，自下而上的接受成果，或者说是上下交流、融为一体的过程。

前半部分的工作对象，是中国道教协会及其组织的教内外的专家队伍。其工作内容是总结道教教义思想的历史成果，研究当代道教面对的各种环境要素，设计新的道教教义思想的结构框架，完成经过革新的道教教义思想的全部内容阐述，形成一系列的道教教义思想的新成果。这些成果，包括专家研究的著述，包括中国道教协会在领导层中对于专家成果的承认和肯定，并且发布一系列采纳新构建的教义思想结构体的决定，包括发布承认革新成果的文件。这些工作过程都是自上而下进行的。

后半部分的工作主角则是海内外广大的道教徒。其工作内容就是采用各种形式在道教徒中学习和推广道教教义思想的革新成果，使得新构建的道教教义思想发挥对于当代道教徒的思想规范和行为约束的作用。这个工作包括：

举办不同层次的短期学习班，宣讲革新成果的内容，学习和交流学习内容，使道教徒在社会不同层次中对各种当代社会问题有发言权。

在继续举办的讲经活动和研究论坛中，增加经过革新的道教教义思想内容，提高道教界对于革新道教教义思想的关注度和认可度，推动整个道教界全面接受革新的教义思想。

在各道教学院中，更新道教教义思想和道教思想史的讲授内容，使得新培养的青年道士掌握革新的道教教义思想结构，并且广泛参与各种社会活动。

在各地各宫观的信徒队伍中，开展生动活泼的学习活动，以革新的道教教义思想联系社会生活的实际情况，使得道教教义思想贯串广大信徒的信仰生活和社会生活，扩大道教教义思想对于信徒的信仰生活的指导和规范作用。

在道教各种出版物中，大力宣传革新的道教教义思想，联系社会生活的实际，解决民众在社会生活中出现的困惑和迷茫，为中国社会的稳定发展，为实现中华民族的伟大复兴发挥道教应该发挥的积极作用。

将道教教义革新的成果，及时组织力量翻译成各种文本，随着中国"一带一路"建设的扩大，传播到海外道教信徒中间，为帮助国际弱势群体、建设人类命运共同体的理想贡献力量。

根据历史经验，这一后半部分的系统工程，可能需要十年或者几十年的时间。但是，我相信，在宗教信仰自由政策的指引下，只要我们革新的道教教义思想是继承历史上的道教教义思想优良成果的，是坚持爱国爱教的正确方向的，是符合当代世界和中国社会发展的实际需要的，是能够团结全体道教界人士的，那么，革新道教教义思想的系统工程的目标最终是一定能够实现的。

道教教风问题与道门自身形象

袁志鸿[*]

摘　要：道教是中国的传统宗教，"教风"与"道教形象"密切联系。本文回顾了新中国道教的发展概况，并对新时期道教教风与形象问题进行了思考，提出道教要坚持中国化方向，有与社会主义社会相适应的实际行动和服务现代社会具体的举措，直面关键敏感问题，以上率下，树立良好教风，展现道教形象。

关键词：教风建设　道教形象

一、新中国道教的新生和学习进步

清雍正帝（1678—1735）早逝，乾隆帝认为是道教外丹所误，故迁怒道教。朝廷是国家的最高统治机构，皇帝是国家的首脑，作为传统的道教，因为其土生土长，没有外来的背景，乾隆以降被认为"道教为汉人的宗教"而长时间被朝廷搁置。道教向上产生影响的环节自然有了阻碍，与上流社会的接触逐渐减少，渐仅成为草根群体的信仰。乾隆后道教赖以存在的社会信仰的基础弱化，道教从那时起每况愈下。道教之所以能传承到今天，首先是其文化内涵深厚，同时也在于其土生土长的根，深系中华儿女的血脉。中国人需要自己传统的精神文化理念，这无疑是从古至今道教之所以有顽强

---

[*] 袁志鸿，中国道教协会副会长，北京东岳庙住持。

生命力的缘由。

　　道教从乾隆之时开始渐受统治阶层排斥和歧视，到清末民初时，更是江河日下。中华人民共和国成立后，《宪法》中有公民宗教信仰自由的条款，宗教信仰被定为公民个人的私事，党和政府对各宗教一视同仁、一律平等的政策，让中国道教获得了新生！在党和政府的支持下，1956年筹备成立中国道教协会，1957年，中国道教协会作为全国性宗教团体组织在国家民政部正式备案，随后召开成立大会。中国道协，是在中国共产党领导下，人民政府推动成立的全国道教界自己的组织。从那时起，道教界在中国道教协会组织的带领下，不断学习，不断改造，不断适应，不断进步，风雨兼程，至今道教与新中国，共同经历了发展。

　　道教在改革开放的过程中恢复元气并面临新问题。中共十一届三中全会之后，中国社会开始了史无前例的改革开放。大潮涌起，万象更新！道教因此而恢复元气，同时这个传统的中华民族固有的宗教形式，也面临前所未有的新情况。经过社会主义改造后的新中国道教，与1949年之前在政治立场上已经有着根本转变和区别，新中国道教拥护中国共产党，拥护社会主义制度，坚定不移跟着共产党走社会主义道路！不可否认1949年前道教中有许多修行炼性、真正虔诚的道教徒，这是道教赖以薪火相承的根本。1949年前，宫观庙宇中的道教徒修心炼性之余，多数可能都是殿堂侍神的"香火道士"，有层次的道士许多时间中也是与人坐而论道而已；不住宫观庙宇的"散居道士"，或是设坛家中为人祈福，或是应人招请各处去"做道场"；还有许多到处挂单云游的"游方道士"，这其中又有许多就是以道谋食之人。而虔诚修行的道士、普通的"香火道士"，还有"以道谋食"者，其中品行素养、文化水平，呈参差不齐状态。中华人民共和国成立以后，公民不劳动者不得食，社会主义的教育，帮助许多道教徒抛弃了过去"寄生"的恶习。中国道教协会的成立，使道教提升道教徒素养、整合教义内涵、规范教戒礼仪、推动教风建设，都有了可行的基础。假如当年没有过度政治运动的影响，笔者认为像陈撄宁先生这样一批道教界人士，也许会推动道教事业有所作为！可惜这只是一个假设的命题，而真实的历史没有假设！中共十一届三中全会以来，道教的教风和道教形象如何展示，这应该是道教界的新课题。经过改革开放40年的过程，中国道教协会恢复教务运转之后，取得了许多的成就，如宫观庙宇道教场所的落实政策、道教界自己办教育培养新人，等等，至今中国道教协会已经历九次全国代表会议。"教风"问题、"道教形象"的树立，过去是并不突出的问题，而今天则成为涉及道教深层次方面的问题，反而凸显暴露出来。这是道教在教义思想建设方面，疏于应对和创新变革，没有跟上时代前进的步伐，致使今天道教在面对现代社会市场经济新形势谈应变时，就显得有些手足无措了。

道教界必须直面教风建设与道教形象的问题。全真派如何发展？正一派如何前行？道教传统的精神哪些是必须坚守和秉持的？需要研究和慎重的地方是什么？新形势下道教当革故鼎新的部分是哪些？……道无否泰，教有通塞；塞而通之者，存乎其人。道教瓶颈的突破也需要智慧、魄力和担当！道教上层对当代道教状况要有清晰的评估和前行的预案，不能在改革开放进一步发展的形势下，变得局促或束手无策。

二、道教教风与形象问题的思考

道教界要顺应新时代发展的潮流不断进步。道教的宫观庙宇，一方面，是中国社会中传统的道教活动场所，另一方面，因为道家、道教学术思想与中国文化的密切关联，它也是中国文化的元素。道教的宫观庙宇有的建在繁华的都市中心，闹中取静；有的地处名山大川，是风景秀丽的游览胜地，这些地方客观上就是人民大众放开身心去体悟净心清静的休闲处，是养生度假的旅游目的地，是认识和了解博大精深的中华传统文化的爱国主义的基地。住在宫观庙宇中的道教徒，要按照国家的宪法、党和政府宗教管理的相关法规政策、道教传统规章制度，管理和开展好宫观庙宇的正常活动。道教的教徒既是修行的有道教信仰的公民，又是客观真实的有教职身份的道教徒，也是宣扬中华传统道教文化最好的宣传员。宫观庙宇中常住的道教徒，应该做到"道像庄严、举止合仪、活动规范"，接待十方既要大方和热情，也要符合道教中庸严正和保持尊严的仪态。散居的道教徒也要秉持道教的正信、正言、正行，开展相应的生产劳动，积极投身国家的经济建设，维护好家庭亲属、朋友、邻里正常和睦的社会关系。旧社会道士自视清高，以为自己就是神仙，而社会中许多不信道教的群众，则鄙视道教徒为不劳而获的"阴阳八卦"。新中国的国人信或不信道教，大家都是中华人民共和国公民，不同之处只在于有无"道教信仰"而已，这是新社会中道教徒社会地位提升的表现，所以道教要珍惜时代，爱党爱国，不断进步提升，与社会主义社会相适应。

"教风"需要有切实可行的"规章制度"为保障。改革开放解除了人们精神的束缚，思想大解放，科学进步，技术革新，社会生产力提高了，经济自然向前发展，国家的经济实力得到了空前的提升。人们对经济社会的现实有着真切的认识，对金钱效用和对金钱渴望的心理自然地存在，现代社会人们许多的想法都在获得空前的释放。面对现代社会的强烈冲击，传统的道教是否已经明确设置了互动的底线？人处在社会之中，与社会方方面面的互动是必然的情况，关键是应该给自己设置互动的底线。"脚踩西瓜皮，滑到哪里是哪里"很危险！实际上现在单位的规章制度就是工作设置的底线，每个身处其中的人都必须遵守规章制度，守住底线。笔者认为，关于"教风"既有历史传统的继承，也应该有面对不同时代不一样的新要求，要通过对历史传统的继承过程，有"创造性转化和创新性发展"。道教徒首先依《宗教事务条例》规范行为。教内过去有的"清规戒律"条款，在面对现代社会许多的新情况新问题时，已经无法套用，新时代、新形势、新情况下，就要求中国道教协会秉持新时代国家《宪法》精神，依据党和政府关于宗教的法规政策，结合道教作为社会中宗教形式的特殊性质，按照道教"清规戒律"传统内涵，以现代"创造性转化和创新性发展"的文字表述，制定出新的符合实际、便于操作、切实可行的"规章制度"，以对应当代道教面对现实社会进行实际有效的管理和服务。无论是称"清规戒律"还是称"规章制度"，一旦制定形成颁布的内容，就要能贯彻落实、执行到位。"教风"建设的推行也需要"雷霆手段"！道教的"教风"建设如能既遵循宪法精神和法律法规内容，又符合道教教义内涵、契合时代前进的方向并切实地贯彻落实到位，道教界就一定会有符合道教真精神的脱俗表现！如此，良好的"道教形象"也就自然得以展示，这是对传统道教的一个考验！改革开放为中国社会带来了勃勃生机，所以中国社会的改革开放必然会不断加大力度。在改革开放的过程中人们的思想不断解放，经济社会因此获得不断的进步和发展。根据"适者生存"法则，社会中的道教自然要适应形势的发展和进步，这是社会前进的自然规律。

当代社会道教要尽快适应、积极转型，也必须有秉持和坚守。传统的道教是社会的一部分，中华人民共和国是中国共产党领导的社会主义国家，道教要体现"爱国爱教"的宗旨，就首先要爱党、爱中华人民共和国、拥护社会主义制度，既要适应现代社会，也要尽快完成自身现代化转型，积极与社会主义社会相适应，跟上时代前进的步伐，在服务社会的过程中秉持并坚守道教的信仰。虽然社会是多变的，但是道教为自己安排了定身的法宝。《净心神咒》曰："太上台星，应变无停；驱邪缚魅，保命护身；智慧明净，心神安宁；三魂永久，魄无丧倾！"应变这个多变的社会，要学习，要思考，要沉静，要保持住"智慧明净"的定力，才能三魂永久，心神安宁！宗教是社会的一面镜子，这是说社会的现象会反映到宗教中来，但是宗教往往以"社会导师"殊荣来给自己定位。既然如此，那么宗教时刻都要摆正自己的位置，做好社会的榜样，这是宗教的天命！同时，社会是大众的眼睛，社会的眼光无处不在，历史过往的各种社会现象，都必然要经过社会眼光的审视，于是历史老人就有了清晰的记忆，所以无论何种以宗教为幌子的形式，一旦在社会中抛头露面，必然会经受社会的审视、检验、评点和选择。

打铁还需自身硬！"教风"建设与"道教形象"，关键是道教界自身要有整体素质的提升和良好的表现。关于道教的教风和道教形象的实质，社会认为道教作为宗教形式，道教徒就应该是超越世俗境界的代表和榜样；认为宗教是世俗社会与罪恶之间的最后一堵墙，因此宗教徒就应该有超越世俗的担当和责任！沧海横流，芸芸众生，人们奔波于仕途经济、功名利禄的过程中，如果宗教不提供警醒，自身既没有超越和脱俗的修养之内涵，也没有高于社会世俗人群修饰的形象，那么宗教与世俗社会的诉求有何区别？还需要宗教存在吗？这是我们宗教界需要清醒和认识到的问题。

三、新时代道教教风建设与自身形象

中国是"儒道互补"的文化传承。今天的中国社会已经进入新时代，到 2020 年中国社会就要宣告整体脱贫，"衣食足"之后，必然是努力于整体文化素养的提升。这其中传统的道教就更要谋求整体素质的展现，也就是"道教形象"的话题。"道教形象"不是道教徒个体的表现，而是道教界整体的面貌，不仅在于对传统的继承，还在于对现化代的适应、转型、融洽，以及与社会的协调和服务。中共中央提出"我国宗教坚持中国化方向"的要求，传统的道教更要一马当先！道教"中国化"的问题，有人浅薄地认识和解释就是要融入儒文化的内容，其实非也！春秋昭公二十四年孔子"观周"（到周都洛邑），司马迁记载说"孔子适周，将问礼于老子"云云。司马迁又记："鲁南宫敬叔言鲁君曰：'请与孔子适周。'鲁君与之一

乘车、两马、一竖子俱，适周问礼，盖见老子云。① 周敬王二十二年："孔子行年五十有一而不闻道，乃南之沛见老聃。"② 其他如《吕氏春秋·当染》等文献都有记载孔子向老子求学的史实。孔子的学生曾子记载说："孔子曰：'昔者吾从老聃助葬于巷党，及士恒，日有食之。'"③ 史实佐证孔子是老子的学生，所以道与儒不分彼此。

做"正信、正言、正行"的道教徒。许多人都认同中国文化讲天人合一、内圣外王、儒道互补，儒道两家道隐儒显，儒家注重入世的仕途经济之学，道家则介乎出世与入世之间；道崇尚自然与人心，儒则致力于政治和教育。林语堂先生戏言："道家及儒家是中国人灵魂的两面，中国的文人很幸福，往往得意的时候是个儒家，失意的时候是个道家。"他还说佛教进入中国两千年时间，已经是中国化的文化形式，但毕竟是吸收外来的出世之学，所以人"到了绝望的时候是个佛家"。这样形象地谈论比喻中国文化的语辞，笔者深表认同！毕竟道教与佛教还是宗教形式，有区别于泛泛而言之传统文化的话语，更应有恭敬严肃的语境，所以说到"道教形象"这个词，是专用于去表述社会中神圣超然的一族，这是有别于芸芸众生的社会大众，而应该是思想纯洁、志向纯高、行为纯粹，用现在的语言概括就是"正信、正言、正行"的道教徒。在中国道与儒本来就是一家，到其后佛与中国文化融会贯通，于是道儒释三位一体，这就是中国文化的整体。谈到道教的中国化问题，就是道教的现代化，就是道教徒爱党、爱国、爱教的问题，没有中国共产党就没有中华人民共和国的诞生，没有中华人民共和国就没有道教的新生和地位。

关于"教风"问题与"道教形象"，要由上而下地垂范。在新时代的中国社会，谈"道教形象"的问题，首先道教要有积极与社会主义社会相适应的实际行动，道教要有服务现代社会的具体举措。

---

① （汉）司马迁：《史记·孔子世家》。
② 《庄子·天运》。
③ 《礼记·曾子问》。

中共十九大提出"人类命运共同体"构想和"一带一路"倡议，2020年我国要全面消除贫困，2035年要达到小康社会，本世纪中叶要成为现代化国家，因之道教要积极参与国家现代化建设。在新时代的中国社会中，道教仍需摆正姿态和位置。道教是宗教的形式，我国是世俗的客观现实社会，国家宪法虽然予公民"宗教信仰自由"的权利，但宗教与社会则是"政主教从"的姿态，这是中国历史延续的传统。一方面多种宗教（现在是佛、道、伊、天、基五个合法宗教）与社会和谐和睦、正常传承，而其中的道教则是我国传统本土的宗教，道教界有此认识，"道教形象"的展现才会有良好的基础。"道教形象"的良好展现需要条件，这就是要以"教风"的纯正为保障。过去一段时期内道教的"教风"存在许多问题，笔者认为："教风"问题，情况在下面，根子在上面；教风是全面，功夫做里面；率先做垂范，榜样带全面。关于"道教形象"涉及每个道教徒个体，首先就是穿衣戴帽、言谈举止的要求：穿衣戴帽最表面，就是做人要检点。言论展现学识面，表情将人心显现，举事行为见志向，止有斟酌即进前。道士形象很重要，一层修为一层仙。有个体才有整体，每位道教徒按规章制度的要求做好了自己，整体的"道教形象"不就体现出来了吗？

要勇于直面关键敏感问题。2018年中国道教协会在四川青城山召开第九届三次常务理事会，对《道教宫观管理办法》《道教宫观主要教职任职办法》《道教教职人员认定管理办法》《道教全真派道士传戒的规定》《道教正一派道士授箓的规定》《道教全真派冠巾活动管理办法》《道教正一派传度活动管理办法》《关于对国外全真派道士传戒的试行办法》（稿）、《关于对国外正一派道士授箓的试行办法》进行讨论、研究和修订，并提出了《关于道教协会和宫观负责人带头加强道风建设的若干意见》等相关规章制度内容，[①] 参会的常

---

① 见中国道教协会2018年10月九届三次常务理事会"会议文件"。

务理事共同进行了研究修改。笔者认为：首先提出这些规章制度是好的开端，团体和成员都需要用规章制度来协调，这样才能做到动作有规范、行为有准则、进步有标准、向前有目标，不致于盲人瞎马，没有章法。仅此还不够，因为敏感的问题并没有触及，还是围绕着边缘在打太极。现在是"一叶障目"，要敢于踢开关键的障碍，揭开敏感的盖子，也许有些问题是可以迎刃而解！这不是想当然地说"好得很"或"糟得很"，而是在提出问题时也要实事求是地提出破解的方案。现有中国道教协会制定出规章制度，还要根据道教的传统和实际情况，多听听方方面面的意见，不仅是文字上的细化美化，更要在实质内容方面进一步修改完善。

要防止道教全真"传戒"和正一"授箓"成为徒有其表的形式。关于"教风"问题和"道教形象"，笔者还要对道教两个重要的教务活动提出一些看法。笔者早年曾负责中国道教协会教务处（部）的教务开展，经历并参与组织了道教全真派1989年11月12日（农历十月十五）开启由王理仙方丈于北京白云观、1995年10月29日至11月21日傅宗天（傅元天）方丈于四川青城山常道观、2002年8月22日至9月11日王诚林（王全林）于辽宁千山五龙宫三次开坛传戒的过程，以及1991年开始至2006年中国道教协会组织的在江西龙虎山天师府为海外道士授箓、1995年起至2006年在龙虎山天师府为内地道教正一派道士的授箓活动。按照道教的传统来认识，全真派传戒和正一派授箓，是道教神圣的教务活动，经过"传戒"和"授箓"的全真、正一道士，就获得了神权。正一派授箓，要注重"以授代培"，要使"授箓"活动成为培训正一教徒的程序，通过"授箓"活动不断提升道教徒素质，使正一派道士通过"授箓"活动尽快地成熟和规范起来。全真传戒，1989年恢复活动，距前代全真传戒已经整60年时间；正一授箓，1991年恢复活动，也距前代有了相当长的时间。全真派传戒和正一派授箓是中国道教协会组织的重要教务活动，此前数十年断档，到现在中国道教协会第九届期间传戒和授箓，尤其是传戒活动，才连续起来，这是盛世盛举的好现象！问题是，现在全真派开启传戒，从1989年算起至2019年时已经整30年时间了，如果说还是像开始那样"初真、中极、天仙"三坛大戒在很短时期中连贯完成，就是轻率而不负责任的做法！开始时"三坛大戒"连续办，是为了探索经验，现在还是如此就浪费资源了，并且主持传戒活动的宫观和方丈大律师都有博取名望、沽名钓誉之嫌。如果"初真、中极、天仙"三坛大戒分开传，既避免传戒流于形式，有利于传戒"以培代训"，有利于戒子学习消化传戒的内容，也便于戒子的逐级选拔和逐渐淘汰洗礼，不致滋长其功名利禄之心，又可防止道德不端之徒借机快速爬到道教上层，通过优中选优的方式，最后可以为道教自身传承，真正发现和选拔出优秀的道教人才。

四、结语

笔者曾在《思问晓录》中说过，全真道士是"出家"制度，宫观庙宇就是出家道士的家，道士以"道"为事住庙修持，等待有缘时赴设坛"传戒"的庙宇道观"受戒"，而获得道之神权；那么全真道士能否"素食独身"，能否"受戒、守戒"？这是全真道士应该严肃对待的问题，按理说"受戒"就要"守戒"，登坛传戒的方丈、大师首先要做全真道士"守戒"的表率！既为"全真"，就要奉行全真教派基本的操守。正一派道士是"入道"方式。宫庙观宇是正一派道士集中研修会合的场所，在宫观庙宇中正一派道士研修道术、接纳信众、从事斋醮科仪活动，等待有缘时由师父推荐到"三山符箓"、开坛授箓的坛场去受箓获取"神权"；那么正一派道士"受箓"获得了"神权"，清规戒律也应该有具体的管束和制度。实际上，正一派道士在当代的行道，更需要有修养和定性，更需要有把持和慧根！当世俗与神圣真正遭遇之时，正一派道士就有必须选择和摆正关系的问题。笔者现在仍然坚持这样的认识，既然身为道教徒就要求道修真，如果已经身为正一派、全真派的高层负责人，或为登坛大师，或为一个宫观的住持方丈，都要根据本教派的"清规戒律"自觉要求自己。这不是说普通的道友就可以自由散漫地胡来，实际上修道不是为别人去修，而是为自己去修，要知道修成的功德是自己的成果，与他人有何相干？笔者认为：如果身为道教的上层负责人，就有了更多的责任和应有的担当，登上道坛所言就是说法，站到讲台上去演讲，不能口不应心！要求别人秉持清规戒律，而下了道坛、讲台就首先要践行和遵守自己所说的话。如果在道坛、讲台上滔滔不绝，而在实际中自己说的话不算数，那岂不是自己在抽自己的嘴巴？在一般人这样还允许反悔，修道之士是万万不能这样！关于道风问题，要从上层往下层疏理；道教形象，也要道教负责人带头做好自己，给道教界当表率、当榜样。以上率下，良好的教风才能树立起来发扬光大，道教形象才能有好的展现。

走出国门的道教应该怎样坚持中国化

陈耀庭[*]

摘　要：道教要走出国门，这是道教界一个良好愿望。改革开放以来，道教开始同海外的道教界人士有了联系，同港澳台地区道教界人士有来往，并取得了很大成果。作者认为，道教是中华文明的组成部分，历史上早已走出去，今天也应该走出去。但是道教要跨出国门，必须要有通盘的考量、周密的计划、充分的准备。围绕道教跟随"一带一路"倡议走出去，道教坚持中国化方向的关系问题，作者提出了四个问题：道教今天为什么要走出国门？历史上道教如何走出国门？道教今天为了走出国门，要有些什么样的准备？道教走出国门以后如何坚持中国化方向？并对这四个问题提出了自己的看法，见解深刻，颇有新意。

关键词：道行天下　走出国门　国际道教论坛　道教联合会　坚持中国化

2017年，中国道教协会第九届理事会成立的时候，中国道教在对外交流活动的规划方面，提出了"道行天下"、道教要"走出去"的目标。为了实现这个目标，第九届理事会又提出了"五项任务"，包括：办好国际道教论坛、开展"道行天下"活动、成立世界道教联

---

[*] 陈耀庭，上海社会科学院宗教研究所原所长、研究员。

合会、服务"一带一路"建设,以及加强与港澳台地区道教界的交流往来等五项。在代表大会上,第八届道协的理事会的工作报告,曾经高度评价"道行天下""走出去"的倡议,认为它们"展示道教文化多样的面貌","发挥道教在凝聚海外华人方面的精神纽带作用","扩大道教文化在海外的影响力","宣传中国优秀传统文化的魅力",等等。道教要走出国门,这是道教界一个良好的愿望。

我从小生长在道门家庭里,祖父和父亲也都是上海滩上著名的道士,在国内有许多道门中的朋友,可是从来没有听前辈们说道教要"走出去"。家大人陈莲笙道长生前一直是政协委员。20世纪80年代,实行改革开放以后,他一直想为香港回归和台湾统一出力,想实现道教走进香港、澳门和台湾,可是他从未提出过道教要"走出去"、要走向世界的方向。

从改革开放以后,道教开始同海外的道教界人士有了联系,同港澳台地区道教界人士有来往,这些都是有目共睹的变化。三十多年来,这样的联系和交往,取得了很大成果。这些成果表现在道教有各种代表团出国访问,其中有道教音乐演出的团体,有教道教太极拳和气功操练的代表团,有赠送道教书籍和刊物的代表团,有参加海外各种各样道教教义和历史等的研讨会,还有海外道宫观或者组织邀请国内道教组团协助举行各种法事活动的代表团,等等。

另外,还有许多请进来的活动。例如,连续几届国际性的道德经论坛和道教论坛,就有许多外国的道士和道教研究学者被请进来参加研讨活动。有的地区有的道教内的节日活动,或者学术性的专题研讨会,也邀请一些海外学者参加。这些都是"请进来"的海外人士参与的国际活动。

还有第三种联系方式,就是道教界内部的有来有往,特别是大陆道教界和港澳地区道教界,大陆道教界和台湾地区道教界,来往更加紧密。大陆道教界和新加坡道教界、马来西亚道教界,这些年来,也是相互帮助,有来有往。

可以这么说，现在海内外道教界和道教研究的学术界的相互联系的紧密程度，是改革开放初期难以想象的。

正是有了三十多年来，道教逐渐走出去的实际经验以及得到的收获，第九届理事会在工作规划中，将"走出去"的工作列入了规划，而且将其还同建设"人类命运共同体"和开展"一带一路"倡议等国家的外交、经贸等工作联系在一起。

不过，我愿意坦率地说一句，三年前在读第九届理事会的有关文件的时候，我的感觉是，理事会对道教"走出去"的工作的思考和策划，同其他工作比较起来，大约是最薄弱的。

在这里，我首先要说明一点，我并不认为，将道教"走出去"这件事同"一带一路"倡议和创建"人类命运共同体"联系起来，是我们道教界在赶时髦或出风头，我不认为这是违反道教"清静无为"教义的行为。因为，我认为道教是中华文明的组成部分，历史上早已经走出去了，今天也应该走出去。但是道教要跨出国门，必须要有个通盘的考量、周密的计划和充分的准备。

围绕着道教跟随"一带一路"倡议走出去和道教坚持中国化方向的关系问题，我想，有四个问题是必须思考，并且必须拟定详细工作步骤的。

第一个问题是道教今天为什么要走出国门

今天我们说的道教"走出去"，同历史上道教走出国门不一样，因为，它同"一带一路"倡议和"人类命运共同体"有关。大家知道，"一带一路"是"丝绸之路经济带"和"21世纪海上丝绸之路"的简称。它是在2013年9月和10月由中国国家主席习近平提出来的。"一带一路"旨在借用古代丝绸之路的历史符号，高举和平发展的旗帜，积极发展与沿线国家的经济合作伙伴关系，共同打造政治互信、经济融合、文化包容的利益共同体、命运共同体和责任共同体。

"人类命运共同体"是2011年在中国发布的《中国的和平发展》白皮书中第一次提到的名词。从2012年起，习近平主席在一系列的国内外会议上有多次阐述。"人类命运共同体"，指的就是在追求本国利益时兼顾他国、合理关切，在谋求本国发展中促进各国的共同发展。"人类命运共同体"已经成为全球经济发展的动力和推动世界繁荣的智慧，而"一带一路"倡议就成为在区域中实现"人类命运共同体"的合作平台。

跟随"人类命运共同体"和"一带一路"走出去，就使得当今时代中国道教走出去和历史上道教走出国门具有不同的意义和目的。因为，历史上道教"走出去"，其目的只是为了道教的传播，或者是个别道士的谋生和为个别信众的信仰生活服务；而今天道教的"走出去"是跟随当代中国的国家倡议"人类命运共同体"和"一带一路"走出国门的。因此，道教跟随国家倡议走出去，那么，道教这项"走出去"的工作应该属于中国整个国家倡议的一部分。

第二个问题是历史上道教是如何走出国门的

在道教传播的历史上，道教已经传播到了国外，只是，道教传播有两种不同的服务对象，发挥着两种不同的社会功能。

一种服务对象是传入国的朝廷政府，另一种服务对象是传入国的道教信徒。服务于传入国的朝廷政府的，例如，朝鲜半岛上的高丽王朝的睿宗执政时期，高丽道士李仲若到中国学道，在1110年向宋徽宗请求派遣道士赴高丽。宋徽宗派了两名中国道士跟随李仲若回到高丽。高丽王朝专门修建了福源宫，作为道士举行斋醮科仪的宫观。福源宫建成后，曾经度过高丽道士十多名。一般认为，这是朝鲜半岛传入过道教的证据。但是，中国派来的道士羽化了、高丽王朝灭亡了以后，在1392年，福源宫被废除。于是，有280年历史的高丽道教就没有了。

还有一种是出国道士服务于传入国的道教信徒，也就是华裔或者华侨中信仰道教的华人。近两百年里，道教走出国门，很多都是海外华人邀请出去的。例如现在在新加坡、马来西亚、印度尼西亚和菲律宾的一些道士。他们出国是跟随先出国的华人而下南洋的。

200年前，澳洲发现金矿，一批来自广东的华人到墨尔本矿山淘金，在坑道里修筑小庙，这些都是矿工自己造的小庙，当时，还没有道士。海外华人聚居地的道教传入，大多是先有华人的道教信徒，后有各种小庙，再后来，站住脚跟，有了经济实力，就想到要请道士做道场。这样，国内的道士就"下南洋"了。

先期下南洋的华人，在种植业、养殖业以及码头搬运、开矿等行业里，站住了脚跟，有了祭拜神灵和祖先的要求和可能，就把自己家乡的道士也请到国外华人聚居的地方，经过上百年的努力，兴建起宫观，建立了道院，形成了宗派，为来自各地的出国华人的信仰服务，由此延续几百年，直到今天。

从道教历史上走出国门的两种途径及其结果，我们可以得到两个启示：

第一，被邀请走出国门的，道教的态度都是被动的。因为是被请出去的，所以，道士没有主动传教的愿望。经文也不翻译，也不需要让传入国的人理解和接受。科仪照搬国内的一套，用的也是中国语言。一旦，会说中国话的道士羽化了、没有道士了，道教科仪自然也不能做了，道教的活动也停止了。

第二，道士被先期出国的华人邀请出国，主要是为本乡本土的道教信徒的信仰生活服务。即使这些道士的出国是主动的自愿的，他们的出国也并非为了传播道教，而只是为了谋生。他们到了海外，或者种田，或者养鸡鸭，或者做小工，或者开小店，养家活口，只在同胞信徒需要举行道教科仪的时候，他们才恢复道士的身份。海外一些比较成功的道士，一般都是后来才挂出国内使用的道院铭牌，重新收徒，组成一个个科仪班子，为来自原籍地域的同胞服务。现在，新加坡的道士就有广东帮、海南帮、福建帮等，各自为来自广东、海南和福建地区的信众服务。他们的服务对象，都是本地对本地，从不相互交叉。虽然，这些道士客观上为维系本乡本土的道教信仰也作出了贡献，但是就他们的本意，只是混口饭吃。

第三个问题是道教今天为了"走出国门",要做些什么样的准备

今天走出国门的道士,肩负崇高的使命,因此应该有充分的准备:

1. 要培养一批有信仰、有文化自觉观念,同时有为道教献身的精神准备的青年道士。

今天的道教,已经不是七十年以前的道教了,今天的道教已经过文化自觉的洗礼。在中国道教协会和各地方道教协会领导下的中国道教徒,都具有历史上道教徒所没有的文化自觉和民族责任。我们做道士,虽然有衬资,也是一种谋生,但也肩负着传承民族文化的责任。念经做道场虽是为信众服务,但也是为了弘扬中华文化。所以,今天出国的道士跟历史上的道士不同了,应该有自觉,有高度,有视野,有担当。

从这个意义上说,今天培养走出国门的道士,首先必须是一个爱国爱教的道士,他们要做好献身在传入国弘传中华文明和道教教义中的精华——普世价值观念的准备,有良好的道德品行,结合所在国的实际,传播中华文明,为建立"人类命运共同体"而贡献自己的力量。

2. 派出国的青年道士,必须熟练地掌握一门或几门外国语言,具有一种或多种职业技能,保证自己在海外有独立的生存和生活能力。出国的道士都必须能将道教经典翻译成为外国语言,能用所在国语言培养信众,举行科仪活动,以使道教逐渐本地化为目标,实现不同国家、不同民族文化之间的双向交流,吸收融合,从而实现取长补短,获得双赢。切忌居高临下,以救世主自居,也不能自卑,畏难不前。

3. 派出国的青年道士,要保证其有稳定的经济收入,如果已婚的要保证其无后顾之忧。在海外的生活和医疗开支以及各种社交活动的开销,都有国内经济力量定期定额的资助。国内经济力量的支持可以采用"道教走出去"专项基金支付,专项基金在国内道教界筹集，专款专用。派出国的青年道士除了能够开展宗教活动以外，还应该具有谋生的一技之长，以便能够自谋收入来维持传教活动。

4. 派出国的青年道士，作为响应"一带一路"和"建设人类命运共同体"倡议而从事文化交流的使者，他们的弘扬中华文明、建立联系民间友谊桥梁的活动，理应得到我国驻外使领馆有关部门的支持和帮助。"宗教信仰自由"是我国宪法规定的公民权利，在国内的公民，有宗教事务管理机构的关心、保护；在海外，我国驻外使领馆也对因公出外的公民、驻在国华侨华人加以关心和保护。华侨史大量史料说明，华人宗教团体和组织，包括道教宫观和道士，都是联系和团结华人的纽带，也是国家通过使领馆关心华人子民、团结华人同胞，共同参与"一带一路"和"人类命运共同体"建设工作的一个重要的阵地。

第四个问题是道教走出国门以后如何坚持中国化方向

道教中国化的方向，在中国大陆以外地区的道教传播中，应该注意把握好两个关系。一个是道教中国化的原则和道教传播地区本地化要求的关系，第二个是道教作为中华文明的一部分和传播地区不同宗教信仰的关系。

道教走出去，不管是历史上的走出去，或者是今天跟随"一带一路"走出去，都是一个道教传播的问题，也就是道教从中华文明的环境中，如何走到非中华文明的环境之中生存的问题，就好像一棵生长在太湖旁边的枇杷树，移植到了地中海的小岛的沙滩上一样。

道教坚持中国化方向，就是在思想信仰、活动形式以及教团活动上，保持中华文明的组成部分的本色。这就好像移植到地中海的太湖枇杷树，既要能在地中海的小岛上存活下来，同时又要保证枇杷能够结果，枇杷吃起来香甜。不能像竹子移植到澳大利亚，长出来的竹笋是苦的，不能吃，也不能像桂树那样移植到澳大利亚，只开黄花而没有香气，这就是丧失了竹子和桂树的本性了。

海外道教的中国化问题，应该从不同对象的不同服务来分析和要求。所谓两种对象，指的是海外道教服务的对象有两种：

一种对象是海外的华人，包括华侨华裔。海外华人大多在中华文明的环境中长大，他们基本上都保持着华人的信仰习惯，不管老少，都会烧香、叩头、烧金银纸，老人大多说汉语或者汉语地方方言。包括海外华人中的年轻人，这些习惯也都基本上保持着。对于他们，道教应该保持海内外相同的面貌，不能改变。改变了，会被信众误认为道教不像道教了，不正宗了。如果道教有发展和变化，也只能一点点地慢慢改变，不能骤变。例如，新加坡、马来西亚、印度尼西亚华人的道教宫观和道士就是如此。

另一种对象，是海外的外国人。"一带一路"的关系地区，除了起点是中华文明圈，中间要经过中亚伊斯兰文明圈、东欧东正教文明圈、中西欧的天主教和基督新教文明圈。海上"一带一路"关系地区，也要经过南亚佛教文明圈、中亚伊斯兰文明圈、地中海天主教和基督新教文明圈。在这些不同文明圈里传播中华文明及其道教，不是一件轻而易举的事情。尽管改革开放四十年来，在有些国家已经有了洋道士，有了外国道教协会，但是，要使得有不同文明背景的普通人接受中华文明及其道教，接受其思想观念以及活动方式，不经过不同文明间的融合和嫁接的过程，不经过成百上千年社会民众的实践运作，那是绝对不可能的。这里有思想方法和思想内容的区别阻隔，还有行为方式和生活习惯等区别阻隔。

道教在传播中，应根据社会发展的要求以及民众接受的需要，而将汉语经文改成传入国当地的语言文字，要将仪式音乐改成传入国的民众喜闻乐见的音乐及其表现手法，要在各种宗教行为中掺杂进当地民众能够接受的各种要素。但是，不管在思想和形式上有何等变化，只要其基本经典是《道德经》，其最高神灵是"三清尊神"，其教团历史的创教人是东汉的张陵，其教派源头是中华文明及其道教，其基本教义是"济世度人，异骨成亲"，具有严肃的规诫，那么，在外国传播的道教还是应该确认其坚持了道教中国化的方向的了。

道教信徒队伍建设的路径探析

归潇峰*

摘　要：道教信徒是指以道教为信仰，崇尚并遵从道教的教理教义、文化思想、戒规准则，在弘扬教义、传播道教、促进教团建设等方面发挥一定作用的人，是当代道教弘传和发展的重要力量之一。就目前来看，当代道教信徒队伍建设明显落后于其他宗教，其主要原因是对信徒队伍建设的意识不高、认识不清、路径不明。基于此，本文试图对道教信徒及其队伍建设等方面略做探析，以寻找当代道教信徒队伍建设之内在可能。

关键词：道教信徒　道教信仰　队伍建设　122方式

一、道教信徒队伍及其特征

通常而言，宗教活动场所群体主要可以分为教职人员、信教群众、普通大众三种类型，前两类具有不同程度的宗教信仰，只是教职人员是以其所信仰的宗教为事，具有专职、专业的特点。诚如《宗教学纲要》里所说的"精通宗教仪式的知识与技术，从事沟通人神关系的特殊人物"。[①] 但对于信教群众的定义和区分却比较复杂，

---

* 归潇峰，现任昆山市道教协会副秘书长、《江苏道教》责任编辑，致力于当代社会与道教互动研究。
① 吕大吉主编：《宗教学纲要》，高等教育出版社2003年版，第126页。

从广义上说，信教群众无论是信仰宗教深或浅，凡是有宗教信仰或对所信仰的宗教有一定程度的认识和了解的皆可称为信士、信众、信徒；从狭义上说，只有那些真正参加过皈依、洗礼等宗教特定仪式的，方可称为弟子、居士、教徒。因此，基于上述简要讨论认为：道教信徒[①]是指以"道"为共同信仰，崇尚并遵从道教教理教义、文化思想、规戒准则，在弘扬教义、传播宗教、教团建设等方面发挥巨大作用的人，是当代道教弘传和发展不可忽视、不容小觑的主要力量。

根据上述定义，我们似乎可以归纳出道教信徒队伍的几点特征。

一是相同的信仰核心。从信仰角度看，"超越性"无疑是宗教的基本属性。宗教的超越性，主要体现为超越了人的自然属性，即人作为受造物的有限性、短暂性，而将生命引向永恒。[②] 我们知道，道教以"道"为最高信仰，以"道"所蕴含的规律发展、理念文化作为自然界、人世间的具体表达和道德教化，这些所呈现的景象与变化实际就是"道"的内容，溯源根本就是归结于"道"。作为一名道教信徒就应该有所了解和践行，即使是那些对道教基础知识尚不十分熟悉的信徒，他们所践行的行为方式和基本准则同样是建立在对"道"的共同信仰之上，其原因就在于信徒愿意选择"道"这一信仰核心来解释生命的永恒与超越。因此，不论是信徒还是信徒队伍，其信仰核心、崇拜对象一定是一致的、相同的，而这个共同信仰核心——"道"正是区别于其他宗教的主要标志，是联系和沟通信徒之间的根本核心。

---

① 事实上，道观里许多信徒的信仰是十分模糊的，他们没有一个明确而清晰的宗教信仰，通常表现为"见神就拜""遇佛就拜"。其实，他们的"拜"更多时候是因为信仰某位神灵产生朝拜行为。因此，这里所指的道教信徒一方面是在狭义层面上那些已经皈依、传度过的信徒，另一方面是在广义上对道教有了认识和了解，还是信仰某位道教神灵的信徒，二者皆为"道教信徒"。为更好表述本文所研究对象，下文统一以"信徒"一词指代广义的信教群众。

② 张强：《宗教力刍议》，《社会科学论坛》2013年第5期，第186页。

二是相近的价值判断。宗教是一种个体所拥有的信仰，属于主观认同范畴，反映个人对社会关系典型特征的"超越性"追求。同时，宗教作为社会产物，其本质源于集体意识和群体生活。因此，无论信徒是否参与过皈依或传度，只要是参与法事、诵经、共修等一系列有组织的集体宗教活动，势必让他们处于一个相同的"道德共同体"之内，过一种集体宗教生活，并且在这一集体里，宗教所蕴含的力会作用于群体成为集体力、道德力，有助于形成类似或相近的世界观、价值观。诚如威廉·席崴克所说："宗教是生机勃勃的复杂的想象性和仪式性的力量，它通过勾画那种超越对人类力量的惯常限制的时间和永生而形塑着生活的行动的过程，并以此改变着人类的意识。"① 久而久之，在"道德共同体内"的道教信徒针对某些事情会产生相似的判断和看法。

三是相似的行为志趣。韦伯曾说："一种宗教一旦定了型，也总会对那些非常异质的各阶层的生活行为产生相当深远的影响。"② 作为一个成熟宗教，道教信徒基于相同的信仰对象，在"道德共同体"内通过长期而稳定的互动行为（仪式、交流、劳动等），让他们在信徒队伍之内不断强化道德归属感，继而维系整个信众队伍的稳定和发展，也使集体的共同意识渗透每一位信徒的内心，其外在表现就是相似的行为志趣。这里需要说明的是，宗教信徒因为年龄的不同，所表现出的价值判断和行为志趣亦不相同，但同一个年龄段的宗教信徒，在一定的空间和时间内相互作用，直接或间接地使有效的相互作用在持续性、广泛性和融洽性上达到一定的程度，同时形成一些内部准则（戒律、禁忌、规范等），以指导成员的行为志趣。③

---

① ［美］威廉·席崴克著，孙尚扬译：《追寻生命的整全——多元世界时代的神学伦理学与全球化动力》，第41页。
② ［德］马克斯·韦伯著，阎克文译：《马克斯·韦伯社会学文集》，人民出版社2010年版，第254页。
③ 参张勇：《云南宗教信徒群体行为与管理研究》，昆明理工大学硕士论文，2003年，第34页。

二、道教信徒队伍建设的主要路径

自祖天师创正一盟威道以来，信徒队伍建设一直贯串于道教发展的各大时期，如早期道教设"二十四治"，用道民命籍制度取代朝廷户籍制，用征收信米取代官府税收，逐步形成了政教合一的教区。《三国志·张鲁传》记载："鲁遂据汉中，以鬼道教民，自号'师君'。其来学道者，初皆名'鬼卒'，受本道已信，号'祭酒'。各领部众，多者为'治头大祭酒'。"[1] 可见，在当时道教教区里，规定初级道教信徒称"鬼卒"，由经受考验、信仰坚定的"祭酒"统一领导。应该说，张鲁天师建立起从鬼卒、祭酒、治头大祭酒直到师君的金字塔式教阶制度和行政管理体系，是一种早期道教信徒队伍的管理模式。

那么，当代道教信徒队伍建设存在两种情况：一是"乡村庙观"[2]信徒队伍，这一类的成员以道教宫观庙宇所在乡镇的村民为主，主要基于他们对自己所在地庙观（俗称"本庙"）的归属感，认为"本庙"贯串一生，自己出生、考试、生病、去世都与其发生着千丝万缕、不可分割的联系，并且"本庙"的修葺、翻新、扩建等也都倾注了村民自己的一份心血、一份贡献、一份辛劳。这样一种双向互动，使"乡村庙观"信徒队伍多呈现出常态化、固定化且具有一定的家族传统的特点，且以老年信徒居多。二是"都市道观"[3]信徒队伍，这类的成员以一座城市乃至跨城市的市民为主，对城市道观的慕名崇敬和憧憬向往，让他们有了长期且固定的朝拜行

---

[1] 《三国志·魏书·张鲁传》卷八，中华书局1959年版，第263页。
[2] "乡村庙观"是指位于传统乡镇、农村或者近年发生城市化的乡村，在参加宗教活动上，绝大多数信徒登记姓名的形式仍旧使用之前村社或劳动生产大队的名称，且依旧存在"香头"现象的道教宫观庙宇。与下文"都市道观"相对应。
[3] "都市道观"是指位于现代化城市里基本不存在"乡村庙观"村社大队、"香头"现象的道教宫观。参朱晓怡：《都市中的道教宫观研究——以上海为例》，华东师范大学硕士论文，2009年，第4—7页。

为，并积极参与道观具有"道德共同体"意蕴的各项活动（仪式、共修、皈依等），最终成为这座城市道观的固定信徒。当然，这里同样存在着上述"乡村庙观"的双向互动，只是"都市道观"信徒队伍多呈现个体化、年轻化的特征。需要另外说明的是，在现代社会里，道教场所类型不是只有"乡村庙观"和"都市道观"，还存在茅山、武当山、龙虎山、青城山这一类地处于乡间郊外的"山林道观"，这类道观的地域优势虽然不明显，但却凭借其悠久深厚的道教文化底蕴闻名遐迩，对其，既不能以"乡村庙观"视之，也不可用"都市道观"定性，须另作讨论。

作为宗教本身而言，道教信徒首先是基于对"道"的信仰之后而产生朝拜、奉献、劳动等一系列宗教行为，继而逐渐以道教场所为"精神家园"或"心灵归宿"，并在此之后长时间、自愿地热心于道观日常工作并为之努力付出。道观与信徒之间的互动永远都存在的，因此，笔者认为，要构建道教信徒队伍须遵循"122方式"，即"坚持一个核心、开展两项文化、建立两大品牌"的基本路径。道协和道观要认真围绕核心、文化、品牌三大方向，大力推进道教信仰、道教宫观、公益慈善等五个方面的协同发展，并在此基础上进一步巩固和发展道教信徒，从而真正建构起一支"信仰纯正、道心坚定、道学渊博、热心慈善"的新时代道教信徒队伍。这里对"122方式"作简要探讨，以寻找道教信徒建设的基本路径。

第一，以坚持道教信仰为核心。前面提到，宗教信徒始终保持对"超越性"的信仰，而对道教信徒而言就是对"道"的信仰。这种对道教的信仰一方面表现在信徒对神灵的尊崇。诚如丁常云道长指出的："所谓对道教的信仰，主要集中表现在对于道教神灵的崇拜和信奉。于是，神仙信仰也就成了道教徒坚定信仰、实现信仰的一种手段，成为道教信仰建设的重要内容之一。"[1] 在道教看来，先天

---

[1] 丁常云：《道教与当代社会》，中西书局2017年版，第270页。

神是"道"的化身,《老子想尔注》里说:"道者,一也。一散则为炁,聚为太上老君。"后天神是以其功德或是修持而成为庙堂神祇,体现了"道"的教化之功。因此,培育和巩固道教信徒对神灵的尊崇和敬仰,有利于聚集起一批"藉神慕道"的道教信徒。对道教信仰的另一方面则表现自信徒们对斋醮科仪的热衷和信奉。"乡村庙观"和"都市道观"要大力开展宗教仪式、举办道教法会,借助斋醮科仪(仪式、实践)的独特魅力激发信徒对道教的情感(意识、观念),使之成为一股信仰道教的力量。正如宗教社会学家爱弥儿·涂尔干认为的那样:宗教信仰的意义并不在于认识的真实,而是在于用其特有的方式把握某种"实在",宗教存在的理由就是其实践上是真实的。换句话说,宗教不可能只是一种观念或意识,它肯定要付诸表现或实践,只有通过宗教仪式,宗教才会从纯粹的观念形态转化为现实的直接力量。① 同样的,道教信徒的信仰观念或是美好愿望通过斋醮仪式得以抒发和表达,用科仪法事让内在信仰转变为外在行为,且经常性参加斋醮科仪,不仅使道教信徒对科仪产生极大兴趣,并且道教科仪所带来的灵验也让他们得以沟通神灵、实现梦想,更加容易构建起社会关系纽带,最终形成真正意义上的共同体,建设热衷信奉斋醮科仪的道教信徒队伍。总之,以道教信仰为核心所建设的道教信徒队伍是"乡村庙观""都市道观"最常用、最传统的方式,只是前者更以此为依赖,并且信徒队伍里也存在"村民—庙观"的一种社会关系,而后者不仅重视道教信仰,还兼及"两文化""两品牌"的方式建设道教信徒队伍,但无论选择何种路径,道教信徒队伍必须以"道教信仰"为第一核心要务,方能组织起一支信仰纯正、道心坚定的信徒队伍。

第二,开展国学与宗教两项文化。"乡村庙观"或"都市道观",

---

① 王萌:《宗教"神圣"论——以涂尔干的宗教学理论为中心》,《宗教学研究》2016年第4期,242页。

虽然所在环境和区位不同，但弘道责任与义务却是相同的，两者都是弘扬道教文化的主要阵地，都是践行宗教生活的重要平台。在当代来看，道教文化是在保留原有核心文化不变的基础上，兼收并蓄了儒家、佛教的部分文化，又积极适应社会、回应时代进行创造性转化和创新性发展。所以，要建设道教信徒队伍，除了坚持道教信仰这一核心之外，还应重视从文化方面培育信徒和信徒队伍，其中就涉及国学文化、宗教文化。

一是以国学文化建设道教信徒队伍。"国学"一词目前学界尚无明确统一的定义，泛指中华优秀传统文化，包括古代哲学、史学、文学、农学、术数、书画、音乐等诸多方面。我们知道，道教文化是中华传统文化的重要组成部分，始终与优秀传统文化互相融合、共同发展。如今道观所传承的大多是国学和道教共有的亮点特色，如科仪音乐、道观建筑、神仙绘画、文物碑刻等，从这些方面依旧可窥见优秀传统文化的影子，是社会大众、道教信徒共同的财富。以上海为例，那些有得天独厚的地理位置、有悠久历史的道观建筑和底蕴深厚的神灵信仰的"都市道观"，自古及今为老城厢百姓和都市信徒留下了宝贵遗产。如今都市道观又积极开办系列国学班，尤其是位于繁华南京东路上的虹庙，紧跟时代发展步伐，积极响应国家大力弘扬中国传统文化的号召，以虹庙为基地改建一座弘扬中国传统文化、传播社会公益慈善的机构——"慈爱书院"，并开设传统国学经典类课程（四书五经、二十四史选读等）、文艺类课程（茶艺、书画、乐器、插花等）、专题活动类课程（开笔礼、成人礼、夏令营等）。[1] 不难发现，这些课程内容大多数并非真正的道教文化内容，但其所蕴含的思想内涵却与道教文化息息相关，道观应该借助自身的传统平台更好地展示和传承国学文化，这既是对中华优秀传

---

[1]《繁华的南京东路竟然"藏着"一家弘扬国学的书院》，上海慈爱公益基金会微信公众号 https：//mp.weixin.qq.com/s/HZHJYH9u_zjwaGqlr4upCg（2018 年 4 月 4 日）。

统文化的继承,亦可以把国学文化作为建设道教信徒队伍的突破点。通过上海"都市道观"的实践表明,道观长期开设国学班确实可以聚集起一批热爱国学文化的社会大众。

二是以宗教文化建设道教信徒队伍。这里的宗教文化是指道教独特文化内涵、其他宗教所不具有的优势特征,总体而言可分为"动"与"静"。"动"主要包括武术养生类,如内家拳、太极拳、养生术等,后者"静"则偏向于文化讲诵类,如讲经、抄经、经典共修等。我们发现,因地域局限、观念固化以及老龄化等诸多原因,限制了"乡村庙观"难以通过国学文化、宗教文化开展道教信徒队伍建设,即使存在极少数"乡村庙观"愿意尝试以文化建设道教信徒队伍,但以此方式去建构却显得十分艰辛。与之相反,"都市道观"凭借地理位置、现代传媒以及受众群体等明显优势,可以使其召集到更多社会参与者。最典型的就是上海城隍庙和白云观,两座"都市道观"都位于大都市中心区,它们不仅成立了道观慈爱功德会,还开设太极拳、十二段锦、茶道、成人书法、古琴、插花等多项启蒙班,以及"抄经班""国学读书会"等,并以宗教文化方式培养出了一大批道教信徒。值得重点注意的是,现实中确实存在一些"乡村庙观"因八九十年代发生的城市化,其原本所在地的农村成为现代城市,而当地的道教场所亦随之改变属性成为"都市道观"①,

---

① 据笔者观察和亲身经历发现,2000 年以后的"乡村庙观"所在地虽然发生了城市化进程,村屋拆除、村路扩建、农田征收、村委会成为居委会、农民成为居民住进拆迁房,但根本上的村社观念没有发生改变,尤其在开展宗教活动期间始终保持并延续着原先未拆迁、未城市化前的村社观念、神祇"祭祀圈"以及仍然存在"香头"现象。如昆山白塔龙王庙 2004 年竣工开放,当时周边是白塘村、横泾村农田,现在龙王庙周围住宅众多,商业发达,毫无乡村旧景,但在举行宗教活动时却仍是"乡村庙观"模式和情形进行展现。而 2000 年以前(80 年代、90 年代)发生城市化地区的"乡村庙观"却在二三十年以后的今天,改变了其"乡村庙观"属性转变成为一座"都市道观",上海太清宫(钦赐仰殿)即可佐证。自 90 年代初设立浦东新区以来,城市化进程就悄然发生。我们从钦赐仰殿老照片可以发现,当时(1990 年前后)周围依旧是农村屋舍,香客信众以中老年为主,但经(**转下页**)

如上海太清宫（钦赐仰殿）就转变为"都市道观"，其充分发挥新区条件和文化优势，成立了慈爱功德会、信众联谊会、浦东道教养生委员会、浦东道教文化研究所等组织，举办了太极拳、抄经、养生讲座、初一讲经等独特的宗教文化活动，让广大信众多方面感受道教魅力，以此全面推进道教信徒队伍建设。

第三，建立宫观和慈善两大品牌。如果说建筑文物、碑刻遗存、神像壁画是道观有形资源，宫观文化、历史底蕴、宗教服务是无形资源，那么，无形与有形所集合起来的总资源就是这座道观的特色。通过开展各类活动，让宫观特色进一步发展和完善，继而打造出属于自己的特色品牌。应该来说，"宗教品牌"是其他道观或兄弟宗教活动场所一时之间无法模仿、复制和超越的，具有唯一性、独特性。需要指出的是，在市场理论里经常会出现"品牌宗教"说法，意为通过各种手段培育、加强消费者对其的忠诚度，使消费者做到类似于信徒对宗教的信仰。很显然，"宗教品牌"和"品牌宗教"两者定义截然不同，而在道教信徒队伍建设路径里的"122方式"的"2"一方面是上文所述之"两项文化"，另一方面就是指"两大品牌"，即宫观品牌、慈善品牌。

其一，通过宫观品牌建立信徒队伍。众所周知，上海城隍庙以豫园景区为依托，每日游人如织，逢年过节更是门庭若市，热闹非凡；苏州玄妙观毗邻观前街、临顿路等繁华商业街道，逛街消费人群同样络绎不绝。所以，像城隍庙、玄妙观这一类位于黄金地段的"都市道观"可以依靠旅游景点、商业街道等外在因素吸引注意力，

（接上页）过近30年的发展，如今已然发生翻天覆地变化，道观周围别墅、小区林立，信众多以中青年为主，钦赐仰殿早已成为"都市道观"之景象。（具体文字图片可参见丁常云、刘仲宇、叶有贵：《钦赐仰殿与东岳信仰——一个宗教人类学视角的考察》，上海辞书出版社2004年版，第106—111页、第137页）因此，笔者认为"乡村庙观"要凭借城市化进程发生"都市道观"之转变，尤其是在道观建筑、信众队伍、信仰风俗等方面，须破除和改变传统村社、劳动大队的乡村思维方式，而这种潜移默化的过程至少需要25年以上的时间。

提高曝光率，扩大知名度，乃至打造出属于自己的宫观品牌。除此之外，"都市道观"或者"乡村庙观"从根本上说都可以通过对道观主神的宣扬、宫观管理的规范、业务能力的提高、服务水平的提升以及道观主持当家的"卡里斯玛"[①]等方面，可以大幅度地提高整座道观的名望和声誉，此时道观之名即成为宫观品牌。当然，这一类情况则更侧重于那些不具备"都市道观"优势的"乡村庙观"而言，虽然"都市道观"亦可按此路径方式去打造宫观品牌，但只能说是在原有基础之上的"锦上添花"，而不是"乡村庙观"因种种限制劣势所作的"另辟蹊径"，如江苏金坛乾元观便是如此。总的来说，"乡村庙观"的宫观品牌建设难度是十分大的，但只要对道观全部无形资源和有形资源整合发展，便可以突破限制，转化劣势，构建起属于自身的宫观品牌。

其二，通过慈善品牌建立信徒队伍。大力开展公益慈善是道教适应时代发展的必然转变，体现了当代道教的社会责任。近年来，随着宗教公益慈善活动的深入开展，道教界积极响应，经数年发展体系日趋完善，设立中国道协慈善公益委员会，确定慈善主题歌，面向全国各道协、宫观出台《指导意见》，指导公益慈善活动有序开展。通过七八年的努力，各地道协、宫观成立了规模大小不等的功德会、基金会等慈善组织、慈善机构，形成了属于道观自己的慈善品牌，聚集了一大批热心公益、参与慈善的社会爱心人士。如香港啬色园不仅是黄大仙祠的管理机构，同时也是一家非牟利的慈善团体，它以道教祖师黄大仙"普济劝善"为宗旨，积极拓展各项善业，致力推动医疗、教育及社会服务，受惠者众。[②] 一如丁常云道长指出的："慈善是道教融入社会的重要途径，是道教这一特殊组织生命力

[①] 卡里斯玛（charisma），宗教社会学术语，原意为"神圣的天赋"。最早由德国社会学家马克斯·韦伯在《经济与社会》一书中首次提出，意为领袖个人具有的非凡魅力、卓越能力。

[②] 参见香港啬色园网站：http：//www1. siksikyuen. org. hk/公益服务。

之所在，慈善也是道教通向社会的一扇大门。"① 在绝大多数的志愿者、义工和爱心人士之中，许多参加道观公益慈善活动的，也许原先只是热心慈善事业并非具有宗教信仰或是对道教尚不熟知的普通大众，但通过长时间地参加道协、宫观组织开展的一系列慈善活动之后，对道教有所认识和了解，并在此之后又持之以恒地参加各类道教公益慈善活动，让道教施舍、恩赐的传统转变为建立在人格平等基础之上的团结互助、互帮互爱新内涵。积极建立和完善道教慈善品牌，这是适应时代发展的必然转变，是道教社会责任的主要体现，是道教融入社会的重要表达。

三、道教信徒队伍建设的时代意义

通过围绕"122方式"开展道教信徒队伍建设，有利于打造一支"信仰纯正、道心坚定、道学渊博、热心慈善"的新时代道教信徒队伍，意义重大。首先是信徒队伍对弘扬道教的重要意义。道教文化深远广博，历经千年的适应和发展，时至今日依旧熠熠生辉，其思想里的许多内容对当代经济社会发展、生态环境保护等诸多方面都有启迪。因此，弘道成为当代道教教职人员的一项使命任务，然而仅仅依靠目前道教教职人员是远远不够的，必须借助社会力量弘扬道教优秀文化，这就需要各地道协、宫观召集道教信徒、组织信徒活动，开展队伍建设，培训专业知识，提高文化修养，加强道德教化，让每一位道教信徒都成为道教信仰的坚守者、道教文化的传播者、道教理念的践行者。我们要清醒地认识到：信徒队伍在弘扬教义、传播道教、宫观建设等方面都有非常重要的作用，是道教在当代弘传和发展不可忽视的社会力量。

其次，是信徒队伍对构建和谐社会的重要意义。作为宗教而言，道教不仅沟通了人神关系，也建构了人与人、群体与群体之间的关

---

① 丁常云：《道教与当代社会》，中西书局2017年版，第200页。

系，并通过信仰和仪式的存在和延续加强了人与人、人与群体之间的关系，从而更好地维系了社会的存在。换句话说，道教信徒以具有神圣性的最高信仰和宗教仪轨，使得信徒之间建构了一种社会关系纽带，形成了真正意义上的共同体。在共同体内，信徒们接受道教给予的传经布道、共修学习等各种方式的"真善美"之教化，增强了对道教的宗教认同感、集体归属感，也使信徒队伍更具凝聚力、向心力。作为这样一支群体，道教信徒队伍的内在关系是非常稳定和牢固的，而所表达的行为活动亦是"积极向上""与人为善"且富有正能量的，这对于当代更好构建和谐社会、推动社会繁荣稳定具有十分重要意义。

"人能弘道，非道弘人。"道教信徒队伍建设对当代道教发展具有重大战略意义，是值得我们深入研究的重大课题。坚持一个核心、开展两项文化、建立两大品牌的"122方式"，大力推进道教信仰、文化特色、公益慈善等五大方面的协同发展，运用好、发挥好道教信徒队伍，让道教在新时代发展浪潮里乘风破浪，行稳致远。

道教服务社会能力的现状分析

黄新华[*]

摘　要：服务社会，是道教的优良传统，也是道教存在和发展的关键所在和生机之源。面对不断发展变化的社会现实和人民群众日益提高的物质和精神生活需要，道教需要进一步加强对服务社会重要性的认识，结合道教自身特点，加快专业人才的培养，开拓创新，不断探索道教服务社会的新平台、新途径、新机制，多角度、多举措地提高道教服务社会的能力和水平。

关键词：道教传统　服务社会　公益慈善　齐同慈爱　济世利人

宗教是伴随着人类社会的发展进步而产生和发展的一种意识形态，是人类精神生活的重要组成部分。同时，宗教也是一种受社会经济、文化、政治等影响的实体，作为社会整体的一个组成部分，宗教的产生和发展都无法脱离社会的现实状况，其既要不断适应社会的发展现实，又需不断满足社会的现实需要。如同中国道教协会在关于道教界开展公益慈善和社会服务活动的指导意见中所阐明的："任何宗教或社会团体，只有着眼有益于社会进步和人类发展的事业，才能赢得社会的尊重，得到大众的认可。"[②] 适应时代需求，服

---

[*] 黄新华，苏州市道教协会秘书长。
[②]《中国道教协会关于道教界开展公益慈善和社会服务活动的指导意见》，《中国道教》2015 年 6 期。

务社会是宗教存在和发展的关键所在、生机之源、普遍追求,是宗教传承的内在需求和具体见证,也是宗教自身传承与发展的自觉选择和必然要求。但近代以来,受多种因素制约,道教服务社会的能力还有着诸多不足。面向未来,道教的发展,亟待进一步拓展服务社会的途径,提升服务社会的水平。

一、道教服务社会的思想和历史传统

扶危济困、济世利人、服务社会历来是道教的优良传统,道教素来关注现实社会的需求,将服务社会作为自身宗教实践的重要内容。道教的历代高道大德无不把服务社会作为自身修行实践的重要内容,并以身作则,教导世人济世利人。道祖老子在《道德经》中就十分强调慈心救物、救人,他把"慈"和"俭""不敢为天下先"奉为人生应该尊奉的"三宝",认为"天之道损有余而补不足,人之道损不足以奉有余"。从而劝导人们要学习天道,损有余去帮助那些贫穷弱小者。他反复强调要学习大道、学习最接近大道的水,以柔弱处下、长而不宰的品质对待世间一切事物。他倡导"圣人常善救人,故无弃人;常善救物,故无弃物",即是要求救人、救物,服务社会。

道教早期的经典《太平经》也明确提出了"均富共利"的财富观,认为天下"财物乃天地中和所有,以共养人也",强调财物是天地之间所有人所共有的,不应该集聚在一小部分人手中,多余的财富应该用以补助那些占有不足的人。[①] 这种提倡财富周流、乐以养人、周穷济困的慈善观一直影响后世道教的发展。如道教的阴骘文之类的劝善书中,就反复劝导人们要"措衣食周道路之饥寒,施棺椁免尸骸之暴露""修数百年崎岖之路,造千万人来往之桥""点夜灯以照人行,造河船以济人渡""剪碍道之荆榛,除当途之瓦石",

---

① 王明:《太平经合校》,中华书局1960年版,第247页。

通过修桥、修路之类助益人们生产生活的社会救济和公益事业，践行道教服务社会的理念。正是因为道教倡导开展公益慈善活动，服务社会，因此，《魏书·释老志》在介绍道教时，就说，"其为教也，咸蠲去邪累，澡雪心神，积行树功，累德增善"。直接把"积行树功，累德增善"作为道教的重要特征。

作为以注重生命质量提高、追求长生成仙为重要特色的宗教，道教还把服务社会作为学道修仙的重要条件。《老子想尔注》中直接劝导世人说：欲求长生者，"百行当修，万善当著"。[1] 后世历代高道葛洪等，也无不把行善积德作为修道成仙的重要基础。如同《道枢》中所指出的，神仙有可学之理，但却有不学而自致、学而后成者和学而不得者的区别。[2] 这种区别的根源即在于修道者是否服务社会，是否对社会、对他人存善心、说善言、行善事。也因此，道教经典如《灵宝无量度人上品妙经》等都明确提出"仙道贵生，无量度人"的宗旨，把助人度人、服务社会和道教得道成仙的终极追求紧密联系在一起。

正是秉着学道修仙必须济世利人、服务社会的思想，道教自创教以来，就十分注重服务社会。祖天师蜀中创教，即以符箓为人治病，教入道者作义舍，以米肉置其中以供行人，以帮助在外奔波的行人，并在东汉末年群雄纷争的乱世，构建了"民夷信向往之"的蜀中太平盛世。

宋元交汇之际，同样身处乱世，丘处机在73岁高龄从山东迎着风沙，顶着酷暑严寒，越戈壁，过草地，翻雪山，西行万里至现在阿富汗境内的兴都库什山，觐见成吉思汗，并以敬天爱民、减少屠杀、清心寡欲等回应成吉思汗关于治国和养生方法的询问。成吉思汗最终听取了丘处机的劝阻，下令停止对无辜百姓的杀戮，下诏豁

---

[1] 饶宗颐：《老子想尔注校证》，上海古籍出版社1991年版，第27页。
[2] （宋）曾慥：《道枢》，中央编译出版社2016年版，第26页。

免全真道的赋役,并派人送丘处机回归燕京。归途中,丘处机一面收葬路上因为战乱而横尸荒野的骸骨,一面利用成吉思汗对全真道的厚待,收拢在蒙古军马铁蹄下随时可能丧命的普通百姓,挽救了无数生灵,也为元朝统一后社会民生的快速恢复奠定了基础。

及至近代,1937年秋,日军侵入杭州,杀人放火,奸淫掳掠,钱塘江边南星桥一带,房屋全被烧毁,江边的老百姓,无衣无食,扶老携幼,流亡逃难,挣扎在死亡线上。玉皇山福星观紫东道人李理山见此惨景,毅然决定开放紫来洞,收容1700多名难民上山避难。他发动道俗群众100多人,上山砍毛竹、小树,在洞口搭建了几十间茅棚,使难民暂时安定下来。为了解决近两千名难民的吃饭问题,李道长一再冒险下山,通过敌军封锁,到市里去向慈善团体国际红十字会请求帮助,运送救济粮上山。为了解决经费紧缺的困难,他派道士吕宗安到上海武定路创建玉皇山福星观上海分院,集蓄香资,送回杭州供山上开支。这样维持了一年多时间,战事逐渐平静,难民纷纷下山谋生,才结束了这个难民收容。可见,自祖天师创教以来,道教的历代高道大德始终都在践行着道祖救物、救人、服务社会的倡导,使服务社会成为深植于道教血脉中的优良传统。

二、道教服务社会的现状及面临的问题

济世利人、服务社会是道教的优良传统,但随着现代社会的发展,社会对于宗教服务社会的方式和能力提出了更高的要求。道教受自身适应时代变化的能力、自养经济的水平、人才储备等因素制约,在服务社会方面还存在较多不足,主要表现在以下几个方面。

第一,类型单一。近年来,虽然道教界服务社会的工作开展愈发深入,但整体来说,道教参与社会事务的类型还比较单一和狭隘。一些欧美国家宗教已涉足社区服务、医疗卫生、国民教育等社会公共福利领域多个方面,如俄罗斯东正教的社会服务项目涉及孤寡老人的医疗服务、反酗酒和戒毒、孤儿和残疾儿童救助、反堕胎、反

失业、帮助难民和灾民、囚犯和军人的牧养和道德教育等。① 英国的宗教服务社会的领域不仅涉及济贫、扶残等相关慈善项目，也包括运动、娱乐、艺术、文化、社区发展、医疗、健康、疾病、海外援助、饥荒救济、环境保护等。② 再比如新加坡道教，在关注一般公益慈善活动的同时，还成立家庭服务中心，由专业人士提供辅导服务，促进个人成长，巩固家庭关系，和谐社区群体；设立学童托管中心和托儿中心，专为小学生提供课前和课后的托管服务，协助在职父母看顾及监督小一至小六的孩子，为学龄前儿童提供看护和教育；成立生命同行坊，帮助社会年长人士安度晚年。相较于国外宗教服务社会的类型和能力，我国目前宗教服务社会的类型依然比较单一，且主要集中在扶贫、济困、助学、救灾等慈善项目上。尽管近年来，国内宗教在养老、环境保护、心理疏导等方面进步很快，但就道教而言，进步不大，不仅落后于国外的宗教，也滞后于国内的其他宗教。

第二，资金不足。道教界要服务社会，进行公益慈善活动，更深入参与到社会公共福利事务，就需要有雄厚的资金支持，但目前道教界在服务社会方面的资金来源普遍比较单一，大多主要来源于信众的功德捐助，这些捐助往往也都是建立在信仰的基础之上，而不是出于服务社会的目的。道教在服务社会，特别是济世利人的道德感召力与参与公益慈善的社会公信度并未得到有效的发挥，道教界开展公益慈善等服务社会的资金主要是宫观宗教活动收入等，这也就意味着宫观在服务社会的同时，自养经济收入部分将降低，这也就使得部分自养经济一般的宫观没有更大的精力投入到服务社会的工作当中。

第三，人才缺乏。开展公益慈善活动、服务社会，需要高素质

---

① 徐凤林：《当代俄罗斯东正教社会服务简析》，《俄罗斯研究》2016年第4期。
② 吴限红：《英国的宗教社会服务发展脉络及启示》，《北京理工大学学报（社会科学版）》2016年3月。

的道职人员和专业的人才队伍，但道教教职人员综合能力不强，信教群众整体文化素质偏低，影响了宗教服务社会的质量和水平。如近年来许多宫观积极利用道教注重养生和与传统书画、音乐联系紧密的特点开办免费养生功法传导班，以及免费书画、民族音乐培训班。此类传导班或培训班的开展都需要有一定专业的传导人员，但目前教内这样的人才却极为缺乏，许多道长虽然掌握了较好的养生功法和书画、音乐技能，却苦于缺乏一定的专业理论修养，无法很好表述，更不擅于现场教学。同时，当前许多宫观依然只停留在烧香敬神，为信众提供斋醮服务的功能上，对于百姓的终极关怀、精神发展的需要和文化提升的需要关注较少，也导致宫观的信众以老年香客为主，信众整体文化素质偏低，服务社会的意识和服务社会的能力也极为缺乏。

第四，影响不大。虽然道教有着深厚的服务社会的历史传统，但受自养经济、修行观念等影响，目前部分宫观的主要精力主要停留在宫观自养经济的提高和宫观的硬件建设上，对于道教服务社会的意识，只停留在以道教科仪服务信众宗教生活需要、适当开展公益慈善活动的层面。对于公益慈善活动，限于宫观自养经济的限制，很多都还停留在象征性进行的层面，大部分宫观依然只停留在扶贫、助学、养老、救灾等一般项目上，且大多数公益慈善的活动的进行存在被动参与的现象，整体缺乏开拓精神，也很少能够形成长期化、品牌化的公益慈善项目。如在开展公益慈善方面，目前，全国道教界以基金会形式进行活动的仅上海市道教协会等为数不多的几家，更多的仍然是以宫观为主体，并未实现宫观收支和公益慈善收支两线分离，这不仅无法享受基金会等在税收减免等方面的优惠，也无法提升自身的公信力，扩大自身的影响。此外，各个宫观进行公益慈善等服务社会方面的投入，在宫观的收支比例中所占的比例依然不够高，服务社会的热情度仍有待进一步提高。

三、道教服务社会的未来发展思路

2012年，国家六部门联合下发了《关于鼓励和规范宗教界从事公益慈善活动的意见》，对宗教界参与社会服务的认识、政策、方式和行为等都做了明确的阐释和规范。全国政协俞正声主席在接见中国道教协会第九次全国代表会议全体代表时指出："要提高服务社会的能力水平，认真总结道教界服务社会的宝贵经验，创新服务社会的方法和途径，实现公益慈善活动制度化、规范化。"[1] 这就为道教今后进一步做好公益慈善活动，提高服务社会水平指明了方向。面对未来不断发展的社会现实和人民群众对物质和精神生活的日益提高，道教还需要从多方面着手，全面提升服务社会的能力和水平。

第一，提高站位，充分认识服务社会的重要性。济世利人、服务社会是历代高道大德留给道教的宝贵遗产，更是道教能够作为当今五大宗教中唯一土生土长的本土宗教而存在的重要原因，道教只有有益于社会进步和人类发展的事业，才能赢得社会的尊重，得到大众的认可，确保道教亘古常新，永葆青春。因此，道教界一定要树立正确的道教慈善理念，如同《中国道教协会关于道教界开展公益慈善和社会服务活动的指导意见》中所强调的，要"加强道教的责任意识和担当精神，调动全体道教徒参与公益慈善活动的自觉性和积极性；要深刻认识到从事公益慈善活动是实践道教信仰的一种重要方式，是弘扬道教伦理道德的具体体现；要通过不断的宣传引导，消除某些认识上的误区，如认为从事公益慈善活动影响自身修行及自养经济困难无力量做等。"[2] 要进一步提升济世利人、服务社会在日常教务工作中的重要性，不断提升服务社会投入在宫观自养经济中所占的比重，使济世利人、服务社会成为道教日常修行的重

---

[1] 吴晶晶：《俞正声会见中国道教协会第九次全国代表会议代表》，《中国道教》2015年第3期。
[2] 《中国道教协会关于道教界开展公益慈善和社会服务活动的指导意见》，《中国道教》2015年6期。

要内容。

第二，发挥特长，不断探索服务社会新途径。只要付诸爱心与责任，道教服务社会的途径就有很多种。道教服务社会不能仅仅局限于扶贫、助困、救灾、助学等慈善项目，更不能以捐钱捐物的数量来评判道教服务社会的成果大小，而是应该在充分挖掘道教自身优势的基础上，结合当前社会发展需要和人民生活需求，开展有针对性的服务社会的业务。如道教注重养生，历史上"十道九医"，道教思想中存在着丰富的养生思想和行之有效的养生功法，而当前随着人民生活水平的提高，对于健康的需求也日趋强烈。同时，国家也大力提倡社会力量兴办慈善医疗机构，国家《关于深化医药卫生体制改革的意见》明确提出，要"大力发展医疗慈善事业。制定相关优惠政策，鼓励社会力量兴办慈善医疗机构，或向医疗救助、医疗机构等慈善捐赠。"[1] 在国家鼓励兴办慈善医疗机构的政策背景和人民群众对健康需求日益强烈的现实需求背景之下，发挥道教与传统医学联系紧密、养生思想和养生功法内容丰富的特点，以医术服务社会无疑是道教今后需十分重视的服务社会的途径，而围绕这一主题，进行养生知识普及、养生功法传导，开展义诊，免费施医施药，捐建医疗机构、医疗器材，建设医疗服务点，设立社区服务中心，帮助残疾、高龄等需要医疗服务的人群，开设心理辅导，帮助心理疾病患者等都是道教亟需去探索的服务社会的有效途径。

第三，开拓创新，努力搭建服务社会新平台。道教历来重视济世利人、服务社会的优良传统在信众心中具有良好的道德形象，这为开展公益慈善事业、服务社会提供了较高的道德感召力。但由于缺乏现代化的组织管理和具有长效型、品牌性的平台，道教所有服务社会活动的开展都是与宫观相互捆绑，缺乏独立有效的运行平台，

---

[1]《"关于深化医药卫生体制改革的意见"征求意见公告》http://www.gov.cn/gzdt/2008-10/14/content_1120143.htm。

而在现代社会，没有有效和专业的组织，就意味着没有与现代社会相沟通和交流的通道和平台，因此也就导致道教开展公益慈善和服务社会的影响既受益于宫观的信仰活动，也受制于宫观的信仰活动。未来道教公益慈善和服务社会活动的开展，一方面既要借助道教信仰的号召力和道教济世利人的品德感召力，另一方面也要建立相对独立的运行平台，实现宫观收支和公益慈善平台收支两条线，明晰慈善平台的收支账目，民主决定慈善平台的运行项目，从而借助信仰的力量，构建起一个有效而专业的平台组织，形成长效化、品牌化的服务社会项目。这也就需要道教界整合资源，发挥基金会、功德会、慈善会等公益慈善组织的平台作用，顺应当前公益慈善事业发展的现实需要，建立起现代化的公益慈善和服务社会的管理组织。

第四，培养人才，不断提升服务社会的能力。道教界参与社会服务要走专业化发展道路，提升服务理念，创新服务形式，整合各场所的资源，提高服务效率，这一切的实现，都离不开人才的培养。所谓道由人显，道教开展公益慈善事业、服务社会，一方面需要我们善于在信众中发现与动员人才，特别是具有公益慈善项目管理知识与经验的专业人才，建立志愿者队伍，充分发挥他们在公益慈善项目运作中的作用；另一方面，且至为重要的是，要提高广大道长的综合素质，培养出一批能够进行公益慈善开展，具有服务社会一技之长的教内人才，如既有理论修养又有实践操作经验，且擅长言传身教的养生功法、书法绘画、传统音乐方面的人才。再比如，设立基金会有一套严格的制度要求，基金会设立后也需要专业人才的运营，这些都需要专业知识和技能的支撑，道教界要做好属于道教的基金会，就需要有教内专业人才参与其中，因此，公益慈善基金会专业人才的培养也至关重要。也因此，当前，道教要以时不我待的紧迫态度，以更开放的态势，向社会乃至基督教、佛教以及其他的宗教组织学习，借鉴他们在社会公益服务、福利事业发展等服务社会领域的经验；要多角度、高要求地进行道教专业人才的培养，如通过开办各类技能培训班,学习哑语、盲文、老人护理、智障者交流、心理疾病疏导等技能,提升道教参与社区服务、帮助残障、困难人群的能力,从而全面提升道教服务社会的能力。

　　服务社会,是道教的优良传统,也是道教存在和发展的关键所在、生机之源。面对不断变化发展的社会现实和人民群众日益提高的物质和精神生活需要,道教需要进一步加强对道教服务社会重要性的认识,结合道教自身特点,加快专业人才的培养,开拓创新,不断探索道教服务社会的新平台、新途径、新机制,多角度、多举措的提高道教服务社会的能力和水平。

略谈道教的世俗化问题

祝逸雯[*]

摘　要：从对道教世俗化历史的研究来看，世俗化具有入世化、民间化、习俗化等含义；而在当代语境中，世俗化更易与庸俗化、市场化、商业化相联系。本文希望我们能从宗教社会学的世俗化理论来进一步认识道教世俗化，用社会化、制度化来防止道教世俗化的过"度"，通过理性化和躯体化的实践形式坚持神圣性。

关键词：道教世俗化　世俗化　入世化　民间化　习俗化　神圣性

一、对道教世俗化历史的研究

何为道教世俗化？笔者首先尝试在知网上搜索相关研究，以"道教世俗化"为主题，或以"道教""世俗化"为关键词，能够检索出近50篇研究论文。其中，大部分论文都是对民国以前道教的研究，尤以明清道教文学研究为主。

例如，苟波等人对道教神仙传记的研究认为，唐宋明清道教神仙思想变化的核心就是道教世俗化的进程，包括仙境地理观念的改变、神仙形象的人性化、入世修仙的途径、女仙地位的提高等："道

---

[*] 祝逸雯，上海宗教文化研究中心助理研究员，香港中文大学博士，主要研究领域为道教科仪和当代上海道教。

教'世俗化'意味着道教不像过去那样往往只关注自身能否成仙，而转变为更多地关心民间普通百姓世俗的生活，如此一来道教可以吸引更多的信徒，扩大道教在民间的影响，并且将富有神圣性、高高在上的宗教活动与普通百姓世俗的、感性的生活结合起来。"①

再如，有关宋代嘉陵江流域道教石窟造像的研究显示，其题材内容融入了大量的道教俗神，即民间信仰，开凿的目的出于现实利益，人物造型本土化，这都体现了宋代道教世俗化的趋势。② 明清道教石窟同样表现出强烈的民间化色彩，民间信仰的神灵进入道教神谱是道教石窟造像世俗化倾向的深层背景，同时也使道教信仰与民间信仰进一步融合，从而拓宽了道教的生存空间。③

另有对敦煌《发病书》和历日的研究，揭示出其中丰富的道教内容，反映了敦煌道教世俗化的具体情状及其发展方向，即方术化、实用化、民众化和习俗化。与民间信仰相融合是道教存在的重要方式，关注并致力于接触民众的疾病痛苦，是道教走向大众、走向世俗化的重要途径。④

还有的研究指出了世俗化过程对宗教性、神圣性的影响，比如，蔡林波和王维敏对唐代道教外丹术的多元化实践主体、功利化目的和任意化手段的分析指出："由于缺乏来自道教作为整体的宗教信

---

① 张维佳、苟波：《试析〈三洞群仙录〉的神仙思想》，《宗教学研究》，2011年第3期，第225页。其他系列研究，可参苟波：《从两类"仙凡恋情"故事看道教世俗化对通俗小说的影响》，《宗教学研究》2004年第3期，第57—63页；《从明清文学作品看道教仙境观念世俗化》，《宗教学研究》2006年第2期，第52—58页；《神仙形象的"人性化"与道教的"世俗化"》，《宗教学研究》2008年第3期，第26—32页。有关道教世俗化与文学作品关系的研究还有不少，在此不一一列举。
② 陈龙、宋世娟：《浅析宋代嘉陵江流域道教石窟的世俗化趋势》，《佳木斯大学社会科学学报》，2014年第1期，第135—137页。
③ 迟广超：《从题材特征分析明清道教石窟的世俗化倾向》，《艺术探索》2010年第1期，第10—12页。
④ 刘永明：《敦煌道教的世俗化之路——道教向具注历日的渗透》，《敦煌学辑刊》2005年第2期，第194—210页；《敦煌道教的世俗化之路——敦煌〈发病书〉研究》，《敦煌学辑刊》2006年第1期，第69—86页。

仰、伦理思想体系的支撑，外丹术也逐渐失去了戴其头上的生命之神圣冕冠。最终，炼丹服药，亦成一般性社会世俗。"这种世俗化变异有其内在的思想根源：在道教外丹信仰中，仙道与人道的价值定位一直比较模糊，在很大程度上，人道价值往往受到更充分的肯定。①另有李平的研究认为，因世俗权力的介入，道教宫观额外承担了政治和社会功能，致使唐代道教出现世俗化倾向，直接引起了建制道教神圣性的丧失及其本身的衰落。②

最后，值得一提的是对闽西火居道士的调查研究，从道士脱离宫观修持，演变为火居道士，转而服务于民间庙宇的宗教活动的角度，反映了明后期以来道教与区域社会文化变迁相联系的世俗化趋势。③

至于这一世俗化现象是从何时开始的，则未有明确界限。有学者认为这是道教与生俱来的一个固有因素，其趋势明显和加快的时期却是在宋元至明清时期。④ 究其原因，有研究者认为影响因素包括唐末五代以后道教神仙信仰发生了动摇，人们不再相信长生成仙的虚幻目标，道教的宗教精神从出世转向入世；内丹术取代外丹术，简单易行的内丹炼养容易为人所接受；三教融合成为趋势，劝善书流行。⑤

上述研究从不同侧面说明了道教世俗化的具体表现，基本上与

---

① 蔡林波、王维敏：《试论唐代道教外丹术的世俗化流变》，《西南民族学院学报·哲学社会科学版》2003年第2期，第113—116页。
② 李平：《晚唐道教危机探因——以宫观道教世俗化为线索》，《江西社会科学》2009年第2期，第132—135页。
③ 魏德毓：《明以来正一派道教的世俗化——对闽西火居道士的调查》，《社会科学》2006年第11期，第153—160页。
④ 苟波：《从明清文学作品看道教仙境观念世俗化》，《宗教学研究》2006年第2期，第56页。
⑤ 刘浦江：《宋代宗教的世俗化与平民化》，《中国史研究》2003年第2期，第117—128页；耿星：《明代道教世俗化成因初探》，《佛山科学技术学院学报（社会科学版）》2014年第2期，第34—37页。

入世化、人间化、民间化、习俗化和社区化等趋势相关。① 这与"世俗"一词在中国传统文化语境中的几种用法基本一致：（1）指社会风气，蕴涵着"施教导民，上下和合""圣人"认可的教化目的；（2）指尘世或世间，但无天国彼岸之意；（3）意为流俗，民间流行的通俗文化形式。②

二、当代道教世俗化的上限

我们看到，大部分对于宋元明清道教世俗化的研究，仍持有正面的评价，但当我们转向当代道教时，情况往往相反，更多的是对于道教保持其神圣性的担忧，这是因为世俗化很容易衍生出庸俗化、市场化、商业化等含义。例如，黄永锋说道："世俗化背景下的道教所面临的最大问题，不是其'市场需求'的萎缩或消失，而是如何抵御世俗化对其信仰体系带来的冲击，在适应与改变中如何保持传

---

① 任继愈在《中国道教史》（上海人民出版社1990年版，第607页）中，对明代道教也有类似评价："宗教生活本应该超然于世俗生活之外，但明代道教援入民间信仰，使道教诸神信仰与百姓世俗生活的联系更为紧密，加之本来道教信仰中如祈祷禁咒、祛病驱邪之类都是为世俗生活服务的，所以明代道教的宗教生活进一步世俗化，其表现之一就是道教的宗教活动变成世俗生活的组成部分，变为社会生活的一部分。"

② 李向平在《中国当代宗教的社会学诠释》（上海人民出版社2006年版，第23页）中说：当我们在讲述"世俗化"概念时，还会产生另一种理解，即西方宗教社会学意义上的世俗化理论（Secularization Theory）。在西方宗教社会学的研究领域里，世俗化理论是在思考宗教与现代性之间的关系的过程中，发展起来的研究范式，它肇始于韦伯与涂尔干等古典社会学家对这一关系的分析。从20世纪60年代开始，世俗化理论成为宗教社会学中占据主导地位的范式，它假设宗教在现代化进程中趋于衰落，并衍生出政教分离、宗教的私人化等命题。但是，从经验上看，这一理论难以合理解释20世纪末世界范围内若干地区出现的不同表现形式的宗教复兴现象，其合法性受到了前所未有的挑战。彼得·伯格（Peter Berger）被认为是世俗化理论家中最为杰出的一位，有关他对世俗化理论的支持和之后的立场转变，世俗化理论的主要内容和发展线索。参李向平等：《当代美国宗教社会学理论研究》，中西书局2015年版，第398—468页。本文将在第二、三部分涉及到宗教社会学意义上的"世俗化"。

统、维系其内在的神圣性。世俗化和神圣性这对矛盾处理得好,不仅能给道教带来新的发展契机,也会对社会发展进步起到积极作用。"①

世俗化似乎被看作宗教性的大敌。甚至有研究者认为,当前道教的神圣性与神圣化建构才是当务之急,过度世俗化已经阻碍了道教的发展。道教的世俗性比神圣性更为突出,其主要表现在神灵信仰的世俗性、不以"出世"为目的的入世性和没有"灵魂"救赎的长生成仙之追求。②诚然,这位研究者对道教信仰的理解并不准确,但他在世俗化前面加上了"过度"两个字,说明世俗化有个程度的问题,过度后的世俗化更易产生流俗化、商业化的问题。

不过,这个"度"在哪里,却没有人能给出答案。上限的不清晰,可能导致道教界做起事来"畏首畏尾",即便想搞一些文创产品,也生怕被扣上商业化的大帽子。其实,这种困境并不仅限于道教界,佛教界更多地直面这种批评。不过,有学者建议从社会学的角度来审视中国当代佛教的发展,认为"中国佛教的发展,不是对所谓世俗化的担心,而是如何使'人间佛教'社会化、制度化的问题"。"如果'人间佛教'的社会化结构采取如慈善法人、社团法人等形式,那么,即使它从事某些商业、经济活动,也能在国家法律的空间中,在'民生日用之常'的服务过程中,'悟人道而立佛法',以社会公益为目的,处'世俗'而化'世俗',且不被'世俗'所化。"③笔者认为,这在一定程度上,也启发了我们对于道教世俗化

---

① 黄永锋:《当代道教发展态势管见》,《世界宗教文化》2010年第4期,第36页。
② 高秀昌:《论道教的世俗性》,《商丘师范学院学报》2016年第11期,第1—4页。
③ 李向平:《社会化,还是世俗化?——中国当代佛教发展的社会学审视》,《学术月刊》2007年第7期,第60—61页。唐忠毛也曾经对人间佛教发展过程中的世俗化问题进行过辨析。人间佛教展现的自身特色的"世俗化"向度主要体现在以下几个方面:人间性与人本性;关注现实社会,积极参与社会建设的向度;佛教诠释的理智化与理性化向度。而对于一些反对人间佛教世俗化的声音,唐忠毛进行了分析,他认为这一类批判态度是站在维护教内宗风的立场,有一定的合理 (转下页)

的理解。在这里,我们还需要借用西方宗教社会学"世俗化理论"中的"世俗化"含义,虽然宗教不再是社会的"神圣帷幕",但这并不意味着它的消亡,其表现方式也将不断改变自身,以适应现代化的外部世界。[1] 因此,与其忧心道教的过度"世俗化"(庸俗化、商业化),不如先大胆推进道教的"世俗化"(社会化、现代化)。[2]

举例而言,宗教公益慈善活动是连接宗教和社会的桥梁,中国宗教发挥出来的公益慈善作用,日益得到中国社会的认同,这是宗教与社会主义社会相适应的产物之一。对于道教徒而言,服务社会是修道的重要内容之一。从2006年成立陈莲笙慈善专项基金到2015年上海慈爱公益基金会挂牌,上海道教的公益慈善活动一直在慢慢

(接上页)性,他们所使用的"世俗化"是"流俗化"和"庸俗化"的意思,以及与之相关联的市场化和商业化,这些既非是近代人间佛教才有的产物,也不是宗教社会学中所谓的世俗化的真正涵义。"中国佛教现代性意义上的世俗化所呈现的宗教与政治、社会的关系模式不同于西方的'去神圣化'及从社会整合功能中突(笔者按:疑为退)出的模式,而相反表现为从传统的与社会联系不紧密的超然状态转变为更加积极地参与社会事务的状态。""就人间佛教而言,在言及其世俗化问题时,我们应该厘清世俗化与功利化、庸俗化、商品化之间的区别,澄清其言说的不同概念内涵。"参唐忠毛:《人间佛教发展过程中的世俗化问题辨析》,《华东师范大学学报(哲学社会科学版)》2013年第6期,第107—115页。对于佛教复兴的反思,还可参 Ji Zhe, "Buddhism in the Reform Era: A Secularized Revival?", Chau Adam Yuet ed., *Religion in Contemporary China: Revitalization and Innovation*, Routledge, 2010, 32 - 52。

[1] 世俗化理论的发展过于复杂,其含义也千变万化,但它的核心关怀,即现代性与宗教变迁的关系,依旧是需要不断回溯的主题。可见汲喆的评价:《如何超越经典世俗化理论?——评宗教社会学的三种后世俗化论述》,《社会学研究》2008年第4期,第55—75页。当然,若将西方世俗化理论直接用于中国宗教研究中,也会有多种水土不服,诸多研究已说明了这个问题,例如 Michael Szonyi, "Secularization Theories and the Study of Chinese Religions," *Social Compass* 56. 3 (2009): 312 - 327;李向平:《社会化,还是世俗化?——中国当代佛教发展的社会学审视》等。
[2] 王卡曾撰文认为,世俗化不是道教改革应取的方向,也不是"生活道教"的正解,不过他是从宗教最终必将衰亡的角度,来理解世俗化理论的。王卡:《新世纪道教面临的问题——世俗化还是市场化?》,陈鼓应主编:《道家文化研究》第21辑,生活·读书·新知三联书店2006年版,第1—19页。

探索，不断完善自己。

2015年，恰逢相关政策法规出台，在整个社会都在力推基金会的浪潮下，上海慈爱公益基金会宣告成立。在民政局正式注册登记的非公募基金组织突破了道观功德会的局限，可以走出道观，与社会上的其他公益基金会开展合作，策划更多更好的活动。① 例如，"慈爱杯·同在蓝天下"来沪务工人员随迁子女作文竞赛是与上海市松江区爱心助困志愿者协会合办的公益活动，在虹庙开办的"癌后养生"是与黄浦区癌症康复中心合作的公益项目，"慈爱心语"亲子国学公益班是与静安区心灵导航心理咨询服务中心合作举办的项目。在与各种基金会进行交流合作的过程中，上海慈爱公益基金会也在不断吸收他们的专业性。当时在虹庙负责慈爱书院活动的巫凯宇道长告诉我们，作为一名刚毕业的道士，通过这些活动，与社会上的各种组织打交道，虽然磕磕碰碰，但对个人能力的提升很有帮助。②

上海慈爱公益基金会在组织架构、规章制度方面，不断制度化、现代化、专业化，如成立理事会，设立理事长、秘书长、监事、四部一室等机构，每半年召开一次理事会议，每两周召开一次办公会议，不断更新各项管理制度，公布财务收支情况、志愿者的时间银行信息等，尽量使各种信息公开化、透明化。近期，他们又引入了专业基金会的管理人员，成立了"理事长办公会"，力求完善基金会的运作机制。以此为基础，2018年，上海慈爱公益基金会向上海市慈善基金会成功申请了"蓝天至爱"安老项目，该项目将延续基金会扎根社区的传统，为社区老人开展系列讲座。

在当代道教进行社会化和现代化的过程中，我们也要同时思考宗教如何在世俗社会中保持一种反思世俗化的动力。笔者认为，当代道教需要回答的问题之一是：如何描绘中国现代性。这样，才能使

---

① 上海慈爱公益基金会调研，上海城隍庙，2018年7月25日。
② 上海慈爱书院调研，上海虹庙，2018年8月3日。

得道教的世俗化有的放矢，并在实践中，用社会化和制度化来保证世俗化的不过"度"。

三、当代道教世俗化的底线

虽然当代道教世俗化的上限无法确定，但是其底线是明确的，那就是对神圣性的坚持。孙亦平认为，当代道教如果要在21世纪得以发展，其出发点和最终目的仍然应当是神圣性，但基于神圣性的道教又必须时时面向社会生活，以求在其中达到一种动态的平衡。①

新世纪初，道教界和学术界曾经围绕"道教文化与现代生活"这个主题，进行过热烈讨论。有人提出过"生活道教"这个口号，主张将道教信仰和现实生活结合，将道教精神圆融于生活，运用道教的智慧解决生活中存在的各种困惑。不过，如何处理对世俗生活的超越性仍然是其中存在的首要问题。②

换一个角度看，对信仰的强调与"世俗化"的程度是相关的，这里的世俗化同样需要借用西方宗教社会学中的"世俗化理论"来理解，即宗教生活与其他生活的分离。③请试想一下，若是在早期天师道的社会中，每一个人生来都是道民，他的一生都与各种道教仪式相关，道教信仰从未从日常生活经验中抽出，这是一种理所当然的宗教/生活，那么，他会去自觉反思自己的信仰吗？

出于中国信仰生活的特殊处境，即神圣与俗世之间界限模糊，④

---

① 孙亦平：《神圣与世俗之间——论道教在21世纪的发展》，《中国道教》2001年第5期，第14—17页。
② 章伟文：《"道教文化与现代生活"学术研讨会综述》，《世界宗教研究》2001年第2期，第143—147页。
③ 有关世俗化理论的三种宽泛种类，可参魏乐博（Robert Weller）的解释，吴云贵、Weller、范丽珠、郑筱筠：《对话宗教与世俗化》2013年第2期，第49—50页。
④ 对于中国信仰传统中神圣与世俗的讨论，可参向平、赵广明、宗树人、赵法生、郑筱筠：《对话神圣与世俗》，《世界宗教文化》2013年第5期，第45—51页。

有学者认为，创造一个世俗世界的过程也创造了"宗教（religion）"①本身。②近代中国的变革浪潮中，全国性的宗教团体纷纷兴起，这是与当时整个国家的世俗化工程相一致的。③正是由于宗教与其他领域的分化，宗教徒对自我身分的意识也就会加强，因此，笔者认为，世俗化不见得对宗教总是产生负面影响，也许它会造就更为成熟的信徒。

这种"成熟"可以体现在理性化上，"这个朝向理性化的运动与上文讨论的世俗化和宗教化过程紧密相连。它有助于宗教信仰从日常生活的一般经验中被抽取出，导致了一个理所当然的宗教或生活，到一个自觉和反思的宗教的变迁。宗教变成能够被其经典来明确地代表的事物，而非被重复的情境化实践来代表"。④如人间佛教提倡佛学要"去鬼神化"，根据西方的学术分类将佛学与西方各类学科作相互的会通研究，是为了促成一个更加理性化的佛教形式，与迷信划清界限。

理性化的一种形式就是学院式的教育。自 1986 年上海道学班开办以来，上海道教界对于人才培养，向来是不遗余力的。2013—2018 年间，上海道教学院第五届学员的讲经能力得到了特别的关注

---

① 有关"宗教"一词的原意和翻译历史，见陈熙远的经典研究：《"宗教"：一个中国近代文化史上的关键词》，《新史学》第 13 卷第 4 期（2002）。
② 魏乐博著，宋寒昱译：《全球宗教变迁与华人社会：世俗化、宗教化、理性化与躯体化》，于范可、杨德睿主编：《"俗"与"圣"的文化实践》，中国社会科学出版社 2017 版，第 21 页。
③ Vincent Goossaert, "Republican Church Engineering: The National Religious Associations in 1912 China," Yang Mayfair Mei-hui ed., *Chinese Religiosities: Afflictions of Modernity and State Formation*, University of California Press, 2008, 209–232; Ji Zhe, "Secularization as Religious Restructuring: Statist Institutionalization of Chinese Buddhism and Its Paradoxes," *Chinese Religiosities: Afflictions of Modernity and State Formation*, 233–260.
④ 魏乐博著，宋寒昱译：《全球宗教变迁与华人社会：世俗化、宗教化、理性化与躯体化》，第 23 页。

和培养。① 在课程设置上，他们注重《道藏》经典文本的学习和梳理，培养学生能够自主进行《道藏》的阅读、学习、归纳和讲解的能力。② 并成立"社会公众部"，聚集了有讲经特长的一群学员，在2014至2017年之间，坚持每周在虹庙开坛讲经，与各年龄、各层次的信众，或是普通民众直接沟通交流。不仅如此，道学院还为皈依道教的俗家弟子们开设培训班，解释道教知识和礼仪，鼓励信众进行自觉的思考，以此培养更为稳定的宗教性。

在理性化趋势不可避免的同时，我们也不能忘记更为直观与经验的躯体化趋势。魏乐博等人对江苏和台湾的研究表明："躯体化在20世纪的幸存甚至增长显示出世俗化工程的局限。躯体化不一定是对理性化的抗拒，但其的确提供了一个可供替换的且非常不同的虔诚形式——一个如同宗教的理性化一般，作为20世纪及其之后的现代性的一部分。"③

就道教而言，仪式一直是其中的重要部分，目前仍是道教信徒构建神圣性的重要途径，尤其对于皈依弟子而言。每逢初一、十五，来到道观中的皈依弟子们暂时脱离日常生活轨迹，肃穆于神像之前，随着朗朗木鱼之声，共同念诵早课；每逢农历二月十五，来到上海城隍庙的皈依弟子们暂时脱离日常时间轨迹，斋戒整肃，跟随法师的唱和，环绕虚皇斋坛，忏悔己罪，共贺老君圣诞。

这些躯体化实践已经并非简单的重复，成熟的信徒不会满足于"跟着做就可以了"的解释。皈依弟子在经过培训后，能够进行理性的解释，出于自觉的行动，但前提是他们的"师父"也具备运用理

---

① 对于该届道学院学生风格变化的研究，可参杨德睿：《口语、影响与新媒体时代的道教传习》，于氏著：《传承：认知与宗教人类学的探索》，商务印书馆2018年版，第114—134页。
② 2011年，中国道教学院就开设了首届经典讲习班，培养道界讲经说法人才。中国道教界对于讲经说法的重视可见一斑。
③ 魏乐博著，宋寒昱译：《全球宗教变迁与华人社会：世俗化、宗教化、理性化与躯体化》，第24页。

性的语言向他们解释的能力。

我们从理性化和躯体化两个方面，展现了当代道教信徒在世俗化过程中理解、践行和坚守神圣性的途径，这是一个长期且反复的过程，也是道教世俗化的底线。

四、余论

道教"世俗化"是一个必然趋势，无论是从历史上的入世化、人间化、民间化、习俗化和社区化而言，还是从当代的表现形式需要变化、宗教与其他领域分离而言。道教世俗化有上限，不能"过度"，我们可用社会化、制度化来防止。道教世俗化也有底线，必须坚持神圣性，我们可以通过理性化和躯体化的形式去实践。

不过，在本文的论述过程中，刻意避免了对神圣与世俗关系的探讨，即便它们一直是世俗化问题的核心概念。与中国民间信仰相比，与佛教相比，与西方宗教相比，究竟道教中的神圣与世俗是怎样的关系？这是一个很大的课题。

第三章 现代转型

道教院校教育的探索与思考

丁常云[*]

摘　要：道教院校教育是当前一项十分重要的工作，是关系到道教生存与发展的一件大事。本文对近现代道教教育，特别是改革开放以来道教院校在办学中的成功经验与不足之处，进行了客观的分析和研究，提出了一系列针对性举措。强调指出道教院校要找准自身的办学定位，形成自己的办学特色，才能培养出合格的道教接班人。当然，培养道教人才，是一项艰巨而复杂的系统工程，只有在教学实践中与时俱进，领导重视，组织有力，通过道教教育资源的整合，使各方教育力量优化组合、功能互补、协调联动，形成工作合力，才能取得教育实效。

关键词：道教院校　道教教育　弘道兴教　转型发展

近现代以来，道教教育工作备受诸多有识之士的关注，道教办学的模式也有诸多积极的探索。早在20世纪40年代初，陈撄宁先生在《复兴道教计划书》中就提出举办"道学研究院"培养道教知识分子的设想，由于当时条件所限，诸多计划未能付诸实施。中国道教协会正式成立后，在陈撄宁先生的积极倡导下，于1962年正式

---

[*] 丁常云，中国道教协会咨议委员会副主席，中国宗教学会理事，《上海道教》杂志主编，上海市道教协会副会长，上海市浦东新区道教协会会长，上海太清宫住持。

开办了"道教徒进修班",打破了传统的师徒授受、口口相传的教习模式,在教学方式上跟上了时代的步伐。这是道教历史上首次办学校,为培养现代道教人才积累了宝贵经验。此后,又相继举办了五期"道教知识进修班",为道教培养了一大批实用型人才。1986年,在上海市道教协会陈莲笙道长的努力下,创办了首届"上海道学班",开创了地方办学的先河。1990年,中国道教协会正式成立了"中国道教学院",道教教育和道教界的人才培养从此迈上了一个新台阶。

中国道教学院是道教教育的最高学府,它的正式成立,全面提升了道教教育的办学层次,有力地推动了道教教育工作的开展,各地道协也积极行动起来,开始创造条件办学,培养各类道教人才。1999年,中国道教协会六届二次常务理事会专题研究了道教教育和人才培养问题。闵智亭会长在会上作了《抓住机遇,育才弘道》的报告,他说:"从现实看,挖掘整理、发扬道教教义的积极因素为社会主义精神文明建设服务,管理好宫观庙宇,办好教务,加强与海外道教界友好交往等,都需要大批的高素质的道教人才。从长远看,道教未来的面貌、兴衰存亡,关键看今天我们培养的人才数量和质量;我们今天的道教教育事业将决定明天道教的命运。对此,我们应该有紧迫感、责任感、使命感。"会议还专门形成了《道教教育工作座谈会纪要》,当时由国家宗教局转发全国各地,要求有条件的地方要抓好道教教育工作,没有条件的地方,创造条件也要搞好人才的培养工作。这是中国道协第一次以道教教育为主题召开的常务理事会,也是推动道教教育工作的一次重要会议。此后,湖南南岳坤道院、四川青城山道教学院、湖北武当山道教学院等也相继办学,上海道教学院也升格为华东地区的道教学院,成为可以开办本科班的地方院校。中国道教学院也开始招收并培养研究生,2003年首届研究生班正式开学。2008年又开办了第二届研究生班。近年来,浙江道教学院、广东道教学院、福建道教学院也先后创办,并开始招生，道教学院教育盛况空前，为道教培养了高素质的接班人，道教教育工作取得了可喜成绩。

然而，随着道教事业的快速发展，道教人才的需求量不断增加，道教的教育工作明显滞后，再加上道教院校的办学面临诸多困难，道教教育工作始终步履维艰。道教教育工作专题座谈会召开至今已经二十年过去了，道教教育依然在困境中徘徊。各地道教学院在教材选取、教学重点、学习形式、办学模式上，皆各自为政，还没有形成系统化、制度化、规范化的办学模式，特别是师资队伍、统编教材、生源队伍以及办学条件、办学质量、办学规模、办学理念等问题，还没有得到根本解决。这些问题的存在，严重制约了道教人才的培养。国家宗教事务局王作安局长曾明确指出：道教人才缺乏的问题，仍然是中国道教健康发展的主要制约因素。因此，我们要从思想层面上进行反思，不断增强道教教育工作的责任意识，要齐心合力办教育，聚精会神抓落实，集中精力攻难关，认真解决道教教育中存在的一些实际困难和问题。当代社会，加大力度建设一支高素质的道教人才队伍，是决定中国道教事业生存与发展的重大问题。因此，当代道教教育必须要与时俱进，全面推进道教院校教育的现代转型。

一、道教院校教育存在问题分析与对策

改革开放以来，全国各地道协积极开办道教学院，培养道教事业接班人。经过近二十年的努力，道教后继乏人的局面得到了一定程度上的改善，道教人才培养也取得了一定成绩，一批优秀的年轻道长脱颖而出，在今天全国各地道教工作岗位上发挥着重要作用。与此同时，道教教育事业也得到了较好发展，目前在大陆已经有多所道教学院，在硬件建设上已经有了很大的提高，在道教教育方面也积累了许多宝贵经验，这是前辈道长们对道教教育事业作出的贡献。但是，就目前全国各地的办学情况来看，其办学条件、办学水

平还停留在20世纪90年代初的阶段,已经不能适应和满足当前道教事业发展的需要。因此,当代道教教育必须要与时俱进、开拓进取,努力提高道教教育工作的科学化水平,必须要在稳定师资队伍、提高生源素质、编定统编教材、科学设计课程上下工夫,必须要在校舍建设和教学经费上有保障,积极探索加强和创新道教教育工作的方法和途径,努力提高道教院校的办学能力和办学水平。

第一,缺乏较为稳定的教师队伍。多年来的办学经验告诉我们,教师队伍建设是道教教育发展的重要基础和根本保证。道教界自20世纪80年代开始兴办道教学校,从目前全国道教院校情况来看,仍然存在着师资力量普遍缺乏的状态,这对当前道教教育的发展带来很大困难。究其原因,主要有四个方面的问题:一是专职教师严重缺乏,影响正常教学。目前,除中国道教学院有数名专职教师之外,其他道教院校的专职教师很少,有的几乎是一个专职教师都没有。二是道教院校教师整体水平不高,影响教学质量。道教院校的教师大部分为本校毕业生留任,他们大都比较年轻,教龄也不长,虽然有虔诚的信仰和很强的事业心,但学历普遍较低,有的只有中专或大专。教师自身学历低,知识面窄,不能保证教学质量。三是多数道教院校办学没有连续性,影响专职教师队伍的稳定。有些道教院校仅仅只是为地方培养年轻道士,往往是根据实际需要来招生,一旦教职人员暂时处于饱和,就只能是关门停业,等待下次需要时再开办。四是道教院校教师的职称、待遇等问题长期得不到解决,影响教师队伍的稳定和教师素质的提高。因此,我们在教师队伍建设上一定要花大力气,要努力打造一支较为稳定的、素质较高的教师队伍,以保证道教教育工作的顺利开展。我们建议:一是要制订现有教师的培养规划,采用委托高校培养、送全国道教学院读研、留学等方式提高学历、提高水平。二是采取引进人才的办法,向社会或兄弟院校引进合适的教师。三是要充分利用高校、科研院所等社会上的教育资源,提高报酬,短期聘请兼职教师。四是要加强对教师思想政治、业务水平、工作成绩的考核，建立正常的职称评定制度和薪酬制度。同时，在师资队伍建设中，我们还要树立以教师的专业发展为本的观念，把加强教师的师德修养、更新教师的教育理念、优化教师的知识结构、提高教师的教育能力和创新能力，作为当前道教院校师资队伍建设规划的根本出发点和落脚点。要努力打造一支高素质的教师队伍，院长是本校教师队伍的责任人和领导者。我们要怀着强烈的责任感和使命感，积极地、高度负责地落实道教院校的师资队伍建设，要从道教人才培养与事业发展的战略高度，来认识教师队伍建设是道教院校教育发展的关键与根本。

第二，缺乏较高素质的生源。除师资队伍之外，作为道教院校式教育，生源的质量问题也是非常重要的，如果没有好的生源自然就会限制办学的质量和效果，也培养不出高素质的道教人才。从目前道教院校的生源情况来看，总体生源素质不高，存在的问题主要表现为以下三个方面：一是委培招生所导致的学员水平参差不齐，严重限制教学质量的提高。目前，多数道教院校都是委培性质，即定向招生，委托培养。因为委培生源是各地道协和宫观直接推荐的，选择的范围很小，虽然也有入学考试，但是大多流于形式。另外，委托培养不存在分配问题，也会在不同程度上影响到学习的积极性。二是招生的范围小，加上宣传力度不够，严重影响优质生源的选拔。由于道教学院不同于其他高等院校，真正了解的人还不是很多，有时也会直接影响到学院的招生。目前，大多数院校的学生来源，都是依靠教内人士的介绍和推荐，有的还是自家的亲戚朋友，生源的来源渠道就受到很大限制，其质量自然也就不能保证。三是道教院校在信仰上的特殊要求，也会影响到生源的质量。道教学院的学生必须要有道教信仰，全真教派还要求吃素、独身，这些要求自然会在一定程度上影响生源的数量和质量。有些院校在招生时就出现过生源不足的现象，在这种情况下要招收优秀学员自然就困难了。因此，要想提高道教院校的教学质量和效果，培养优秀的道教人才，必须要从源头上抓起，这个源头就是生源的质量。针对目前道教教育实际情况，我们建议：一是在全国范围内实行联合招生，结合报考志愿和考试成绩进行录取，形成初、中、高三级道教院校的学历层次，这就类似一年一度的全国高考，即由全国道教教育考试委员会确定标准，统一出题，统一招生，考生可以根据各自的考试成绩和专业进入相应的道教学院。这样就可最大限度地避免同一院校同一班级学员文化程度参差不齐的情况发生，也可避免有些院校生源紧缺和生源不稳定的情况发生。二是按照初、中、高三级道教学院的学历层次，采用逐级招生培养的办法，即高级道教学院向中级道教学院招收学员，中级道教学院向初级道教学院招收学员，初级道教学院向社会或宫观招收学员。根据分层培养的原则，初、中级层次学历一般由地方道教学院培养，高层次学历则由中国道教学院培养，宫观基本教职人员队伍主要依靠宫观自己培养，各地宫观要成为初级道教学院基本生源队伍的后备力量，这样才能确保道教院校各层次学历生源的整体水平。三是要引进激励机制，在培养人才的基础上大胆使用人才，充分调动学员学习的积极性。我们要鼓励教职人员报考道教学院，不断提高教职人员的学历和水平，然后向更高一级的道教学院输送合格的学员。这样才能使道教院校的生源队伍形成良性循环，从而确保生源的整体质量，为进一步培养高素质的道教人才队伍打下良好基础。

第三，缺乏较高质量的统编教材。关于道教院校的教材问题已经提出多年，但由于种种原因至今没有得到很好的解决。自从1999年"中国道教教育工作座谈会"上提出编写统一教材的建议，在这些年的时间里又多次提出了一些具有实质性的方案，有些地方的道学院也尝试编写自己的教学讲义，但由于没有形成统一性，在许多方面还存在着很多问题。就实际办学条件而言，教材的统一是办好道教教育的必要条件，也是道教院校和道教教育工作者所共同关心的问题。可喜的是，中国道教学院经过几年的努力，已经初步编写了部分教材，不久将会印刷成册并投入使用，但总体而言，对于道教教材的编写仍需要花大力气。编写道教院校统一教材是一项重大工程，需要各方面的高度重视和通力配合。要想从根本上解决教材问题，编写出一套高质量的统编教材，也不是一件容易的事，因此，我们认为统编教材工作也不能急于求成，但必须要在思想上高度重视，在行动上落到实处。具体可以从以下几个方面展开：一是选择试用教材，为统编教材打好基础。我们可以先从目前各级道教院校所使用的教材中进行筛选，从中选出一批较为合理的教材作为临时通用教材，按照不同层次分别配备到相应的初、中、高三级道学院。这种做法虽然不能从根本上解决教材统编问题，但这也是由不够规范逐步向比较规范的一种过渡，在此基础上再逐步编写成统一教材。二是成立教材编纂委员会，具体落实编写工作。要成立由教内外专家学者组成的全国性道教院校教材编纂委员会，编委会由各级道学院专职教师、教内研究道教并有所专长的道长和研究道教的知名专家学者共同组成，根据初、中、高三级院校的教学目标和要求，在原试用教材的基础上草拟编写大纲，然后聘请对本专业有研究的教内外学者担纲，通过五至十年的努力肯定会拿出一批高质量的统编教材试行本。三是在具体教学中对新编教材试行本进行修改完善。我们要按照各级道教院校所设置的科目，统一配备相应的专业课教材。在具体教学中进一步听取意见，特别是任课老师和学生的意见。在广泛听取意见的基础上再进行修改完善，这样才能使所选用的教材更具有准确性和权威性。四是针对不同教材配备不同的教学参考资料，以更好地规范教学质量。我们要对所选用的教材，配备统一的参考资料作为补充教材，也是为教师配备了教学参考书，这样才能真正地做到各级道教院校在教学质量上的统一性。其实目前有不少学者和道长在授课时，所编写的讲义就是一种很好的资料，如果我们对其进行重新编辑，完全可以成为一种很好的参考教材。五是统一印刷出版，使道教院校教材更加统一规范。这项工作应该由中国道教学院负责落实，在印刷经费上可以吁请一些有条件的道观给予资助，这样既可以减少道教院校的开支，也可以使各级道教院校的教材得到统一。当然，在教材统一后，还必须要有统一的教学大纲，这也是道教院校统编教材的内容之一。只有做到教材与教学大纲的统一，才能从真正意义上解决道教院校的教材规范问题。

第四，缺乏科学合理的课程设置。作为一所规范的道教院校，除统一教材之外，科学合理的课程设置也是至关重要的。目前，由于没有统一的教学大纲和统编教材，各地道教院校在课程设置上存在很多问题，主要表现为层次不清、专业不明、目标模糊。课程设置也是五花八门，很不规范。不同层次的道教学院在课程设计上有明显的重复现象，也有在课程设计上的深浅程度与办学层次出现倒挂现象，即中级院校的课程安排比高级院校更深，高级院校的课程比中级院校还浅。还有各院校自己制定的教学大纲与时代脱节，学校开设的课程集中于道教专业，对当代社会中必须掌握的电脑、外语、管理等课程安排得太少，人文社会科学方面的课程也开设得不多。加上教师选择课程的随意性较大，有的课程内容陈旧，不能与时俱进，甚至还有少数院校根据教师的专长安排课程，有些课程虽然重要但没有师资也只能搁置，这就造成各专业的课程设置存在严重不合理现象。所以，根据不同层次教学大纲的规定，科学合理的课程设置也是改善道教办学条件、提高办学能力的重要内容。对于道教院校具体课程的设置我不想多谈，只能从宏观的角度提出几点建议。一是在课程设置上要科学合理，不能随意变动。一般来说，课程的设置要根据教学大纲来安排。根据不同层次的道教院校，由中国道教学院教研室提出课程设置稿，然后组织专家学者和教内教育工作者进行讨论。道教院校课程设定的标准应该是既要符合道教院校的性质特点，又要满足道教事业发展和工作实际需要，同时也要与时俱进，适应时代的发展。课程一旦确定，不能随意改变，但在教学中可以提出合理建议，最终由中国道教学院教研室统一提出修改意见。二是同等级院校之间的课程设置必须要统一，以确保教学层次的一致性。如果能够真正根据教学大纲科学合理地设置课程，那么同等级院校之间的课程统一问题应该是不难解决的，关键是要认真抓落实。各级道教学院要严格按照统一的教学大纲的要求办学，使用全国统一教材和统一课程设置，这样才能保证同级道教学院教学质量的统一，确保教学层次的一致性，当然任课教师的授课水平也很重要。三是同等级院校之间的专业课程设置，要体现专业的特点。道教院校要根据道教工作的实际需要，提出各主要专业的设置。道教院校不能只办成一个班，要有不同的专业。比如道教学专业、管理学专业、道教科仪专业、道教艺术专业、讲经弘道专业等，各专业之间既有共性的内容，又有自身专业的特点。因此，我们考虑课程设置时，在保证同等级院校之间的专业课程设置统一的基础上，要充分体现专业的特点和专业的实用价值。四是宗教专业课与社科文化课设置比例要科学合理。道教院校的课程设置以道教专业课为主，这是没有任何疑问的，但是，仅有道教专业课是远远不够的，我们必须要有文化通识、现代科学知识，还要有社会人文科学等。我们要参照普通高等院校的专业设置，既要考虑到道教专业课的需要，又要兼顾社科文化与专业的需求，在课程设计上要尽可能做到科学合理。

二、道教院校教育要准确把握自身的办学定位

"人能弘道，非道弘人。"培养出具有一定道学造诣、爱国爱教、重道体用的道教人才，是新时期道教事业健康发展的根本保证。改革开放以来，经过多年的办学兴教，道教界培养了一大批道教人才，这是各地道教教育所取得的可喜成绩。但是，多年来道教教育的理念和办学目的不够明确，严重制约了道教优秀人才的培养。就目前道教院校教育现状来看，无论是教育的性质、理念，还是办学的宗旨或规模，都还跟不上时代发展的步伐，不能适应道教事业发展的

需要。因此，我们认为道教院校教育要有准确的定位与方向，要不断与时俱进，适应时代和道教事业发展的需要。

第一，办学模式要制度化。目前，全国各地道教院校，地区的不同和教育资源环境的差异，以及办学条件的差别，不同程度影响着教学质量和教学水平，很难使道教教育达到统一标准。有的学校办学条件差、设施落后，难以完成应有的教学计划；有的学校办学随意性较大，想办就办，不想办就不办，严重浪费教育资源；有的学校甚至连校舍都没有，办学时只能拥挤在道观仅有的几间房屋内，办学质量难以得到保证。为此，我们建议：一是对现有道教院校的办学条件进行综合评估，在调查研究的基础上，提出各等级道教院校的办学模式建议稿，对于条件较差的院校进行及时整改，积极创造条件提高办学能力。二是根据道学院的等级要求，形成统一规范的办学模式，这一模式要在保证质量的基础上，既要尊重历史和现实，也要兼顾未来的发展需要。三是将道教院校的办学模式规范化、制度化，制订统一的办学标准，要求全国范围内道教院校参照实行。四是要进一步优化教育资源，实行优秀教师帮教化，以培养更多的优秀教师，努力提高道教院校的教学水平。由此，把优质道教院校的管理、师资、经验、文化合理扩大并有机扩展，让更多学校成为优质教育的校园。要逐步形成道教院校统一的办学模式，并以制度化的形式进行规范，要求各地道教院校严格执行。

第二，办学形式要多样化。现代国民高等教育，形式多样，内容丰富。比如全日制教育、函授教育、自学考试教育、成人教育、电视教育、网络教育等，针对不同的人群采用不同的办学形式，对于普及社会高等教育起到了积极作用。然而，就目前的道教教育现状来看，基本还是停留在全日制教育模式，这对道教的普及教育是十分不利的。事实上，由于种种原因，能够进入全日制道教院校接受教育的人员不会很多，道教教育也不仅仅只是旨在培养教职人员，而社会民众中也有一定的需求，他们也希望学习道教知识、了解道教文化。为此，我们建议，道教的办学形式也要多样化：一是参照社会高等教育的教学体系，在办好全日制教育的基础上，开辟多种形式的办学渠道，让更多的人能够接受道教的高等教育。二是开办道教院校函授班，扩大道教徒受教育的机会。道教院校可以利用自身的教育资源，开办各类函授班。函授班实行统一教材、统一管理、统一考试，其特点是比较灵活自由，道观教职人员和社会民众都可以报名参加。函授教学，可以采用"宽进严出"的方式，以使更多的人接受道教教育。三是鼓励自学考试，培养更多道教人才。自学考试是比较自由的一种学习方式，在时间跨度上可以适当放宽。根据各专业课程设计，采用学分制的形式，通过考试取得全部学分即可毕业。为方便各地学员，最好能做到各院校之间相互承认学分，以加速培养道教人才。四是开办网络教学，普及道教教育。在网络如此发达的今天，我们要善于利用这一高新科技，普及道教教育范围，极大地弥补教学力量之不足。

第三，办学方式要现代化。现代社会的发展日新月异，经济快速发展，科技不断创新，知识不断更新，文化不断繁荣，出现了前所未有的大好局面。道教教育也要跟上时代的步伐，在办学方式上要逐步实现传统向现代的转变，具体表现为：一是教育思想现代化。道教教育要对传统教育思想进行扬弃与超越，从而建立起现代道教高等教育体系，即办学要个性化，以促进学生个性的和谐发展；办学要人性化，极大地唤醒和激发学生的学习兴趣和热情；办学要多样化，不断适应和满足社会对道教教育的需求。二是教育目标现代化。道教教育要努力实现通才教育与专才教育的统一、道教专业教育与文化知识教育的统一、人文教育与科学教育的统一、全面发展与个性培养的统一。三是教育制度现代化。这是新世纪道教高等教育的方向，也是道教教育发展的必然要求。在教育制度上逐步实现创新管理，要求学校的教职员工由单位人变为社会人，实行契约管理和按岗分配。四是教育管理现代化。创造一种完全新型和实际有效的资源整合范式,有利于充分调动管理者和被管理者双方的积极性。五是教育方式现代化。要在道教学院全面推广"电化教学""网络教学",进一步加强对电化教学的运用,增加投影、电脑、网络等现代化设备,创造一切有利条件来提高教学水平和教育质量。

第四,办学规模要院校化。目前,多数道教学院的办学规模,还停留在学习班的基础上。上海道教学院创办多年,一位宗教部门领导曾开玩笑说:"你们那个道学院充其量也不过是一个道学班。"事实也是如此,这就是我们目前道教院校的办学现状。如此规模的办学,既浪费了宝贵的道教教育资源,又制约了道教人才的培养。因此,现代道教院校的办学规模,必须要走院校化道路,形成一定的规模效应,具体有三点建议。一是开设大的专业学科,培养各种类型的道教人才。根据需要,我们可以设立几个大的专业。如设立道教管理学院,以培养道教现代化管理人才;设立道教教育学院,以培养专事道教文化教育事业的专业人才;设立道教学术研究学院,以培养专业从事道教文化研究的专业人才;设置道教艺术学院,培养从事道教各种文化艺术的人才;设立道教网络学院,以培养从事道教网络技术、软件技术、远程教育、电子出版等方面的网络电子专业人才。二是实行每年招生,形成阶梯型教学模式。在每一个大的学科下面,可以开设若干专业,每个专业都要实行每年招生,每年有学生毕业,这种阶梯型教学模式可以源源不断地培养出各种类型的道教人才。三是实行奖学金制度,鼓励学生努力学习。道教院校的奖励措施可以参照普通高校的做法,实行奖学金制度,每年年终对优秀学员进行奖励。奖励采用物质与精神的统一,作为宗教院校更多的还是要注重精神鼓励,通过树立学习典型和榜样,来激励学生学习的积极性。四是取消分配制度,引进激励竞争机制。目前,道教学院所培养的教职人员,主要是以直接分配的方式安排至道观。这种分配方式,缺乏活力,不利于优秀人才的培养。我们要打破传统的分配制度,实行宫观与学员的双向选择,通过自找宫观、自选专业的模式，以利于道教优秀人才的成长。

第五，办学眼光要国际化。道教办学国际化，首先要有国际化的眼光，使道教的教育面向世界。我们要培养能够参与国际活动的道教人才，以及培养具有国际竞争力的道教人才。在内容方面，包括教育教学的国际化和教育管理的国际化。其中教育教学国际化又包括人才培养模式的国际化、师资队伍的国际化、管理人员的国际化、学生的国际化。为此，我们建议：一是要加强外语教学和培训。外语是进行国际交流的基本工具，也是了解外国文化的钥匙。因此，为了更快地融入国际社会，向国外普及、宣传道教文化，加强与国外道教的联系，道教院校必须进一步加强外语教学。二是要加强国际生员培养。道教是中国传统宗教，也是中国传统文化的重要组成部分。国外有许多道教信徒，希望能来中国学习道教、学习中国文化，尤其希望能进入道教学院学习，这是一件很好的事情。我们要积极创造条件，招收国外学生来道学院学习，更好地传播中华传统文化。三是要加强国际合作研究。道教院校要加强与国外宗教院校和研究机构的联系，积极开展国际间的合作研究，实现资源共享，以提高我国道教院校的教学水平和研究能力。四是要加强国际合作办学。国外宗教院校的办学有自身的特色，值得我们借鉴和学习的地方很多，开展国际合作办学是道教教育国际化的深层次发展，也是培养国际道教人才的有效途径。我们可以通过合作办学或引进师资的办法，学习国外的先进经验，提高道教人才培养的质量。同时，我们还要注重培养学生外语和计算机的实际应用能力，加强开发和利用国际优质教育资源，促进教师和学生的国际合作与学术交流。

三、道教院校教育要始终坚持自己的办学特色

道教院校需要培养什么样的道教人才？这是摆在我们面前的首位任务。国家宗教事务局局长王作安在《努力做好"十二五"时期的宗教工作》中明确指出：我们"要按照新形势下宗教界爱国人士成

长的特点和规律,努力培养和造就一支政治上靠得住、学识上有造诣、品德上能服众、关键时起作用的宗教教职人员队伍"。这是党和政府对我们宗教界人士提出的希望和要求,也为我们道教院校培养人才指明了方向。根据上述要求,我们认为作为一名新时代合格的道教人才,必须要坚持自己的特色,在道教信仰和戒律修持上树立表率,必须要在道教学识和讲经讲道方面有所作为,要始终以弘道立德作为自己努力的目标。这就要求我们不断加强道教院校建设,要始终坚持专业的办学特色与培养目标。

第一,要注重加强信仰建设。当代道教,要树立正确和纯洁的信仰,我们道教徒要通过自己的修行,淡泊名利,纯洁心灵,与人为善,坚持正信,树立良好的信仰风范。这是时代和道教发展的要求,也是道教院校教育工作中应该认真思考的问题。有人说,道教院校教育最不成功的地方,就是信仰建设问题。当代道教徒的信仰建设,应该成为我们道教院校教育的一项重要工作,常抓不懈。为此,我们提出如下思考建议:一是要从道教的教义思想出发,进行正面教育和引导。道教学院要积极倡导对于道经的研读和学习,从道教经典中接受神仙思想的熏陶。神仙信仰,是道教最基本的、最原始的,也是贯串始终的最具特色的一种神圣的信仰,应该成为道教信仰者一生的追求。同时,神仙信仰与道教的教义思想又是紧密相联的,我们学习道教教义思想,就是提升道教信仰。只有不断提升信仰,才能实现信仰,达到与道合真的目的。二是要开设信仰专业课,以神格魅力来树立正信、纯洁信仰。这是道教学院与其他高等院校的根本区别之一。当然,对于道教信仰专业课的授课老师也要有严格的要求,最好是道教神职人员。通过道长的感悟分享和讲解,对于树立正信、纯洁信仰有重要的积极作用。三是要强调学道、信道和奉道,不断提升对神灵的敬畏和崇拜。我们要在道教学院中,开展学道、信道和奉道的讨论,使学生明白学道、信道,最终是要奉道。太上是"道"的化身,我们奉道,就是要信奉太上。对于

"道"的崇拜和追求，对于道教神灵的信奉和敬畏，对于道教事业的无限奉献，这就是对于道教的虔诚的信仰。四是要坚持早晚功课的修持，不断提升道教信仰的虔诚度。道教学院必须要有用于学生修持的殿堂，要将早晚功课作为必修课，用以提升学生的信仰修持。所以，道教教育要注重加强信仰建设，道学院的学员必须要有坚定的道教信仰，要严格对"道"的内容身体力行。只有这样，道教院校才能培养出合格的道教事业接班人。

第二，要注重加强戒律建设。道教戒律，是规范道教徒宗教行为的警戒条文，也是道教信仰的重要思想内容，更是道教徒坚定信仰、实现信仰的一种手段。就目前道教院校而言，对于道教戒律的教育还不够重视，戒律教材和授课老师都严重滞后。所以，道教学院必须要将道教戒律建设作为一项重要的教学任务来抓，具体建议如下：一是要培养专职教师，开设戒律学专业课。要在全国范围内聘请戒律学研究专家来道学院授课，系统讲解道教戒律学。学院要安排一定的课时，将戒律课作为必修的课程。要采用学修并进的教学方法，使学生能做到自觉持戒修行。二是要从道教历史发展角度来分析道教戒律的作用，提高对加强教内规戒建设重要性的认识。道教戒律，历来就是道教加强自身建设、振兴发展道教的重要抓手。历史上的道教如此，现代道教也是如此。对于当代道教的振兴和发展，就道教自身而言，信仰建设和道风建设是十分重要的，但要解决这一问题，更离不开道教戒律的建设。对于这一认识，要逐渐形成共识。三是要从完善道门规戒入手，建立一套适应现代社会的道教规戒。道教学院要积极开展对于道教戒律学的研究，特别是要对历史的、传统的道教戒律进行整理研究，要增加适应现代社会的规戒条文，建立一套较为完善的教制规戒，来完善道门的管理制度，肃穆道仪，端正道风，促进道教的健康发展。四是要把道门规戒与道教信仰有机地结合起来，使之成为道教院校学生自觉奉行的内容。通过对戒律学的学习，使学员们认识到戒律可以最大限度地维护道教教义、道教经籍、道教科仪、道教活动场所、道士和道教组织等宗教要素的神圣和崇高，戒律还可以维系道门内部的严肃性、清静性和纯洁性，有助于逐步实现道教徒的人生理想，从而切实体现道教的真正价值。因此，道教教育必须要注重加强戒律建设。不论是衣着饮食、殿堂科仪、早晚功课还是出入道观等，都要按规矩办事。

第三，要注重提高品德修养。人们深刻认识到，在构成人才的要素中，有比知识、能力更为重要的东西，那就是"品德修养"，即强调在传播知识、培养能力的同时，要更加注重思想道德素质的提高。为此，我们提出如下思考和建议。一是要加强道教院校品德修养课程建设。道学院的学生正处于人生观的发展、确立阶段，是人生观形成的关键时期。此时提高道德认识、培养道德情感、调整品德结构，使外在动机内化，道德理想、社会理想逐渐形成。我们要深入研究道教院校学生的发展状况、特点和规律，在教育教学实践过程中，要根据学生的发展状况、发展需求，确定教育目标，组织教学过程，有效地促进学生健康发展。二是要加强道教院校道德素质教育实践和实训课程建设。实践和实训教育既是培养道教优秀人才的有效手段，也是引导学生树立正确世界观、人生观和价值观的重要途径。我们开展实践、实训教育，可以进一步提高学生的品德修养，也是全面实现学生素质教育的重要内容。三是要树立正确的道教人才观和教育质量观。道教人才观认为专门人才应当是德才兼备、有学问、会做事、会做人的人才，教育质量观就必须以全面素质为标准来评价学生和学校的教育成果，包括知识、能力、品德修养、智力因素与非智力因素的协调发展。所谓"学高为师、德高为范"。加强道德素质教育，教师是最终的实践引领者，建设一支高素质的教师队伍，是实施道德素质教育的根本保证。

第四，要注重提升道学造诣。道教教育的根本任务是培养弘道人才，但是弘道的首要条件是必须具备较高的道学造诣。一个人的道学造诣，一方面可以通过自身的学习来获得，另一方面主要还是通过在道教学院的系统学习来取得。因此，道教教育必须要注重提升道学造诣，我们特提出如下思考建议。一是要注重对道教经典的学习，吸纳前贤的道学智慧。道教经典是历代高道学道、行道事迹的记载，也是历代祖师阐扬道学的智慧结晶，是我们学习的宝贵资料。道学院可以开设专业课程，倡导学生广泛阅读道经，形成读经、学经之风。通过对道教经典的研读，我们可以从中吸取道学思想，从而达到提升信仰、增长智慧的目的。二是要注重对道教历史的学习，分析道教发展的规律。有人说，历史是一面镜子，以史为镜，可以知兴替。道教历史记录了道教数千年的兴衰历程，我们学习历史可以了解过去，研究历史可以看清未来。我们开展对道教历史的学习，是了解过去的最好方法，也是增长知识的最好途径，积极开展对道教历史的学习和研究，以进一步增长知识、开阔视野，为道教的未来发展提供借鉴。三是要注重对道教教义的学习，掌握道教思想的精髓。道教以"道"为最高信仰，以得道为最高境界，天地万物皆由道所化生，故万物莫不尊道而贵德。道教教义是道教基本信仰内容的反映，是道教思想的集中体现。道教学院要开展对于道教教义学的学习和研究，要对传统的教义思想进行适应时代发展的新阐述，这就需要我们培养教内的教义学专家，这是道教自身发展的需要，更是道教适应时代发展的要求。因此，道教学院的教学一定要在提升道学造诣上下工夫，要在深入开展道教教义思想研究上见成效。我们只有努力培养一批文化知识渊博、道学造诣高深的道教人才，才能担当起新时期弘道立教的历史重任。

第五，要注重开展讲经讲道。道教院校要注重讲经讲道的学习，要把讲经讲道作为一项重要的专业课来抓。目前，道教院校很少开设讲经讲道的专业课，直接导致道教讲经人才的严重匮乏。国家宗教事务局王作安局长曾经明确指出："宗教教职人员不讲经讲道，宗教学识就得不到提高，信教群众也得不到引导，宗教就会出问题，就很难安身立命。"这就是说，讲经讲道是我们道教教育的重要任务，应该引起我们道教教育工作者的高度重视。为此，特提出如下思考建议。一是要在道学院开设讲经讲道专业课，培养合格的道教讲经人才。讲经讲道人才的培养是一个系统工程，需要我们制定教学大纲，明确培养目标，落实培养计划，通过坚持不懈的努力才能出成效。道教院校要把讲经讲道作为本专业的主课，从学员进校第一天就开始抓起。让学员通过广泛阅读道教经典，全面提升对道教经典的理解。二是要编写讲经讲道的专用教材，促进道教院校规范教学。讲经讲道的教材不同于其他专业课教材，道教学院要集中力量编写讲经讲道的专用教材，并逐步形成初、中、高三级道教学院的统编教材，严格按照规范教学，保证教学质量。三是要开展讲经、辩经，学习交流，不断提高演讲能力。道教院校要在学员中定期开展讲经、辩经的学习交流，以道教常用经典为依据，每次选二至三名学员主讲，其他学员进行提问、交流和辩论，通过演讲和辩论，不断提高演讲者的演讲能力。四是开办讲经讲道专业学习班，培养道教弘道人才。讲经讲道是道教引导信教群众的有效途径，也是道教弘道传教的重要内容。现代道教最缺乏的就是弘道人才，道学院要在培养讲经讲道的基础上，选择较为优秀的讲道者，集中办班，强化学习，培养高质量的道教弘道人才。

综上所述，道教院校教育的现代转型是当前一项十分重要的工作，是关系到道教生存与发展的一件大事。对于当前道教院校教育中存在的诸多问题，我们一定要很好地研究，努力加以解决，为培养合格的道教人才创造条件。当然，道教教育也是一项艰巨而复杂的系统工程，只有通过道教教育资源的整合，使各方教育力量达到优化组合、功能互补、协调联动，形成一体化的工作合力，才能取得教育实效。因此，我们一定要集中力量、整合资源，群策群力把道教院校工作做好。道教教育要始终以提高办学能力为工作重心，要以强化办学理念和办学特色为重要目标，要以培养弘道人才为根本任务，只有这样，道教院校才能不断培养出合格的、高素质的道教人才。

道教宫观管理的现代转型

杨玉辉[*]

摘　要：宫观管理由传统向现代的转型是当代宫观事业乃至整个道教事业发展的关键。在今天，宫观管理之所以还不能实现现代转型，是因为存在一系列阻碍宫观管理现代转型的问题。正确认识这些阻碍宫观管理现代转型的问题，找到解决的措施和办法并加以落实，才能真正促进宫观管理的现代转型，从而使宫观事业得到良好的发展。本文将尝试对宫观管理现代转型中存在的问题进行简要的阐述和分析，并提出相应的对策和措施，以期解决宫观管理现代转型的问题，推进宫观事业和整个道教事业在当代社会更好地发展。

关键词：宫观管理　现代转型　道教文化　管理人才　管理意识

一、宫观管理现代转型的重要性和紧迫性

宫观是道教的基本社会组织，也是道教各种信仰活动与社会文化活动的组织者和基本场所。历史上，宫观的形成和发展为道教的传播和道教事业的发展起到了重要的作用，在今天，宫观仍然是道教事业的基本载体，在道教的当代发展中具有不可替代的重要地位。然而我们不能不看到，21世纪的当代中国与古代中国已经有了很大的不同，各项事业要发展，必须重视管理，而且只有在良好的现代

---

[*] 杨玉辉，西南大学宗教研究所暨养生养老养病文化研究所所长、教授、博导。

管理条件下才能得到健康而快速的发展,道教宫观也是如此。现代管理的一个根本标志就是现代管理科学在实际管理活动中的普遍运用。按照管理科学的理论和方法来设置管理机构,建立管理制度,进行管理活动,是管理走向现代的根本标准。当前宫观在管理上普遍还停留在传统管理的模式上,这已经成为当代宫观事业发展的一个明显障碍。由此也显示出宫观管理现代转型的重要性和紧迫性。

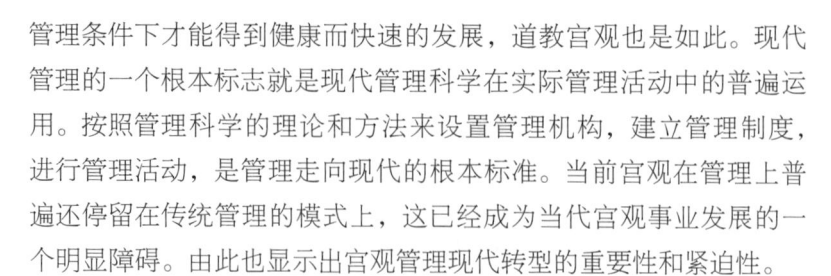

如果宫观管理不能实现其现代转型,将使宫观难以跟上时代的步伐,其事业发展也会受到阻碍。如果宫观管理还停留在传统模式,其管理上的言行表现将难以得到当代社会大众和其他社会机构的认同,甚至会受到抵制,就无法将宫观融入当代社会生活之中,宫观也就成为社会孤岛,其发展自然受到阻碍。同时,宫观管理如果不能实现现代转型,整个宫观的工作效率和资源整合能力将大受影响,也不可能得到良好的发展。事实上,如果不是按当代社会通行的管理体制和管理方法来进行管理,谁又愿意将资源拿出来支持合作呢?这种情况下不要说发展,连支撑下去可能都很困难。可见促进宫观管理由传统向现代转型应该成为当前道教界的共识,并全力加以推动。

二、宫观管理现代转型存在的问题

根据作者的考察,当前宫观管理之所以还无法实现现代转型,是因为在宫观管理中还存在一系列不符合现代管理科学的问题,阻碍了宫观管理的现代转型。这些问题主要涉及管理意识和管理知识、管理的对象和任务、对宫观文化事业管理的特殊性把握、管理的组织制度建设、管理人才、管理活动的程序以及管理的方法技术等各个方面。下面我们就来对这些问题进行简要的分析说明。

第一、管理者管理意识淡漠,管理知识不足。在当前宫观管理存在的问题中,首先是宫观管理者管理意识淡漠,管理知识不足。由于许多宫观组织的管理者文化素养比较低,又多是接受的传统信仰教育，所以管理意识比较淡漠，更不用说科学管理的意识了。他们通常认为，宫观的管理就是按照过去的传统把各种道教信仰事务和政府交代的工作做好就可以了，没有意识到宫观与其他社会组织一样，要把宫观的各项工作做好也需要科学的管理，不能用信仰事务工作代替管理工作，而必须根据管理的科学理念，按照科学的管理制度和管理方法去管理，才能将宫观工作做好，使宫观活动有序地开展，达到理想目标。由于管理意识淡漠，所以许多宫观的管理者和领导者往往忽视对管理知识的学习和掌握，导致对许多管理问题无法从管理学的角度来加以认识和把握，更无法用科学的管理理论来指导实际的管理工作；习惯把眼光放在具体的道教信仰事务上，习惯以传统的信仰生活思维来解决当前宫观所面临的各种管理问题，比如决策问题、组织问题、领导问题、控制问题等，结果导致宫观管理的失败，最终宫观道教信仰事业和社会文化事业也无法做好。当前宫观管理者和领导者管理意识的缺乏和管理知识不足的现实，也使得整个宫观的管理难以与社会其他领域一样与时俱进，从而导致整个道教文化发展落后于社会其他领域，严重地影响了道教在整个社会中正常作用的发挥，更难以发挥其在和谐社会建设和文化事业建设中的积极作用。

第二、管理对象和任务不明确。宫观管理的对象和任务究竟是什么？这一问题对大多数道教中人来说可能并不认为是一个问题，不就是道教教务和事务管理所涉及的各种对象和任务吗？实际上，道教界往往将宫观的教务和事务及教务管理和事务管理的各种工作混淆在了一起，许多宫观管理者没有看到宫观管理针对的是开展道教信仰和文化活动中各种有限资源的有效运用问题，而不是信仰活动和文化活动本身的具体内容及如何开展问题，其对象主要是信仰活动和文化活动开展中所涉及的人、财、物、时间、信息、文化等资源如何配置如何运用的问题，而其根本任务则是在现有有限资源的条件下如何保证宫观的正常运作及道教活动的顺利开展和成功。

同时今天的宫观管理者基本上把管理的对象和任务放在信仰活动的管理上，殊不知宫观在今天的发展已经超出了信仰活动，拓展到了社会文化领域，甚至在某种程度上社会文化事业的管理具有更重要的地位，更值得关注。所以宫观管理者亟需将眼光投向整个社会的文化事业发展，站在社会文化事业发展的高度来开展宫观管理工作，使宫观更好地为今天中国社会的文化事业建设作出应有的贡献，使宫观文化事业成为中国文化事业中举足轻重的组成部分，促进信仰修行的传统宫观向信仰修行与文化服务并行的现代宫观转型发展提升。

第三，对宫观文化事业管理的特殊性和规律的研究和认识不足。宫观道教事业作为一种特殊的宗教文化事业和社会文化事业，其在管理上必然有其特殊性，因而在管理上也必须按照道教文化事业的特性来进行管理，不能盲目搬用其他宗教和其他社会组织的管理模式。但正是在这一点上，宫观的许多管理者在认识上是不足的，对其研究也显得相当薄弱。根据作者的研究，道教文化事业的特殊性主要体现在道教信仰事业上：其宫观力量和资源相对佛教、伊斯兰教、天主教、基督教显得薄弱、分散；信教群众尤其是明确而坚定的信仰者相对较少，但社会大众在思想文化和现实生活上对道教的认同度普遍较高；信仰文化的哲学思辨性和智慧实用性较强，而理论逻辑性和系统性则不够。由此也就要求道教信仰事业在管理上必须根据以上的特殊表现来开展信仰事业的管理工作。道教文化事业的特殊性更突出地体现在社会事业上，像道学思想文化的教育传播事业、道教养生文化事业、道教宫观文化旅游观光事业、道教丧葬祭祀事业等都是具有道教特色的社会文化事业，这些文化事业既具有系统的思想理论和文化特性，也具有规范的技术操作性；既具有文化观赏性，也具有现实的生活价值性，值得大力发展。但如何发展尤其是如何管理，则值得好好研究和规划，必须按照道教文化的本性和社会事业的文化本性来发展，否则出现问题就是必然的，对道教事业的损害也是必然的。近些年一些对道教文化事业的商业性运作所产生的巨大负面影响，提醒我们必须对道教文化事业管理的特殊性有明确的认识，不能盲目地搬用其他社会事业管理模式。

第四，宫观管理的组织机构和制度规范不完善。从现代管理学的角度和现实的宫观管理实际来看，当前宫观管理首先存在组织机构和制度规范不完善的问题。一方面，宫观不管是在管理机构的设置上，还是在活动规则的制订上，从决策、计划、组织到领导、控制、监督，都存在不少的缺陷和不足。特别是在组织体制上，决策、执行和监督机构一般都没有独立建立，即使建立也不健全，流于形式，尤其是各机构人员在职责上没有明确的划分，许多时候常常是由住持或监院一人充当，他既是决策者，也是执行者，还是监督者。还有在人事管理上一般没有完善的选拔、任用和奖励、惩罚制度，随意性较大。再有在教产和财务上也都没有完善的制度，教产产权归属不明，教产使用范围和规范不清楚，缺乏严格的财务预算决算制度，收入和支出缺乏严格的规范。另一方面，在今天的宫观中基本上都没有道教社会事业的管理机构，导致面向公众的各种社会事业处于无人负责无机构负责的状况，许多宫观有关道学教育传播、慈善公益、养生保健、学术文化、养老扶孤、丧葬祭祀等社会事业基本上无法开展，最多也就是相关人员兼着做一下而已。可以说，这种情况在各个宫观组织中都普遍存在。但如果宫观要将文化事业发展起来，尤其是要将社会文化事业发展起来，就必须针对相应的事业建立完善的管理运作机构，尤其是社会事业的管理运作机构。

第五，宫观管理人才严重缺乏。近几十年来，宫观管理人才不仅数量严重不足，质量上也有待进一步提高。从数量上说，现在宫观管理人才主要依赖道教学院培养，而目前全国道教学院仅有五所，即中国道教学院、上海道教学院、湖北武当山道教学院、四川青城山道教学院和湖南南岳坤道院，另有几所道教学院还在筹建中。其中只有中国道教学院具有培养硕士研究生的资质，其他都是本专科层次学校。在各层次人才培养上，中等层次的道教学校全国还没有，也没有培养博士研究性质的高级道教学院。整个道教教育机构不仅数量少，而且普遍规模很小，各道教学院基本上都是隔届招生，每校每届招收学生仅数十名，全国加起来的总数也不过几百名。此外，道教学院重在培养道教信仰人才，虽然中国道教学院和武当山道教学院都曾以宫观组织管理专业招生，但其教学重点还是在道教信仰上，其毕业出来的人也不一定都适合并能胜任宫观的管理工作，在质量上有其缺憾。道教学院不能面向全社会招收学生，道教学院的教育在今天也还是一种封闭的体系；道教学院一般独立运作，与其他国民院校没有联系，无法让学生受到包括现代管理科学在内的全面教育，这也必然影响到学生素质的全面提高。更突出的问题是，全国至今没有专门的道教社会事业人才和社会事业管理人才的教育培养机构，道教养生文化及其事业管理人才、道学教育传播事业管理人才、道教丧葬祭祀及其事业管理人才、道教旅游观光及其事业管理人才等道教社会事业急需的各类人才基本处于空白状态。总之，在今天道教事业迅速发展的条件下，宫观组织管理人才已呈现严重不足的局面，尤其是道教社会文化事业的专业人才更是急缺。

第六，宫观管理过程缺乏严格的程序性制度约束。当代宫观管理存在问题的一个突出表现是在整个管理活动中缺乏严格的程序性制度约束，事实上这也是中国传统宗教管理的一个致命缺陷。在中国历史上，寺院和宫观在管理方面曾经创制了许多规则和制度，但这些规则和制度主要是针对某些问题解决的结果的，而不是针对问题解决的过程具体应该如何做的。按法律术语来说，这些规则和制度都是属于实体法的范畴，缺乏的是程序法的规定，实际上就是没有从管理的角度来制定相应的活动程序和规则。从涉及宫观管理的一系列道教戒律著述，比如《道门十规》《中级三百大戒》《陕西张良庙清规榜》《北京白云观清规榜》《武当山紫霄宫清规榜》等，其所提出的清规多半都是属于宫观道士应该怎么做、违犯了清规应受到什么样的惩罚，但对于宫观管理制度和规则应该怎么定、制订过程的具体程序是什么、道士违犯清规如何认定、认定的具体程序是什么，惩罚实施又应如何进行、由谁来实施、按照什么样的步骤程序来实施等程序性的问题则基本上很少提到。事实上到今天为止，宫观管理在程序性制度建设上仍然相当不足，比如重大的项目、活动、人事、财务等的决策应该怎么做，由哪些人做，按照什么样的具体步骤做，各种步骤的具体要求和约束条件是什么，决策作出后如何实施，由什么机构、什么人实施，按照什么样的步骤和程序实施，实施过程出现了问题如何应对，实施后的结果的绩效如何评定，又由谁来评定，以及按照什么样的标准和步骤来评定等这样一些管理程序问题都没有得到完善的制度保障。

第七，宫观管理方法和管理技术的科学性水平不高。当前的宫观管理在管理方法和管理技术在很大程度上还普遍停留在传统方式上，现代科学的管理方法和管理技术还没有得到普遍的运用。比如，宫观管理者普遍不知道决策和计划中如何运用一些行之有效的信息搜集方法和科学分析方法，对科学的决策体制和决策程序的运用也不够重视；在组织设计和机构设计中很少运用管理学中科学的组织原则和组织设计方法，对于组织领导中的分权方法和目标管理方法也比较陌生；在控制活动中像预算和结算控制等有效的方法也用得不够。同时，许多现代技术设备和手段也运用得不够，比如电脑、网络、微博、微信等现代设备和技术方法，不少宫观都没有加以有效运用。实际上，宫观不仅是一个道教信仰场所，更是道教文化的社会载体，要使道教文化得到社会大众的认识和了解，就需要运用各种可能的手段和方法以各种形式来加以传播，而现代科学技术就是一个重要手段，所以重视科学技术的运用不仅涉及宫观管理水平的提高，更涉及道教文化的社会传播和道教事业的社会发展。

三、实现宫观管理现代转型的基本对策

要实现宫观管理的现代转型，就必须解决上述一系列在宫观管理中不符合现代管理科学的问题，从而消除阻碍宫观管理现代转型的障碍。要解决上述一系列的问题，作者认为应该采取以下的对策。

第一，增强和提升宫观管理者的管理意识和管理知识水平。要使宫观道教事业得到健康的发展，吸收现代管理科学的理论和方法来搞好宫观管理是其中的关键。事实上，任何社会事业要想得到良好的发展，一个最重要的因素就是管理，只有把管理搞好了，事业的发展才有保障，宫观道教事业也是如此。要搞好宫观管理，首先就需要提高对宫观管理的认识，改变过去传统的只关注道教信仰事务而忽视宫观管理的习惯。要时时刻刻意识到管理是宫观生存和发展的根本，是宫观事业健康发展的保证，不能掉以轻心，只有以科学的管理理念和管理方法来管理宫观及其道教事业，才能维持宫观的正常运转，才能使其事业健康发展。要用科学的理念和方法来进行管理，就必须提升宫观管理者的管理意识及管理理论水平和技能水平。这自然就需要加强宫观管理者对管理学知识的学习和管理技能的培训，要努力使每个宫观管理者都具备较高的现代管理知识水平，同时掌握现代管理的各种技能，能与时俱进地分析和处理各种宫观管理中出现的各种问题。

第二，根据当今道教发展的需要，更加具体地确定宫观管理的对象和任务。从现代管理科学的角度来看，明确宫观管理的对象和任务是搞好宫观管理的一个重要前提。在当前应从以下两个方面来明确宫观管理的对象和任务：(1) 明确宫观管理的对象是宫观道教事业的各种资源配置和运用，而不是道教的信仰活动和道教文化活动的具体内容，其任务是实现以较少的资源投入达到较大的宫观道教事业发展产出。对今天的宫观管理者来说，不能总是把注意力集中在信仰活动和文化活动的内容上，而应该是开展这些活动的资源运用及其成效上。人、财、物、时间、信息、文化是宫观管理所涉

及的六个基本资源,其中最应关注的是人力资源和文化资源。人力资源中最重要的是具备道教信仰和道教文化知识的特殊人才,文化资源则是道教所具有的特殊信仰和文化体系的各种有形和无形的资源。将这六大资源尤其是人力和文化这两大特殊资源运用好了,宫观道教事业的发展就有了希望。(2)明确宫观管理不仅是传统的信仰事业管理,还包括社会事业管理,社会事业特别是道教养生文化事业在今天的道教发展中具有更重要的现实意义,所以在宫观管理中也更需要加以关注和重视。就宫观道教社会事业的管理来说,虽然其管理工作的核心也是资源的配置和运用,但它所涉及的资源却比信仰事业要广,如果说信仰事业主要是运用宫观自身的资源的话,社会事业则需要吸引、接受和整合各种社会资源,这对宫观管理者来说必然提出了更高的要求,同时也要求管理工作在思路、方法和体制上适应时代的要求有所创新。

第三,加强对宫观道教文化事业管理的研究,按照道教文化事业的特性和规律进行宫观管理。宫观道教文化事业虽然与其他宗教文化事业一样都属于社会文化事业的范畴,但宫观道教文化事业又有自身的特性,要使宫观道教文化事业健康发展,就必须按照道教文化事业的特性和规律来进行管理。比如管理道教信仰事业就不能完全按照其他宗教信仰事业的管理模式来进行,因为道教信仰有自身特有的道的信仰和神仙追求及特殊的信仰生活仪轨和程式。又如宫观道教养生文化也不能按照现代医学和中医学的管理模式来管理,因为道教养生体系并不是一种完全的科学养生体系,它既有科学的成分和内容,又有信仰和文化的内容和内涵,如果完全按照科学的方法和标准要求道教养生活动的开展,那将割裂道教与养生文化的内在联系,无异于消灭道教养生文化。再如宫观道教丧葬祭祀事业也不能按照今天我国的殡葬政策法规来进行管理,因为现有的殡葬政策法规主要是从技术、国家意识形态和现实需求的角度来制定的,完全没有考虑宗教信仰的文化因素,而宫观组织开展丧葬祭祀事业则需要根据道教文化对人的生死的认识来进行。总之，在今天的社会现实条件下，要搞好宫观道教文化事业就必须研究道教文化事业的特性和规律，寻找合适的宫观管理方法和管理体制，按照宫观道教文化事业自身的特性来进行管理，保证其事业的健康发展。

第四，完善宫观管理的组织机构和制度规范，推进宫观管理体制和管理制度的科学化。在今天，提高宫观管理水平的关键是加强管理组织机构和制度规范的建设。组织机构主要是在设置上应根据现代管理的组织原则来进行，一是决策、执行和监督三大机构应分离；二是要注意集权与分权结合，及权力与责任的对等；三是教务机构与事务机构要分立；四是信仰事业管理机构与社会事业管理机构要分立。制度规范建设则涉及到管理的各个方面，从管理活动的过程来看，应包括从决策、计划、组织、领导到协调、控制、激励的各个方面；从具体领域来看，则应包括从行政、教务、事务、人事、教产、财务、社会事业等各个管理领域；从管理活动性质上看，既应包括针对管理活动内容的制度，也应包括管理活动程序的制度。而且在制度建设上还应注意整个制度的完整性以及各制度之间的统一性和一致性。在这中间，尤其要注意建立和完善决策组织和决策程序制度、组织机构设置制度、权力和责任划分制度、监督机构设置运作制度、人事管理制度、教产和财务管理制度等几个重要的管理制度。

第五，大力加强宫观管理人才培养，创建宫观管理人才尤其是社会事业人才培养的新机制。现代管理认为人才是管理的根本，当前宫观管理人才的奇缺决定了加强管理人才培养是提高宫观管理水平的关键。在今天，要获得高素质的宫观管理人才，首先是要加强对宫观管理人才的培养，用更为开放更具创造性的方式来培养。就目前来说，首先是进一步扩大道教学院的规模，增加宫观管理人才培养的数量。一是扩大信仰教育的招生数量，应逐步做到每年招生，每届多班招生、多专业招生，普遍开设宫观组织管理的理论和实践课程；二是开设各种道教文化事业管理专业，招收信众和一般社会人士，以扩大宫观组织事业管理人才的来源。同时，提高道学院道教管理人才培养的质量，特别要加强管理学知识和技能的系统教育和综合素质教育，提升宫观管理人才培养的层次，建立从专科本科到硕士、博士的道教人才教育培养体系，促进宫观组织管理人才素质的全面提升。与此同时采取开放式战略，把道教学院教育与国民院校教育结合起来，采用"走出去，请进来"的方式，将有培养前途的道士送到国民院校学习，邀请国民院校管理学专家到道教学院和宫观讲授管理学课程和相关课程，以培养全面发展的宫观管理人才。同时，还可以采取更加灵活的措施，吸引社会各界人才来参与宫观社会事业管理，以充实宫观社会事业管理人才队伍。

第六，从意识和制度上确立宫观管理过程的程序性要求。西方世界能够在今天的世界上处于领先地位，原因固然是多方面的，但有一点作者认为可能是最为关键的，就是西方世界对做事情的程序的重视。对他们来说，要做一件事情首先关注的是这件事情应该怎么做？应该按什么样的步骤和方法来做？其做的程序和规则是什么？在他们看来，做一件事情，首先要做的不是这件事情本身，而是做这件事情的规则和程序，在完善的规则和程序没有确立之前决不做这件事情，只有在完善的规则和程序制定出来并被相关人员确认后才能开始做这件事情。这样做事，自然就更容易成功，即使做事的过程中遇到一些问题，往往也有大家接受的处理问题的程序和方法，可以避免无谓的矛盾和冲突。中国人做事则通常不是这样，当他们要做一件事情的时候，更多的是想这件事情本身如何做，而不太关心做这件事情的规则和程序，甚至在这件事情本身到底如何都还没有搞清楚的时候，就已经稀里糊涂开始做了。结果常常是在做的过程中才发现还有许多问题，而解决这些问题也没有一套大家接受的程序和方法，不仅导致做事的成本大大增加，还会引起相关人员和机构的矛盾与冲突，更有某些问题的出现而导致事情根本就做不下去归于失败。中西方这两种做事方式所带来的不同结果是很容易看到的，只是我们许多人至今都还没有意识到这一点。今天的宫观管理要做好，就必须看到传统宫观管理在这一点上的不足。要克服这种不足，一是在思想上要强化宫观管理活动的程序意识，在做任何事情的时候，首先思考如何做，按什么样的程序和步骤做，做的具体规则如何完善等问题；二是在制度上大力加强落实到操作层面的宫观管理活动的程序制度建设，在做某件事的完善的程序制度未建立之前决不匆忙草率做事。我们相信，如果能在这方面有一个大的改进，宫观道教事业管理定能上一个新的台阶。

第七，从软件和硬件两方面提升宫观在管理方法和管理技术上的科学水平。当前宫观管理急需从软件和硬件两个方面提升管理的科学水平。从软件上说，就是要加强管理方法的引进和对管理人员的方法培训，让宫观管理者掌握管理的各种思想方法和技术方法。这中间关键的是要与时俱进，用现代管理的思想方法指导，从整个社会、整个人来思考和分析问题，克服习惯的狭隘的思想观念束缚。从硬件上说，就是要完善各种管理的技术设备，加强各级人员设备运用的培训，配备完整的设备操作人员，从制度上保障各种设备的充分有效运用。

四、结论

宫观管理问题既是一个古老的问题，也是一个新生的问题。说宫观管理问题是一个古老的问题，是指在宫观兴起时就已经产生存在宫观管理问题，而且在一千多年历史发展演变中，许多问题也被道教内外的人关注，并提出了一系列的改进措施，继而随着道教一同发展演变。说宫观管理问题是一个新生问题，是指在当代管理科学发展的背景下人们重新意识到宫观管理问题是一个重要问题。古代社会人们对宫观信仰活动与宫观管理活动及其他活动并没有明确的划分，也没有像现代这样从管理学的理论和方法来分析和看待宫观管理问题，只是到了今天，人们才站在管理学的角度来看待宫观管理问题，并从管理学来寻求问题的解决之道，这就是宫观管理的现代转型。事实上即使在今天，在道教界和社会相关各界，从管理学的角度去分析和探讨宫观管理问题也不是那么普遍，还需要社会相关各界特别是道教界对此给予更大的关注和更多的重视。很显然，要实现宫观管理的现代转型，把今天的宫观管理好，使宫观事业得到更好的发展，就必须借助现代管理学的理论和方法来提升宫观管理的水平，完善宫观管理的制度，提高宫观活动的效率。实现宫观管理从传统到现代的转型和提升，也是推进整个道教事业在当代更好发展的最根本途径。

主要参考文献：

1. 杨玉辉主编：《宗教管理学》，人民出版社 2008 年版。
2. 杨玉辉主编：《道教管理学》，宗教文化出版社 2017 年版。
3. 闵智亭：《道教仪范》，宗教文化出版社 2004 年版。
4. 陈耀庭：《道教礼仪》，宗教文化出版社 2003 年版。
5. 武当山道教协会编印：《道教清规戒律》，2010 年。
6. 任宗权：《道教戒律学》（上、下），宗教文化出版社 2008 年版。

道教服务信众的途径与方法

沈　岚[*]

摘　要：道教离不开广大信众，道教信众的组织和发展关系到新时期道教的发展，是道教立足现代社会的途径，也是道教得以持续发展的根本保证。文章结合道教发展历史，提出服务信众最重要的途径与方法是建立好基于信众的修学体系以及为社会大众提供公益服务。

关键词：道教信众　修学体系　新时期道教　道民

引　言

道教作为中国本土的第一个有组织体系的宗教，自公元2世纪张道陵立教以来，在信仰的培养、道教教义、经典和斋醮仪式等经戒法箓的传承方面，除了依靠神职人员外，还依靠大量非神职的信众之间的传播。早期天师道，设立二十四治管理道众，将治内（教团组织内）道众区分为道民、箓生、祭酒（男官、女官）、师四个等级。其中，道民是道教底层最广大的信众，信奉道教教义，遵守道教戒律，进行各种宗教活动。这些活动通常是在神职人员（祭酒）的领导下进行。祭酒通过召集道民集会，为道民治病，考校道民功过，指导道民忏悔悔过，举行宗教仪式禳灾却祸，保护道民人身安

---

[*] 沈岚，四川大学哲学硕士，浦东道教文化研究所研究人员。

全，建立"义舍"提供路人食宿等，扩大道教影响，吸引民众皈依，以及增强教团凝聚力等。

自魏初天师道北迁至晋宋时期，社会发生了巨大的变化，这一组织形式开始混乱，科律也逐渐废弛，许多道民不再参与到宗教活动当中。魏晋以来道教发展及其经义、法术的教学传授，一度主要通过家人和师徒关系零散展开，① 如葛玄、葛洪等授徒甚多。这种弟子若干人围绕其师听授经传道，由此逐渐扩展影响和吸引信众，成为魏晋时期道教传承发展的一种方式。同时这一时期还吸收了许多南方及北方的士族信徒加入，为南北朝时期的道教改革打下基础。南北朝时期的寇谦之、陆修静对天师道进行了改革。鉴于原有道官祭酒世袭制容易产生腐败等问题，他们在组织管理上保留道官祭酒对道民的统属，但进行了部分改造，如寇谦之主张废除天师祭酒世袭制，按照"唯贤是授"的原则选拔人才。对确有才能的子孙，允许他们继承父职，但必须接受道民的监督；不称职的，道民可以随时撤换。② 陆修静则对道官祭酒进行整顿，恢复和健全天师道依功授箓和按级晋升的制度，规定普通民众须有功德，与众不同，方能授箓为道民。授箓后，有功者才能升迁为箓生，箓生中再有功德者方可晋升为道士、道官。③ 这一时期还开创了道观制度，将道士宗教活动集中在固定场所，祭酒制度逐渐为道观制度所取代，④ 南北朝时期战乱不断，出家不仅可以免除徭役，还可躲避灾祸，不少民众因此在道观出家拜师，聚居修道，成为信众。

随着道教宫观制度的形成，到了唐代，道教将住观道士以外的信众称为教外人士，也称在俗弟子。教外人士要成为道士须依科授受最初级的经戒法箓三归戒、五戒，成为清信弟子、清真弟子，以

---

① 楼劲：《魏晋至唐道教师徒与道观的教学功能》，《许昌学院学报》2016年第4期。
② 雷丽萍：《寇谦之的道教改革及其地位》，中央民族大学硕士学位论文，2005年。
③ 张应怀：《陆修静道教学术思想研究》，湖南师范大学硕士学位论文，2015年。
④ 孙齐：《唐前道观研究》，山东大学博士学位论文，2014年。

后渐次修行授受各级法箓,其中禀性优良、有道功道德者,还可越级超授箓文。此时的法箓,除了传授给已出家并具有一定道德修养的道士外,还在民众中广开方便法门、广传法箓,使道教信仰得以深入民众,产生了较大的社会影响。[1] 宋金元时期,儒、释、道三教既互相排斥又互相吸收交融,道教与世俗社会生活的融合也更为细致深入。卿希泰在《中国道教史》中提到:"南宋社会上流传的道教符箓还有不少,率多新出,其名目繁多,传行者不限于职业道士,亦未必有教团组织。"[2] 这一时期产生了一些新的教派,起初传行者并非职业道士,也不是教团组织。例如,净明道在南方初创时围绕许逊家族血统发展,后在西山万寿宫建立翼真坛,传度弟子五百余人,逐渐形成教团组织。[3] 又如,王重阳在北方立全真道三州五会和庵堂,以"会社"形式聚集信众,[4] 围绕王重阳及主要道士形成道众共同体,后逐渐演变为全真教。此两派流传至今,其法箓亦与早期道教有关。明清道教进一步世俗化。明代严格度牒制度,严禁教徒混同世俗,裁并寺观与限定出家人数,[5] 以天师派员到各地开坛传度为主要传教方式,至清乾隆四年(1739),开坛传度被禁止,部分道士即脱离宫观修持,转而服务于民间庙宇的宗教活动,成为火居道士。道教逐渐以家族血缘关系为主要传承方式,师徒相传。道教活动受到限制而较少主动发展信众,直至近代。

从以上我们不难看出,无论在哪个时期,道教的发展变化离不开信众的参与,信众数量的多少通常也是衡量一个时期宗教发展的标志,而出家道士或住观道士是否与信众有良性互动和引导教化、对社会产生正面或负面的影响,更是决定了一个宗教未来的

---

[1] 林西朗:《唐代道教管理制度研究》,四川大学硕士学位论文,2005年。
[2] 卿希泰:《中国道教史》,四川人民出版社1996年版,第三册,第24页。
[3] 郭武:《净明道的道德观及其哲学基础》,《四川大学学报》2005年第6期。
[4] 高丽杨:《王重阳"三州五会"的组织特点及社会作用》,《中国道教》2016年第3期。
[5] 魏德毓:《明以来正一派道教的世俗化》,《社会科学》2006年第11期。

发展。

近代道教界也成立过全国性和地方性的组织，力图振兴道教，但各道观仍停留于传统而分散的管理状态，其影响有限，成立不久即解体，又经过连年战乱、文明碰撞与社会的变迁，道士的培养、法箓的传承日渐稀少，更不用说道教信众，整个道教处于衰微之中。

中国道教协会的成立，曾对中国道教的转型和发展起过积极的推动作用。"文革"期间，道教宫观被关闭，宗教活动被停止，但民间道教信仰仍然存在。1978年中共十一届三中全会后，全面落实宗教政策，道教宫观有了重建和开放，各级道教组织的重建、各级道教学院的创办、几十年来道教各项规章制度的健全，让道教逐渐恢复了生机。据2011年统计，全国登记开放的道观有两千余座，住观道士有三万余人。①但道教这一宗教系统中很重要的一部分信众，却始终未能得到有效的组织。在新的时期下，道教被称为进入了最好的历史时期，有了发展的空间，但同时也面临着挑战，其中一个就是信众流失。可以预见的是，假如没有自身的信众组织和吸引信众的举措，在多元文化空间背景下，信众流向其他宗教将是在所难免的，道教在新时代谋求发展的愿望也只能是一厢情愿。

道教从立教到今天，传承了我国几千年来的传统文化，随着时代的变化，道教自身的健康发展是不容忽视的。道教要发展，需要依靠社会和信众。就道教现状来看，道教信众工作有进展，但这方面还最为薄弱。因为没有有效的方法，道观在服务信众方面无所适从，这并非一观一时的个别现象，而是整个道教普遍存在的问题。

纵观道教发展史，服务信众最重要的途径与方法是建立好基于

---

① 据2011年南岳国际道教论坛介绍。

信众的修学体系以及为社会大众提供公益服务。值得欣慰的是，当代道教已对这一问题开始重视，并逐渐着手建立信众组织，开展信众服务工作。

一、接纳信众皈依成为清信弟子

近代以来，道教基本没有皈依弟子，教外人士或直接传度、授箓成为道士，或只是进宫观烧香拜神。这让社会上许多对道教有信仰意愿的人士无法亲近道教继而转投其他宗教。但道教历史上，却是有皈依传统的。在道教中，受三皈依（皈依道、经、师）是道教修学的基础。道教正一派经典《正一威仪经》①中有论述："正一受道威仪，次当诣师奉受治箓、三归五戒。不受之者，则治司不书、土地不明、不摄五、不关四司。"②清代全真派王常月《初真戒律》云："凡初入太上正宗法门，不问道俗，必先遵依太上金科玉律、三洞戒文……受三皈依戒。"③三皈五戒是道教戒律中的最基本戒律，初入道者（出家或在家）都必先遵依。道教戒律，是规范道教徒宗教行为的警戒条文，也是道教信仰的重要思想内容，更是道教徒坚定信仰、实现信仰的一种手段。④

近年来，道教逐步开展皈依活动。2015年上海钦赐仰殿道观首开接受信众皈依之先河。至2018年，上海陆续有九所信众较多的道观开展了皈依活动。具体见下表：

---

① 《正一威仪经》为道教正一派用以规范道教徒进行道教法事活动行为举止的经书，收入《正统道藏》洞神部威仪类。该经共一卷，作者不详，托元始天尊于玉清三华便殿授太上老君，而老君又将此授张道陵，称一切男女有善心者皆传与之。
② 《道藏》，上海书店1988年版，第30册，第597页。
③ 王常月：《初真戒律》，《藏外道书》，巴蜀书社1994年版，第12册，第21页。
④ 丁常云：《坚定信仰 持守规戒——关于道教信仰建设问题的三点思考》，道教思想与中国社会发展进步研讨会第二次会议论文集。

2015—2018 年度上海地区皈依一览表 *

	2015	2016	2017	2018
钦赐仰殿	56	63	62	42
青浦城隍庙	1			
上海城隍庙	120	120	120	120
三元宫		30	29	23
松江东岳观		48		54
财神庙			60	
白云观			60	60
崇福道院				14
新场东岳观				16
总计	1098			

（单位：人次）

从表格统计可以看出，自 2015—2018 年，上海地区共皈依 1098 人次，开展皈依活动的道观从 2015 年的三所增加到了 2018 年的九所，道教皈依人数在近两年基本稳定在每年 300 多人（各道观对每年皈依人数均有规定）。

笔者曾参与钦赐仰殿道观的皈依工作，认为道教皈依弟子也有一些特点。例如钦赐仰殿道观皈依弟子 223 名，其中 60 周岁（1958 年之前出生的）25 名，占皈依弟子总数的 10.8%，他们主要是一些常年在道观烧香的老年信众，对道观有比较深厚的感情，有一些是家人曾做过道士，他们的皈依主要出于朴素的宗教情感和宗教体验。而 60 岁以下的皈依弟子占了大多数，其中不乏 2000 年后出生

---

* 此表由上海市道协教务部提供。

者。他们大都受过高中或大专以上的教育,也有研究生和博士。他们之皈依道教,多数是读过道教的一些书籍、小说,或是因为接触中国传统文化、参加过一些道教活动而产生道教信仰的。

在传统的道教信仰人群中,给人们的一个印象,认为道教信众整体文化水平不高,甚至有的还用迷信的方法解释道教。这是一个问题,直接影响了正道的传播。不过,相信这种状况在今后道教居士组织发展中将会逐渐得到改观和完善。改革开放四十年以来,随着中国社会经济建设事业的腾飞,我国人民整体科学文化水平不断提升,道教信众人群的年轻化与知识化的程度也在提高,居士群体趋于年轻化与知识化发展的特征日益明显起来。与此同时,中国正在兴起的一股"传统文化回归热",也带动了整个社会对包括道教文化在内的中国传统文化关注的热情,其中就不乏众多分布于社会各行业的人群因为这样的契机而对道教产生兴趣和爱好,从而在一定程度上加快了信众群体年轻化与知识化的步伐。

这一趋势,对道教发展是有利的,但同时也对道教提出了新的要求。针对不同信众的层次需求,分别开展不同的活动是有必要的,例如可以按照不同的年龄段、兴趣爱好等,为他们组织一些活动;又例如年轻人已习惯使用互联网,运用互联网发布皈依信息,开展网上宣教活动也成为了一种非常灵活的方法和途径。许多道观都开设了自己的微信公众号或微博网站,也组建了皈依弟子的微信群等,通过网络来传播一些道教理念,加强皈依人群间的联系与沟通,受到了普遍欢迎与接受。

二、构建学修体系,开展皈依信众系统教育

目前,道教的教育主要是针对教职人员的教育和培训,居士教育问题一直是道教教育的薄弱环节,居士教育理应与教职人员教育共同构成一个完整的道教教育体系。

改革开放以来,道教的信众教育,大都以道观为主开展,通常

是为信众开示，也举行一些讲经讲座，但不注重听众的层次和讲座的系统与连贯性。在讲经的同时，顺便讲授一些道教知识与理念。这样的方式当然有其好处，可以接近信众，吸引信众关注，扩大道教影响，但是这种方式比较粗放，只能用于启蒙。随着信众知识水平的提高，对讲座内容、讲经的教职人员素质的要求也在相应提高，这对道观的管理、组织活动水平也有了新的更高的要求。不少皈依信众希望在皈依后学习到道教义理，以指导他们的修学。但客观来说，在道教宫观中，对道教教义和教规等有系统认识，并能引导他人修学的道长却非常少。多数道长只能根据个人的修学经验作开示，或推荐某部经典让人自学。因缺乏系统引导，往往不能使信众有多少受用。信众中自学、自修过一些道教知识的，只能凭个人感觉阅读经论、摸索实践，难免会产生对道教片面认知的现象；部分有基础的信众也因此失去对道教信仰的动力和兴趣。进入新时代，道教界应更重视信众教育，加大投入，制订出一套切实可行的系统的修学体系，简化修持程式和次第，循序引导初学者入门和精进，这将有利于教理教义的广泛传播，为道教人才的培养开辟新的途径。

上海道教学院在这方面已经开始了一些尝试，2018年为在家信众开设了"道教知识普及班"和"道教经典研习班"两个学制一年的学习班，其中"道教知识普及班"开设了道教神仙信仰、道教史、道教义理、道教礼仪、道教洞天景观、道教医药养生六门课程；"道教经典研习班"引导学员深入经藏，任课教师以上海道教学院师资团队为主。教学方式采用大众面授与师生讨论相结合，并安排修学实践、云游参访等活动课程，[①] 如此吸引培养信众，循序渐进地接引，而道教本有的知识体系，也应该趁此建构起来。道观在信众皈依后会举办针对居士的早晚课讲经班、培训班等，也可将这些活动

---

① 《上海道教首期皈依居士课程班圆满结业》，中国道教协会网站 http：//www. taoist. org. cn/showInfoContent. do? id = 4345（2019年3月19日）。

逐步纳入系统教育体系中。同时，结合多数信众的业余时间，在课程设置、学制等方面作相应调整，并借助新媒体等传播方式，形成综合教育模式，推动道教教育整体建设。

三、为社会大众提供服务

1. 举办各类文化活动。以大众喜闻乐见的方式服务人群，如举办"抄道经"书法活动、知识讲座等与道教相关的传统文化活动，吸引大众走近道观，对道教有一些大致的了解和接触。一方面，举办这些活动是道教的传统，许多信众是通过参与这些活动了解道教、信仰道教的；另一方面，这些活动也非常符合当下社会和时代的需要，以此弘扬优秀的道教文化，与大众内在需求相契合，深层次推进道教传统文化的现代转型。

2. 发挥道教的医药、养生优势。几千年来，道教积累了丰富的医药和养生经验，有着悬壶济生的优良传统。又如太极拳，种类众多，但都发源于道教，打太极拳有健身、延年益寿的功效。道教养生法种类繁多，最基本的方法是清静和调息，这在道教典籍和养生典籍中都有记载。这些都是道教在这个时代可彰显的智慧结晶，能够更好地服务社会、利益人群。

3. 开展社会慈善公益服务。慈善是道教联系社会大众的纽带，是服务人群的优良传统。道教自立教起就与慈善公益事业结下了不解之缘。从早期五斗米道的"义舍"到对战乱灾民的救济；从传统的环境保护到当代的捐款捐物、植树造林，等等，道教参与慈善公益事业的传统一直没有中断。行善积德、济世利人不仅是道教最基本的教理教义，也是道教信众修身养性、为人处世的基本准则。《道德经》说："既以为人己愈有，既以与人己愈多。"慈善公益事业对于道教和道教信众来说不仅是施舍付出，是一种功德，更是修仙成道的一种境界、一个严格要求。《抱朴子·内篇》说："人欲地仙者，当立三百善；欲天仙，当立一千二百善。"又说："欲求仙者，当以忠孝、和顺、仁信为本。若德行不修，而单务方术，皆不得长生也。"把行善积德与修道成仙紧密地联系在一起，明确行善积德也是道教修行的一个方面，这一点是非常重要的。修行的前提之一是心存善念，开展慈善公益事业是一种很好的修行，不仅能培育信众的善心，还可以加深对社会责任的认识，能起到带动更多参与者的作用。更重要的是，慈善公益事业也为社会各界提供了一个重新认识道教的契机，为道教提供了一个走进社会大众、吸引社会大众的机会，可以将道教所蕴含的优秀品质潜移默化地传达给社会大众，这对于推动道教在新时期的发展有着重要意义。

面对新的时代，道教要发展，保持自己的特色，发挥自身的优势，信众的作用将会越来越大。正因为这样，道教要处理好与信众的关系，既要尊重传统，又要面对现实，与信众团结协作，合理分工，优势互补，共同提高，才是道教立足现代社会的途径，也是道教得以持续发展的根本保证。

社会转型与道教发展的契机

赵翠翠*

摘　要：作为土生土长的中国宗教，道教自古至今都深受老百姓喜爱，然道教之超越生命、修仙修道、神秘主义等实践特征，又使其始终面临诸多社会化难题。当前中国社会正处于从飞速发展向高质量发展的转型时期，虽经济社会政治等都得到快速发展，但中国人的精神及其心态却呈现了诸多问题。如何从道教信仰的核心教义及其秩序构成出发，挖掘道教信仰在修身养神、缓解焦虑、安定人心、构建神圣认同及社会规则等现代理念，无疑有助于道教获得更广泛的社会认同，促进道教信仰的现代化转型及构建良好而开放的社会心态。

关键词：社会转型　道教信仰　现代性　社会心态

一、道教研究及问题的提出

任何一种正信宗教信仰，从其核心教义及本质来说，都有益于促进个人及社会的健康发展，有益于良好社会心态的构建。然而，任何一种宗教信仰也会遭遇社会转型及其现代性的诸多挑战，道教信仰也不例外。面临国家与社会快速发展的现实，道教自身也需要调整适应，与时俱进，不断创新，如此才能在社会发展及变迁中实

---

* 赵翠翠，上海社科院宗教所助理研究员，华东师范大学社会学在站博士后。

现与提高自身的社会价值，构建其对个人、社会乃至国家的意义。

作为本土宗教，道教以"道"为最高信仰，认为"道"乃化生万物之本原，其与佛教、儒学等相融合，共同促进了中华文明的发展与变迁，成为中国传统文化之重要构成部分。道教之多神信仰，追求法术仙术、羽化成仙、长生不死等境界，都促使其成为中国老百姓所喜爱的信仰方式之一。提及道教，人们印象更多的是老子《道德经》开篇"道可道，非常道。名可名，非常名"之玄而又玄之"道"；而道教信仰所强调的修道修仙、无为而治、见素抱朴、清心寡欲、道法自然、天人合一等，又使人们对道教的认知更多停留于个人修仙之固化及私人化实践，这些认识深刻地影响了道教信仰的社会性及公共性构建。

学界研究表明，修道成仙之神仙信仰是道教思想的核心。① 道教以"道"为最高信仰和准则，相信经过一定修炼可以长生不死，得道成仙。道教信仰以修道成仙为核心，神化老子及其关于"道"之学说，尊老子为教主，奉为神明，并以老子《道德经》为主要经典，对其中的文词作出了宗教性阐释。② 因此，"道"既是宇宙秩序，又是万物产生之根源，是一切存在的永恒原型之完美化身。总之，所谓道就是唯一神圣总体。"一个人只有将自我绝对虚无化，摆脱世俗的利益及热情，直到完全的无所作为（'无为'）时，方能及于道。"③ 这种内在超越及对彼岸世界的追求与境界，虽实现了对现实世界的秩序突破，能够成就一种超然圆融之状态，却始终因为过于强调出世而影响了道教现代性的萌发。

所谓道教信仰，其最高境界就是要出世离世、自我虚化以至真

---

① 卿希泰：《道教文化新探》，四川人民出版社1988年版。
李养正：《道教概说》，中华书局1989年版，第243页。
② 卿希泰主编：《中国道教史·导言》，四川人民出版社1996年版，第1卷，第1页。
③ [德]马克斯·韦伯著，洪天富译：《儒教与道教》，江苏人民出版社2003年版，第147—148页。

正摆脱世俗叨扰，从而在无为之道法自然中成道成仙，实乃成就个人生命在宇宙世界中的自由。从个人与社会的关系来看，"道教对生命自由境界的追求无疑能够破解现代人的生存困境，帮助人们重构生命的意义系统、实现生命的主体性在场、回归精神的高地，以对抗现代社会对人的价值、人的主体地位的消解，对抗人性的异化，实现个体生命的自在自由，具有重要意义"。① 因此，道教信仰个我修仙成道，其实质是一种个我与世界关系的构建，特别强调人自身的主体性和克服外在世界之困难的精神境界。这些宝贵的文化资源及其信仰内核，都是当代中国道教思想建设、戒律建设、人才建设、教团建设等，特别需要重点挖掘和关注的问题。

纵观中国道教发展的历史与现实，道教之多神信仰、修仙修道、养生法术、斋醮科仪等实践，无疑非常符合中国人对宗教信仰的实践心理及其行动特征，可谓很好地处理了出世与入世、此岸与彼岸、神圣与世俗等关系。然而，与其他宗教发展相比较，道教及其信仰方式却一直以来不为社会大众所广泛熟知，道教发展也面临诸多挑战与问题。这点与清朝及近代知识分子崇儒而对佛道教加以排斥，以至道教往往被看作是迷信的观点密切相关。② 而近代以降，中国道教界既缺乏自我反省意识，也缺乏在社会历史语境产生剧烈变迁情境下变革自身以与时俱进的理念。③ 这一现象与"新文化运动"以来科学观念流行有关，也与"文化大革命"期间极端做法冲击有关，还可能与目前其他宗教发展竞争有关。④ 另外，道教与民间信仰的错

---

① 赖平：《道教的自由生命之境与现代社会生存困境破解》，《求索》2016 年第 4 期，第 77 页。
② 劳格文口述：《中国历史和社会中的宗教》，巫能昌整理，何建明主编：《道教学刊》总第 1 期，社会科学文献出版社 2018 年，第 11 页。
③ 万里：《颠覆与重构：现代性与问题意识观照下的中国道教》，《求索》2005 年第 5 期。
④ 郭武：《"度人"与"度己"：关于当代道教发展的一点思考》，《世界宗教文化》2017 年第 6 期，第 86 页。

位、道教与封建迷信的纠葛、道教神圣性与世俗化之间的矛盾等，也都是困扰当代中国道教发展的主要原因。①

在现实实践中，道教信仰与民间信仰、佛教等混融，道教养生盛行，道教信仰方式之神秘主义、个我化、松散性、个人性、不确定性、临时性等，道教人才缺乏，弘道方式单一，道教信仰精英之卡里斯马资质，及城市化或城镇化建设等外在环境变迁，都是影响当代中国道教教团体建设、构建道教社会影响力的重要因素。如何"实现道教文化建设、道教戒律建设、道教教义思想、道教弘教方式四个方面的创新发展"②，促使"道教在当代要有开拓创新的时代精神、要有化导世俗的社会功能、要有关爱人类的普世情怀、要有关注世界的全球视野"③，无疑是道教之现代转型所必须思考和重视的课题。

从宗教与社会的关系来看，只有积极进入社会、深入社会，运用和整合自身在教义、信仰、组织、人才等方面的资源，充分发掘道教信仰中有益于构建良好社会心态的机制和方法。同时，在与其他社会系统、组织、单位或个人的交往中，致力于构建一种基于道教信仰及其文化身份而来的理性交往规则或互动机制，才能在适应社会中更好地建设社会，促进个人及社会之良好心态的构建，促进道教信仰方式从"个我化"到"个体化"④的现代化转型。

二、道教信仰及其秩序构成

自古至今，道教信仰历来深受老百姓所喜爱，亦在道德伦理、生态环保、慈善救护、修身养性、文化建设等方面发挥着建设社会

---

① 黄永锋：《当代道教发展态势管见》，《世界宗教文化》2010 年第 4 期，第 32 页。
② 丁常云：《道教的创新发展之路》，《中国宗教》2017 年第 3 期，第 46—49 页。
③ 丁常云：《道教在当代社会的使命与担当》，《中国宗教》2016 年第 10 期。
④ ［德］乌尔里希·贝克，［德］伊丽莎白·贝克-格恩斯海姆著，李荣山等译：《个体化》，北京大学出版社 2011 年版，第 14 页；［德］乌尔里希·贝克著，李荣荣译：《自己的上帝——宗教的和平能力与潜在暴力》，上海译文出版社 2016 年版。

的积极作用。而道教信仰所强调的对于生命和自由境界的个我追求、长生不死、羽化成仙、仙术法术之神秘主义等信仰方式，又促使道教信仰往往要走出世俗社会，方能得道成仙。正是因为道教发展变迁中所呈现的出世与入世之张力，促使中国当代道教及其社会性构建始终面临诸多困境。"中国人的生活，一方面没有发自'内心的'的、即由某种独特的核心取向所调节的统一；但另一方面却受到无数习俗的束缚"①，这就是中国人的宗教信仰心理及其宗教意识，它并不固定也并非没有，只是缺乏一种基于宗教信仰而来的价值规范及其交往理性，也致使中国人始终在人神之间无法找到一种如同"上帝"一样的交往结构，其宗教信仰总是呈现与道德伦理的某种二元或断裂。

问题的根源在于，中国社会结构的总体性及其秩序构成特征，促使中国人只能在结构或制度之外寻求某种公开表达的可能性，从而造成一种中国社会中独有的"结构性私人化"②现象。正是因为这样，中国人对待宗教信仰的态度总是极为模糊且具有因时因地因人的私人化实践特征。这样的结构性特征，深刻影响着中国宗教信仰的实践方式及社会大众对宗教信仰的理解和认知，影响着当代中国道教自身的发展及其信仰实践的社会性构建。

从道教自身发展的历史过程及其教义教规的核心思想来看，道教信仰自身所具有的内在超越格局及神秘主义特征等，虽能打破此岸与彼岸、神圣与世俗之二元，能够在现实世界和超越世界之间作出鲜明分判，但这一"突破"仍然不曾跳出中国"内向超越"的格局。③只有从世俗中隐退修道，才能成为真人和圣洁之人。所谓有德才隐居，隐居高山以汲取天地之精华，就是对个体生命之把握，而

---

① [德]马克斯·韦伯著，洪天富译：《儒教与道教》，第185页。
② 赵翠翠：《宗教信仰交往及其私人化特征——基于福建海滨社区信仰关系的研究》，《世界宗教研究》2018年第1期，第61—72页。
③ 余英时：《论天人之际：中国古代思想起源试探》，中华书局2014年版，第108页。

拥有生命，就如同拥有了神，长生之法就是要隐以养神。因此，"早期隐居者的救赎目标，首先是为了长寿，其次是为了获得神秘力量。一句话，长寿与神秘力量，是大师们以及待在他们身边侍奉左右的一小群弟子们的目标"①，只有抛脱世俗肉体，才能与天地万物融为一体，构建天人合一之神圣境界。

可见，道家学说及道教信仰致力于对现实秩序的突破，但这种突破也始终无法脱离世俗肉体与现实世界。道教信仰坚持"道"这一至高不变的宇宙秩序及其法则，强调超越个体基础上的"天人合一"之神圣境界，希望实现"人道"与"天道"、此岸与彼岸之整合，继而借天道以实现人道之超越。但道教信仰最终又构建了一种多神信仰之宗教体系，道教思想具有来者不拒、博采众长、包揽万象的实践特征。道教信仰既追求彼岸之超越世界，又致力于在现世之人道和俗界修炼，以至所修之德能配天，终而成仙，得道成真人。但从信仰分层来看，修道者能超凡脱俗以至成仙，继而使民间"仙骨信仰"②盛行。但普通老百姓则只能在现实世界以崇拜多神、心诚则灵、有求必应等神道设教之"教化之教"自我满足，以安身心。因此，超凡人、高人、奇人与普通常人对道教信仰的实践又具有不同的实践及其超越特征。

更为重要的是，"相较于其他宗教，尤其是一些世界性宗教，产生于'天不变，道亦不变'之历史循环论氛围中的中国道教，如同中国土生土长的其他宗教或思想文化系统（如儒家）一样，缺乏一种社会时代变迁感；换言之，缺乏一种'现代性'意识"。③ 这是由中国文化缺乏反思性及理性思考所致，更是"中国人总是缺乏超越

---

① [德] 马克思·韦伯著，洪天富译：《儒教与道教》，江苏人民出版社2003年版，第145页。
② 白照杰：《炼骨成仙：中古道教仙骨信仰研究》，何建明主编：《道教学刊》总第1期，社会科学文献出版社2018年，第48—66页。
③ 万里：《颠覆与重构：现代性与问题意识观照下的中国道教》，《求索》2005年第5期。

现实世界的内在张力和无限激情,缺乏与社会现实抗衡、超越自我心灵及往往乐意沉浸在生生相续的现实利益世界……"①等所致。当人们无法超越现实世界时,只好借由天道以实现自我身心之内向超越,而并非要向现实抗衡以寻求超越。而对天帝(天神)的敬仰与崇拜及天帝(天神)对世俗社会之统治的绝对权力,又已在先秦周代就被王权整合,成为政治权力神化之神圣资源。因此,中国社会具有宗教意义的超自然神也并非独立存在,宗教与世俗制度之关系、中国宗教的本质核心及其中心命题在古代周王朝可以说就铸就成型②,造成中国宗教及信仰实践总是依附于各种世俗制度或现实条件才能发挥作用,既非"制度性宗教",亦非"扩散性宗教"③的概念界定所能囊括。

至当代中国道教及其与社会的关系而言,尤其是和佛教、基督教相比,道教依然没有成为一种群体性和组织性较强的宗教,始终难以形成较为严密的道教团体,原因就在于道教所追求的"个我化"修仙理想,或成为道士、隐士,或成为学士、居士、信士等。道教信仰之个我化、神秘化、理想化色彩,反而使其失去了其核心的信仰目标。作为普通大众,又大多各信各的,在各种私人化许愿或求神的宗教行动与体验中构建着对于自身生命的关怀及安定。

改革开放40年来,中国道教虽在深入社会、适应社会中构建了其在养生、生态、慈善、音乐、艺术、环保等方面的积极作用,但作为一种宗教信仰体系,如何在其他社会子系统互动的关系中,既获得道教界及其信徒的广泛认同,又能获得广大非道教界及无神论者等认同,构建道教信仰及其价值的公共性等,始终是道教持续健

---

① 李向平:《祖宗的神灵——缺乏神性的中国人文世界》,广西人民出版社1989年版,第1—2页。
② 李向平:《王权与神权——周代政治与宗教研究》,辽宁教育出版社1991年版,第253页。
③ [美]杨庆堃著,范丽珠译:《中国社会中的宗教》,上海人民出版社2007年版。

康发展、实现现代化转型必须要思考的重要问题。"当代道教若欲取得较大之发展,不仅需要挖掘道教学说中的哲理精髓、弘扬成仙信仰中的养生方法,而且应该重视道教的'度人'(度他)思想,且大力加强与此相关的斋醮符箓等行为方式之建设工作,否则道教将失去广大的信众。唯有如此,方能把握好道教核心信仰的全部内容,有利于道教教团的发展壮大,进一步扩大道教在当今社会的影响。"①从任何一种宗教发展的基础来看,也只有真正面对自身及其社会问题,不断调整与适应,才能获得大众的广泛认同。尤其是在当今社会人心浮躁、心态失衡、全民焦虑症的背景下,道教如何运用其丰富的教义资源,使民众在日常生活及工作学习中就能超越自我、稳定其心,同时,致力于通过各种途径与方法,使参与者能够从中既修身修心,又能基于这种信仰构建其对生命、财产、职业、自由、法律等的神圣认同,这就不单能够走出道教信仰的社会化困境,更能在群体信仰及认同的共享实践中构建道教信仰的神圣价值及其理念。

在此,所谓此岸与彼岸、神圣与世俗、内在与外在、肉体与精神的二元关系并非对立,而是能相互整合并超越彼此。就道教信仰的社会学本质而言,所谓"修道人"也就并非单个的脱离世俗之人,而是既追求内在超越之神圣个我,又能在外在世界构建个体性之神圣个体的信仰方式。当代中国道教如能从此中思考和建构其社会意义,无疑将有益于道教信仰的现代性构建,有益于当代中国宗教关系的和谐,更有益于促进良好社会心态及秩序的形成。

三、社会转型及道教发展的契机

20世纪90年代后,费孝通将研究重点从"生态"问题转向"心态"问题,有其西方学术及其传统文化思想根源,其中主要受到潘

---

① 郭武:《"度人"与"度己":关于当代道教发展的一点思考》,《世界宗教文化》2017年第6期,第91页。

光旦、史禄国及儒家思想影响。① 费孝通认为，生态关系是人和人的共存关系，心态关系则是人和人的共荣关系。人和人既要共存也要共荣，共荣是一种"衣食足而知荣辱"的道德认知，反映的是人的思想和感情、忧虑和满足、追求和希望，这一套东西会深刻影响整个文化的基础，影响中国社会乃至全球社会的发展及交往关系。② 费孝通晚年研究"心态秩序"之转向，深刻诠释了全球化背景下不同文化主体共建"共荣秩序"的重要性，更为经济快速增长的当代中国敲响警钟，即经济快速增长背后之人的现代化、人内心的归置、人与人关系的处理等问题的重要性，这些都会深刻影响一个宗教、国家、社会乃至文化的构建过程。

从宗教社会学理论及其信仰实质来说，如果说信仰最初是基于人与人之间的关系而出现，宗教信仰是社会关系的升华与超越形式，③ 那么，如何处理人与人之间的关系，也就成了宗教信仰的核心问题。因此，如何将道教信仰处理凡人与仙人、人道与天道、人与神的关系，转变为处理现实社会中人与人的关系，在此过程中实现人与神、人与天、人与人关系的和谐，无疑是道教整合出世与入世、此岸与彼岸，提高文化主体身份及其现代性的关键。而道教信仰所强调的贵生、重生、乐生、生道合一及对生命自由的个我化追求、修仙成道之"无量度人"等，也都是一种社会性的构建。只是道教"特别注重信徒、个人的修行和成仙成道理想，注重个人的心性修炼乃至积德累功之追求，其组织化和制度化的基础相对较弱，社会化程度低"④，致使道教信仰总是局限于成道修仙，抑或是求神层面。

---

① 耿敬、马梦园：《乐其业、遂其生——论文化主体的心态问题》，耿敬等：《文化主体性的思考》，社会科学文献出版社2015年版，第203页。
② 费孝通：《孔林片思》，费孝通：《费孝通全集》，群言出版社1999年版，第12卷，第296页。
③ [德]齐美尔著，曹卫东译：《宗教社会学》，上海人民出版社2003年版。
④ 李向平、赵翠翠：《"人神关系"的个体化建构——道教信仰的伦理规范及其秩序构成》，《广西师范大学学报》2012年第5期。

此种情况下,道教如何基于个人信仰,以教团之制度建设为根本,构建从个人信仰—群体信仰—社会信仰的实践方式,不断培育道教信仰及其道教徒的现代性格,无疑有助于道教信仰及其"心态秩序"的构建。

改革开放40年来,中国社会经历了从计划经济向市场经济、从封闭社会向开放社会的转变,当前正处于从高速发展向高质量发展的转型时期。在此过程中,中国人的价值观和社会心态也发生了一系列嬗变,经历了从传统价值观的断裂,价值观的空白,现代价值观和社会心态的萌生、顿挫、复苏(1992年邓小平南方讲话)、发展(自1997年以来)六个阶段;同时,中国社会也出现了五种消极的社会心态:焦虑、浮躁、物欲、炫富和暴戾。[1] 从某种程度上来说,这些都是社会转型及其现代性所造成的一种后果[2],即科学技术发展促使中国社会经济全面发展、中国人生活水平得以不断提高,但其人文素质及其精神世界却出现诸多问题,深刻影响着中国社会和国民的健康发展。

在此过程中,中国人的心态逐渐被物欲异化,心灵世界出现极大失衡。一系列如诚信缺失、追求匮乏、不畏法律、以权谋私、违背规则、仇官仇富、"事不关己高高挂起"的社会现象频生。同时,随着多元化、信息化、全球化时代的到来,微信微博小视频、各类网红、佛系青年、二次元、星座算命说、颜值崇拜、拜物教、"中国锦鲤"、节日狂欢等,更充斥和影响着中国人的精神世界及其日常生活。住房、医疗、教育"三座大山"和车子、票子、面子、位子等追求及其所伴随的家庭、婚姻等社会问题,导致亲密关系不断发生变革、道德伦理时常被绑架、公私界限极为模糊、规则意识时常崩塌,这些都让中国人的心态变得极为焦虑。虽也为自身未来生活而

---

[1] 周晓虹等:《中国体验:全球化、社会转型与中国人社会心态的嬗变》,社会科学文献出版社2017年版,第4—8页、第369—373页。

[2] [英]安东尼·吉登斯著,田禾译:《现代性的后果》,译林出版社2011年版。

拼搏，却无时无刻不处于外在世界所制造的各种焦虑之中。这种焦虑伴随着恐惧，但却不同于恐惧。焦虑的中心也不在于各种未知的风险，而在于对风险的无法控制、预期和掌握。①

与此同时，中国社会正处于一种碎片化的时代。人们的时间、空间及其生活方式，乃至宗教信仰方式也变得极为碎片化。这样的时代，我们"如何期待一个可遇的公共生活"②。同时，虽然个人从家庭、单位、宗族等组织中得以解脱，个体的权利、规则、法律、隐私等意识在提高，但诸多现象又表明，这种个体崛起又缺乏个体之深刻反思，更缺乏制度所构建的社会空间之支持与保障，这种个体性更多呈现了一种费孝通笔下的"自我主义"③或阎云翔笔下之"无公德的个人"④的现状。那种对于生命、财产、法律、规则、职业等绝对信仰及神圣认同，并没有由此而得以生发崛起。面对中国社会所呈现的诸多问题，很多人将其矛头指向中国人缺乏信仰，但事实是，中国人向来不乏信仰，缺乏的正是基于信仰而来的道德伦理及其价值规范，即便有信仰，也不一定能认同，⑤更无法内化为一种人神之间的神圣规则，主导和引领自身的行动方式。

此种情形下，道教如何运用其丰富的教义资源，构筑人们的精神生活及其公共生活，如何从生命、度人、生死、修炼等实践中缓解个人焦虑、安定人心、稳定社会，使每个人都能安其所、乐其业、遂其生，同时，以此种信仰为基础，建构与其他单位、组织、个人等之间的理性交往规则，就不单是私人化道教信仰实践，更是一种

---

① 张慧、黄剑波：《焦虑、恐惧与这个时代的日常生活》，《西南民族大学学报》（人文社会科学版）2017年第9期，第6页。
② 黄剑波：《碎片化时代如何期待一个可遇的公共生活》，《探索与争鸣》2017年第6期，第37页。
③ 费孝通：《乡土中国》，北京大学出版社2012年版，第45页。
④ 阎云翔，陆洋等译：《中国社会的个体化》，上海译文出版社2012年版，第21页。
⑤ 李向平：《信仰但不认同——当代中国信仰的社会学诠释》，社会科学文献出版社2010年版。

社会群体交往中的价值规范及其分享机制的神圣建构。如此，既能构建一种人与自然、人与社会、人与人之间的有机连接，又能建构个体信仰及其认同归属，实现个人在信仰、职业、道德等多重身份整合，亦能在此过程中基于信仰，构建对他人生命、财产、职业、权利、信仰的绝对尊重与神圣认同。

道教信仰内涵有丰富的现代性资源值得挖掘，对构建良好而开放的社会心态及其秩序构成，对道教信仰的现代化转型等具有重要意义。

其一，道教信仰关于"一切万物，人最为贵"的生命诠释，有助于实现从"修道人"向"行动者"这一社会身份的转变。道教信仰教导人们要贵生、重生、乐生，要把生存的质量提高到如同神仙一样的境界，达到"生为第一""生道合一"，以至成道成仙。《妙真经》所谓"一切万物，人最为贵"，就是强调每个人都应该珍惜自己的人生与生命，要通过"摄生""贵生""自爱"等修持修炼，实现"我命在我不在天"，与道合真，长生久视。这种对于个体生命之主体性的把握，无疑有益于构建一种"社会人"的行动特征。同时，也只有个体重视自己的生命及其神圣人格时，才会将他人身体、生命及其财产视为一种神圣存在，才能更好地处理人人关系，有益于人与自然、人与社会的和谐相处。

其二，道教信仰强调修炼修道过程中的"度人"思想，有助于构建一种现代群体的交往规范及其团体秩序。道教信仰强调要得其真道，就要脱离世俗世界，但欲求仙界也要无量度人。"度己"与"度人"在道教信仰体系中同等重要，乃是"成仙"信仰的一体两面。度人是修道者成仙之必然条件，也能在度人中推动道教教团的发展壮大，对于道教信仰及传承而言至关重要。事实上，"不仅擅长斋醮科仪的符箓道派强调度人，将祈福禳灾、济困救厄作为自己服务大众的内容，而且一般被视为追求个人修炼成仙的内丹道派，同样也有着这种度人（度他）的观念和行为"①。这就是"欲达天仙"，则必"传道人间"。正所谓"度人"便是"度己"，"无量度人"终而会在成就他人的过程中成就自己，成就社会。

其三，道教信仰强调"无为""少私""不争"等自我控欲思想，有助于现代人回归纯真本性，修身养心，缓解焦虑，归置人心。道教内丹所谓"全真"，就是强调返回人之先天本性，回归到最初纯真善良的本性。至于如何回归，就是要"见素抱朴，少私寡欲"，要"行善积德"，要"清静无为"，还要"慈俭不争"，在日常生活中做到持守单纯、内心质朴、减少私心、抑制欲望。这样的自我控欲及修身修心之境界，无疑有助于改善当代人对财富、地位、权力、身份等过分追求所导致的人性异化和社会浮躁、焦虑等现状，有助于"社会理性"的培育与构建，对提升个人精神面貌、和谐人际关系、规范社会等具有积极意义。

其四，道教斋醮科仪中人神关系的构建，具有兼具祈福和解决人心问题的价值与意义。中国经典《尚书·甲子》曰："惟天无亲，克敬惟亲。民罔常怀，怀于有仁。鬼神无常享，享于克诚。"其中人与鬼神之间的关系，强调的就是人的态度。鬼神无常享，说明鬼神也会焦虑和不安。如此，人神皆有不安和焦虑，且古已有之。在此方面，道教采用何种法术或斋醮科仪使人心安定，这一现代意义正是道教发展的重要契机。斋醮仪式反映的是人能通神、人神相互感应的过程。这种仪式既能将祈福得以神圣化，又能通过此仪式连接神人关系，有助于解决人们所面临的各种现实问题，更有助于在人神关系及其相互依赖的神圣逻辑中缓和人际矛盾，缓解内心焦虑，构建良好开放的社会心态。

---

① 郭武：《"度人"与"度己"：关于当代道教发展的一点思考》，《世界宗教文化》2017年第6期，第87页。

道教宫观与经济社会关系探析

丁常云[*]

摘　要：当代社会高速发展，人民生活水平极大提高，经济社会给道教宫观带来了巨大影响，给道观自养经济带来了新的机遇。当代道教宫观，必须要与时俱进，适应时代要求，要积极主动适应和服务经济社会发展，充分发挥道教宫观在经济社会中的积极作用。同时，还要不断加强道教宫观自身建设，积极引进现代社会管理理念，在市场经济和自养经济中找准位置，既要把握好机遇，又要应对好挑战，努力促进道教宫观在服务经济社会中实现转型发展。

关键词：道教宫观　适应社会　服务社会　转型发展

改革开放之后，随着宗教信仰自由政策的贯彻落实，全国各地道教宫观相继得到恢复开放，基本满足了广大道教信徒过好宗教生活的需要，中国道教也得到很好发展。但是，随着我国经济社会的高速发展，在给道教发展带来新机遇的同时，也对当代道教提出了新要求。党的十七大明确提出："全面贯彻党的宗教工作基本方针，发挥宗教界人士和信教群众在促进经济社会发展中的积极作用。"这就充分说明党中央对宗教、宗教界和宗教工作的高度重视，也反映

---

[*] 丁常云，中国道教协会咨议委员会副主席，中国宗教学会理事，《上海道教》杂志主编，上海市道教协会副会长，上海市浦东新区道教协会会长，上海太清宫住持。

了宗教在我国社会生活中的重要地位和积极作用。但是，宗教是一个特殊的社会群体，宗教场所又是一个相对特殊的地方，在宗教参与经济社会发展过程中，必须要进行正确的引导，否则，就会有可能出现宗教世俗化和宗教商业化等一系列问题，给宗教自身和社会带来不良影响。为此，当代道教宫观要进一步加强自身建设，规范自身管理，主动适应，积极服务经济社会发展，在服务经济社会中实现转型发展，进而发挥出道教宫观应有的时代价值。

一、经济社会发展对道教宫观的影响

当前，我国改革开放和现代化建设进入了一个新的发展阶段。回顾改革开放以来 40 年的的奋斗历程，我们的国家顺利完成了现代化建设"三步走"战略的第一步、第二步目标，经济社会发展取得了举世瞩目的辉煌成就，人民生活总体上实现了由温饱到小康的历史性跨越。社会经济的持续、快速发展，有力地推动了道教事业的发展，但同时又影响着当代道教和道观管理。

第一，经济社会发展对道观中道教徒的影响。道教徒是道观的组织者和管理者，他们的思想行为直接影响到道观的建设和管理。改革开放以来，由于受外来文化和思想的影响，尤其是市场经济大潮的冲击，人们传统的思想观念和伦理道德准则受到不同程度的影响。于是一些人出现了社会伦理道德的严重缺乏，表现为金钱至上、损人利己、损公肥私、以权谋私的思想行为。这种思想行为，在一定程度上也影响着道观中的道教徒。国家宗教事务局原局长叶小文在中国道教协会第七届代表会议上明确指出："在当前市场经济发展的新环境下，少数道教徒信仰淡化，戒律松弛，衣冠不整，道不像道。"[1] 有的追名逐利、见利忘义，损害道教形象。有些道观的道教徒受市场经济的影响，还提出了我们不要叫"贫道"，而要叫"富

---

[1]《中国道教》2005 年第 4 期，第 11 页。

道"的口号,有的甚至还将"让一部分人先富起来"的名言套用到道门中来,明显背离了道教的教义思想。事实上,"贫道"只是道教徒的一种谦称,是一种品德修养,也是道教"一曰慈,二曰俭,三曰不敢为天下先"思想的体现。在道观管理方面,还有少数道教徒提出要走市场化、商业化道路,有的还搞殿堂承包制,将殿堂管理与经济效益直接挂钩。凡此种种,显然是与道教教义思想不相适应的。这些思想和行为的出现,主要是道教徒信仰淡化、戒律不严和道观管理不够规范所引发的一系列问题。但是,社会不良风气的渗透和社会市场经济的影响,也起到了推波助澜的作用。这些问题如果不能得到很好的解决,将会直接影响到道教信仰的纯洁性和社会形象。

第二,经济社会发展对信教群众的影响。随着我国市场经济的快速发展,人民群众的经济条件有了极大的提高,生活水平也有了极大的改善。同时,人们致富的途径也五花八门,社会经济的发展已经惠及千家万户,而道教信徒也是其中的受益者,一方面他们通过自身的努力迅速致富,迈进了小康行列,享受着社会经济发展的成果;另一方面又享受着充分的宗教信仰自由,希望得到神灵的护佑。每当道观香讯(初一、十五)及神仙诞辰之日,他们都来到道观敬香拜神,祈求神灵保佑。一般来说,年老体弱的信徒大多祈求身体健康、晚年幸福,同时也祈求子女事业有成、财运亨通;中年人正是成就事业之时,大多祈求事业顺利、仕途通畅、财源广进;青少年正是求学之时,大多希望学业有成,然后找一份好工作,赚到更多的钱。所以,广大信徒既是虔诚的道教信仰者,又是社会经济建设的参与者与受益者。

对于广大道教信徒来说,社会经济的发展已经渗透到他们的宗教信仰和生活之中。社会经济的发展对道教信徒的影响是多方面的,但是主要表现为三个方面:一是对信徒生财理念的影响。对于道教信徒来说,由于信仰的原因,大多数人能够遵循"君子爱财,取之有道"的古训。对于一般生意人来说，他们在出门谈生意之前都有来道观许愿的习惯，生意做成后再来道观还愿，如果生意没有成功，说明自己还不够虔诚。他们相信，只要自己诚实守信、按照市场规律办事，自然会得到神灵的保佑。二是对信徒财富观的影响。财富观是价值观的重要组成部分，虽然嫌贫爱富是人之常情，然而作为一种社会心理和社会思潮是不可取的。一般来说，道教信徒大多能够保持较为乐观的财富观，他们往往受道教"乐善好施"思想的影响，在努力创造和积累财富的同时，又能乐于助人，帮助那些需要帮助的穷人。当然，对于道观的功德资助也会有所增加，他们希望通过自己的积功累德而得到神灵保佑。三是对少数信徒致富方式的影响。受社会市场经济的影响，有少数信徒希望神灵保佑他们快速致富或买彩票马上中奖，这种追求致富的方式和态度显然是不符合"天道"的，所以神灵是不会保佑他们的。所谓"天道无亲，唯善是与"，神灵是不会保佑一个人发财致富而让无数人破产贫穷。对于这种不切合实际的致富观，我们要进行正确的引导，使他们认识到致富是要靠辛勤劳动的，所谓"勤劳才能致富"。

第三，经济社会发展对道观管理的影响。道教宫观是道教与信徒联系的一个窗口，也是道教接触社会、了解社会的一个窗口，社会的变化和发展自然会直接影响道观。特别是在社会经济快速发展进程中，现代社会管理也得到了空前发展，这就对现代道观的管理提出了新的、更高的要求。就目前道教宫观管理而言，还存在许多与现代社会经济发展不相适应的地方，主要表现为：一是管理体制相对落后。目前道教对大多数道观的管理仍然停留在原始而传统的"大锅饭"管理模式上，这与现代社会的发展是不相适应的。二是激励机制没有充分形成。长期形成的平均思想，直接导致了道观部分人员不求上进，无所作为。道观民主管理制度中虽然有些奖罚办法，但由于监督力度不足，往往总是不能真正落到实处。三是缺乏现代管理意识。道观是宗教活动场所，但也是现代社会中的一个有组织、有管理的单位实体，因此也必须要有现代管理意识。由于道观管理人员大多是道教教职人员，他们的管理思想和管理水平都还不是很高，又加上缺乏现代管理意识，往往会给现代道观管理带来一定困难。这些问题的存在，将会随着社会的进一步发展越加显现出来，并形成制约道教发展的重要"瓶颈"之一。因此，我们必须认真加以研究，针对现代社会经济发展对道教宫观管理提出新的要求，积极主动地提出应对措施和解决的办法。

二、道教宫观要主动适应经济社会发展

我国经济社会发展是举世瞩目的，所取得的成绩也是前所未有的。但是，经济社会的快速发展也对当代道教提出了新要求。所以，当代道教必须要跟上时代的步伐，道教宫观要积极主动适应经济社会发展，这既是道教自身发展的需要，当然也是当代道教宫观在经济社会发展中的生存之道。

第一，道教宫观要不断提高道教徒的道德修养。道教以《道德经》的"恬淡无欲、清静淳朴"为准则，认为人要积善立德，就要修身养性，不为名利物欲所累。所以，在现代道教宫观管理中，要特别注重提高道教徒自身的道德修养。这里"修养"的实质就是不断超越自身，在个体欲望、现实利益与社会秩序、道德理想发生矛盾的时候，宁可克制自己的欲望，也不放弃对道德境界的追求。

那么，如何才能提高道教徒的道德修养呢？这就要求我们道教徒始终保持"三心"，即遇事要有一颗平常心，对己要有一颗清静心，待人要有一颗慈悲心。所谓"平常心"，就是指不管遇到什么事都要始终保持一种平和心态。有一颗平常心，是一个人成熟的标志，也是一个人修养程度的体现。在喧嚣纷纭的人世间，在物欲横流中，能保持一颗清风徐来、水波不起的平常之心，是难能可贵的。君子坦荡荡，小人常戚戚。有容乃大，无欲则刚。一个人怀揣平常心，就会对名、利、权之类采取超然物外的态度，一切顺其自然，处之

泰然。所以，保持一颗平常心，是一种很高的道德修养。所谓"清静心"，就是指要有一颗无为和静之心。道教认为，"清静"是"道"之本性，人和万物若效法道，做到清静无为，则道自来居。所以，道教炼养家历来就十分强调"正心"和"去欲"。正心，就是指端正思念，使心纯不杂；去欲，就是指去掉一切杂念，不为外物所累。可见，"清静心"是一种极高的道德修养，也是当代道教徒需要努力加以修持的。所谓"慈悲心"，就是要求道教徒始终保持一种慈悲济世的胸怀。道教认为，学道之人要明白名利财物皆身外之物，要坚决摒弃名利之绳索，以道德为务，以慈悲济世为修道的原则。道教从"慈悲济世"的思想出发，要求学道者当尽社会责任和义务，要入世济世，关心社会弱世群体，以慈悲之心回报社会，维护社会的祥和与安宁。

同时，在社会经济发展的影响下，道教徒还必须树立良好的信仰风范和高尚的道德情操。一方面，道教徒要通过自己的修行，淡泊名利，纯洁心灵，与人为善，坚持正信；另一方面，在经济社会大发展的时代，广大道教徒在精神上要保持"清虚"，要遵循道祖"道法自然"的教诲，做到清心寡欲，多行善功，广结道缘。这些道德思想，既是道教徒修养的重要内容，又是现代道观管理中道教徒必须具备的道德修养。

第二，道教宫观要不断引进现代社会管理新理念。道教管理的重点和主体是宫观，如果宫观管理好了，那么道教的管理工作也就基本差不多了。但是，宫观管理是一个比较复杂的课题，它既不是工厂、企业的管理，也不是机关团体的管理。宫观是一个有着一定道教信仰群体组织的单位实体，其中既有机关团体管理的内容，又有工厂、企业管理的某些特点。如果我们完全套用某一方面的办法也是行不通的，完全采用道教传统的管理模式也是不可取的。我们认为，现代道教宫观管理，一定要打破一些传统的、落后的管理模式，引进现代管理的新理念。因此，现代道观的管理，必须从观念上进行转变，从体制上进行改变，要在继承传统管理的基础上有所创新。

根据现代社会经济发展和道教自身特点，我们认为：现代道教的管理必须引进和借鉴现代社会管理的新理念，这是道教管理的新发展，也是道教管理适应社会进步要求的新举措。现代社会的管理日新月异，先进的管理理论和经验不断出现，这就为我们当代道教的管理带来了许多重要的启示。我们不仅要吸收现代社会的管理经验，而且还要引进现代社会管理的新理念，为道观管理服务。因此，我们要积极引进现代社会管理的新体制，要彻底打破传统的"大锅饭"和"平均主义"，形成竞争激励机制。当然，我们引进现代社会管理体制，其目的仅仅只是引进一种管理手段和一种管理方法，是道教适应现代社会管理机制的一种表现。现代道教管理应该是在继承道教传统管理的基础上，合理吸收和引进现代社会管理先进的理论和经验，用以加强对道教的有效管理。

现代道教管理者还必须努力提高自身的素质，必须有较强的现代管理意识和传统的管理理念。这里所说的"素质"，主要是指政治素质、文化素质、信仰素质以及管理才能和奉献精神，"现代管理意识"主要是指创新的思想理念、与时俱进的工作态度和好学上进的求知欲望。同时，现代道观管理还要具有传统的管理理念。这里所说的"传统管理理念"就是指规戒建设，我们必须有一整套较为完善的教制规戒，来完善道门的管理制度，肃穆道仪，端正道风，促进道教事业的健康发展。这既是时代赋予我们新一代道教徒的责任，也是确保道观规范管理和道教健康发展的迫切要求。只有具备了这样的条件，才能很好地管理好道观，才能很好地促进道观管理"与时俱进"，适应社会经济发展，适应社会进步的要求。

第三，道教宫观要不断提高适应经济社会发展能力。当代道教，我们要努力探索服务信徒的有效途径与方法，因为服务信徒是道教管理的一项重要内容，我们要在服务信徒的过程中，不断提高适应社会经济发展的能力。按照"一个道教徒应该是一个好公民"的要求，为国家祈福，为国家建设拼搏奉献，是我们道教广大信徒的美好愿望。一方面，我们要鼓励道教信徒树立正确的财富观和职业观。我们既要积极引导道教信徒在日常工作和生活中，恪守道教伦理道德规范，协助创建和促进和睦的人际关系、和谐的生活环境；又要引导广大道教信徒诚信友爱、诚实劳动、无私奉献，鼓励信徒积极投身于社会主义经济建设，提高他们为经济建设作贡献的积极性，树立正确的财富观和职业道德观。另一方面，道教组织和道教徒还要积极参与社会公益活动。在构建社会主义和谐社会的实践中，对于弱势群体的扶助一直是党和政府工作的重点，特别是近年来，党和政府更是倡导全社会一同参与扶贫帮困，凝聚全社会的力量开办社会公益事业。道教历来就有关爱社会、积极开展社会服务事业的优良传统。今天更应该发扬道教"济世利人"的善举，努力参与社会公益事业，积极参与救灾、济困、帮贫、助学等公益活动，为社会服务发挥自身的优势，做出更大的贡献，为促进社会主义经济社会的建设与发展起到积极作用。

我们还要进一步提高道观管理人员的经济意识。虽然，道观管理主要是以服务信徒为目标，以满足信教群众信仰需要为目的；但是，道观的建设与管理也是需要经济来维持和支撑的，特别是在社会主义市场经济快速发展的今天，无论是道观的维修、文物的保护、事业的发展，还是道众的生活、文化的弘扬、慈善的捐款，都离不开经济。因此，我们在道观管理中，要不断创造经济自养的条件，不断提高经济管理的能力，以更好地适应社会经济发展的需要。一方面，我们要探索和研究道观管理与社会经济发展的关系，进一步增强道观的经济自养能力。我们新世纪的道教徒，既要弘道兴教，又要努力为社会经济建设和改革开放服务，要充分发挥道教的优势，在法律法规允许的范围内，凡有利于国家、有利于人民、有利于道教的，就应该解放思想，勇于开拓。只有有了一定的经济基础，才能解决道教的自养问题，才能更好地弘扬道教文化、发展道教事业，才能更好地为改革开放服务，为社会经济发展服务。另一方面，我们还要学习、引进现代社会经济管理的制度与方法，用以管理道观经济，使道观的经济管理与社会经济发展相适应。对于道观中的道教徒来说，我们要管理好、使用好道观的自养经济，使道观的经济活动规范有序、符合国家规定的有关管理制度，同时又要正确对待道观经济发展，也就是说我们既要适应社会经济的发展，又不被社会经济发展所左右，更不能出现道观管理"商业化"行为。这就需要我们道教徒始终保持"精神清虚、名利淡泊"的思想境界，以积极进取的姿态来适应社会经济的发展。

三、道教宫观要积极服务经济社会发展

社会主义的经济建设是社会主义全体人民的根本利益所在，国家的兴衰与每一个中国人的命运紧密联系。广大道教信徒是全体人民的一部分，我们也应该成为参与经济社会建设的积极力量。道教宫观不仅可以满足广大道教信徒宗教信仰的需要，成为道教徒敬香和举行宗教活动的场所，而且也可以为社会主义精神文明建设和社会经济发展作贡献。因此，当代道教宫观要主动服务社会，要在服务经济社会中谋发展。

第一，道教宫观要为经济社会发展营造一个良好的和谐环境。历史告诉我们，经济社会发展离不开社会稳定，也离不开自然环境保护。因此，在道教宫观管理工作中，我们要积极引导广大道教信徒自觉为维护社会稳定服务。一方面，要在道教信徒队伍中，广泛宣传道教"求和谐、致太平"的道德思想。在道教的伦理道德中，保存了许多中华民族的传统美德，清静无为、寡欲不争、热爱生命、尊重自然、抑恶扬善、济世利人、以德为本、孝敬父母、淡泊名利、和光同尘，等等这些，显然都于我们今天构建和谐社会有益，需要大力宣传和积极弘扬。另一方面，要积极倡导道教"慈爱和亲、欣

乐太平"的教义思想。《度人经》称为"齐同慈爱，异骨成亲；国安民丰，欣乐太平"。①道教所追求的社会理想就是"太平"世界的理想，在这个世界里，人与人之间都是亲兄弟、亲姐妹，彼此之间没有压迫，没有欺骗，没有嫉妒，没有仇恨，没有偷盗，没有邪淫，大家相互尊重，相互帮助，国家平安，人民富裕，生活幸福。这是道教所追求的理想的、美好的世界，对于这种理想世界，虽然不能全部适应今天的社会，但是仍有很多内容与现代社会公德有相同之处，它可以促进人们弃恶从善、弘扬正气，又可以促进整个社会形成一个良好的社会风气，保持社会安定、人民团结。因此，我们在道教宫观管理中，要充分发挥这一积极因素，为社会主义精神文明建设服务，为社会的繁荣稳定服务，从而为经济社会发展营造一个良好的和谐环境。

同时，我们还要积极引导广大道教徒自觉为维护社会生态环境服务。近年来，随着人类对自然控制与支配能力的增强，以及自我意识的极度膨胀，人类开始一味地对自然巧取豪夺，从而激化了人与自然之间的矛盾，加剧了人与自然的对立。生态环境的破坏已经直接影响和制约社会经济的发展。道教认为"天人合一、天人相通、天人相应"，强调人与万物都应该是和谐相处的关系，万物都有按照道赋予它的本性自然发展的权力，应该尊重自然万物的生存权，不要随意破坏自然。因此，我们一方面要在道观中广泛宣传"环境保护、人人有责"的责任意识，不断增强广大道教徒自觉维护生态环境的责任感和使命感，使环境保护成为一种个人的自觉行为，从而进一步推动人与自然和谐发展；另一方面，我们还要强调在保持经济快速增长的同时，更要保护好自然资源、生态环境。只有这样，我们才能保证当代经济社会的持续快速健康发展，又为子孙后代的发展创造良好的条件。

---

① 《灵宝无量度人上品妙经》卷一，《道藏》，上海书店1988年版，第1册，第2页。

第二，道教宫观要积极引导广大信徒参与社会经济建设。道教界为社会经济发展作贡献，其关键是正确引导广大道教信徒参与社会经济建设。目前，我国共开放道观九千余座，还有一定数量的道观在恢复开放之中；有道教信教三千多万人，若加上有道教思想的人，那人数就更多。广大道教信徒分布在社会各个行业，他们在各自的工作岗位上为社会主义祖国贡献力量，发挥着自己的聪明才智，他们同样是建设中国特色社会主义的积极力量。因此，积极引导广大道教信徒参与社会经济建设，是我们道教界人士义不容辞的责任。时任中央统战部部长的刘延东在中国道教协会第七届全国代表会议上明确指出："广大信教群众是建设中国特色社会主义的积极力量，把广大信教群众的智慧和力量凝聚到全面建设小康社会的目标上来，为促进经济社会发展作贡献，是党的宗教工作的重要任务，也是各级宗教团体义不容辞的责任。"[①] 因此，我们要大力加强道教自身建设，要自觉地服从和服务党和国家的工作大局，把广大信教群众的注意力更多地吸引到发展经济、改善生活上来，团结和带领广大信教群众投身全面建设小康社会的伟大事业。一方面，我们要对广大道教信徒进行爱国爱教思想的教育，使他们充分认识到只有祖国的繁荣昌盛才会有道教的振兴发展，道教徒积极参与社会主义现代化建设本身就是自己的份内事，也是道教徒爱国的具体体现；另一方面，我们要以各种形式支持、鼓励广大道教信徒，在各自工作岗位上努力工作，服务社会，造福人民。我们还要在道观中"讲经说法"，弘扬道教的优秀文化，教化和引导广大道教徒自觉参与社会经济建设，努力为社会经济发展作贡献。

同时，我们还要正确处理好道教与经济社会发展的关系问题，这是当代道教必须要应对的一个社会问题。我们在道教管理工作中，不仅要善于学习、了解社会经济发展的新知识，摆正道教管理与经

---

① 《中国道教》2005 年第 4 期，第 7 页。

济社会发展的关系；而且还要以主人翁的姿态去迎接社会经济发展的机遇和挑战，激励、引导广大道教徒投身社会经济建设的伟大实践，探讨道教管理在新世纪经济社会发展中的积极作用，以更好地促进社会主义市场经济繁荣与社会经济发展。

第三，道教宫观要正确引导场所参与经济社会建设。道教在参与经济社会发展过程中，要找准自己的位置。一般来说，判断道教场所是否找准自己的位置，主要应该从以下三个方面来看：一是要看道教在参与经济社会发展中是否坚持以服务信众为基础，因为道教场所的主要任务就是服务信徒。二是要看道教场所是否保持了信仰，因为道教场所是道教界人士和信教群众过宗教生活的场所，如果道教场所缺乏了信仰，就会给人以公司和商人的感觉。三是道教场所的资金主要应该用于道教自养、道教活动场所的维修和慈善公益事业。

道教界在参与经济社会发展过程中，要注意途径与方式。道教参与经济社会建设的途径与方式很多，但是我们认为主要有三点：一是要发挥道教服务社会的传统优势，多做贴近社会、关注民生和有益社会的事。比如，我们可以兴办一些社会公益事业，为社会主义建设事业发挥道教应有的积极作用。二是要发挥道教独特的历史文化优势，积极为地方的经济发展服务。道教活动场所大多具有悠久的历史和广泛的社会影响，有些宗教场所本身就是一个经济品牌，具有较高的社会经济价值，因此要充分发挥其特有的经济效益。三是发挥道教活动场所与信教群众联系密切的优势，积极做好信教群众工作，鼓励、引导广大信教群众为当地的经济社会发展贡献力量。

道教界在参与经济社会发展过程中，要进行正确的引导。改革开放以来，各地宗教场所都有意无意地参与了经济社会的建设，因为没有现成的经验可以借鉴，只能在摸索中前进，因为没有正确的引导，也出现了少数部分宗教场所不持守规戒、不重视信仰建设、只注重经济效益的奇怪现象，甚至还有宗教场所提出了"宗教商业化"的口号,严重影响了宗教信仰的纯洁。因此,我们认为道教在参与经济社会发展过程中,不仅要找准自己的位置、注意正确的途径与方式,而且还要有正确的引导。为了更好地发挥道教界人士和信教群众在社会经济发展中的积极作用,我们在道教宫观管理中要对道教参与经济社会发展问题进行认真研究,并加以积极的引导,不断总结经验,逐步形成一些规范性条文,使道教在参与社会经济发展过程中,仍然能够保持其信仰的纯洁性和宗教的神圣性,保持道教自身的健康发展。

总之,新时代的中国道教,在伴随着经济社会发展进程中,不仅面临着适应、弘扬与发展的问题,而且更多的是面临经济社会发展所带来的诸多社会问题。当代道教宫观,在应对经济社会发展进程中,要始终站在时代发展的前沿阵地,用"与时俱进"的眼光和"开拓创新"的精神,大力加强自身建设,大力加强宫观管理,要主动适应经济社会发展,要在积极服务经济社会发展中实现现代转型,从而促进道教宫观的健康发展。

道教适应时代发展的新态势

黄景春[*]

摘　要： 道教的生命力在于不断回应社会需要，历史上曾经供奉的神仙也会在新的社会形势下重放光彩。当今财神崇拜大盛，月老也得到越来越多的崇拜，而车神奚仲则是神话人物被赋予新神格。与神仙相应而来的经文，近年《财神经》《月老经》日渐流行，其借助于网络的传播方式对道教来说也是全新的。当代国家的组织管理方式决定性地影响了道教组织、宫观管理、道士培训机制，都市化生活方式也决定了道士修行方式的新变化，当今道教与其历史形态相比已经发生了巨大变化。

关键词： 当代道教　神仙信仰　科仪经文　组织管理　修行方式

在中国历史上，道教总是在不断适应时代进程中转型发展，以回应社会新需要，展现自身的生机与活力，此乃道教的一大特征。当代道教在经历近现代以来的无数劫难之后，道士人数增加，部分被拆毁的庙宇得以重建，被挪用的道观得以归还，传统科仪恢复举行，道教节会重新回归社会生活，道教艺术也受到重视，有的还被列入国家级非物质文化遗产名录。不仅是旧格局的恢复，道教还出现了几个新的生长点，老树新枝，更加难能可贵。本文旨在归纳道

---

[*] 黄景春：上海大学教授。

教在近年呈现的新态势，共同讨论当代道教出现的新发展。

一、道教神仙信仰的新需求

唐代以后，在《真灵位业图》的基础上，道教确立了三清、四御、众神仙的神灵体系。在这个架构内，道教每个时代都会出现新的神仙——或是新产生的神仙，或是旧的神仙被提升到新的高度。当代也不例外。

当代财神信仰重新崛起，是最引人注目的宗教现象之一。财神是宋代以后在城市商业、手工业发展中逐步形成的。北方有增福财神，南方有五路财神，赵公明也具有"公平买卖，求财利，宜和合"[①]的财神神格。《续道藏·玉匣记》中有"九月十七日，增福财神圣诞"[②]的记载，这位增福财神是李诡祖。五路财神，也称五通神，还有五道、五显、五圣等名目，在明清文献中比较难以厘清。[③]江浙地区流行的五路财神宝卷说他们是杜平、李四（泗）、孙立、任安、耿彦等五人。此五人与《三教源流搜神大全》中的"五盗将军"名讳相同。[④] 又因《封神演义》中赵公明被封为"金龙如意正一龙虎玄坛真君"，率领招宝天尊、纳珍天尊、招财使者、利市仙官等四位

[①]《道法会元》卷二三二，《道藏》，上海书店1988年版，第30册，第445页。
[②] 佚名：《诸神圣诞日玉匣记等集目录》，《续道藏》上海书店1988年版，第36册，第318页。
[③] 五通与五圣、五显之间的关系混乱，《陔余丛考》卷三五《五圣祠》云："五圣之祠，宋已有之。《七修类稿》又谓，五通神即五圣也。然则五圣、五显、五通，名虽异而实则同。"
[④]《藏外道书》，巴蜀书社1994年版，第31册，第777页。其文曰："《世略》曰：五盗将军者，本宋废帝永光年间五盗寇也。于一方作乱为盗，后于景和年，帝遣大将张洪破而杀之于新封县之北。其五人又作怪于此，祭之者皆呼为五盗将军也。杜平、李思、任安、孙立、耿彦正。"

部将"迎祥纳福,追捕逃亡"①,这五位也被当作五路财神。到清末,关公、文昌帝君、比干、范蠡、沈万三、刘海蟾等也被视作财神。其中赵公明作为主财神,他在道观里的塑像最常见,接受香火也最多。近代以来,在西学东渐和社会转型的大背景下,财神跟其他传统宗教的神灵一样遭到批评和指责,庙宇被占用,神像遭拆毁,财神信仰衰落。就上海的接财神活动而言,近代以来的发展走势大致可分为三个时期:从道光年间到辛亥革命是流行扩张期,辛亥革命以后到"文革"是逐渐衰落、停顿期,改革开放后是恢复兴盛期。这三个时期的走势是"升—降—升",大致呈 N 字型。② 改革开放以后,国家以经济建设为中心,让一部分人先富裕起来并带动全体人民共同富裕的政策极大促进了各地工商业的发展,而工商业者以赚钱、盈利为目的,为表达赚钱的愿望而在家里或到庙里祭拜财神成为一种常态化宗教表达。"财神信仰复兴是传统文化复兴的一个代表作。"③ 时至今日,民间庙宇和道观里已经少不了财神殿,一般在主位上塑赵公明,两侧塑关公、范蠡等。有时关公、文昌帝君还有自己的神殿,前来祈拜的人也是络绎不绝。

　　严格来说,文昌帝君并不是财神,但他经常被当作文财神来祭拜。过去对文昌帝君的祭拜是为了在科举考试中金榜题名,现在是为了在各种考试中过关,在中招、高招考试中考上好的学校。这些看似跟财富无关,却又有着间接的关联,过去科举及第就能获得朝廷俸禄,现在考试过关或考取好的学校,将来就能在职场上找到好的工作,获得高薪待遇。

---

① 许仲琳:《封神演义》,上海古籍出版社 2000 年版,第 895 页。赵公明"正一玄坛"之号宋元已经形成,"金龙如意"在《道法会元》卷二三二至二四〇中多作"金轮如意"。或因龙、轮二字音近而混。
② 黄景春:《上海接财神习俗的历史与现状研究》,《民俗研究》第 3 期,第 134 页。
③ 高丙中:《当代财神信仰复兴的文化理解》,《思想战线》2016 年第 6 期,第 138 页。

月老信仰也在近年复兴起来。当今都市青年男女的婚姻问题困扰着无数家庭，为此多个公园出现了相亲角，婚介公司生意红火。在此背景下，月下老人也成了香火旺盛的神仙。月下老人原是唐代李复言传奇小说《订婚店》塑造的手持红线、撮合姻缘的神人，后来被称作"月老"，成为媒人的代称。小说描写的韦固遇到月下老人的地方是宋州，当地人后来据此建月老祠。《大明一统志》载："定婚店，在归德府旧城内，唐韦固遇月老卜婚处。"杭州西湖之滨明代有一座月老祠，清代移入白云庵内。月老祠门口对联很有名："愿天下有情人都成了眷属，是前生注定事莫错过姻缘。"相传月老祠的婚签十分灵验，民国时期不少文人雅士从上海赶来求签。但道教一向并不把月老当作教内神仙，各种神仙传记也从不介绍他。上海县城西门大境阁（也称关帝庙）是最早接纳月下老人的道观之一，清末除了主祀关公，还塑有财神和月下老人。1949年后神像被毁。20世纪90年代上海重修大境阁，恢复了关帝庙旧制，月下老人像也得以重新树立。北京月坛的月老祠、河南安阳长春观的月老庙、山东台儿庄的月老殿、杭州黄龙洞内月老祠、浙江乌镇的月老庙，都在旅游景区内；北京东岳庙的月老殿、海南定安县玉蟾宫的月老殿、上海城隍庙的月老殿，都在宗教场所内。道教宫观奉祀的月下老人，已经成为主管男女婚姻的新神仙。

同时我们还注意到，随着汽车时代的到来，近年车神崇拜兴起。车神奚仲，原本是神话人物。《山海经·海内经》云："帝俊生禺号，禺号生淫梁，淫梁生番禺，是始为舟。番禺生奚仲，奚仲生吉光，吉光是始以木为车。"[1]《管子·形势》云："奚仲之为车也，方圆曲直，皆中规矩钩绳。"[2] 奚仲造车是中国上古神话，把奚仲当神祭拜，民间并不多见。山东枣庄薛城相传是奚仲故里，故城内曾有奚仲庙，

---

[1] 袁珂：《山海经校注》，巴蜀书社1993年版，第529页。此处引郭璞之说：世人皆言奚仲造车，此独言吉光："明其父子共创作意，是以互称之。"
[2] 黎凤翔撰，梁运华整理：《管子校注》，中华书局2004年版，第1147页。

早已废弃。然而，当今汽车时代需要一位保佑行车安全的神仙，于是，他被请进神殿成为车神，并被赋予这一新职司，道教就出现了这样一位保佑行车安全的神仙，笔者近年已在十多个道观和民间祠庙内看到奚仲神像。茅山乾元观就有车神殿，还请车神符、平安牌。苏州玄妙观、上海钦赐仰殿设有车神殿，常州白龙观塑有车神像。上海城隍庙也有车神，不过塑的不是奚仲，而是开路神方相氏。在道路拥堵的城市里，以开路神为车神，具有很强的针对性。预计随着汽车的普及，越来越多的道观会为车神设立神像乃至开辟神殿，以满足信众新的宗教信仰需要。

二、道教科仪经文的新发展

神仙信仰的新需求，意味着道教正在通过调适自身来满足社会新出现的信仰需要。按照道教传统，不同的神仙拥有不同的科仪。神仙信仰的新崛起意味着科仪经文也需要新发展。过去制作经文的方式通常是乩笔降授、梦授、神启等，现在新经文的出现会借助传统途径，但也有其他传播形式，如直接传抄、印刷流布于各道观，有的甚至通过互联网发布出来。这是道教经文产生、传布的新途径。

笔者近年在调查财神信仰时发现，上海各道观正月初五接财神仪式都诵念《财神经》。由于经文古朴、文本结构与古道经相同，可能为清末到民国年间产生的。最近二三十年财神信仰大盛于中国，《财神经》又被拿出来念诵。此经又名《太上说雷霆副使赵元帅禳灾集福妙经》，文字如下：

> 天地交泰，日月无停。星辰顺度，河海肃清。家国安泰，万姓咸宁。兵戈永息，火盗潜形。瘟灾不染，横祸难侵。天尊有敕，令与安平。灭除鬼怪，剪戮妖精。吏兵导从，龙虎纵横。若能崇奉，永处福龄。家道常吉，人口亨荣。吾有此令，众善咸听。志心皈命，愿得长生，急急如律令。

尔时，太上老君于汉安三年，降于蜀都（郡）鹤鸣山中。是日正月十五日夜，集诸天圣众，无鞅真仙，大会说法。时有正一张真人，端简奏白天尊曰："昔西蜀青城县青城山，有八大鬼王，无道残害众生，设恐误伤人命，深可悲哀。遂置琉璃宝座，左供大道元始天尊，右置三十六部真经，十绝灵幡，前啸九凤，周匝法界，鸣钟叩鼓，烧香旋绕。召命八王猛将，化行大道。须臾，黑风暴雨，烈电风雷。乃见一人，身长九尺，面带怒容，头顶铁帽，额抹丈红，金甲皂袍，左手提七十二环铁索，右手执二十节铁鞭，足穿绿履，腰系碧带，黑虎前迎，侍卫四方八王猛将，二十八大天将，雷兵百千万众，从空而来，拱侍我前。真人问曰：汝乃何人？答曰：行瘟下痢鬼王赵元帅，罚积恶之人，赏行善之士。兴雷致雨，断绝天下妖魔。救护良民，辅助国土。禳瘟散讼，捕盗除殃，有功于世。今日得睹慈颜，证盟修奉。真人曰：汝有大德，当与奏闻玉帝，陞（陛）擢汝功。"

天尊告真人曰："善哉善哉！有此猛烈之将，救民于世，何不留守丹房？真人随同元帅，挈归于鬼谷山真洞之中，守护丹室，待丹成就，与汝同功。"

真人再遣元帅："部领雷兵百千万众，凡遇九日，遍游世间，纠察善恶。如有不忠不孝、不仁不义、欺诈狠戾、常行恶事，则录其罪过。建斋设醮，禳灾谢过，迁拔祖考，慈怜敬爱，公正俭让，则书其福禄。元帅之功，莫不大焉。"

真人复于永寿元年正月七日再奏天尊曰："元帅功深，当于陛擢。"真人奉天尊敕，陞于雷霆副使、北帝侍御史，永镇下方，收降魔鬼，保国救民。

天尊曰："凡有善男信女，开悟道心，于三元五腊之辰，本命降生之日，十直八节之辰，庚申甲子有灾之日，清净身心，焚香端坐，转诵斯经，百神卫护，祈福禳灾，解刑散讼，如求如愿。"所告者从天尊而作咒曰："雷霆副使，猛烈之神，怒镇山岳，威动乾坤。雷兵后从，黑虎前迎，妖魔截首，鬼怪灭形。散讼解事，捕盗持兵。兴雷顷刻，致雨逡巡。奸凶者死，慈善者生。恭虔者福，诽谤者迍。疫疠之鬼，不敢侵凌。我有此令，咒到奉行。唵吽吽啾嘶嚩嚧摄，急急如太上律令。"

真人告天真（尊）曰："得蒙演说灵文，开化良善之士。或有轻慢之人，罔泄于世，祸延及己，九祖受殃。或有邪妖尅害，灾祸横生，默诵一遍，获福无量矣。"

天尊乘玉辂，还于玉京，真人驾云骈，回舆仙境。元帅拜谢，奉辞而退。神霄玉府，都督三界。

正一龙虎玄坛和合神咒：天地灵灵，日月交昏。鬼神分散，公私无形。家道叶吉，人口亨荣。灾殃遁伏，横祸潜形。千和万合，元亨利贞，急急如雷霆副使赵元帅律令。

天上说雷霆副使赵元帅禳灾集福妙经。

赞：太上设教，真人演法，将帅应化度众生，威震于乾坤，锡福消迍，和合庆昇平。大圣福生无量大天尊（三称）。

天运一九九七丁丑年正月，玄门弟子方忠雪敬书。①

文末有"玄门弟子方忠雪敬书"。方忠雪是上海诸翟关帝庙当家道士，笔者曾就此经文访谈过他。他说是 20 世纪 90 年代在海上白云观做小道士时抄写的，经文传自王姓老道士，但王道士也不是此经的作者，也只是抄经人。现在上海城隍庙、浦东崇福道院在正月初五子时接财神法会上也都念诵这部《财神经》。其文本内容来自《太上老君年谱要略》《太上混元老子史略》《汉天师世家》《道法会元》《历世真仙体道通鉴》《三教源流搜神大全》等经书，以太上老

---

① 此《财神经》，2016 年 2 月 12 日（丙申年正月初五）笔者与谭坤博士在上海财神庙调查接财神仪式时发现。

君设教、张真人演法、赵元帅化度众生为主线，叙说太上老君两次敕封赵公明的过程，体现了赵公明禳灾集福、赏善罚过、驱魔斩妖、救护众生的武财神的神格特征。[①] 经文结构符合传统特征，内容纯正，满足了道教接财神法会对专门经文的需要，所以迅速在各道院流行开来。

另外，2018年浦东财神庙还出现一本《财神福德宝忏》，除了《宝忏》之外，还有《太上升玄消灾护命妙经》《玄坛赵大元帅财神经》，都是全新经文。

同样，随着月下老人进入道观，围绕这位道教新神仙产生了新的科仪，出现了新经文《太上老君说月老仙师禳婚姻真经》。在科仪上念诵此经之前，先有"步虚韵"开场，然后又有"吊挂""净心神咒""净口神咒""净身神咒""安土地神咒""净天地解秽咒""祝香咒""金光神咒"铺垫，再诵"开经偈"，然后诵《太上老君说月老仙师禳婚姻真经》，文曰：

> 尔时，太上老君，在清净天上，大福堂国，长乐舍中。与飞天神王，真仙大圣，诸天帝主，聚集清净天，老君光映万天，仙乐自鸣，天花遍满，异香飞扬。诸天诸帝，三界群真，云集台下，作礼既毕，环拱座前，咸听说法。时有五岳献花，四渎贡宝。是时有一道人，名曰至真，擎拳长跪，上白老君曰：见人世间，孤独众生，男无妻子，女无丈夫，尚未配偶，单身者多，阴阳失调，如何禳解？老君曰：诵念月老禳婚真经。众仙稽首，答礼齐听。
>
> 老君曰：世间男女，婚姻不顺，种种恶因，皆是自身造恶所致。有因前生，有因今世。呵风骂雨，不敬神祇；瞒天昧地，

[①] 谭坤、黄景春：《民间传统〈财神经〉中赵公明的神格分析》，《宗教学研究》2018年第2期。

亵渎神灵；贪嗔嫉妒，恶口妄言；不孝父母，不尊师长；不知礼义，不明廉耻；奸盗邪淫，恣情纵欲；以荣为耻，以耻为荣；毁人财物，坏人声名；淫人妻女，诱人丈夫；损人之短，炫己之长；身在中土，信奉邪教；心念胡夷，毁谤大道；深信夷狄，辱骂圣贤；胡言乱语，骂神称正；抛宗弃祖，不念人伦。致使星辰失度，运限滞留，阴晴不测，寒暑不调，乾坤劈破，天地崩裂，家庭不睦，夫妻不和……，煞煞相随，苦不堪言。

老君曰：吾自混沌之中，无始劫前，号曰原始天尊，创三十六天，三界十方九地，及万千世界，创世之初，名曰上古，上古之人，人心淳朴，怀道抱德，不贪不欲，各足于身。但用至诚，即能得道；夫敬妇爱，以合阴阳，妻贤子孝，即合天心……

是时，至真道人，心生哀悯，再拜老君曰：伏蒙老君，垂赐金言，为诸众生，演说是经。恳请道君，恩准我等，将此真经，流布于世，利益万民。老君曰：善哉善哉。汝可宣扬此经，弘扬正教，福利无边，普及众生，永沾胜善。众神稽首礼谢……

太上老君，说经以毕，祥光笼罩，辞别众仙，身骑铁牛，腾空离去。一切诸天上帝，三界十方众圣闻说此经，皆大欢喜，信受奉行，稽首礼谢。①

此时天地众神仙诵咒，接着诵"月老仙师合婚宝诰""和合二仙宝诰""召和合二圣咒""回向偈""土地咒"。全篇经文共4300余字，结构完整，文辞纯正，有古道经韵味，也有当今社会的某些印迹。据"道教之音"网提供的信息，此经作者是"大连三清观"。或许此经就出自该观某道士的"乩笔"。有意思的是，它是通过道教之音这样的网站发布的，然后各网站、博客转发很多，流布很广。

---

① http://www.daoisms.org/article/sort026/info-22125.html.

此类道经，除涉及新时代神仙信仰之外，还围绕诸如文昌、城隍、土地、慈航等传统神仙。虽然多数新经文水平不算高，有的类似于打油诗、顺口溜，但也有一些高质量的文本。有的道观已经把这些新道经纳入自己的科仪体系，这无疑给道教的当代发展注入了新的生命力。

三、道教组织管理的新模式

当代道教出现很多新面貌，从国家层面上的组织管理、宫观规约，到道士的培养机制、修道途径、生活方式，跟历史上的道教相比，都发生了巨大变化。道教在政府管理部门和教内制定的一系列规章制度的基础上开展宗教活动，政府层面的《宗教事务条例》，本教制定的《中国道教协会章程》《道教宫观管理办法》《道教宫观规约》等，都是国家制度和意识形态的延伸。中国道教的最高管理机构是中国道教协会，其下属机构是各省市道教协会，直至各地市、县市的道教协会，上下具有领导、被领导的关系。这样全国性的、具有纵向统属关系的管理机构，在道教过去的历史上从来没有出现过。

古代朝廷设立道录司之类的管理机构，主要管理度牒发放之类的事务，控制道士数量，政府没有上下统辖的管理机构。各地道观以宗派、师承关系为联系纽带，纵向监管较少，横向交流也不多，各道院独立性强，各行其是，自我管理，自我经营。一个道观可能因为观主（方丈）无能而衰落，也可能因为观主德高道深而香火旺盛。观主在管理道院时是家长式的，一般是师徒相承，也有父子相承，没有民主意识，也没有公共慈善意愿。这种道观管理方式在当今被废除，道教管理被纳入国家治理的范畴。《中国道教协会章程》明确规定自己存在的宗旨：

> 团结、带领全国道教徒爱国爱教，拥护中国共产党的领导

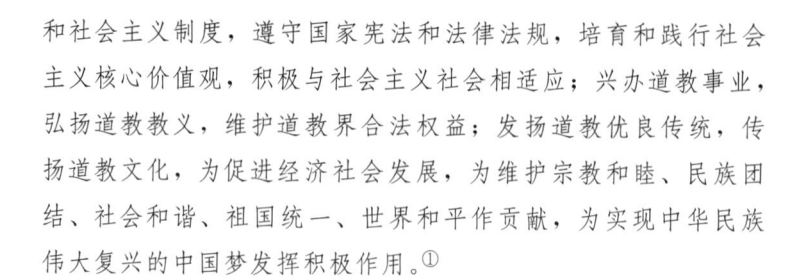

和社会主义制度，遵守国家宪法和法律法规，培育和践行社会主义核心价值观，积极与社会主义社会相适应；兴办道教事业，弘扬道教教义，维护道教界合法权益；发扬道教优良传统，传扬道教文化，为促进经济社会发展，为维护宗教和睦、民族团结、社会和谐、祖国统一、世界和平作贡献，为实现中华民族伟大复兴的中国梦发挥积极作用。①

《章程》为当今道教活动规定了基本的原则和方针，也为道众规定了基本责任和义务，具有十足的中国特色和当代特性。《章程》第七条规定"本会最高权力机构是全国代表会议"，第十条规定"全国代表会议每五年召开一次"，第十一条规定"理事会是全国代表会议的执行机构，在全国代表会议闭会期间领导本会开展工作，对全国代表会议负责"，与我国《宪法》第三章对"全国人民代表大会"的相关规定一脉相承，可视其为对国家权力制度的借鉴。道教的总体组织框架如此，宫观管理也参照了国家机构设置和管理理念。依照《道教宫观管理办法》第三条规定："宫观必须在当地人民政府宗教事务部门的行政领导下，由道众自主管理，并接受道教协会的教务指导。"② 也就是说，道观必须接受当地政府的行政管理，同时接受当地道教协会的教务指导，采用的是双重管理模式。我国各级党组织和政府部门都强调民主管理，该《办法》第四条也规定："宫观须设立管理组织，实行民主管理。"在宫观内部管理上也强调民主制度和民主作风。各道院的"管理委员会"就是依据这种理念建立起来的。

在很多细微的方面都能体现出道教的当代特性。过去道士都通过拜师方式进入道院，每个道童都有自己的字辈和法号，开始由浅

---

① 中国道教协会网 http：//www. taoist. org. cn/getDjzsById. do? id=1653。
② 中国道教协会网 http：//www. taoist. org. cn/getDjzsById. do? id=1654。

入深的修道生活。现在，在道学院学习成为培养道士的重要途径。学生在校期间学习道教历史、文学、音乐、美术以及相关科仪方面的知识，毕业后被分配到道观。进入道观再拜师父，依据师父的字辈排出自己的辈分，然后在各种道教科仪的实践中接受训练。

总之，道教在当今，特别是在上海这样的高度现代化的都市社会，已经出现了很多新变化。无论是道教神仙信仰的新需求、科仪经文的新发展，还是道教组织的新模式，都表明当代道教具有很强的生命力，在当今社会仍能找到自己的位置，发挥自己的作用。道教历史上涌现一批具有卡里斯玛人格特质的人物，也出现过精神领袖式的高道，对社会思潮、社会运动乃至中国历史进程都产生巨大影响。但是，当代进入到文化道教的新阶段，道士通过法会仪式慰藉信众心灵、纾解信众的焦虑情绪、强化信众的某些信念，却已不具备创造社会理想、引领社会思潮的能力。当代道教面对纷纭的现实主要采取的是守势，而不像创教之初或新教派产生之时那样采取开疆辟土的攻势。当今道士是以传承道教文化为职业一个特殊群体，他们职业的神秘性在下降，法术神性在降低，而道教文化传承人的身份却在不断加强。宗教文化传承也需要有适合时代的创新。

如何让道教适应当代社会、适应迅速变化的社会生活，如何让道教在当今社会生活中扮演一个积极的、富有启迪性的角色，仍是道教界人士共同面临的重要课题。

道教慈善公益活动原则及实践

李 纪*

摘 要：道教是关爱慈善的宗教，千百年来无数道教徒将道教的慈善理念与奉道、修道的实践相结合，形成了具有鲜明道教特色的慈善理念与实践。道教慈善理念尤其关注"施"与"受"两者的关系，因为这是社会慈善公益活动中的两类人群。当代的社会慈善公益活动，有时未必能真正协调好两者的关系。本文从道教经典和戒律条文出发，考察在道教信仰中如何协调两者关系，并用之于社会慈善公益活动实践中，使得社会慈善公益实践"归其本真"。

关键词：慈善理念 公益活动 济世度人 探索与实践

道教，注重对现世的关怀。这种关怀不仅体现在对自身生命的重视，亦体现在对外部世界的关注，这种关注的落脚点就在于通过自身的修持和实践，在积功累德的同时造福世界，提升全人类的福祉。道教徒以"济世度人"为天职，也正说明了"利济他人、造福世界"是道教徒应尽之责。

"宗教是慈善之母。"这句话虽然出自西方，但在中国依旧适用，道教具有践行社会慈善活动的历史传统和信仰基础。道教徒崇尚"道"，以"法道"即是"至善"为基本认知，引出了具有道教特色

---

* 李纪，上海市道教协会副秘书长，上海城隍庙管委会委员。

的慈善理念。同时，千百年来无数道教徒将道教的慈善理念与奉道、修道的实践相结合，积功累德，从而形成了具有鲜明道教特色的社会慈善公益实践。

在社会慈善公益活动中，"施"与"受"二者向来是实践活动中的主体。施，指施与方，也就是慈善公益活动中的馈赠方；受，指接受方，也就是慈善公益活动中的受助方。"施"与"受"构成了慈善公益活动中最主要的两个人群，而这两类人之间关系是否能"和谐"，会直接影响慈善公益活动的效果。

在现实生活中，这两类关系有时候未必和谐。如，同样是"施"，当我们遭遇"劝捐""迫捐"的时候，总感觉很无奈；同样是"受"，重阳节老人"被洗脚""被搀扶"等，让受助者哭笑不得。

在社会公益活动中，我们应该维持一种什么样的"施""受"关系？遵循什么样的"施""受"伦理准则？本文试图考察道教的慈善理念，并略举实例进行分析。

一、道教慈善理念探源

有人说"没有信仰，别谈善良"，这句话曾经引起了不少的争议，但是这句话至少折射出了一个基本认知，即道德本身需要信仰的支持；从不同的宗教信仰出发对于"善"有不同的认知、阐释和实践。社会慈善公益活动，本身就是对"善"的实践和弘扬，故不同的信仰其所倡导的"善"的内涵会有不同。

1. 道教的慈善理念。

社会慈善公益活动从参与人群而言，可分为"施者"和"受者"，从施者的角度而言，关注什么？如何关注？如何实践？从受者的角度而言，什么样的人需要关注？被关注的群体需要哪些方面的关注？为被关注的群体提供什么样的帮助才最恰当？换言之，什么样的善行才是真正的善行，什么样的帮助才是最恰当的帮助，这是作为参与社会慈善公益活动的人首先需要思考的问题。我想，关于这个问题的解答，从不同的信仰出发可能会有不一样的答案。

《道德经》在第七十七章中说：

> 天之道，其犹张弓与！高者抑之，下者举之，有余者损之，不足者与之，天之道，损有余而补不足。人道则不然，损不足以奉有余。孰能有余以奉天下？其唯有道者。①

天道就像一张弓，最自然的状态弓弦应该是直的，既不亏亦不盈。往里压（亏），往外拉（盈）都不是自然的。所以，真正的善行应该是施者拿出自己多余的，来补足受者所不足的，这便是"天道"。

与"天道"相对的是"人道"。人因为欲望，总是希望能多得，甚至采用剥夺他人"不足"的方式来使自己"有余"。所以修道的过程就是不断用自己"多余"部分来补足他人"不足"，这才是真正的合乎"自然"的善行。《道德经》第八十一章中说"天之道，利而不害"，利益众生而不有所伤害，这个"伤害"不仅是不伤害"不足"者，也包括不伤害"有余"者。《道德经》第六十章中说："两不相伤，故德交归。"施者与受者同时获益而不伤害，双方之德交汇而化至道，这才是真正的"天道"。

所以从道教信仰出发看社会慈善公益，慈善实践至少应该包括三方面的原则：

（1）一切"盈余"都可以施，不仅限于金钱。道教慈善，出发点是为了实践天道，实现"齐同慈爱"的大同社会。根据"天之道，其犹张弓"，实践天道，应该是以"盈"来补"亏"。这个"亏"不仅仅局限于金钱，还包括他人所缺少的一切，诸如情感、生活的不方便等。以此看来，道教的"施"也不仅限于金钱，还应该包括自

---

① 《道德经古本篇》卷下，《道藏》，上海书店1988年版，第11册，第489页。

己的时间、情感等。

（2）受者所受当是其所不足。从受者的角度而言，无论是主动还是被动，他们所接受的"施"应该是他们所缺少的。从受者角度而言，如果受者所受非其所缺，这便是不当，不应归属于道教慈善的范畴，当今社会中存在的诈捐等行为应归于此类。从施者的角度而言，如施者所施非者所需，这亦不能称为"功德"，当今慈善活动中的"作秀"即为此类。受者所受当是其所不足，这在慈善行为中对施者和受者同时提出了要求，即施者当因人而施，受者当按需而取。

（3）慈善行为不可对施者造成伤害。从"道法自然"的角度而言，《道德经》告诉我们"天之道，损有余而补不足"，道教徒实践天道，就是以有余补不足。但是，"损有余"亦有度，这个度就是"守中"，即慈善行为本身不能对施者造成伤害，应该本着自愿、量力而行的原则参与慈善活动，以保证慈善行为本身不对施者造成伤害，造成新的不足，进而违反慈善行为的初衷。

综上所述，根据《道德经》的阐述，道教慈善实践应兼顾施者与受者双方的利益和感受，即本着施者自愿、量力而行，受者足用、余多不取的原则保障慈善活动中施与受双方的利益和感受，保证慈善活动的正常开展。

2. 道教戒律对社会慈善的规范。

道教自古及今注重在修道中践行道教的慈善理念，并通过道教戒律将这种行为加以规范，使之成为道教徒在修道过程中必须遵循的原则。

道教戒律，卷帙浩繁。成书于南北朝时期的《太上老君经律》中对于施者与受者的行为进行了规范：

从施者的角度而言，应该做到：

第二十二戒者，不得贪惜财物。

第二十五戒者，不得积财物，侮蔑孤贫。
第一百五戒者，不得积聚财宝，以招凶祸。
第一百四十一戒者，当随可供养，勿多难。

从受者的角度而言，应该做到：

第九戒者，不得邪求一切人物。
第五十二戒者，不得希望人物。
第七十三戒者，不得横求人物。
第九十四戒者，不得强取人物以恩惠。
第一百三十八戒者，不得广求宝物。①

北周宇文邕下令编的《无上秘要》卷四十五《玉清下元戒品》中，阐述"施者"与"受者"之间关系时，作了如下的规范：

道学不得重积七宝不施散四辈；道学不得教人重积七宝不施散四辈；道学不得乐人钱财杂物为己重担；道学不得教人乐人钱财杂物为己重担。②

这些规范性条文，从行为和思想层面规范了施与受的关系。首先，施者与受者本身而言，有"余"不施是违反戒律的行为，觊觎他人的财物，强迫他人"施"也同样违反了戒律。从施者而言，应该反对过多的积累财富而不施的行为，从受者而言，也反对图谋他人的财富，强迫他人施与。

一般来说，宗教戒律是在宗教教义思想的引导下，对民众普遍

---

① 《太上老君经律》，《道藏》，上海书店1988年版，第18册，第219页。
② 《无上秘要》卷四十五《玉清下元戒品》，《道藏》，上海书店1988年版，第25册，第152页。

认同的道德规范进行提炼、整理、提升以后，最终形成条文化的宗教戒律，用以规范教徒的思想和言行。同时，宗教戒律规范在长期推行、实施过程中，亦会对社会道德规范产生影响。

事实上，如何更好开展社会慈善公益事业，防止社会慈善公益事业成为秀场，让"受者"补其所亏真正受益，让"施者"的权益得到保护，一直是社会慈善公益事业参与者在探讨的问题。

道教本着"损有余以补不足"的基本原则，对于社会财富和资源在社会慈善公益领域的分配原则提出了自己的主张，即施者所"施"当是其所"余"，受者所"受"当是其所"亏"，施者当自愿"施"，受者不可觊觎"受"。道教运用戒律条文将"施"与"受"的关系加以规范，成为在社会中应该普遍遵守的社会准则，以维护社会关系的正常和稳定。

二、上海城隍庙社区帮扶实践

上海城隍庙是上海地区重要的道教宫观，庙内组织、参与社会慈善公益事业的组织是上海城隍庙慈爱功德会。慈爱功德会筹建于2010年9月，正式创建于2015年10月。

上海城隍庙慈爱功德会的宗旨是：遵从《度人经》"齐同慈爱、异骨成亲"的训示，以"行善积德、济度众生"为己任，用道教"慈爱"思想教化信众，组织信众，搭建服务社会的慈善公益平台，积极参与各类社会慈善公益事业。多年来，上海城隍庙慈爱功德会积极组织、参与社会慈善公益活动，并结合所处社区的特点，量力而行，精准开展各项社区帮扶项目。

分析上海城隍庙慈爱功德会开展的各项社会慈善公益活动，从"施"方的能力，和"受"方的需求考虑实施方式，完全遵循道教所倡导的慈善理念。

1. 帮困活动关注受者所需

上海城隍庙地处老城厢，老城厢地区的生活环境与现代都市生活有所不同。首先老城厢地区居住条件差，周边配套设施及建筑配套设施老旧或者不全，因居住条件差而导致有一定经济能力的居民逐步搬离，留下了一些孤寡老人和经济相对困难的群体，由此而带来了诸多的问题。

留下的部分孤寡老人，缺乏精神方面的关爱；

社区居民，特别是老年人生活不便；

留下的居民中经济方面存在困难的群体较多。

针对以上三种情况，上海城隍庙慈爱功德会的社区帮扶活动重点围绕孤寡老人和社区困难群体展开。

功德会组织会员走进社区，针对孤寡老人生活孤独、缺乏精神上的关怀这一具体情况，组织会员上门为孤寡老人打扫房间卫生，做一些家务，陪孤寡老人聊天；针对一些老人腿脚不便，上下楼梯困难的情况，通过"代为跑腿，满足需求"的方式，为孤寡老人解决一些生活中碰到的实际困难。通过种种为孤寡老人量身定制的关爱方式，让老人切实感受到来自社会的关心和关注，让他们体会到来自功德会员的温暖。针对部分孤寡老人和困难家庭存在经济上的困难，功德会组织会员给予老人生活上的补助，虽然钱并不多，但是能帮助孤寡老人和社区困难家庭渡过暂时的难关。

在日常的帮困活动中，功德会会员注意观察和思考，针对受助对象的具体困难和情况，给予各种帮助，使得帮困活动真正嵌入受助对象的生活，使受者所受为其所需，这种有针对性的帮困方式对会员而言不再是完成任务，对于受助对象而言也不再是冷冰冰的形式。

受者所受，是其所亏，这种积极嵌入受助对象生活的帮困方式，正是对道教慈善观点的正确阐释，也得到了社区居民的认可。正是因为受者所受，是其所亏，使得功德会会员的帮困活动成为受助家庭和老人生活不可或缺的部分。今年，城隍庙附近的部分社区面临拆迁，一位老人在临走前专门来庙里，将自己搬迁的新地址交给经常陪她聊天的功德会会员，希望会员在她拆迁以后可以到新家继续陪她聊天。

2. 帮困活动施者量力而行

施者量力而行，这应该包括两方面的内容：其一，施者应根据其自身能力去施与，慈善公益行为不应对施者造成伤害；其二，施者应运用其特长参与社会慈善公益活动，实现以"有余补不足"。

正是在社会慈善公益实践中坚持"以有余奉他人"的原则，使得功德会会员在帮困活动中，并不仅仅向社区困难居民捐赠钱款，他们也捐赠自己的时间、体力、技术，其贡献的资源具有多样性。在会员参与各种慈善公益活动的过程中，注重运用自己的特长，真正做到"有钱的出钱，有力的出力，有技术的献技术"，共同做好社会慈善公益活动。

上海城隍庙慈爱功德会在组织会员参与社区帮困活动的过程中，坚持会员量力而行的原则，提倡在帮困活动中，会员无论在时间安排上，还是经济支出上，都本着自愿的原则，让会员能够"快乐慈善"，体会"慈善快乐"，也正因如此会员数量不断增加，规模不断扩大。

在社区帮困活动中，会员在自愿的前提下，力所能及地帮助困难群体。家庭经济宽裕的会员，会对社区困难群体进行经济上的资助；退休在家的会员会抽出时间尽量多陪孤寡老人聊天，做些家务；有些会员有一技之长，比如会理发，就义务上门或去养老院为老人理发，免去老人的奔波之苦；还有些会员年轻力壮，腿脚灵便，就根据老人的需要为老人缴纳水电煤账单，为老人去超市买生活必需品。

会员在帮助他人的过程中学以致用，将自己所学用于慈善公益活动，不但实现了自我的价值，得到了自我精神上的满足，同时因为量力而行，学以致用，也未对自身造成压力，而对受助对象而言，真正得到了帮助。这种施者与受者之间取长补短、完美契合的关系，使得双方都未感到压力,使得"施""受"关系得以长久维持,并吸引更多的志愿者参加。

三、总结

社会慈善公益活动中的"施""受"关系,是社会慈善公益活动中一对非常重要的关系,有时候甚至决定了慈善公益活动的效果和持久性。从不同的立场出发,对于这对关系可能会有不同的理解。

从道教信仰的角度而言,在社会财富和资源的分配上崇尚保持"损有余以补不足"的自然状态,这其中包含有余者自愿"损"和不足者需要"受"两个方面。也即是说,慈善公益活动对"施"与"受"两方面都不能造成压力和不适,不能有"我之所施非我所愿"和"我之所受非我所需"的情况,这才是和谐的"施""受"关系,这种和谐的关系才能造福"施""受"双方。

道教宫观组织的慈善公益活动已经不仅仅是宗教慈善,已经纳入社会慈善的范畴,所以"受"方未必是道教信徒,但"施"方依旧以道教信徒为主。如果慈善公益活动的组织原则、活动目的能够得到信仰上的支持,这对于从事慈善公益活动人员队伍、活动规模、受助人群,一定大有裨益。

此外,慈善公益的领域随着社会发展也需要拓展视野,道教团体在扶贫帮困、助学送医、整治环境、绿化祖国等工作之外,能否把资助学术机构和有关专家开展道教文化研究和中国传统文化研究纳入道教宫观的公益活动,在当代为振兴民族文化贡献一份力量,也是道教界应该担当的责任。宗教慈善公益活动大有可为,造福人群功德无量。

第四章 创新发展

道教文化建设的创新发展

白照杰[*]

摘　要：处于大变革时代下的道教，要与时俱进，适应时代发展要求，积极加强自身建设，努力促进道教文化的创新发展。本文从传播学角度出发，由创新文化内容、传播媒介和受众人群三个方面入手，对创建中国道教文化事业的前景提出一些参考建议。

关键词：道教文化　创新文化　传播媒介　受众人群　多元互渗

引　言

当代中国正处于一个大变革时期，发展之快、程度之深旷古未有，整个社会即将从传统的农业型国家转变为现代化综合性强国。这一转变将在根本上重树中国的国家形象和民族气质，而拥有数千年历史的中国传统文化诸要素也要因之而重新整合。近来，邵佳德在一篇文章中就中国优秀传统文化如何与社会主义核心价值观等当代精神产物相配合的问题进行了综合阐述，使我们更直接地看到传统文化要素的生命力既在其"传统"本身，又在于随时代律动而革新的创造力上。[②] 传统宗教的革新自然也是这场社会和国家变革的题

---

[*] 白照杰，上海社会科学院哲学研究所助理研究员，主要致力于中古宗教研究。
[②] 邵佳德：《新时代的中华优秀传统文化：历史定位、理论内涵及价值维度》，《江西社会科学》2018年第6期，第11—17页。

中之意。随着我国现代化进展逐步加深，政府部门、学术界、信教人群以及宗教界自身均展开对宗教如何继续适应社会，以至引领社会发展的重新思考。仅就道教来看，学界方面，卿希泰等前辈学者已对道教文化在中华传统文化中的价值和地位有过不少探讨。① 政界方面，全国政协副主席马飚在2014年的一次讲话，对当代道教文化的创造性转化和创新性发展寄寓很高期待。② 与学界和政界相比，教界对相关问题的深入思考则更具实践意义。其中丁常云道长对相关问题进行了长达十多年的思考，发表数十篇研讨论文，并于最近集结出版《道教与当代社会》，公认具备权威性和引领性。③ 尽管这些研究和探讨尚未在现实层面完全发挥作用，但显而易见的是，对相关问题的认识越明确便越有助于道教尽早地完成现代化转型。为助益道教文化在当代的创新发展，以下不揣冒昧，从传播学视角切入，就当代道教文化建设的创新内容、传播媒介、受众人群三个方面提出一些想法，希望可以引起教内高识的一些思考。

一、当代道教文化建设和创新的若干内容

传统道教文化的内容异常丰富，其中以道教义理、科仪法事、养生实践等最具特色。但这些方面的创新性发展，需要与当下的同属或相关文化现象相结合，使道教文化与当代社会的交集再度扩大，在交流互渗中彼此启发，并通过市场化运作，广泛地推向社会各个阶层。以下择若干要点略作介绍。

首先，是道教的教义、思想的革新和推广。不可否认，道教教义的革新是非常困难的事情，不单如何革新、革新什么等有待推敲，

---

① 卿希泰：《道教文化在中华传统文化中的地位及其现在价值》，《社会科学研究》2001年第2期，第7—15页。
② 马飚：《推动新时代道教文化的创造性转化和创新性发展》，《中国道教》2014年第6期，第8—9页。
③ 丁常云：《道教与当代社会》，中西书局2018年版。

就连谁有权"带头"革新也是难以协调的问题。在当前情况下，想出一条不依靠"大师"清整，而是通过集体参与、协调的方式来达到道教教义革新，最后由道教内外高识一同进行总结归纳的道路，显然更为可行。事实上，鼓励和要求道教内部参与最新理论问题的探讨可能是很有必要的一种方式。宗教具有某种实用性社会功能，当代道教的重要功能之一就是回应当代社会问题和提出解决问题的可行性方案。大发展的时代往往伴随着哲学和思想的大分歧，面对人生和社会何去何从的疑问，道教哲学家有可能真正为相关问题的解决提出意见建议。如当下最为热门的正义论、量子理论、人工智能等，道教方面均需在深入了解相应理论争议的基础上，结合独特的道教智慧提出看法。在参与讨论的过程中，道教哲学家可以自然而然地深入当代社会的理论前沿，继而反过来对道教思想更新调整，进而由道教本位出发，提出有影响力的新议题，引导整个社会参与讨论。与此同时，道教要开辟专属的推广平台，将道教义理的新发展向教内外广泛推广。在这一点上，道教刊物和道教媒体应当自觉地肩负责任，抱着为人类寻求未来发展道路的目的，排除万难，组织部分重量级、前沿性稿件。而这些重量级稿件，可以在多家道教刊物发表，以增加影响力，引起重视和讨论。

其次，当前应积极发展道教美学，并将其与各种艺术形式相结合。即使是在世界范围内，道教美学也显得极为特出。20世纪末以来，潘显一等学者对道教美学特征有大量研究，飘逸、逍遥、洒脱、率真、超然等早已被公认为道教审美的关键词。道教美学之所以拥有这些特征，关键在于道教对世界的理解有别于一般"肉眼"的所见。在道教的世界观中，宇宙间充斥着难以捉摸的氤氲之气，天地万物与我本无彼此，超越与束缚只是对我他关系的不同解读，体道，或者说通过心灵和身体感通宇宙终极真理成为修道的根本目的。正是由于道教在世界观和实践论上如此特殊，决定了它在表现审美时并不局限于"物象"本身，而是往往将意图放在物象所象征的源头及其与美感分享者的关系上,后者往往被表述为天人合一或人与自然、宇宙相融合。这样的美学诉求,显然可以在"体验上"成为对世俗化时代的超越。时代的快节奏发展使人越来越像工具,社会、经济等不但成为脱缰野马,更有凌驾人类存在的趋势。如何找回真实自我,重新确定人类与"社会"的关系,道教美学或许是一条可以考虑的道路。刻板的说教往往不能达到改善群体观念的效果,而艺术的体验却可以让人在感受中自觉蜕变,这恰恰是艺术家比哲学家能更直接、更快捷地影响大众的原因之一。在当前技术能力下,道教的美学可以被表现为音乐、绘画、舞蹈、园林设计、游学体验、影视艺术以及更具普及意义的漫画和大众喜闻乐见的"文创产品"等,同时也可以被表现为更富综合性和更富层次感的艺术形式。后者的表现形式早已不算罕见,如"印象刘三姐""印象五台山"等实景表现便是其中的佼佼者。但道教方面似乎尚未见到能够深刻展现道教审美的大型实景艺术作品。显然,这里并不单纯地追求类似的艺术表现形式,而是希望道教方面在推进原有的美学表现的同时,更多地思考如何创作能震撼现代人心灵的表达形式,在将审美和艺术视作对人类文明发展问题的回应方式的高度上,进行创新。而完成这一创新,不单需要专业人士的参与,道教内部也要有计划、有目的地培养眼界开阔、思想深邃,同时具备优秀艺术专长的高端人才。

最后,道教的"身体文化"具有非常好的现实意义和发展前景,值得大力弘扬。道教对人类身体的重视超过中国其他一切信仰,其不仅认同儒家的"身体发肤受之父母"的观点,更是在信仰上追求全人(而非灵魂)成仙、长生不死的最佳状态。由此而产生的对身体的关注,在千百年中不断地滋养着中国医学、养生、体育等传统。当代人对生存的热望和对身体状态的关切均异常强烈,这既源于生命的原始欲求,也源于在我国社会稳定、生活幸福的总体环境下大众享受生活的欲望有所提高。在社会方面已经具备此类诉求的情况下，道教方面完全可以将既有的身体文化传统馈赠社会。在这一方面，教内外显然已有很多努力——茅山和龙虎山的道教养生基地、武当山和青城山的道教武术学习班，以及坊间不计其数的"道教医学""道教养生""道教武术"团体，早已蔚然成风。在理论研究工作上，从李约瑟到盖建民、何振中等中外学者也已贡献卓越。然而，道教在身体文化的研讨和实践方面实际还可再进一步。现阶段，在身体文化的弘扬方面，道教主要推广的是既有传统，创新内容则并不多见。而如张至顺道长的《八部金刚功》《米晶子济世良方》等具备创新性的功法和道教医学典籍，尽管有张道长自身养生可作范例，但仍旧缺少足够的效能论证过程。因此，如何通过更先进的方式（如现代医学、临床试验、心理学等），将道教身体文化传统作一重新解读和分析，甚至继续推进，便成为接下来需要解决的重点问题。完成这一任务当然需要教界与医学界，甚至体育界的合作，但更重要的依旧是道教内部要培养专项人才，推荐有能力且信仰坚定的弟子进入一流医学院校深造。

以上三点当然不是道教文化创新建设的全部内容，但这三点已足以令我们思考道教文化创新的几个要点。第一，创新要放宽眼界，找准社会需要，深入理论并付诸实践；第二，创新需要在道教内部培养高端人才，人才是创新的主体；第三，不论什么样的道教文化创新，都要坚持"道教特色"，而不能丢失信仰和本文化传统的立场，否则最终的创新成果便很难具有"道教"意义，而只能成为其他文化的注脚。

二、当代道教文化建设和创新传播媒介的多元互渗

当代道教文化建设和创新，要将成果传播作为一个目的，否则即使有优秀的建设成果，也可能被埋没而无益于人。如何有效地传播道教既有的优秀传统和创新成果，成为道教"媒体人"需要认真对待的问题。近些年来，有关传播媒体功能的讨论成为一个有趣的

话题。一些人认为媒体不仅能发挥中介作用，甚至还能在很大程度上影响所传播内容的性质，并在一定程度上决定所传播文化的前途。这一说法当然不无夸张，但当我们看到大量因"明珠暗投"而导致优秀研究成果被埋没的现象时，此观点似乎也便具有一定的说服力。就道教而言，刊物显然是道教文化传播的最重要方式。但当下道教刊物所遇到的一些困难则使我们发觉，有必要对这些刊物提出更高的要求，以求突破当下的瓶颈。

目前国内道教杂志基本可分为两大类型，第一类道教杂志依托高校或研究所，依靠学界力量支撑，专注于道教学术问题，其本身基本由教外人士打理日常工作（尽管有时会获得某些宫观的财政支持），较著名的如四川大学的《老子研究》和《道学研究》、香港中文大学的《道教研究学报》，以及近来将出版阵地从香港搬至北京的《弘道》等。此外，著名刊物《宗教学研究》等也有常设的"道教研究"版块，专门刊登道教学术文章，然而这些刊物的承办主体与读者并不是复杂的"道教信众"，而主要是学界的道教研究人员，其相对稳定的办刊环境、读者群体以及阅读方式，使此类刊物在维持现状的情况下便足以具备长久的生命力。与之相比，第二类由道教界内部自身承办的刊物所处环境则更复杂。这些刊物常常由当地道教协会或某个道观承办，编纂团队多数并不完整，随意性较大；而其刊物所面对的读者群则非常富于变化，这也使编辑团队对于刊发什么样的文章、刊物内容组合和分配等问题颇为踟蹰。目前道教界内部推出的杂志种类并不算少，影响最大者无疑是其中唯一具备公开发行资质的《中国道教》。除此之外，《上海道教》《江苏道教》《三秦道教》《闻道》《恒道》《茅山道讯》等在地方及周围也具有一定影响力。这些刊物虽然在出版前都获得了准印证、备案号，但这些杂志始终无法获得公开刊号，因此也就不能在公共场合出售，影响力大受制约。如何解决上述问题和突破眼前局限，使道教内部刊物在新时代、新局面下发挥应有意义，而不至沦为对有限资源的白白浪费,成为我们急需应对的紧迫问题。

就传播角度而言,杂志作为一种"实体",需要通过传播领域才能最终到达读者手中,产生预期效果。但多数道教界刊物的"内部"身份对其传播造成极大限制,因此如何有效地开发道教界刊物的传播途径,成为我们必须认真对待的课题。除以往免费邮寄、当面赠送、在公共场合摆放任凭索取这些非常被动的方式外,以下两个方面或许更有前瞻意义。第一,纸质道教刊物与新科技结合。移动互联网时代传播媒介的复杂多元早已今非昔比,电脑、手机成为人们接收信息的重要平台。因此,传统杂志如果希望在信息时代能够发挥作用,便必须利用最流行的传播媒介。当下而言,道教刊物事实可以同时建立"微信公众号",将较短的文章(尽量与纸质刊物不重复)通过微信公众号刊发,既能节约成本,又可扩大影响,并使道教的纸质媒体和新媒体形成循环互动;公众号上还可发布视频、动图等信息,可弥补纸质媒体的不足。一些道教刊物也可与喜马拉雅等有影响的有声读物平台合作,开设专栏,请专业人士录制节目,通过音频方式,将读者转化为听众,方便随时随地阅读/聆听道教杂志内容。第二,通过合作方式,争取某种方式的公开发行。大众对道教信仰的需求实际超乎想象,这一点从当下仙道类电影电视剧、小说、动画泛滥的现象中便可窥见端倪。《道士下山》《三生三世十里桃花》《一人之下》等红极一时的影视作品,背后都是对道教传统的追索之音。信仰需求实际也是一种"市场需要",在社会对道教信仰有所期待的时期,"道教信仰"本身也可以带来一定的经济和市场效益,因此具备跨界合作的基础和可能。一些拥有刊号、可公开销售的文化地理和旅游杂志,实际已经将"道教"作为品牌,且收到很好的效果。例如《中华遗产》2018 年第 4 期就特别策划了"修仙记",一时抢购一空。如果道教界刊物能与这些杂志合作,出版"特刊"或"特别策划",相信一样可以取得优异的营销效果。

除传统刊物外,道教方面当然还可开发微信公众号、微博、音频媒体、慕课等互联网平台使传播中介变得更多元。这些方面道教内部已经有所重视，如"道教之音""腾讯道学""嗣汉天师府""昆山道教"等公众号的设立便起到了很大作用。但既有的成功并不是最终结果，随着传播方式的不断变化和发展，如何对之进行借鉴和选择出最符合自身需求的媒体形式，将是一个不断更新的理论和实践问题。另外需要指出的是，虽然我们已经具有很多先进的传播方式，但亦不能贸然放弃道观内部原有的宣传平台。道教宫观本身是道教文化最集中的呈现场所，其中原本具有一些非常简朴的"传媒方式"，如用以赠阅的道经和宣传册、讲道活动，甚至黑板报。尽管这些媒介的影响力在不断下降，但由于其与宫观这一庄严场域的配合可带给信众最直接的身心影响，而"身临其境"的感知恰是新媒体无法企及的重要层面，故此类宫观内部的传统传媒依旧拥有无可替代的价值和意义。

三、当代道教文化建设和创新的受众

受众的需要是一切文化形式存在的前提。当代道教文化创新建设首先需要对受众的基本情况有所调研。道教文化的受众不仅指道教信徒，更包括绝大多数中华本土文化爱好者。这些"爱好者"最初或许并不完全认同道教义理，但却可能很容易接受道教文化的诸多外在形式（如绘画、书法、影视、服饰、仙话、符图等）。对已经成为固定受众和未来有可能成为受众的人群，游走在道教文化创新一线的工作人员需要做好考察工作，对其民族、地域、文化程度、性别和年龄、信仰状况等积累相关资料，形成相对明确的全局意识。目前来看，教界对问卷（包括纸质和网上问卷）调查、资料积累方面似乎尚不太重视，但这一技术形式在现代企业，尤其文化产业中早已非常流行。道教文化建设的推广非常有必要借鉴现代产业的成功经验和技术手段，自觉充实自我理论内涵和实践水平，才有可能达到预期效果。

在拥有基本调查和可靠预期之后，道教文化建设和创新便需与受众群体展开直接对话，这样的对话至少要分为两个由浅入深的步骤。首先是服务受众，按照受众的喜好和接受能力，展开道教文化创新，迎合受众需要。受众群体存在层次感，因此受众的需求也存在不同层次和类型。想要牢牢地抓住这些受众，使之成为道教创新文化的接受者和爱好者，最初必然要"投其所好"，否则道教创新文化便很难在竞争激烈的文化市场上站稳脚跟。在实践层面上，道教文化创新应使用当代一切可资利用的优秀技术和理论观念。不能将道教与"科学""技术""哲学"等作为互不相容的对立面，而应以道教为本位，将其他人类文明的先进成果纳为我用，开发新的"体用"论（以道为体，以当代一切先进技术和理论为用），紧跟时代律动。

然而，道教文化创新的受众培养，不能仅局限在这一步上。过分地、单纯地迎合受众，在"买家市场"上长时期游走，很可能使道教文化创新的道路走偏，其原因在于创新的引导力并非"道教"，而是受众。在对已在和潜在受众进行潜移默化的迎合式培养获得成效后，道教文化创新工作需要寻求引导受众走入更深的道教文化内涵的道路，这些内涵当然包括道教义理和道教独有观念，以及新发展出的道教文化诠释成果。由"迎合"到"引导"的变化，本质上是道教文化创新从"买家市场"转型为"卖家市场"的转变。由此，创新的主动权和推动力便再次回归道教本位，"在道言道"，不会产生脱离道教传统的焦虑。

结　　论

以上简要地从文化创新和传播角度，对当代道教文化建设和创新问题进行了讨论。显而易见，当代社会存在细化分工的体制，道教界很难独立完成文化创新转型的复杂任务，而只能通过与学术界、文化人、媒体、社会工作者，甚至文化产业公司等多方合作，才有可能较快地达成突破。与此同时，道教内部必须花大力气培养专门人才（包括理论家、艺术家、工程师、医学家、心理学家等）。这些信仰坚定的专门人才不仅有助于道教方面顺利地借鉴和利用道外的先进技术和理论，更是保证道教文化创新维持道教本位和道教旨趣的关键之一。

如果一味只求创新，而最终失去道教意味，"道教"与"文化建设和创新"的主从关系便被颠倒过来，道教最终只能流为时代的注脚。从根本上讲，当代道教的文化建设和创新的目的在于拓展道教生存空间，为道教的突破发展寻道路，使道教与整个社会产生良好的互利互动。如何使创新后的道教成为引导社会发展必不可少的力量显然是一个更为深远的问题。笔者认为，回答这一问题的关键是道教自身要提出新的、能引起整个社会关注的"重要议题"。当下道教对重大社会和政治议题的参与显然已经有所重视，如在近来对"宗教中国化"、自然和心灵环保、宗教冲突与友好、宗教与慈善事业、宗教与科技关系、宗教的量子力学诠释等问题的研讨中，都可见到高道和道教学者的身影，但这些议题的提出者基本都是道教之外的组织和团体，描述和论证方式以及构建和解答问题的逻辑模式也是他人预置的，道教方面主要处于"跟从"状态，颇有人云亦云的架势。如何从跟班转变为队伍的引领者，将是道教贤达必须再下百倍努力孜孜以求的重要问题。

道教戒律的历史、现状与当代发展

刘仲宇*

提　要：从东汉正一盟威道开始，对于戒律就作出规定，以后各宗派也都陆续推出自己的戒律乃至完整的体系。这是因为戒律对道教的制度、教徒的宗教生活，都起到重要的规范作用，从而影响到整个道教组织的存在样式的发展模式。现代社会的变迁，给产生于古代的戒律带来挑战，戒律建设也必须要与时俱进、创新发展，其改革的任务也相当迫切，但要不要改、如何改，都必须由道教界本身作出决定。

关键词：道教戒律　行为规范　道德规范

戒律是道教教制的重要内容，是对道教徒思想和行为规范的要求，是道教徒修行的基本行为守则。在道教发展的不同时期，它们以大道或某一尊神的名义颁发，而要求受之者将之内化为自己的思维准则、价值基础和道德规范，在言行中随时遵守。显然，戒律对道教的组织建设、信众的行动统一，以及教徒自身的修养都是不可或缺的。几乎世界上所有的宗教，都有自己的戒律，也许称呼不同，但是都一样地规范着信徒的思想和行为。《出埃及记》中的摩西《十诫》奠定了一神教的基本教义，佛教之律为三藏之一。只是不同宗

---

* 刘仲宇，华东师范大学教授，明道道教文化研究所所长，资深道教研究专家。

教的戒律，对信众的要求有所不同；而持守不同的戒律，也使不同信徒的思想和行为呈现不同的面貌，以至成为与其他宗教区别的重要标识。

一、戒律在道教组织和发展中的重要作用

戒律的出现，与道教组织的出现一样古老。道教的渊源，极其深远，可以推至原始时代。有的学者就把道教历史推到黄帝时代，也有的从老子说起，但学术界比较多的则采用东汉说，认为此前的道教已经在巫文化中开始飞升，但却是零碎的，尚未构成大的社会运动。只有在东汉时太平道、正一盟威道等道派组织出现后，才造成大的社会震动，而他们自己也开始形成严密的组织、制度。太平道因为被镇压，具体情况已经不清楚，其主张仅见于《太平经》残篇。正一盟威道则历历可考。它以老子为本，引发出自己的教义系统，其中作为教本的《老子想尔注》，当年即是受经与受戒同行。唐代张万福《传授三洞经戒法箓略说·卷上》载："想尔二十七戒（高玄法师受）。"[①] 足见当时曾有戒与经同授。

不过，从总的情况看，东汉太平道、正一盟威道时期，还是比较多用"诫"，戒律的名称稍后才常用。如《太平经》中多次使用"道诫"，正一盟威道将"守一"解释成"守道诫"。诫，与后来习用的戒、戒律，相对柔性劝导的意思多一点，而后者刚性的规定更明确一些。但是不管怎么说，即使最严格的刚性规定，也得以对大道、神仙的信仰为前提，要求受之者内化到自心。这一点与法律的强制规定还是不同，也与宋元之后出现的清规有所不同。清规是某一组织如宫观颁发的教徒的行为守则，违犯者要受到处惩，有些还非常严厉。总的说来，戒律要求教徒自律，清规则以他律为主，至于世间的法律，更以一整套国家暴力为基础。违戒，一般认为会遭到冥

---

① 《道藏》，上海书店1988年版，第32册，第184页。

谱，违反清规则由相关组织、机构直接处理。

从三国至南北朝，是戒律发展的重要阶段。这一时期，由于道教出现诸派共创的繁荣局面，呈现出勃勃生机，对于戒律的丰富提供了很好的条件。此时各派皆提出了自己的戒律系统，与经、法的传授一起，共同维护着本派道脉的纯洁，保证了道教沿着预定的向着信仰寻求解脱的路径前行。同时，一些道教的类书，如北周宇文邕下令编纂的《无上秘要》，也对道门戒律作了专门介绍。由此，便形成自己与其他宗教例如佛教在思维方式、行为模式上的区别。当然，这一时期的戒律建设也多少受到了其他宗教的影响。例如戒律中出现"不吃含血之物"的内容，不知是什么时代开始出现，但都说明吸收了西方一神教，特别是犹太教的规定。随着历史的发展，当时各派类似于戒律的种种称呼，例如科、禁、戒、律等，慢慢趋同，向着"戒"或"戒律"靠拢[1]。由于从南北朝起，直到唐代，道教形成了三洞仙境的思想，而且南朝宋的陆修静，用三洞思想概括整理了当时社会上流行的道门经书，于是道教的经与法，也由此以"三洞"归纳。但是"三洞"思想对于道教来说，远非经书分类那么简单，它是一个以三洞规整综合道教信仰的大道与尊神统一的模式，由此演绎出的三清三境三洞经书统一的模型，很好地解决了诸派蜂起而主神不统一的情况，也由此使得道教以一致的面貌显示自己的独特性与不可替代性。这在面临佛教等外来宗教的压力时，至关重要。本来道教各派，各有自己的符箓，但三洞思想的影响，以及道教徒对于修行更高境界和更高道阶的追求，各派道阶渐渐逐次提升，形成一个从正一道二十四阶的盟威箓起，到上清派的回车毕道箓止的授箓阶次，到了唐代就正式确定了一百二十阶的三洞法箓体系。因为戒律常和箓同授，因此也就形成了原来各派的戒律共处的局面。

唐代张万福《授三洞经戒法箓略说·卷上》专门列《戒目》，将

---

[1] 参伍成泉：《汉末魏晋南北朝道教戒律规范研究》第四章，巴蜀书社2006年版。

各上戒抄录在一起：

> 三归戒，五戒，八戒，无上十戒。初真式，七十二戒，百八十戒重律，天尊十戒十四持身品，太清阴阳戒，想尔百十七戒，洞神三洞要言五戒十戒七百二十戒门，百二十戒，闭塞六情戒，智慧上品大戒，三元百八十戒。①

在这里张万福也注明了何等法师应受某戒，但因为三洞法师须从最基础的正一盟威箓授起，且任何道派出身者皆可依其功行受三洞大箓，所以每戒的分别使用已经不那么重要，高阶的道士，都依次序受过这些戒。

这种局面到了宋代仍然沿续。看一下北宋张君房所编《云笈七签》，卷三十八至四十，专列《说戒》，足见对于戒律的重视。但他说的戒，也不分何种道派所出、何等道士当受，只是引其出处说明其来历。于此可见，宋继唐代之旧制，也把戒作为重要的守道原则。

张宇初在明朝永历年间，撰《道门十规》，以整顿道教，其中重要的一点是重申戒律的地位，强调"凡行持之士，必有戒行为先"。盖当时道教虽蒙几代皇帝的恩宠，地位甚隆，但却出现"自近代以来，玄纲日坠，道化莫敷，实丧名存，领衰裘委"② 的严重情况。他称有振迪之思、激扬之意，所以撰成此书。当时道教常以法术号令天下，从《道法会元》等书的记载看，法术科仪的绵密，理论论证的深入，确实自宋以来就迈越前修。但是道人只知学法，不知法术的根基，忘却"道体法用"之意，只在具体的操作技艺上下功夫。张宇初"戒行为先"的思想，正切中时弊。这是正一道的情况。另一个重要道派全真派的情况，在明代更加颓丧，而应对这种颓废，

---

① 《道藏》，上海书店 1988 年版，第 32 册，第 184—185 页。
② 《道藏》，上海书店 1988 年版，第 32 册，第 146 页。

开出的药方，正是戒律。其代表人物，是明末清初的全真道士王常月。他的事迹，主要记载在清代龙门第十代传人闵一得的《金盖心灯》中。据说他因看到"元风颓敝"，遍游天下名山，参访真道。全真道龙门派六祖赵复阳教他振兴之法，授以三坛大戒，即初真戒、中极戒和天仙大戒。让他以之授予徒众。按在明以前的资料中，没有看到过全真道受戒的记录，却在全真道王重阳以下第三代的传记中看到他们受箓的记录。赵复阳当年所说的"七百年来独任之事"，可当作该派为了行戒法而做的建构，很难作信史读。不过从王常月起，全真龙门派以受戒为制，受过三坛圆满大戒方可以担任重要职务，尤其十方丛林的方丈，须是戒子中的"天字第一号"（也就是该次受戒的第一名）才可以担任。有的学人即称他们为"律宗"。自从受戒制度推行以来，龙门派得到大发展，成为全真诸系中最有影响力的一支。

  道门那么重视戒律，是与戒律在道教组织、道教徒修养等诸多方面的重要而崇高的地位密切相关的。

  关于戒律的地位和作用，唐代孟安排《道教义枢》说："戒者，解也，界也，止也。能解众恶之缚，能分善恶之界，又能防止诸恶也。律者，率也，直也，慄也。率计罪愆，直而不枉，使惧慄也。"[①]又复加解释说："戒律者，戒，止也，法善也。止者，止恶，心口为誓，不作恶也。"[②]"律者，终出于戒中，无更别目，多论罪报刑宪之科，如师制鬼，玄者、女青等律具。斯则戒主于因，律主于果。以戒论防恶，律论止罪故也。"[③] 意思是戒是让学道者明白什么是善，什么是恶，知道如何去止断恶行，效仿善德。所以戒就因而说，即从源头上截断产生错误的根基；而律是从果上说，既已有罪，必须领受惩罚，所以律的制定，让人畏惧行为陷于罪恶时会产生严重的

[①]《道藏》，上海书店1988年版，第24册，第816页。
[②]《道藏》，上海书店1988年版，第24册，第818页。
[③]《道藏》，上海书店1988年版，第24册，第818页。

后果，从而不敢染指错误的行为和思想。两者都要求从思想深处有起防过止非的警戒。至于戒与律的区别后世实际上分得并太清楚。戒律决定了道教组织的基本面貌、道教徒个人的修养方向，是否守戒，是道士道心是否坚持的表现。按张万福的说法，凡人流浪生死，不能自悟，所以天尊大慈，劝善方便，说经演戒，开度天人，普使男女同登正道。[①] 所以，戒与经一起，与度人的宗旨融为一体，当然必须时时捍卫。每当教内纪纲松弛，道风不振，就有道教领袖出而纠正之。张宇初、王常月都是代表。他们的整顿影响深远。明乎此，历代道门人士那么推崇戒律，就不难理解了。

二、近现代道教戒律执行遭遇空前的挑战

道教自近代以来受到严重冲击，进入民国，其教制、戒律都面临前所未有的危机。

从社会情势看，辛亥革命以后，中国进入了民主时代，尽管一度出现的军阀混战使得民主理想大打折扣，但至少名义上的"皇帝"是推倒了，袁世凯想称帝，张勋想复辟，都只闹腾了一阵，终归失败。原来曾靠封建朝廷赐予的特权不复存在。整个社会经济的运行，更多地向着市场经济倾斜。农村经济的凋敝、小农的破产愈演愈烈，再加土地革命战争的冲击，道教原来生存的经济基础已经崩塌。这种情况，要求道教尽快调整和适应。但是他们的适应却迟钝缓慢，一些措施常常滞后，甚至本来就不妥当。

辛亥革命带来的不仅是政治经济的大变，还同时造成了文化的大变动。从那以后，原来以儒、释、道三家为主要支柱的传统文化走向式微，以科学技术为主要内容的新的文化开始萌发成长，直到"五四"新文化运动，一面是打倒孔家店，一面是呼吁德先生与赛先生，至少在气势上压倒了传统的伦理型的文化，而代之以实践理性

---

① 参《授三洞经戒法录略说》，《道藏》，上海书店1988年版，第32册，第184页。

为特色的新文化。这样，所谓三教，都开始被边缘化，其中尤以道教和儒家为最。儒家不用说了，"打倒孔家店"的口号得到了诸多新文化战士的响应，说明了其"倒"下来的迅速。其实，更为根本的是，儒家赖以生存的载体实为科举制度以及为它服务的整个教育体系，清末废科举兴学校，载体不存，难免有漂泊无依之虞。道教作为一种宗教，有自己的实体，有自己的组织传承体系，尽管庙产兴学同样冲击到道教，后来的被边缘化下也无力回天，但总算还有个落脚之处。

这些情况，使得道教面临前所未有的剧变，遭遇前所未有的挑战，生存都成了大问题，遑顾其余。戒律的遵守都难做到，更谈不上考虑适应时代的改革。这是客观的环境使然。

但是，道教的衰落虽说有客观的社会和文化的原因，但也有道教界本身的主观原因：辛亥革命以后，道门领袖没有尽快适应新的时代，提出振兴之方。

当辛亥革命之后，龙虎山第六十二代天师张元旭，首先想到的是，自己受皇恩持有的特权、封号是否能恢复，但虽在袁世凯称帝时一度得以恢复"正一嗣教大真人"号，不久即被取消。[①] 他们没有看到，在新的条件下，要求封建皇帝给予的特权，既不可能恢复，又制约了自己的发展。"永掌天下道教事"的圣旨，出于明太祖朱元璋，清代虽有沿续，但从乾隆之后，天师地位江河日下，想"掌"未必真能掌，更不用说民主时代离明初之天隔地远。后来，全真和正一领袖们，都有过一些努力，但宣言大于行动，多数设想并未落实。诚如陈耀庭先生所说："辛亥革命时期中国道教适应社会的尝试是以失败告终的。"[②]

从我们讨论的戒律一事上说，更为严重。原来戒与箓同行。然

---

① 卿希泰:《中国道教史（修订本）》，四川人民出版社1996年版，第4卷，第222页。
② 陈耀庭:《陈耀庭道教研究文集》，上海书店出版社2015年版，第344页。

而民国时期，龙虎山作为授箓的"专出"单位，也就是垄断机构，却自己毁坏着自己的神圣地位：天师大量卖箓。而征之当时的各地道士授箓情况，也常出现买卖经箓的情况。

据袁志鸿道长介绍，当时湖南部分地区道士，便有买箓之举，也有不愿意买箓，但采取其他办法成为"加持"道士的。[①] 所谓加持道士，便是以买箓为主获得法位的道士。袁道长的介绍很有价值，评论也很到位。他的介绍，主要利用了道教协会一些内部的调查材料，应当是可信的。从中非常清楚地看到，民国时期龙虎山张天师的符箓买卖的情况，也看到，在授箓仪上，出现了若干不伦不类的做法。

张金涛主编的《中国龙虎山天师道》一书，对于天师卖箓的情况，有更详细的介绍：

> 箓是用刻板人工印刷的，印好晒干后，还要用五彩颜色描绘头部。木刻版的所有权归天师（据说还有石刻版、铜刻版、玉刻版等），由天师府法箓局掌握。在六十三代张恩溥做天师时，上清镇先后有六家制"箓"店，其中李德纪、戴彩云两家时间最长。箓印好后，还要经天师府制箓局加盖张天师的印，（即阳平治都功印），才能装订出售。过去，箓大部分是运往苏州和上海出售。驻上海售箓的是一个道士叫张小山，驻苏州售箓的叫高正庭（江西金溪人）。据在苏州调查，据玄妙观的老道长反映，确有售箓店，并回忆到箓的形状，是用龙虎山特产的龙须草扎起来的一捆一捆的箓像。[②]

卖箓的结果使最重要的入道和道阶升迁的凭证——法箓的神圣性失去，原来与之一起传授的戒律当然失去了约束力，甚至根本不

[①] 袁志鸿：《凝眸云水》，香港中华儿女出版社2006年版，第153—154页。
[②] 张金涛：《中国龙虎山天师道》，江西人民出版社2000年版，第107页。

知道有戒律的存在。戒律的遵守，既无人督促，也无人监察，于是乎松弛、毁弃是必定的事。

进入中华人民共和国时期，道教一开始并未很好适应，尽管绝大多数道士都遵纪守法，对新的社会表现出拥护，然而，政府对道教的认定比较晚，道教的颓势未能改变。直到1957年在政府的支持下，成立了中国道教协会，第一次有了自己的全国性的合法组织，也第一次实现了正一和全真两大派的大联合、大团结。但是，由于后来政治运动不断，道门的生存始终有些颠簸。中国道教协会虽有过一些振兴道教的计划，也极难实施。"文化大革命"曾一度重创了一切文化——传统的与当代的，只有一个思想受到推行。宗教界在这场浩劫中是重灾区。在极度的重压面前，有些严守道戒的人士，被迫让步。如部分全真道士被赶出宫观后，衣食无着，不得不成立家室，以谋生计；部分坤道被迫出嫁，否则被看成随时想"复辟"。这对道门是浩劫，对于个人更是灭顶之灾。改革开放后，道教的各项制度陆续恢复，被迫出嫁的坤道却因此无法再受三坛圆满大戒，击碎了她们最深层的理想。这种情形，也是各宗教都有，特别佛教、天主教等主张神职人员独身的宗教，少有幸免。

改革开放之后，随着中国共产党的宗教政策渐渐落实，宫观自20世纪80年代起陆续恢复，并有所发展。特别是1982年党的19号文件，为当代宗教的基本地位和发展方向给出了基本的观点，为宗教信仰自由政策的落实奠定了基础。中国道教协会于1983年起恢复了活动，各地宫观也逐步回到道教徒手中。到20世纪80年代，道教界对于受箓、受戒等教制建设开始启动。戒律的地位和作用开始引起人们的注意。从那时以来，道教界的戒律遵守，慢慢恢复了传统，绝大多数道人，能守法守戒，依式修持。但是，社会上、宫观内，违戒违律的情形往往还有。除了前面提到的自清末民初以来的颓势、积弊，还由于当代商品经济的发展，使得世俗的计较浸入每一个社会细胞，要想独善其身，需要更大的坚定不移的精神，也就是宗教人士常说的"定力"。道众中常有受不住诱惑的,于是受物欲之牵而无暇顾及戒律的情形难免出现。

20世纪70年代末、80年代初,道教开始复苏,随后慢慢发展。80年代末90年初,全真开始恢复传戒,正一恢复授箓。这两个仪式的恢复,对于中国道教意义极为重大,尤其是全真派的受戒。正一道士的受箓于1991年起,开始对海外信徒授箓,1995年对国内道众授箓。每次授受,都有护戒大师说戒。全真的传戒,更是以戒为中心。受了戒,就得终生奉持,不得退转。这些都是在制度层面对于戒律传承和坚守的保证。

从总的情况说,当代道人奉戒、守戒的情况,还能维持传统。这保证了道教的基本面貌和承继。但是也出现了一些值得注意的问题,对其中一些与时代发生冲撞而发生的问题,必须加以改革或局部的调整。

三、戒律建设的创新发展是时代发展的必然

戒律在当代的执行,一方面保持了道教,或道教内某一派的一致、团结,保证了一些基本的样貌和特性,但是随着时代的变化、文化的变革,也出现一些与现代社会不相适应的内容,某些戒律的行与不行,都给相关的道派造成一定的困惑、疑难。这种情况,已经引起了讨论。2007年,第二届长三角道教论坛召开。这是一个由江苏、上海和浙江道教协会共同发起召开的会议,由各省市道协轮流承办。① 这一届由江苏道协主办,于苏州召开。讨论的主题是"道教戒律建设与宫观管理",论文集于次年由宗教文化出版社出版。② 隔了两年,第三届研讨会在杭州召开,主题仍旧,文集出版时,用

---

① 从2018年起,安徽省道教协会也加入论坛,并议定下一届论坛由安徽省道协具体承办。
②《道教戒律建设与宫观管理》,宗教文化出版社2008年版。

了《道教宫观管理与戒律建设》。① 两书相较，内容有不同，但主题实为一个。很荣幸，两本文集本人皆应邀作序。因此，便认真拜读了研讨会的全部论文，颇受教益。从这两次研讨会，道教界已经注意到了在这一领域的问题，看到它在道教发展中的要害地位。当然，从研讨会主题看，大家注目的中心，还在于戒律与宫观管理的关系，盖戒律松散，宫观的日常运作，就没有规矩可循。戒律的重申，是道教教制建设的重要一环。道教界本身已经看到其必要性、迫切性。

对于某些戒律和宫观拟定的清规，已经不适应现代社会，是不争的现实，特别是清规，其中的部分惩戒规定，与当代的法律也产生了距离乃至于冲撞。

其中部分戒律，涉及出家独身等，就受到当前的婚姻法的制约。讲到正一和全真两道派的区别，人们常用是否蓄发、是否吃素和是否结婚成家加以最寻常的分别。但是近年来，这些特征却开始在一部分人身上模糊了起来。出家，是全真道士的基本规范，但这几十年也受到很大的压力。在历史和现实中，全真道有居士，其受戒、守戒与出家道士有区别，可置勿论。这里说的是出家道士。本来，道士出家，是全真道的基本制度。但是从明清开始，就出现了一些变化。如西北出现了"二婚（荤）道士"，即可以结婚有家室，居家可以吃荤。现今的佳县白云山就是如此。香港特别行政区，在1997年回归祖国之前，一直由港英当局治理，社会环境与内地有极大不同。原来的全真等道派由大陆传去，但是都发生一些变异。现今的香港青松观、蓬瀛仙馆等大道观，自承为全真龙门派，但是各宫观的董事、理事，皆非出家道士，坛场上的高功也非出家人，遑论一般道众。所以说，那里的全真道人，全部都是有家室的，除了参加法会、科仪，一般也不穿道袍。这是历史和社会环境造成的情况。但是现实中无疑是很大的冲击。从世界范围看，自从20世纪50年

---

① 《道教宫观管理与戒律建设》，宗教文化出版社2010年版。

代以来，宗教的世俗化成了世界性的潮流。欧洲的修道士和修女曾经占有相当数量，但二战以后，却大量减少。日本的佛教，早已经和所传过去的大不相同。而我国，随着改革开放以来的经济大发展，以及多年实行独生子女政策，招募出家人越来越难。于是出现了新一轮的还俗或在教内却结婚生子、在家中不避荤腥的生活习惯。一部分全真道士也开始剪去头发。对此，似乎目前相关组织尚无明确说法。尤其在南方如广东等地。从教团组织来说，实际上也很难有说法。盖按我国的《婚姻法》，凡是中国公民到了结婚年龄没有法定不准结婚的问题，都可以和异性结婚组成家庭，而且规定我国实行政教分开，宗教不得干预家庭、婚姻、教育。于是如果此人去登记结婚，民政部门不会因其宗教身份而拒绝，虽是违反教规，宗教组织却无权阻止其婚姻。就是说，依戒独身不违法，结婚违戒却合法。此类事怎么看、怎么办，当然要由宗教界（这里是全真道）来决定，我们只是指出其解决的困难。是严格教门戒律予以处理，还是听其自然？至少在我看来，恐怕一时难下决断。

以往的清规中有一些体罚的条例，比起上面说的情况，恐怕反而易处理：凡是有违当今法律法规的，自然革去为宜。

总而言之，自晚清以来，道教的戒律就碰到了种种问题，民国时尤其严重，到了20世纪70年代末起的中国改革开放，道教获得了三百年来最重要的发展契机，但也有许多必须解决的问题，在戒律领域，难题接踵而至。道教的戒律和清规，确实碰到了绕不过的坎。戒律要改革，至少是调整，看来是不可避免的了。如何解决，学界和道教界都应当认真思考，而最终去选择和决定的，是道教界。因为，只有道教界，才是戒律制定与执行的主体，只有道教自己的组织、领袖，才有资格来决定，也只有他们的决定，才具备权威性。

四、戒律建设的创新发展需要注意的几个原则

道教戒律的改革与调整，包括清规的重新审视，不是简单从俗，

而是必须在保证道教组织的凝聚力、保证道教的根本不动摇的前提下进行,要与民主时代的法律法规相衔接,必须与当今时代精神一致,而对于经过教团组织决定了的戒律,则必须严格执行。

首先,戒律与清规,不能与当代的法制冲突。在民主国家里,政教分离,宗教不能享有超越法律的特权。所以,任何一个宗教徒都必须遵守法律法规和人民政府的相关政策。戒律中,尤其清规中,如果有与当代法规冲突的,决然革去。历史上,有些曾作奸犯科的,被追急了,往往投入佛寺道观,自称遁入空门,居于方外,官府也就睁只眼闭只眼,不去深究。在民主时代,就不允许此类事发生。古代的清规中,常有体罚的内容。历史上曾发生过以清规的名义将道人活活烧死,实属于滥用私刑,绝对不许再演。

其次,戒律与清规的改革、调整,必须有助于坚持正信,增强教团组织的凝聚力。本来戒律的颁布就有让教众在修道途中导向一致、步调一致的目的。它们的决定与实行,多数已经历千年,即使全真受戒从王常月算起,也有四百多年。实践证明,这些历史上定的戒律、清规,对于道教教团团结和纯洁,对于道教徒修养,都起着积极作用,只有其中很小的一部分随着时代的推移需要改革,改与调整,决不会也不能伤筋动骨。戒应不应改,需要从道教徒的信仰、养成的习惯、对教团的影响等诸多的方面权衡和考量才能决定。轻率地废除,可能导致教团的涣散。

第三,对于某些现代已难以执行,而对于教团的面貌有重大影响的,而且教内意见不统一的,可以暂缓决定,而允许不同意见的道友有各自的实践,但以不从根本上否定道教的根本信仰和价值观为底线。对于吃素,目前就有不同看法。一般来说,从古代斋法起,就有戒同行,斋必有戒。凡是宗教活动期间,必须吃素,但是平时是否食荤,原来并无绝对的戒律规定。按中国宗教中首开食素先河的,是梁武帝时的中国佛教。原先,佛教并无吃素的严格规定。释迦牟尼生前,与徒众以乞食为生,施主给什么吃什么,哪能摒弃一切肉食。实际上在印度，与释迦同时代的人中，主张"尽形寿不食一切肉"的，是他的表弟梵志，被佛教称为外道。大乘经典中，对于食肉与否，记载并不一致。梁武帝以不杀生为由主张不吃肉，虽有僧人反对，但以皇帝之尊，制定强制性规定，佛教界不得不屈服。于是不吃荤的规定著为戒条，本来的荤字，指的是五种带辛辣的菜蔬如葱、蒜之类，随之更强调指肉食。道教史上，从全真道创立，开始有了吃素的戒规，但如今也发生很大的问题。即使是正一道，也有一些禁忌，比如不吃狗肉等。这些是否要守，不能轻下结论。禁忌与规戒不同，一般是不成文的，习惯上则必须避免触犯的，如何取舍，也还要由教团组织来定。

第四，除了对原有戒律和清规的重新审视，还有对于当代碰到的新问题如何在戒律中反映？比如，黄赌毒，是当今社会里的大祸害，特别是毒，多数国家都严加禁止，吸、制、贩都被列入重罪。对于黄，戒律中本有戒淫之条，那么戒赌、毒之条呢？当代人的绝招，叫作欺诈。道门虽有诚信之律，但非特指，某些地方，忽悠人烧高香化大钱，算不算欺诈？在戒律上如何表达？应当研究讨论。

上面说的，都是戒律、清规需要重新审视的一些原则，也是视角。但对于传统戒律，总的看来还是老祖留下的宝贵财富，规定的是道众的行为，其中蕴含的则是许多劝人为善的思想。这些思想，有许多对于今天的人类，还有积极作用。比如关于禁止破坏环境、破坏生态的内容，就值得大力弘扬。反对破坏别人婚姻、挑唆人无端生事的，在今天似乎还有鲜明的针对性。这些，如加以阐释弘扬，就会变成造福于当代人类的宝贵精神财富。

戒律以及清规的阐扬、遵守和必要的调整、改革，是牵一发动全身的大事。我们期望着道教界能与时俱进，作出思考选择，尽快改变目前某些戒律无所适从的情况，而道教界的领导能担负起主持全局的责任。上面的想法，只是个人的一得之见，或可作为引玉之砖。若能因此引起一点讨论，则幸甚。

道教伦理建设的创新发展

丁常云[*]

摘　要：道教伦理建设是时代发展的新要求，是当代道教自身建设的重要内容。对这一问题的关注，要继承传统，立足当代，与时俱进，创新发展。这一创新必须积极阐扬道教伦理思想精华，赋予其时代精神，增添时代内涵。其创新发展的路径是要在继承传统中求发展，在服务社会中有作为，从而促进道教事业健康发展，发挥出当代道教应有的时代价值。

关键词：道教伦理　创新发展　服务社会

在人类社会的发展进程中，宗教的影响始终是广泛而深远的，宗教伦理的积极作用也主要在于它的道德教化。《西方文化史》说："宗教在中世纪社会占据的主导地位使得中世纪的文学以教会为主体成为自然。文学的作者以基督教的教士居多。教会文学的宗旨单一且明确：普及宗教教义和教化民众道德。"[①] 这种道德教化正是宗教所特有的一种社会伦理功能，是宗教服务社会的重要途径。

作为中国土生土长的传统道教，数千年来，其伦理思想早已渗透到社会的各个领域，成为社会伦理的重要组成部分，发挥着重要

---

[*] 丁常云，中国道教协会咨议委员会副主席，中国宗教学会理事，《上海道教》杂志主编，上海市道教协会副会长，上海市浦东新区道教协会会长，上海太清宫住持。
① 徐新：《西方文化史》，北京大学出版社 2004 年版，第 141 页。

的积极作用。当今社会，国泰民安，社会发展空前繁荣，道教也遇到了它发展史上的黄金时期。道教宫观得到恢复开放，道教文化得到弘扬，道教人才得到培养，道教各项事业都得到快速发展。社会的繁荣给当代道教带来了良好的发展机遇，但是也提出了新的、更高的要求。当代道教，如何更好地弘扬其道德伦理、服务社会、造福人类，这是时代发展的要求，更是道教自身发展的需要。由于历史等诸多因素，道教的传统伦理思想，没有得到很好的传承与发展，现有的道德伦理有些已经不能适应社会和时代发展的需要，甚至已经失去了原有的约束力和影响力。因此，我们必须要在思想上高度重视，要站在促进道教事业健康发展的新高度，提高对加强现代道教伦理建设重要性的认识，要积极阐扬道教伦理思想精华，赋予其时代精神，增添时代价值，这是摆在我们面前重要而紧迫的任务。这不仅关系到道教的自身建设问题，而且也关系到道教的未来发展问题。本文仅从当前道教伦理的现状出发，就新时代道教伦理的创新发展问题提出一些思考和建议。

一、道教伦理建设要在继承传统中求发展

道教伦理建设的首要任务，就是要加强对道教传统伦理的学习和研究。由于历史等诸多原因，道教的传统伦理始终没有得到很好的重视，更没有充分发挥好道教传统伦理的积极作用。当代道教徒只有通过对传统伦理的学习、研究与思考，才能更好地认识和把握道教伦理思想的精神实质，为道教伦理的现代建设打下良好基础。

第一、注重加强对传统道教伦理的学习和研究。世界上任何一种宗教都是以"劝善""行善"为自身修养的重要内容，对于宗教徒自身来讲，特别强调个人的"积善立德"。这种积善立德的要求，一方面建立在自律，即高度自觉的行为上，另一方面需要一定的宗教道德来进行约束。一般来说，传统的"宗教道德是宗教徒们用于处理教内教外人际关系和追求宗教修行目标所应遵循的原则和规范的

总和"。① 中国是一个十分重视伦理道德建设的国家，具有丰富的传统伦理思想，而道教作为中国土生土长的传统宗教，不仅继承了传统的伦理道德思想，而且还与宗教神学紧密结合，形成具有宗教特色的道教伦理思想，成为中华传统道德文化的重要组成部分。

道教的伦理道德思想，其内容是十分丰富的，就其总体而言，不外乎教人为善，不要作恶，强调个人的积善立德。这种思想对社会是有益的，对道教的自身建设和发展也是非常有用的。千百年来，道教的伦理道德对于推动道教事业的发展起到了十分重要的作用，当代道教必须提高对于道教传统伦理的认识，特别是要充分认识道教伦理对于推动道教事业发展的重要意义。所以，当代道教徒，一方面要从思想观念上充分认识道教传统伦理的重要性，要认识道教伦理道德建设与道教发展的关系，道教的发展离不开道教徒的自身建设，而道教徒的自身建设又离不开道教的伦理道德建设，可以说没有道教伦理的建设就没有道教事业的振兴和发展。另一方面，还要认识道教伦理道德的社会功能，也就是道教服务社会的功能，这是道教的社会生存和发展基础，如果这个基础丢失了，那么道教的社会生存价值就没有了，那就更谈不上发展了。所以，我们完全可以认为，当今社会中发展道教的首要任务就是要加强道教徒的伦理道德建设，特别是在市场经济思潮的冲击影响下，道教的伦理道德建设显得尤其重要。

道教的传统伦理思想主要包含在道教的经典之中，当代道教徒要把读经作为学习和了解道教传统伦理思想的重要途径。中国道协领导曾撰文，要求当代道教徒重视对道教经典的学习和研究，以此来提高道学水平，达到加强道教伦理建设的目的，应该说这是很有远见的。从道教的现实情况来看，加强现代道教的伦理建设，对于

---

① 黄钊:《论中国古代宗教道德在当代的现实价值》,《世界宗教研究》1996年第3期,第27页。

当代道教的自身发展具有十分重要的意义。

一方面，宗教的伦理道德从信仰的角度，可以最大限度地维护道教教义、道教经籍、道教科仪、道教活动场所、道士和道教组织等宗教要素的神圣和崇高，也可以最大限度地肯定道教的信仰与价值，肯定道德的神圣性，进而肯定道教徒的信仰追求和价值选择；另一方面，道教伦理可以极力维系道门内部的严肃性、清静性和纯洁性，有助于逐步实现道教徒的人生理想，从而切实体现道教的真正价值。因此，加强当代道教伦理建设，必须要对传统的道教伦理进行学习和研究，挖掘弘扬有利于社会进步要求的伦理思想，在学习中传承，在传承中发展，从而更好地促进当代道教伦理思想的健康发展。

第二、注重加强对传统道教伦理的继承与发展。当代道教伦理，应该是在继承传统道教伦理的基础上建立，是对传统伦理的继承与发展。因此，当代道教伦理必须保留传统伦理的某些思想内容，同时又要有所创新和发展，这是当代道教伦理发展的必然要求。

根据目前《道藏》所载的有关伦理道德来看，不仅经文典籍繁多、伦理条文具体，而且内容十分丰富，范围也非常广。传统的道教伦理中，有许多至今仍有其积极作用，有的甚至直接影响着当代道教伦理，应该是道教伦理建设需要加以继承的。如道教戒律伦理就是十分重要的伦理道德，《老君说一百八十戒》原为早期道教正一盟威道的主要规戒伦理，后成为道教授受传承的大戒之一。就"一百八十戒"的戒条内容来看，有一些是属于一般社会公德的，如有关人际关系的，不得多蓄仆妾，不得淫他妇女，不得贩卖奴婢；有关处世原则的，不得盗窃人物，不得破人婚姻事，不得言人阴私；有关爱护自然环境的，不得烧野田山林，不得妄伐树木，不得妄摘草花等。[①]另有百余戒多是从教义出发规定的价值观念和行为准则，

[①]《老君说一百八十戒》，《道藏》，上海书店1988年版，第22册，第270—273页。

如关于坚定信仰的，不得轻慢经教，不得议论经典，不得轻师慢法、傲忽三尊等，这些内容都是当代道教伦理应该继承的。又如《全真清规》，是金元时期全真道对违犯戒律的道士执行处罚的条例，旨在约束道士、维持道观的正常活动和生活秩序。其中有些内容，如"指蒙规式"是指导初入道者的规戒；"游方礼师"是对游方道士的礼仪规定；"教主重阳帝君责罚榜"规定了对于违反清规的道士处罚标准。这些内容也都是当今道教值得提倡的，也应该成为当代道教伦理的内容。当然，对于传统伦理的内容也要有所取舍，要在继承传统的基础上进行创新和发展。

在对道教传统伦理的继承与发展的过程中，还要特别重视和加强对道教徒宗教信仰的提高，这是道教伦理现代建设的重要内容。传统的道教伦理，就已经十分注重道教内部的信仰建设了。因为，道门自身很早就已经认识到道教伦理是"坚定信仰、实现信仰的一种手段"①。道经种种，以各种不同的说法，一再强调了道教伦理道德与实现信仰之间的内在关系。《太平经》强调："天下之事，孝为上第一。"《无上秘要》称："夫学道之为人也，先孝于所亲，忠于所君。"《净明大道说》则明确指出："要不在参禅问道，入山修炼，贵在乎忠孝立本，方寸净明，四美俱备，神渐通灵，不用修炼，自然道成。"明代张三丰还进一步指出："只要素行阴功，仁慈悲悯，忠孝信诚，全于人道，仙道自然不远也。"这就是说，修道之要必须先修人道，要积极践行道教的伦理精神。

当今社会，特别是社会主义市场经济的高速发展，在不同程度上影响着道观，也影响着道观中的道教徒。因此，当代道教徒要树立正确和纯洁的信仰，要通过自己的修行，淡泊名利，纯洁心灵，与人为善，坚持正信，树立良好的信仰风范和高尚的道德情操。同

---

① 吴亚魁：《道教戒律的宗教意义》，《弘道》2001年总第11期，第32页，香港道教学院出版。

时，还要在广大道教徒中，广泛开展"信仰与修持"的思想教育，使其认识到纯洁的信仰也是道教修持的重要内容之一。而作为当代道教徒来说，要以信仰为重，要把信道作为人生宗旨和行为准则，无论如何都不能改变其信仰。道教徒信仰的是"道"，在他们心目中，唯有"道"才是永恒存在。世界上无论什么人都有追求，但各自的天资知见不等，所以他们的理想和追求自然不同。有人追求名利，有人追求金钱，有人追求物质，也有人追求享受，而道教徒追求的则是"道"，对"道"的奉持、学修、弘扬，才是道教徒的职责。因此，当代道教徒必须要大力加强信仰建设和自身的道德修养，特别是要加强当代道教伦理建设，我们要在继承传统道教伦理的基础上，建立一套适应现代社会发展需要的道教伦理体系，以更好地提升道教徒的信仰修持和道德素养，树立道教良好的社会形象，促进道教事业的健康发展。

二、道教伦理建设要在服务社会中有作为

当前，我国社会稳定，经济持续发展，人民生活水平得到了极大的提高，中国人民多年来憧憬的国富民安的景象，已经成为现实。但是，我们也要注意到，在改革开放、实行市场经济给社会带来经济繁荣和思想解放的新局面的同时，由于我国从计划经济到市场经济体制的转轨，引起人们的思想观念、组织体制、生活方式、人际关系、道德意识等多方面的变化。社会上有些人，逐渐滋长了拜金主义、享乐主义、极端名利思想。这些社会消极因素不仅影响和破坏了社会的稳定，干扰着和谐社会建设，而且也直接影响着当代道教徒的自身建设。道教作为中国传统宗教，历来就具有十分丰富的伦理思想，更好地发挥道教伦理思想的正能量，服务于当代社会，这是时代发展的要求，也是道教发展的必然选择。当代道教，必须要积极弘扬传统道教伦理思想，大力加强当代道教伦理建设，充分发挥道教伦理的时代价值，促进道教伦理在当代社会发展中有所

作为。

第一，重视发挥传统道教伦理的时代价值。道教伦理思想源远流长，内涵丰富，在不同的历史时期皆发挥着积极作用，成为中华传统伦理文化的重要组成部分。时至今日，传统道教伦理中一些内容和观念，尽管已经显得相对落后，需要有适应时代的发展，但其中一些具有普遍价值的合理因素，仍然具有一定的时代价值，对于促进社会道德文化建设、培育良好的社会道德风尚，对于促进社会慈善文化建设和促进人类心灵环保，都将会起到重要的积极作用。

1. 发挥"尊道贵德"伦理，促进社会道德文化建设。"道"和"德"是道教教义思想的核心内容，道教徒学道、修道、奉道，都是对"道"的尊崇。道教之所以尊道，因为"道"是道教徒信仰的主体，道教的全部信仰和修行都是以"道"为核心的，概括起来，主要有四个方面：其一，道是生化宇宙万物的原动力，造化之根基。其二，道一气化三清，聚形为太上老君。道是神明之本。其三，道的德行伟大，以虚无为体，清静为宗，柔弱为用，无为不争。其四，道真常永恒，长存于天地间。"道"之所以崇高而尊贵，主要在于它的德行高尚，无私无欲。宇宙万物皆为"道"所化生，为"道"所供养，但是它从来就不居功、不自傲，所以"万物莫不尊道而贵德"。道教强调"尊道贵德"，就是要求广大道教徒修道立德，修道的先决条件就是立德，立德就要在日常生活中不断积累功德，自觉按"道"的法则行事，做到清心寡欲、柔弱不争、胸怀宽容，不尚名、不尚利、不妒嫉、不妄语。要乐人之吉，悯人之苦，周人之急，救人之穷，与大道同心。如此修行，则德累而基立，基立则可修道成仙。因此，"尊道贵德"的伦理思想被历代道教徒尊奉，成为道教最为重要的伦理思想。道教强调"尊道贵德"的伦理，就是对道德的尊崇和倡导，这种伦理思想对于促进当代社会道德文化建设、促进社会人心向善、树立良好的社会风气皆具有十分重要的积极作用。

2. 发挥"济世利人"伦理，促进社会慈善文化建设。中华民族是一个以慈悲为怀且乐善好施的民族。慈善为本、行善积德、济世利人的思想源远流长。行善积德与济世利人是我国宗教的传统美德，也是我们道教的最基本的教理教义和伦理思想。道教创立之时，就以慈善为立教之本，传扬道教的慈爱思想。早期道教，以符水咒法为民治病，设义舍置米肉其中，以供路人取食，慈善之举，深得人心，广为流传。此后，道教始终以"济世利人""度化众生"为己任，以实际行动践行着道教的慈善伦理。元代丘处机，慈悲为本，一言止杀，人间大爱，功德无量。他为中国道教树立了一座行善积德、济世利人的丰碑。道教"济世利人"的道德伦理，就是要求社会公众必须遵守"利益人群"的道德规范，奉行乐于助人的传统美德。道教历来就把行善积德、济世利人的思想，作为了道教徒修身养性、为人处世的基本准则。道教的许多典籍与善书中，都有对行善积德的劝导，对济世利人的倡导，而且这种善行思想已经深入社会的各个方面，成为民众行为的尺度、道德规范的准则，对我国古代社会民风民俗、民族心理、道德伦理等，都产生了重大的影响。从传统的道德伦理来看，道教济世利人的伦理思想，蕴含着丰富的慈善内涵，彰显着"慈爱""济世"的社会情怀，是当代社会慈善事业宝贵的文化资源。当代道教，要积极加强道教伦理思想建设，要在继承传统道教慈善伦理的基础上，增加适应现代社会慈善内容，充分发挥道教的慈善伦理，服务社会，造福人类，促进当代社会慈善事业的健康发展。

3. 发挥"寡欲不争"伦理，促进人类社会心灵环保。现代社会中，人们诸多烦恼和灾祸都是来自过多的"欲望"，有的人因贪色而沉湎于花天酒地，甚至出入色情场所；有的人因贪财而贪污受贿，甚至杀人抢劫；有的人因贪欲过多而走上犯罪道路，既害了自身与家庭，又危害了社会与他人。所有犯罪分子在入狱后，都会幡然悔悟，知道这是由于自己"贪欲"所造成的，是缺乏正确人生观的结果。道教主张"寡欲不争"，《道德经》明确提出了"少私寡欲"的思想。所谓"寡欲",就是要求人们淡泊名利和物欲,始终保持"清虚自守、淡泊自持"的精神境界。所谓"不争",就是要求人们不要过于争名夺利,这是道教徒对待社会人生的基本态度。《道德经》称:"上善若水,水善利万物而不争,处众人之所恶,故几于道。"明确提出"不争",主张"处下",要求人们"报怨以德"。《太平经》也指出:"故天者,乃道之真,道之纲,道之信,道之所因缘而行也;地者,乃德之长,德之纪。德之所以因缘而止也。故能常为万物之母也,常忍辱居其下,不自言劳苦也。"明确提倡"忍辱居下,受辱不怨"的思想境界。当代道教伦理建设,要在端正社会风气、培育健康心态等方面发挥积极作用。一方面,要很好地传承道教"寡欲不争"的伦理思想,发挥其时代价值,制约人类过度的欲望,促进人类的社会心灵环保;另一方面,要善用道教伦理净化人们的心灵,培育人们的精神品质和人格修养,促进身心健康、幸福和谐,从而发挥道教伦理在和谐社会建设中的特殊作用。

第二,重视发挥当代道教伦理的社会服务功能。服务社会是当代道教赖以生存与发展的根基,但是如何服务社会也是值得认真研究的事情。当今社会,道教服务社会最为重要的内容,就是要大力弘扬传统优秀文化,努力为构建和谐社会作贡献。一方面,要对道教的教义思想作出符合时代进步要求的新阐述,使道教更好地与社会相适应;另一方面,要大力加强当代道教伦理建设,充分发挥当代道教伦理的社会服务功能。

1. 当代道教伦理要为促进社会生态文明发挥积极作用。环境保护是当今世界所面临的重大问题,随着社会科技的不断发展,特别是人类对于大自然资源无休止的掠夺,严重破坏了自然环境的生态平衡,随之而来的就是环境的严重污染,自然灾害连绵不断。面对全球生态危机,人们不禁要问,形成生态危机的根源是什么?正是人类社会的贪欲,导致人类对自然的破坏和掠夺。那么如果化解生态危机,保护生态环境,就必须要寻找生态智慧。中国道教具有丰富的生态伦理思想，老子的"道生万物"、庄子的"天人合一"等生态伦理，引领中华民族在保护自然、利用自然中繁衍生息。还有"不涸泽而渔，不焚林而猎"等警句，饱含质朴睿智的自然观，为中华民族注入与自然和谐相处的文明基因。如今，中国生态文明已经上升到国家战略高度，并将建设美丽中国作为实现中华民族伟大复兴的中国梦的重要内容，中国将立足现实探索"蓝天常在，青山常在，绿水常在"的环保新路，开始走向生态文明新时代。但是，要真正实现这一宏伟目标，还需要制度保障和文化引导，尤其是要加强当代生态伦理建设。当代道教，必须要有所作为，既要很好地继承传统的生态伦理，继续在社会文明发展中发挥积极作用，又要大力加强当代道教伦理建设，针对当前世界生态危机的现状，重申道教的生态伦理思想，增加时代发展需要的生态伦理智慧，在当代生态文明建设中发挥积极作用，为中国走向生态文明新时代做出新贡献。

2. **当代道教伦理要为促进社会慈善事业发挥积极作用。**宗教慈善是社会慈善的重要组成部分，是现代公益慈善事业必不可少的重要主体。道教所倡导的"济世利人"和"扶贫帮困"的思想，是道教关爱社会的一种功德善举，是道教所特有的慈善文化。一般来说，"道教慈善"与"民间慈善"相比，具有一定的特殊性，它包含着宗教所特有的道德伦理和信仰内容，是其他社会慈善组织不可替代的。当代道教，在加强当代道教伦理建设过程中，要特别注重增加适应时代发展的新的慈善内容：一方面，我们要积极宣传道教"行善积德"的道德伦理思想，倡导道教济世利人的"慈爱"精神，以道教特有的慈善方式来服务社会，以道教"博爱"的胸怀传播"慈爱"思想，以实现道教关爱众生的"慈善"理念。比如对心灵的抚慰、人生的感悟、爱心的传递等。另一方面，我们还要积极探索道教慈善服务社会的新模式：一是建立健全各类慈善机构，如各类慈善基金会，提高宗教服务社会的能力。二是建立各种义工队伍，如助老义工、助残义工、环保义工等，不断开拓宗教服务社会的新途径。三是开办各类慈善组织，如敬老院、康复医院、慈善养生馆等，直接参与社会慈善活动。四是积极地面对社会，通过"讲经讲道"或"心灵沟通"等，给人的精神、信仰和伦理以帮助，关心人的心理健康、工作和生活压力、家庭矛盾等问题。五是积极倡导宗教的临终关怀，服务社会大众。所有这些内容，都要在当代道教伦理建设中有所体现，我们要积极探索建立当代道教慈善伦理，为促进社会慈善事业发展做出新贡献。

3. 当代道教伦理要为促进社会和谐发展发挥积极作用。道教文化中包含着诸多道德伦理思想，是和谐社会建设中特殊的文化资源。道教的道德伦理，主要是教人为善，不要为恶，强调个人的积善立德和人格修养。历代以来，道教始终以"善道"教化为己任，一方面积极地用自己的理论、观点引导人们学善明善，期望整个社会风俗淳朴、道德高尚；另一方面则更加提倡修道者身体力行，主动去做好事、行善功。道教的道德伦理，对中国社会的民风、民俗、伦理道德及民众心理均产生过很大影响。特别是在端正社会风气、培育健康心态等方面起到了良好的作用。当代道教伦理建设，必须高度重视发挥道教和谐伦理的正能量，努力为促进社会和谐发展发挥积极作用。一方面，我们要大力加强自身建设，努力培养人格高尚、知识丰厚、爱国爱教和富有开创能力的道教人才；另一方面，我们要认真挖掘整理道教教义教规中有关"和谐"的思想内容，并积极加以宣传弘扬，将道教的和谐伦理转化成信众的实际行动，充分发挥当代道教伦理的积极作用。

三、道教伦理建设要在创新发展中显成效

当今时代，是一个快速发展的时代，也是一个竞争激烈的时代，所谓"适者生存"，否则就会被时代所淘汰，这是现代社会发展的必然。当今时代，道教的发展关键也在于适应，加强当代道教伦理建

设就是道教适应时代的一个重要举措,也是道教传统伦理与时俱进的必然要求。因此,我们不仅要大力弘扬传统道教优秀的伦理思想,适应时代发展和社会进步的要求,而且还要进一步加强道教自身的宗教伦理建设,不断完善当代道教伦理思想,从而更好地促进道教事业的健康发展。

第一,与时俱进地推进当代道教伦理建设。当代道教伦理建设是加强道教自身建设的需要,也是道教适应时代发展的产物。道教发展表明,适应是道教生存和发展的重要条件,道教的生命力也就体现在这种适应之中。因此,现代道教伦理建设必须要适应社会的发展和时代的要求,这是当代道教伦理建设的重要内容和理论依据。宗教历史表明:"宗教历来是适应社会的变化而不断调整其教义、组织、仪式等,才得以继续存在并发挥其社会作用,不适应的就被淘汰了。"① 作为中华民族的传统道教,近两千年来,它经历了长期的演变和发展,积累了丰富的教义思想,对中国古代社会的哲学、伦理、文学、艺术、医药学、养生学、古化学等方面都产生过深刻而久远的影响。道教历史也表明:道教必须随着时代的发展而发展,道教的思想必须要跟上时代发展的步伐,这是一个不争的历史事实。

道教以"道"名教,以"道"为其教义思想的核心,就是表明它的基本信仰是"道"。在道教的历史上曾出现过许多宗派,例如正一盟威道、太平道、正一道、全真道、净明道等,虽然各派的经文各有差异,科仪方术各有不同,但是信仰"道",以"道"作为其教义的核心却是相同的。但是,"道"的内容是应该随着时代发展而发展的。现代科学技术的发展对于物质本原、宇宙起源以及生命奥秘等都有许多新的发现,这些新发现大大扩展了我们对"道"的认识,我们当代道教徒应该对"道"作出适应时代进步要求的阐释,我们要在继承传统道教教义思想的基础上,丰富和发展前辈道长们对于

---

① 罗竹风:《宗教学概论》,华东师范大学出版社 2001 年版,第 407 页。

"道"的阐述。因此，现代道教的教义思想，必须要在继承传统教义的基础上丰富和发展，特别是对"道"的认识则是道教适应时代进步的重要思想内容。

道教伦理是道教思想内容的一部分，也必须随着社会的发展而不断发展，要适应社会进步的要求。根据社会要求和道教教义思想，制定符合当代生活实际的宗教伦理，以保持教徒队伍的纯洁，促进道教事业的健康发展。因此，现代道教伦理在建立和完善过程中，应该考虑如何更好地适应社会、服务社会的问题，要充分发挥道教伦理在当代社会中的积极作用。现代道教伦理，不仅是要继承传统的道教伦理，而且更多的是要增加适应现代社会内容的伦理思想。针对我国当代社会，道教如何更好地与社会主义社会相适应，也要在当代道教伦理中有所反映，我们要有反映"爱国爱教"思想的伦理思想，也要有"服务社会，造福人类"的道德理念。这是时代发展的需要，也是道教加强自身建设的需要，更是道教与社会主义社会相适应的重要内容。

第二，注重加强道教自身的宗教伦理建设。加强当代道教伦理建设，是当代道教自身建设的重要内容之一。因此，我们在与时俱进地推进道教伦理建设的同时，要特别注重和加强道教自身的宗教伦理建设，这是道教传统伦理现代建设的固本强身之举，也是当代道教教风建设的重要抓手。根据传统伦理和目前道教现状，我认为作为规范教门内部行为准则的伦理主要包含以下内容。

1. **注重皈依伦理建设**。从传统道教伦理来看，皈依伦理本身就是皈依道教、表达信仰的一种标志。九层之台，起于累土；千里之行，始于足下。入道修真，最重要的一步就是信奉宗教伦理，特别是规戒伦理。唐代道士张万福《三洞众戒文·序》称：戒律"自浅入深，非无优劣；从凡入圣，各有等差。"[1] 具体说，就是"始起心入

---

[1]《三洞众戒文》，《道藏》第3册，第396页。

道，受三归戒，箓生五戒、八戒，在俗男女五上戒，新出家着初真戒"。① 三归依戒是道教最根本的戒律，具体条文为："第一戒者归身，太上无极大道；第二戒者归神，三十六部真经；第三戒者归命，玄中大法师。"② 简单说，就是皈依"道、经、师"三宝。此"三宝"对于初入道门的教徒来说是十分重要的。《三洞众戒文》称："三归戒者，天地之枢纽，神仙之根柢，发行之初门，建心之元兆。"③ 可见，皈依伦理在道门中的重要地位。当代道教伦理应该将皈依伦理加以继承和完善，并增加当代道教信徒皈依道教的伦理内容，以利于更好地加强道教徒的队伍建设。

2. **注重修持伦理建设**。与当代道教相比，传统道教比较注重道教徒自身的修持，并有一些专门的修持伦理。《十四持身戒》称："与人君言则惠于国，与人父言则慈于子，与人师言则爱于众，与人兄言则悌于行，与人臣言则忠于上，与人子言则孝于亲，与人友言则信于交，与人妇言则贞于夫，与人夫言则和于室，与人弟子言则恭于礼，与野人言则劝于农，于道士言则正于道，与异国人言则各守其域，与奴婢言则慎于事。"④ 此为十四治身之法，即十四种做人、治身之纲要。《太清九戒》则对道士的身、心、口、手、目、耳、鼻等，⑤ 进行了更为详细的规定，可以说是道士自身修持的规范条文。当代道教，由于不注重自身修持和伦理建设，导致道教徒"信仰淡化、戒律松弛"，出现"宫观组织不健全，规章制度不完善、规约不严，道风不振"⑥ 的现状。必须要注重修持伦理建设，明确"道教学道修持，讲求清静无为、少思寡欲、淡泊名利、积功累德和济世度

---

① 《三洞众戒文》，《道藏》第 3 册，第 396 页。
② 《三洞众戒文》，《道藏》第 3 册，第 397 页。
③ 《三洞众戒文》，《道藏》第 3 册，第 397 页。
④ 《要修科仪戒律钞》卷 5，《道藏》第 6 册，第 940 页。
⑤ 见《要修科仪戒律钞》卷 5，《道藏》第 6 册，第 938—939 页。
⑥ 《中国道教》1998 年第 4 期，第 10 页。

人"。① 并以此来规范道教徒的言行举止，规范道教的教风建设。

3. 注重斋仪伦理建设。斋仪伦理即为道教科仪伦理。科仪是道教徒表达信仰的一种重要方式，因此，行仪道士必须要严肃认真。传统道教伦理就十分重视行仪规范，南朝刘宋时陆修静《洞玄灵宝斋说光浊戒罚灯祝愿仪》称："夫斋者，正。以清虚为体，恬静为业，谦卑为本，恭敬为事。战战兢兢，如履冰谷，肃肃栗栗，如对严君。至经句辄起，礼拜当一心称善，随意随念，唯令丹苦，必有感应。太上道眼恒洞，观诸天下之善恶，无有毫遗也。"② 也就是说，道士在行仪时，要小心谨慎，思想上保持清虚、恬静，行动上要谦卑、恭敬。因此，陈耀庭先生认为："视神如君，谦卑恭敬，是道士行仪过程中人神理论关系的基本点。"③ 同时，陆修静还对违反科仪规戒作出了处罚的规定。如"语言戏笑，罚朱一两""唱声不齐，罚油二升""不注念清虚，心想意倦，为众所觉，罚油二升""行香不洗手、漱口，罚油二升"④ 等。此后，随着道教科仪的不断完备和发展，其科仪伦理的内容也逐步增加。根据陈耀庭先生研究，唐代道士朱法满在《要修科仪戒律钞》中将有关科仪的伦理用戒律的形式规定下来，其内容大致包括：洁身净口规戒、诵经规戒、诵经时饮水和休息的规戒、科仪衣服的规戒、科仪礼拜的规戒、科仪香火的规戒、科仪灯烛的规戒、科仪坐次的规戒、科仪饮食的规戒、科仪文检的规戒，等等。⑤ 另外，还有信徒参与科仪的规戒等。可谓是内容繁多，要求目的明确。从现代道教宫观来看，特别是南方地区，道教科仪较多，参与信徒广泛。因此，当代道教伦理应该将斋仪伦理作为重要内容，要在继承传统伦理的基础上，形成适应当代道教发

---

① 朱越利：《当代中国宗教禁忌》，民族出版社2001年版，第115页。
② 《洞玄灵宝斋说光浊戒罚灯祝愿仪》，《道藏》第9册，第826页。
③ 《道教礼仪》，宗教文化出版社2003年版，第301页。
④ 《洞玄灵宝斋说光浊戒罚灯祝愿仪》，《道藏》第9册，第825页。
⑤ 《道教礼仪》，宗教文化出版社2003年版，第302—306页。

展需要的斋仪伦理。

（1）坛场伦理建设。道教举行斋醮科仪，需设立坛场，延请神灵降坛，以求赐福消灾。坛场是十分神圣的地方，所谓道教坛场，威禁至重，庄严道场，神圣之域，任何对"道"的轻慢、毁污都是断然不可的。根据道教规定，坛场必须要设于道教宫观内。坛场的布置，须"香花灯烛，依法供养"。明确规定："凡大醮，大忌生死、吊丧、问病诸般污秽。""凡建黄箓，则就宫观最好……不尤有秽。"①坛场为清静之地，一切污秽皆不得入内。据《醮三洞真文五法正一盟威箓立成仪》称："夫所以洁坛者，荡涤故气，芳泽真灵，使内外清通，人神俱感。凡启醮悉皆如之。"②另外，对于坛场道士，也要求勿饮酒、勿食五辛、勿与别人同坐、勿视死看生、勿嗔怒、勿悲哀、勿见血等。③可见，坛场戒规的精神主要是清静、庄严、污秽莫入。这些规定是符合道教神学思想的。因此，当代道教必须大力加强坛场伦理建设，制定出一套制度化、可操作性的坛场伦理，并用戒律条文的形式来规范坛场的清静和庄严。

（2）礼神伦理建设。礼神即为道教徒礼拜神灵，属道教信仰的内容。道教徒对于神灵的敬畏和崇拜是必须的，也是应该的。道教历来就十分重视对神灵的礼拜。《要修科仪戒律钞》指出礼拜有四："一稽首，二作礼，三尊科，四心礼。夫入道修真，朝谒为本，登斋逊谢，礼拜为先。"④《玄都律》还规定："若男女官不朝拜，决杖二十，罚算一记。配仙灵箓童子不朝拜，决杖一十，罚算百日。箓生道民不朝拜，考病一年。……礼拜腰不申，来生得背伛报。"⑤可见，

---

① 《藏外道书》，巴蜀书社1999年版，第17册，第625页。
② 《醮三洞真文五法正一盟威箓立成仪·洁坛解秽第二》，《道藏》第28册，第492页。
③ 《醮三洞真文五法正一盟威箓立成仪·醮后诸忌第十三》，《道藏》第28册，第500页。
④ 《要修科仪戒律钞·卷九礼拜钞》，《道藏》第6册，第961页。
⑤ 《要修科仪戒律钞·卷九礼拜钞》，《道藏》第6册，第962页。

道教对礼拜的要求是很高的，对于违反戒规的处罚也是十分严格的。礼拜是道教徒敬奉神灵的主要方法之一，礼拜时必须严守道教的伦理规范。否则，就不能表示自己对于神灵的敬意和虔诚之情，这就需要我们大力加强当代道教礼神伦理建设。

（3）传度伦理建设。传度是指道门师尊向弟子传授度世之道法。道教历来就十分重视师承关系，接受师承时，度师说戒，弟子必须立誓守戒，不二法门。《太上出家传度仪》称："夫戒者，止恶防非，护正摧邪，无令傲忽，弗敢轻悔。今受汝十戒，以护身心，谛听受持，不可懈怠。"① 此十戒就是传度中的伦理规范，要求弟子必须严格遵守，不得违反。但是，目前流传下来的传度伦理规范中，有些内容已经不能适应现代道教发展的需要了，必须有所取舍和修改。因此，当代道教伦理建设要对传统的传度伦理进行革新和发展，以更好地适应现代社会和道教发展的需要。

4. 注重劝善伦理建设。劝人为善是道教伦理最为重要的内容之一，这种思想在道教经书中随处可见。《太上洞真智慧上品大诫》称："宁守善而死，不为恶而生。"② 《要修科仪戒律钞》引《洞神经》称："人有十善，必生福子；人有二十善，神明护己；人有三十善，辟除恶鬼；人有四十善，应死不死；人有五十善，终身无罪；人有六十善，道君自存；人有七十善，得与五岳相连；人有八十善，得脱死名；人有九十善，必为神仙；人有百十善，必升九天。"又称"学升仙之道，当立千二百善功，立功三千，白日升天"。③ 这种劝善伦理思想显然是当今社会应该加以提倡的，因为人类社会需要更多的行善之人，才能更好地维护社会的稳定和发展。因此，当代道教伦理建设要特别注重劝善伦理，建立符合时代进步要求的劝善伦理，增加适应时代发展的劝善伦理内容，强化其教化引导功能，发挥道

---

① 《太上出家传度仪》，《道藏》第32册，第163页。
② 《太上洞真智慧上品大诫》，《道藏》第3册，第391页。
③ 《要修科仪戒律钞》卷12，《道藏》第6册，第982页。

教伦理在当代社会发展中的积极作用。

　　总之,加强道教伦理建设,是当代道教自身建设的重要内容,是道教更好地服务当代社会的必然选择。当代道教伦理建设,必须要在继承传统中进行发展,必须要在促进自身发展中取得成效,必须要在服务当代社会中有所作为。只有这样,才能更好地发挥道教伦理的时代价值,促进当代道教事业的健康发展。

移动互联网时代道教的弘道之路

张月荷[*]

摘　要：20 世纪 80 年代随着互联网的普及，教徒们开始使用邮件群组，建立各种网站和论坛，网络宗教活动由此出现。2008 年后世界逐步进入移动互联网时代，博客、微博、豆瓣、知乎、抖音、秒拍，以及各类直播平台、网络电台成为中国宗教重要的宣传阵地；在虚拟的新媒体、自媒体平台传播推广的同时，公益组织、兴趣团体、青年营、读书会、法会等实体活动则为教团拓展人脉和培养人才。由此可见，当今时代道教弘法必须重视"虚实结合"。

关键词：移动互联网时代　网络宗教活动　虚拟新媒体　自媒体平台　道教文化　道教弘道

绪　论

肇始于 20 世纪 80 年代的互联网络带有多元性、开放性和个人性等特征，逐渐改变信息传播的形式和人们交往的方式。20 世纪 80 年代中期，一个名为 CommuniTree 的 BBS[①] 设立了"创建属于你的

---

[*] 张月荷，北京师范大学历史系本科，台湾政治大学宗教研究所硕士，香港中文大学文化及宗教研究系博士候选人，研究方向为现当代佛教、宗教社会学和宗教人类学。

[①] BBS 是 Bulletin Board System 的简称，翻译为"电子公告栏系统"。它是早期的一种网站系统，即现在流行的网络论坛的前身。一般的 BBS 站台提供布告栏、分类讨论区、新闻阅读、软件下载与上传、游戏、与其他用户在线对话等功能。

宗教"①版块，这成为网络宗教活动的滥觞。进入90年代，随着互联网的免费开放与普及②，世界各地越来越多的人加入互联网，其中不乏教职人员和宗教信众。第一个网络教堂始于1992年，由美国基督教长老教会创立。③ 1996年《时代》杂志刊登文章《在网上寻找上帝》④。受限于互联网技术，这一时期的网络宗教活动较为局限于文本层面：信众使用E-mail群组、BBS论坛来学习和研讨经义，约定聚会或分享心得，教职人员也通过网络布道讲解、给信众答疑，教团架设网站向教外人士传教……

与此同时，台湾的宗教团体开始运用卫星电视和网络论坛进行弘法。1995年，慈济开通了电视节目，一年后建立国际网站，法鼓山、佛光山、中台禅寺等佛教团体也纷纷利用网络弘法。台湾道教界具有代表性的有大龙峒保安宫和北港武德宫的网站，后者尤以简约精美著称。对比台湾，大陆的宗教团体网络活动起步稍晚，1999年五大宗教中天主教最早创建信德网，随后出现了基督教的"信仰之门"、中国基督教网，佛教的佛音论坛、地藏缘论坛，道教的老子论坛、"道教之音"等网站和论坛。2002年上海玉佛寺走在国内宫观庙宇前列，创建了玉佛禅寺网站，设有虚拟社区、网络博客和"网络佛学院"，还有"网上祈祷"功能，让信众不仅能够在线听经闻法，还可以参观寺院佛殿并上香供佛。⑤

2008年以来，智能手机、平板电脑等移动终端出现，3G和Wi-

---

① 创建属于你的宗教"（Create Your Own Religion）。Heidi Campbell. "Making Space for Religion in Internet Studies." *The Information Society*. Vol. 21, 2005, Pages 309 – 315.
② 互联网，英文称作"World Wide Web"，是依托互联网运行的一项服务，基于超文本传输协议，使客户可以通过客户端访问浏览器页面，其在20世纪90年代初被发明，之后宣布免费向公众开放。
③ www. godweb. org, Heidi Campbell, ed, Digital Media, Page 5.
④ Chama, J. R. C. "Finding God on the Web." *Time*. 149, 1996, Pages 52 – 59.
⑤ 唐名辉：《宗教组织的网络营销研究——以玉佛禅寺网站为个案》，上海大学博士学位论文，2009年。

Fi网络逐步普及,各种功能的移动应用软件(如手机App)被开发出来,中国与世界同步迈入移动互联网时代。2008年5月,国际电信联盟公布第三代移动通信标准(简称"3G"),中国提交的"TD-SCDMA"正式成为国际标准之一;2009年以来,"YY语音"、微博、微信,及"斗鱼""虎牙"等各类直播软件等相继问世;2015年初,中国移动应用下载量超过美国,占到全球总下载量的1/3;①2016年初,中国移动互联网用户总数达9.8亿户,其中移动宽带用户(即3G和4G用户)总数达到7.59亿户,占比达59.3%,② 同年9月"抖音小视频"一炮而红。智能手机使得互联网的准入门槛更低,更多的人得以参与进来。随着各种社交软件、新媒体、自媒体的兴起,深刻的技术变革改变了大家的信息传递、沟通互动和知识学习,也包括宗教的弘法方式、组织模式和实践活动:

> 当智能手机应用软件提醒人们禅修的时间到了,当佛教僧侣通过在线虚拟现实系统,将寺庙延伸到显示屏之外,毫无疑问,因特网、手机、电子游戏和其他形式的电子科技正改变着当今世界的宗教面貌。③

从90年代中期开始,计算机媒介和文化研究领域的西方学者开始关注网络宗教活动;④2002年《媒介与宗教期刊》(*Journal of*

---

① 《迈入转折期的移动互联网》,《中国移动互联网发展报告(2016)》,社会科学文献出版社2016年版,第1页。
② 同上。
③ "Introduction", Gregory P Grieve and Daniel V, eds. *Buddhism, the Internet, and Digital Media: The Pixel in the Lotus.* New York: Routledge, 2014.
④ 早期主要论文有利里(O'Leary)的《网络作为神圣空间:网络中的宗教交流》(1996)及他与布拉舍(Brasher)合作的《英特网中未知的上帝》(1996),讨论了网络上逐渐出现的宗教活动与其演变;休斯顿(Houston)的《虚拟中的道德》(1998)则重点关注了虚拟世界中的道德及宗教伦理问题,虚拟交流与线下宗教实践之间的相互影响也被讨论。此时的专著有扎勒斯基(Zaleski)的《赛博(转下页)

Media and Religion）创立，杂志最初讨论广播、电视、影碟等媒介上的宗教活动，很快发展到对互联网宗教议题的探讨；2005年《线上的海德堡杂志：关于互联网上的宗教》（*Online-Heidelberg Journal of Religions on the Internet*）出版，第一辑探讨了网络宗教研究的理论和方法，该杂志面向宗教研究、游戏研究、社会研究、文化研究、媒体研究、神学、人类学等多学科学者，之后出版的议题包含网上仪式，虚拟现实、数码游戏、移动应用、社交平台上的宗教等。这些宗教与网络、媒介议题的相关研究可概括为六个面向：1. 宗教的仪式与实践（rituals and practices）；2. 定义和理解（definitions and understandings）；3. 线上与线下的连结（online-offline relationship）；4. 社群（community）；5. 身份认同（identity）；6. 宗教权威（authority online）。[1]2012年以后，学者进一步认为应该在"Web 2.0"也就是移动互联网时代背景下，讨论新媒介对宗教的影响。[2]

2017年荷兰学者史芬妮编辑出版《中国的宗教与媒介》[3]，讨论了电视、微信、博客、微博、动漫等新媒介对于中国宗教的影响，涉及佛教、儒家、伊斯兰教和基督教在移动互联网时代的弘法活动和信徒的宗教实践细节。如大陆青年人运用优酷视频网站来创作、

（接上页）世界的灵魂：技术如何改变我们的精神世界》（1997）和迪克逊（Dixon）的《赛博教堂、基督教与因特网》（1997）等。

[1] Heidi Campbell. "Religion and the Internet: a microcosm for studying Internet trends and implications". *New media & society*. Vol. 15 (5), 2013, pp. 680-694.

[2] "Introduction", Heidi Campbell. *Digital Religion: Understanding Religious Practice in New Media Worlds*, Routledge, 2012, p. 3.

[3] Stefania Trauagnin, "Introduction: Religion and Media in China: Volume Objectives, Challenges and Themes." Stefania Trauagnin, ed. *Religion and Media in China: Insights and Case Studies from the Mainland, Taiwan and Hongkong*, Routledge, 2017, pp. 1-16.

传播、交流含有佛教意涵的影片;① 以台湾的星云法师和香港的道心法师为例,宗教的"明星效应"对扩大佛教影响力起了积极作用,但道心法师以"艺僧"形象发表专辑,创立服装品牌,成为网络红人,引发"佛教是需要严肃对待的宗教还是一种大众文化"的讨论;② 在上海的台湾慈济团体运用微信促进佛教跨区域的"共同体构建",并为汉传佛教团体带来世界主义倾向;③ 遗憾的是,作为本土宗教的中国道教在新媒体平台上的活跃度和能见度较佛教、基督教等宗教团体似乎逊色不少,以至于本文并没有道教的案例。

2016年,在台北行天宫任职的学长曾向本人询问,应当如何使用新媒体平台向大陆弘道,他们曾找了一家大陆公司协助开发手机App,但效果并不好,于是希望向大陆网络弘法较为出名的宗教团体咨询经验。④ 大陆宗教界的第一"网红"无疑是延参法师,2012年6月,一段受采访时被猴子调戏的视频在微博、微信广泛流传,原本默默无名的法师人气飙升。出名后的他积极更新微博,与网友频繁互动,发行佛学新书,参与电视节目,开通直播平台。延参法师的微博拥有近4500万粉丝,直播讲法时的在线人数可以突破10万。这个例子非常好地展现了新媒体、自媒体的扩张性能够促进宗教弘法事业的发展,在移动互联网时代,它们的影响力超越传统的论坛

---

① Samuel Lengen. "Beyond the Conceptual Framework of Oppression and Resistance-Creativity, Religion and the Internet in China." *Religion and Media in China: Insights and Case Studies from the Mainland, Taiwan and Hongkong*, Routledge, 2017, pp. 110 - 128.

② Scott Pacey. "Eminence and Edutainment-Xingyun and Daoxin as Television Celebrities." *Religion and Media in China: Insights and Case Studies from the Mainland, Taiwan and Hongkong*, Routledge, 2017, pp. 71 - 89.

③ Weishan Huang. "Wechat Togethher about Buddha-The Construction of Sacred Space and Religious Community in Shanghai through Social Media." *Religion and Media in China: Insights and Case Studies from the Mainland, Taiwan and Hongkong*, Routledge, 2017, pp. 110 - 128.

④ 2014—2017年笔者就读于台湾政治大学宗教研究所。

和网站，成为宗教团体必须重视的弘法阵地。

那么在移动互联网时代，当代道教弘法有怎样的创新可能性呢？笔者希望借由对台湾宗教和网络宗教的研究经验，结合当下某些道教和佛教的例子进行讨论，唯愿抛砖引玉，能对道教弘道方式提供有益借鉴。

一、虚实结合：拥抱移动互联网与新媒体

充分利用移动互联网，发挥其高科技、高能效作用，是道教弘教方式的重要内容。当今社会，移动互联网改变了信息的形态，也扩大了信息的来源，加之现代社会生活节奏加快，信息呈现碎片化、浅显化和去中心化特点。一方面，在新媒体平台上，阅读内容不再是成体系的篇章，而是割裂成小段的文字。长篇的义理解析和艰涩的经文开示无人问津，带有生动配图的微博、三分钟抖音小视频、标题有趣的公众号推送才吸引眼球。但另一方面，正因为移动互联网的便捷，忙碌的现代人得以在片刻闲暇中浏览新闻、学习知识和与人交流。可以说新媒体一定程度又帮助人们拼凑了碎片化的时间。更重要的是，新媒体向个人用户开放，每个人都能成为自媒体，参与到信息的生产、消费与再生产中，利用人际网络扩大信息传播。除佛协、道协、寺院、道观外，教职人员和在家居士也可参与进弘道事业中，极大增加了宗教信息的多元性、互动性、广泛性和复杂性。

道教界在运用流行的新媒体、自媒体向社会大众弘道时，首先要了解不同新媒体平台的特点并加以利用：

1. 博客。"新浪博客"于 2005 年上线，随后成为中国主流的网络日志，是最早出现的新媒体之一。它更多地依托于网页而非移动端，能够承载大量文字和图片，并可在博客和微博平台转载，博客作者还可以和网友展开讨论。它适合发布大型法会的图文报道、道经义理的解析文章、道观生活的体悟反思等较深刻和正式的内容。

如"道教之音"博客常发布祖师圣诞的图文介绍、教界新闻和道教常识等；北京白云观的赵崇羽居士在博客上阐述自己的义理观点，还开通了微博"@崇羽居士"发布他为白云观拍摄的精美图片，其微博粉丝和博客浏览量均已破万。道长与居士们主动拥抱新媒体，能让社会大众了解道教的思想文化和生活方式，从而接引有缘人。

2. 微博。新浪微博于 2009 年上线，它具有很强的实时互动性，可以参与、制造热点话题，上了"热搜"就可以被全国用户看到。微博有字数和图片数限制，可通过长微博软件制图解决，还可插入视频链接。全真龙门派梁兴扬道长于 2010 年开通新浪微博"@全真道士梁兴扬"，到 2015 年 5 月初，其微博只有 4 万人关注，之后他写了反驳美国国务卿关于南海风水问题的微博，由于幽默风趣、时事性强而引发网友热议。他目前已有 130 万粉丝，并主持"道听徒说"频道，成为微博签约自媒体。2016 年底，95 后坤道杨崇元（微博"@二吏"）策划"小道科普"系列视频在微博连载，风趣幽默地为大家普及道教常识、展现道门生活，偶尔秀一口流利的英文，她很快蹿红并拥有了 28 万粉丝。由此可见，微博适合通过简单的图文和小视频，跟大众分享道众的日常生活，也可以开辟"答网友问"和微博话题，促进与公众的互动交流。

3. 微信公众号。2011 年上线的微信是当前华人使用最频繁的实时通讯软件。2016 年底，微信覆盖中国 94％以上的智能手机，月活跃用户数达 8.89 亿；2017 年，好友数达 200 人以上的用户比例近 45％，500 人以上的则占 13.5％。[1] 基于惊人的用户数量、活跃度和关系网络，微信公众号成为移动互联网时代中国最重要的新媒体之一，截至 2017 年 9 月，其注册数量已超过 2000 万个，活跃的公众

---

[1]《深度解读微信 2017 年最新报告》，搜狐网，2017 年 4 月 24 日，http://www.sohu.com/a/136193125_350699（2018 年 12 月 30 日）。

号达 350 万个。① 公众号针对订阅用户推送，可以是道教短文、道观新闻、法会消息、生活知识、养生保健等内容。目前龙虎山、武当山等道教圣地以及各级道协和一些道教文化公司都有自己的公众号，每日阅读量从几百到几万不等。公众号的内容宜贴近社会热点以增加阅读量，比如上面提到的梁兴扬道长，他的公众号发表了 2100 多篇原创文章，阅读量一般是 900 左右。而 2018 年末金庸先生去世时，《金庸世界中的道教知识九则》一文的阅读量比平时翻了一倍多。另外，微信的朋友圈功能可以最大化社交网络的集体协同效应，应鼓励道友发布心得体悟、转载弘道文章。

4. 抖音、秒拍等短视频。它们能够拍摄仪式、经乐、传戒、拨职、练武等道教生活的方方面面，并能在微信和微博平台进行转载。两位身怀功夫的道长，微博为"@武当胡玮哲"和"@武当蒋师莫"，他们常发练武的小视频，拥有数十万粉丝；武汉大道观观主，微博"@山幽清君"，常发布道乐团演出的内容；"@天竺山道观"的图文微博展示了道人的山居清静生活；"@西安万寿八仙宫"的微博有丰富的法会报道和道教知识……由于视频具有动态记录的功能，不仅可以呈现更多道门生活、仪式、学修的细节，也可以用来制作教学和科普视频，比如上文提到的坤道杨崇元（微博为"@二吏"）策划的"小道科普"系列视频，又如北京白云观制作的太极拳教学视频等。

5. 各类直播平台。它们使教职人员可以与公众"面对面"地同步交流，也可以对道门生活、法会仪轨进行直播。比如在"一直播"平台迅速蹿红的播主"道长马崇道"，他的直播有制作素食、习武练剑、法事活动，也有与网友的互动问答。由于其长相清秀俊朗，并且拥有活动策划团队，2017 年开通的微博"@马崇道"现已有 30 万

---

① 《微信 2018 影响力报告》，http://baijiahao.baidu.com/s?id=16004678357992026428&wfr=spider&for=pc（2018 年 12 月 30 日）。

粉丝。除了教职人员通过直播平台向大众讲经说法，居士则可通过"YY语音"、ZOOM这类直播软件进行集体学习，它们有播放幻灯片、分享文档、互动问答等功能，且打破了地域的限制。

6. 喜马拉雅FM、蜻蜓FM等网络电台。它们可以上传道经开示、有声书等。为了更好的收听效果，音频建议分段在半小时左右，不宜过长。目前蜻蜓FM中的道教频道愈11万，比佛教栏目还多一倍，很多居士朗读道教书籍的热情很高，也会上传一些道长开示的内容。

7. 豆瓣、知乎、果壳等社区网站。豆瓣更偏向兴趣网站，豆瓣的道教小组目前有一万多人，豆瓣小站功能则类似论坛，宫观可以创立小站发布日志。知乎、果壳偏向知识性网站，用来提问和回答。梁兴扬道长是知乎网著名的答主，有超过11万关注者，日常解答网友有关道教的提问。

将现实中的道门生活展现在新媒体平台上是"由实转虚"（offline to online）的过程，需要更好地呈现文字与图片信息。这些新媒体利用人们碎片化的时间，所以发布的文字不宜艰深、配图需要生动。博客、豆瓣、知乎、有声书等可以更具知识性，而小视频和直播平台则要有特色、有吸引力，比如道家功夫、道家美食、道乐艺术等。成为微博"网红"道长需要个人魅力的展示，比如马崇道道长的"俊"或梁兴扬和杨崇元道长的"萌"，也需要持续不断地发布内容，与网友互动来经营微博。宗教弘法还可以创造有代表性的文化符号，可以参考佛教"一禅小和尚"（抖音：yichan6666）。

坚持运营新媒体既是当代弘道的要求，也可以培养锻炼出家众和居士的能力。撰写学修心得、道观新闻、常识科普等文章能够增加道众对道义、修行的理解，与网友互动问答则可以锻炼弘道能力。道场也应鼓励义工参与博客和微博写作，增加他们在活动中的参与度和心灵体验，转载和点赞也会增加他们的价值感和满足感，更利于居士团队的凝聚。

反过来，这些网络平台的内容又成为弘道时现成的素材库，实现"由虚到实"（online to offline）的转换。博客和微博的文字浅显生动，多是道众、居士内心的体悟，网友的提问则反映出社会大众的心灵需求，道长的回答既深入浅出又不乏道理，在这些互动问答中筛选精华、进行分类编辑，可以成为微信公众号的推送内容，也可以集结成实体书出版。在畅销书方面，道教可以借鉴佛教经验，此前流行的《和尚·博客》素材就是在线博文和微博答问。而诸如白粥馆《听小和尚讲故事》系列和近期热销的《阿弥陀佛么么哒》《愿你没有白白受苦》等书，都是通俗易懂的心灵散文，也有不少博文改编的成分。

运用移动互联网技术和新媒体平台属于弘法的"走出去"层面，如 2019 年 10 月武当山在纽约时代广场大银幕打出巨幅"跨国：武当派全球集结令"的广告吸引游客，这增加了社会大众对我们的了解、对道教的兴趣。但更重要的在于"领进门"，与社会大众产生实体连结和互动，在这个层面上，道教宫观应该开展更多实体活动，重视线下部分的发展，实现真正的"虚实结合"。

二、拓展人脉：发展公益组织与兴趣团体

发展公益组织与兴趣团体，是道教弘教方式的有效途径。当代中国，虽然经济发展、科技进步、综合国力显著提升，但依然存在贫困、疾病、灾害、养老、教育等社会问题。同时现代化、全球化与信仰缺失造成很多人的迷茫、抑郁、困惑，拜金主义、虚无主义、功利主义盛行。庄子曰"今者吾丧我"，"我是谁，我要成为什么样的人，我的意义是什么？"成为很多人思考的问题。在这个背景下，发展公益组织，开展助学、赈灾、敬老、教育、心理热线等项目，发展道教武术、音乐、茶道、读书会等兴趣团体，既符合道教济世度人的精神，也能拓展社会人脉，促进道教文化传播。

道教团体在公益事业上的参与，有必要借鉴佛教界已有的经验

教训。在我国宗教团体从事公益事业方面，1966年证严法师在台湾创立的佛教慈济基金会首屈一指，其有慈善、医疗、教育、人文四项，统称为"四大志业"，又投入国际赈灾、骨髓捐赠、小区志工、环境保护，共称"一步八法印"。①慈济下属有青年篮球家族联谊会、书画联谊会等兴趣组织，有教师、医生、警察及消防等行业组织，以及遍布台湾各大高校的大专青年联谊会。2017年，慈济在全球57个国家拥有643个分布点，其中大陆36个，全球慈济和慈诚委员（分别代指男、女骨干义工）总人数达96251人②，还不包括固定捐款普通志愿者。西方现代物质文明发展，传统家庭纽带被破坏，出现道德沦丧和社会问题，证严法师认为"台湾的社会病了"，这是从人的内心引起的。③慈济功德会通过自己的公益事业，在市场的物质交换和政治层级价值观外，为台湾社会注入一种超越性的道德思考，促成公民社会精神和文化纽带的形成。④近年来，大陆的宗教团体也与政府展开合作，如各级佛教协会成立的基金会，或是依托道场收入发展宗教慈善事业。⑤

慈济的参与者很多原先并无佛教信仰，只是对公益慈善有兴趣，但通过慈济的活动他们开始对佛法有兴趣，甚至成为虔诚的佛教徒。

---

① 慈济全球资讯网·基金会简介，http：//www. tzuchi. org. tw/2017-11-20-00-12-02/2017-11-20-00-08-46/%E5%9F%BA%E9%87%91%E6%9C%83%E7%B0%A1%E4%BB%8B（2018年11月7日）。
② 慈济全球资讯网·慈济2017年年鉴，第376—378页。http：//www. tzuchi. org. tw/ebook/almanac/2017almanac/（2018年11月7日）。
③ 丁仁杰：《社会脉络中的助人行为：台湾佛教慈济功德会个案研究》，联经出版公司1999年版，第173页。
④ 关于慈济对台湾公民社会形成的作用，参赵文词《民主妙法：台湾的宗教复兴与政治发展》书中《第二章·慈济：佛教慈悲的现代化》，黄雄铭译注，台湾大学出版中心2015年版；安德瑞、宗树人、吴科平的《慈善活动与中国的公民社会》一文，也阐述了相似的观点，见于宗树人、夏龙、魏克利主编的《中国人的宗教生活》，吴正选译、余伟韬校，香港大学出版社2014年版。
⑤ 安德瑞：《佛教慈善与中国的社会政策：替代性社会文明的契机?》，汲喆、田水晶、王启元编《二十世纪中国佛教的两次复兴》，复旦大学出版社2016年版。

这一点对道教而言具有一定的启发性。"先参与，后皈依"，慈善事业的参与成为信众与教团进行双向考察的重要机缘。20世纪90年代开始，慈济出版了易读的介绍资料、法师语录和影像材料，发行有《慈济道侣半月刊》和《慈济月刊》，并在电视台、网络进行宣传。但根据台湾中研院丁仁杰的研究，通过传播媒体和在公共生活空间被招募的成员比例低于15%，事实上愈85%的慈济成员经由自身社会网络中的亲朋好友和同事的介绍而加入。① 同样的情况见于北京市仁爱慈善基金会，它有环保、助学、赈灾、敬老、倾听热线、临终关怀等14个项目，不仅拥有自己的网站、博客、微博、公众号，还开发了手机App。其中奉送免费爱心粥的"仁爱心栈"在全国共有52家，每个栈点开设自己的博客，每日奉粥都有专门的志愿者摄影并发表博文日志，写明参加的志愿者人数、分工情况和心得体会，也会转载于微博、网站论坛和公众号中。但实际上，仁爱心栈这些博文的阅读量并不大，更像是志愿者的分享心得体悟的渠道，而"朋友或熟人主动推荐"占志愿者了解渠道的57%，"仁爱基金会举办的其他慈善活动"为17%，通过网络查找仅占2%，而在既有志愿者中，主动邀请过新志愿者的占84%，甚至有14%的志愿者曾经邀请过9人以上。② 因此丁仁杰认为，对"社会网络"的重视、团体"情感连带"的建立和"高度互相支持与相互关怀"的模式是慈济功德会成功的原因。③

根据笔者的田野调查，仁爱基金会北京红莲心栈2016年的当值

---

① 丁仁杰：《社会脉络中的助人行为：台湾佛教慈济功德会个案研究》，联经出版公司1999年版，第142页。
② 《北京市仁爱慈善基金会仁爱心栈"志愿者关怀调查与研究"项目研究报告》，2014年12月20日，第13页。本项目为仁爱基金会内部调查，参与成员为仁爱基金会社会学、管理学的志工，和各仁爱心栈负责人，参与问卷填答的有效志愿者总数为730人，还包括对每个心栈3至5名典型人物的深入访谈。
③ 丁仁杰：《社会脉络中的助人行为：台湾佛教慈济功德会个案研究》，联经出版公司1999年版，第163、215页。

栈长涂居士原先并不信仰佛教,他有着自己的咨询公司,偶然参与了慈济在北京的公益活动,后来加入北京仁爱慈善基金会,负责每日在北京西站南广场派送爱心粥。他将这种公益组织结合信仰学修的模式论述为"三级火箭":第一级是慈善,引导爱心人士入善门,有互动体验;第二级是学佛小组,带领大家思考和学习,引导人们入佛门;最后一级是去道场学修佛法,乃至发心出家。这些是火箭线下实体活动的部分,而线上有博客、微博、论坛上的学修资料和讨论互动,还有依托"YY语音"等新媒体平台的虚拟共修,整个弘法架构非常立体,所有人都能参与进来:

> 现代人职场压力很大,生活有很多困惑。他有困惑需要解决,需要开心,我们现在对于新志愿者就是先让他开心,让他觉得很活跃、气氛很好,他会过来。到一定时候,就赶紧给他安排岗位,让他承担一定事情,让他互动起来。第一步先让他开心,让他过来。第二步让他承担,我们之间产生互动的连结,不是一种简单的、给予的连结,那样没有意义。要让对方有体验、有感受、有参与、有价值、有成就感……有奉粥的,然后有学佛小组,整个就融到一块儿,顺便你再带两个亲戚朋友去,那人脉很快就拓展了。这个圈子起来之后,就会自主运作。移动互联网时代,我的理解:第一个是信息透明,快速流动,平等民主;还有一个,自组织、无领导,自己会运作起来。运作起来之后,你有问题我给你解决,我们自己解决。①

如涂居士所言,实体的慈善活动和兴趣团体不能只是"给予的连结",或停留在新媒体平台弘法"走出去"的层面,实体的活动应该赋予宗教弘法以互动性吸引力。汇聚人脉的核心是形成和谐快乐

---

① 涂居士口访记录,田野调查笔记,2016 年 5 月 16 日,北京海淀。

的团队，让大家在其中找到存在感、价值感和满足感，同时赋予这种行动以"意义"，便能不断吸引人向善地去付出，进而引导他们进入信仰的层面。

目前已经有很多道教团体开启公益事业，以北京白云观为例，2015年设立道教艺术慈善基地"抱一艺坊"，通过组织当代艺术名家进行慈善义卖活动来筹集经费为贫困儿童治疗眼疾。除此之外，道教中如太极拳、气功、辟谷、道医、读经等活动，也可以给人们带来快乐，增加人们的参与感和互动体验。比如白云观在北京各区开设短期兴趣班，分派道长向市民传授太极拳、八段锦等，周末本山道场还有全家人参加的亲子班，以及茶道、香道、书法等雅集活动；广州纯阳观设有纯阳观慈善服务中心，还有武术班、道医馆和弘道堂，定期举办道学、国学、养生、易经、中医等免费讲座，功夫培训和书画展览。

通过慈善事业和兴趣活动积累的人脉，如何转化为道教弘法的人才呢？这既需要创立连结道场观内与观外、网络线上与线下、引导居士学道的教育体系，也需要创新他们体验道教修行、参与道教弘道的形式。

三、培养人才：青年营、读书会与法会等

道教人才的培养是当代道教弘教的关键所在，青年道长是道教传续的命脉所在，而在家居士是弘道事业发展的社会基础。通过新媒体平台、公益组织和兴趣团体吸引的人才，需要稳定到道教的学修组织和道观的义工队伍中去，不断增加他们的参与度和价值感，使其成为兼备道教知识和事务能力的弘道人才。

就这一点而言，佛教方面依旧可以为我们提供某些现成的经验。针对青年的佛学营队在台湾由来已久，如慈济青少年营、慈济大专青年心灵成长营、法鼓山卓越禅修营、中台禅寺星灯营、佛光山青年生命禅学营等。1987年，台湾发生香光寺"学士尼事件"，1996

年又发生"中台禅寺事件",数十个女大学生选择剃度出家成为比丘尼,这在当时台湾社会引起不小的轰动。① 大陆最早开办的青年禅修营是河北赵县柏林禅寺的"生活禅"夏令营,1993年至今已举办20多届,特点是把佛法当成一种文化让青年人体验,重在仪式、饮食、音乐、生活层面,还邀请名人讲座,在网络、媒体等平台上进行宣传。2005年至2007年,莆田广化寺举办了11届"福慧之旅·寺院生活体验营",不少硕士、博士学历的青年由此剃度出家。从台湾当年的大学生,到如今大陆的研究生,这些富有学识、掌握现代科技的青年人为宗教弘法注入新的活力。

道教团体举办类似的青年活动较佛教晚很多,以文化创意产业著名的台湾北港武德宫从2011年开始举办青年写生比赛,大陆道教圣地武当山近年开办了以功夫为主题的青少年夏令营活动,然而受限于政策和场地,各地方的宫观很少组织大型营队活动。其实除寒、暑假的青年营外,针对少儿的教育班、托管班也是宗教团体接引人的方式,台湾的基督教团体帮助上班家长(部分是教徒)接孩子,辅导他们学习,课程中或加入读《圣经》的内容;莆田广化寺周末的国学班有上百个孩子同时上课,学习《弟子规》等蒙学和国学课程,陪同的家长则需参加同时段由法师带动的佛学学习。利用周末时间,道观庙宇可以开设短期修行体验营,还可以与企业合作,筹划行业类体验营和拓展项目,给疲惫的从业者以精神的放松和社交的空间。以上这些活动能够让青少年、各行各业的人走入宫观庙宇、体验宗教生活,结下佛缘和道缘。

除此之外,道观还可以举办读书会、读经会、抄经会等活动,面向年龄层更宽的社会大众。《道德经》《常清静经》《阴符经》等都是适合读诵和抄写的经典,也可以读一些通俗的国学作品和道长著

---

① 李玉珍:《出家入世——战后台湾佛教女性僧侣生涯之变迁》,《回顾台湾、展望新故乡——台湾社会文化变迁学术研讨会论文集》,2000年,第409—441页。

作，场所可以设在道观内、居士家中或是公园、图书馆等公共场所。读书会能为居士提供基础义理的学修，也是一种业余的社交活动，大家可以品茶、听琴、吃茶点、交换礼物……在丁仁杰对慈济的研究中，通过"频繁的非正式会议"和"家庭类比关系"对于建立团体内部成员间的"情感连带"至关重要。定期聚会能够增加信众的乐趣，也鼓励大家互相帮助、拓展人脉。同时，道长们带领读经、回答问题，可以提高自身讲经弘道能力，也可以了解信众的困难和需求。

最后，是让居士更多地参与道观法会、展览等活动的筹办。由道长带领义工们一起采买、布置、推演流程，鼓励他们在法会期间负责拍照、录影、引领等工作，结束后帮忙撰写新闻、发布新媒体资讯。如果义工人数较多，可以建立组织架构，召开筹备会和总结会，分享自己的收获、心得和成长。每次法会后对活动资料进行存档和学习，以便新义工能够快速上手。居士在法事活动中的充分参与，可以加深居士们与道众的感情，也是他们体验宗教生活的一个窗口。这样既锻炼了宫观的义工队伍，也有可能吸引他们加入教职人员的行列。

结　　语

新时代道教的弘道之路，必须与时俱进、创新发展，一是要拥抱新技术和新媒体，将道教的文化广泛地传播出去，这需要宫观、道众勤于使用微博、微信、小视频等平台，善于利用图文、视频展现道门生活，并保持与网友们的交流互动，参与时事讨论，吸引更多的社会关注。二是发展公益组织和兴趣团体，主动地服务社会，以实体活动来吸引善信、拓展人脉。三是在吸引人才之后，要组织学修活动提升其道教义理水平，让其承担法会活动增强宗教体验、参与感和价值感，为道教弘道积蓄二众人才，努力实现道教弘道方式的创新发展。

道教养生文化的转型与发展

李似珍*

摘　要：道教的养生理论与实践经验总结，体现了对人的生命的强烈关注。这种关注在近现代受到科学视角的审视，并有了条理化、系统化的梳理，构成了道教文化的重要组成部分。20世纪80年代后，这种考察是从对养生文化的主旨、主要门类及视角、历史演变及典籍诠释、实践方法等方面进行的。这样的思考成为道教养生文化现代转型的特征与主要内容，也是我们进一步发展道教养生文化的基础所在。

关键词：道教　养生

引　言

波兰人类学家马林诺夫斯基曾言："人类对于生命继续的坚定信念，乃是宗教的无上赐予之一。"[①] 如果说在其他宗教教义里，这种宗旨体现得颇为曲折的话，道教的教义则对此给出了明确的启示。道教中人以"神仙"为理想目标，认为有生命的人类，在自然界中居于天地万物之首位，人能够通过自身的修炼，长生成仙，达到与

---

* 李似珍：华东师范大学哲学系教授，道教养生研究专家。
① [英] 马林诺夫斯基著，李安宅译：《巫术·科学·宗教和神话》，中国民间艺术出版社1986年版，第33页。

天地并生、与万物为一的境界。为实现这样的理想追求，道教中人创造出以养生为宗旨的修行方式，并在其漫长的发展历史中形成相应的养生理论与实践经验，体现了对人的生命的强烈关注。这种关注在近现代被用科学的视角加以审视，得到条理化、系统化的梳理，构成了道教文化的重要组成内容。进入 20 世纪 80 年代以后，这样的考察与探究又在养生文化的主旨、历史演变及其规律、主要实践方法及其评判、运用等方面获得进一步发展，这些都构成了我们道教养生文化在现代转型的特征与主要内容。现代道教中人有关养生文化创新发展的思考，无疑将以这样的基础为立足点而进行。所以本文的重点将放在有关道教文化的主旨、历史演变阶段、主要构成界定及实践方式方法探索等方面进行，力图对道教的文化创新发展提供新的意见。

一、道教养生文化主旨思考

按照现在学术界的理解，道教养生学说是在魏晋时期形成以"道"为基本法则、以行气吐纳、内外丹混修等为宗旨的养生理论和实践。以后历经唐宋元明清时期的发展，形成为较为系统的、融医学与文化于一体的思想和实践体系。其实中国人对文化持有相对于经济、政治等的人类全部精神活动及其产品的认识，是在近现代时期之后才明确起来的。同样全面审视道教养生思想观念，认其为中国传统文化中的一分子，也只有在进入近、现代社会以后才能发生。我国宗教学者牟钟鉴曾指出："道教的理论和养生联系很密切。还有气功，大部分也从道教来，老百姓日用而不知。"[①] 这种养生文化由于与自然科学，特别是医学密切结合，所以便具有了济世利人的现实价值。这样的见解提示了道教养生学说与教派思想之间的联系，

---

① 牟钟鉴：《固本化外：中国宗教学研究的历程、问题与现实价值——牟钟鉴教授访谈录》，《晋阳学刊》第 3 期，第 7 页。

并自理论高度对两者关系加以了提升。不过，这种认识在近代中国社会尚未能获得理解。在当时，道教养生炼养多被认作为一种宗教性的实践手段，因其晦涩难懂，而缺乏从理论角度的审视。"五四"新文化运动之后，人们往往将"科学"定位于西方自然科学系统，而自成一统的道教养生文化，被搁置于现代学术体系视野之外。

打破这方面偏见者当首推近现代学者陈撄宁（1880—1969）。[①]陈先生是一位对道教与中医均有所探索的学者，他尝试用西方科学手段来探究道教中的养生术，在经过了炼丹实验之后，他又转向研究内丹术。在将自己的探究命名为"仙学"的同时，还提出以内丹学救民的倡议。为此，陈先生提出了"仙学有方法可实验，有系统可以研究，有历史可以考证"[②]的观点，为近现代道教养生学研究开创了以实验加以印证、考察历史、梳理体系的理论探索方法，起到了开先风气的作用。

陈撄宁的仙学得到了弟子胡海牙（1914—2013）等人的继承，他们通过编撰《陈撄宁仙学精要》《道教与养生》《仙学指南》等著作，将历代口耳相传的丹道秘诀加以解释，纠正了许多养生修习中的偏颇弊端，并在实践上有许多的体悟与理论总结。

1949 年以后，陈先生曾作为中国道协会长，提出了"学理，重研究不重崇拜；功夫，尚实践不尚空谈；思想，要积极不要消极；精神，图自力不图依赖；能力，宜团结不宜分散；事业，贵创造不贵模仿；幸福，讲生前不讲死后；信仰，凭实践不凭经典；住世，是长存不是速朽；出世，在超脱不在皈依"[③]的十大仙学箴言。他的这种做法，是以仙学作为道教的文化核心，以此为救国救民宗旨服

---

① 陈撄宁（1880—1969），中国近现代道教领袖人物，仙学创始人。原名元善、志祥，后改名撄宁，字子修，号撄宁子，安徽怀宁人。有"仙学巨子"之誉，道教界敬誉其为"当代的太上老君"。
② 胡海牙、蒲团之：《陈撄宁仙学大义》，《气功杂志》2000 年第 7 期，第 304—307 页。
③ 胡海牙、武国忠：《陈撄宁仙学精要》，宗教文化出版社 2008 年版。

务，在当时确实在一定程度上起到了将道教从衰败境遇中解脱出来的作用。

陈撄宁先生改良道教的努力得到了很好的回报，人们称他为道教文化现代转型的杰出代表，中国近现代道教养生学说的转型因此走上了发展的途径。不过在此后他似乎不再延续"仙学"之称，而代之以道教学术。20世纪60年代初，陈先生以中国道教协会会长的身份，向中央统战部和国务院宗教局建议开展道教研究工作时，便是将道教经典中有关医药学、养生学等资料，看作为中国传统文化中的优良部分，说它们能为繁荣和丰富社会主义文化服务。这样的看法得到了政府主管部门的认同，于是这种将道教养生学说与传统文化相联系的认识，就被道教中人乃至全部国人熟悉了。①

1961年11月中国道协成立研究室，所撰写的《中国道教史》已有关于道教养生方面的内容。在所组织编写的著作中，也有《神经衰弱精功疗养法问答》（陈撄宁著）、《〈太平经〉中的医药理论》（李养正著）、《〈悟真篇〉丹法源流》（王沐著）、《〈悟真篇〉丹法要旨》（王沐著）、《内丹养生功法指要》（王沐著）、《道教养生法》（贠信常、石宇森选编）等有关道教养生方面的著作。不过，在所撰写的《辞海·道教类》条目中，尚没有"养生"的专门条目，可见关于道教养生的内涵还没有确切的界定。

20世纪80年代前后，中国社会科学院、北京大学、四川大学等学术界纷纷加入了道教文化研究的行列，道教养生术作为道教思想中的重要组成部分，受到了充分的关注。从当时一些学术研讨会议多以"中华道教养生文化"冠名的情况来看，过去有"内养方术""养生术""丹法""仙学"等多种提法的道教养生学说，现在多用"道教养生文化"一词统称。这样就体现出其在定义认同上的一致趋向。其中如中国道教文化研究所组织撰写的"道教文化丛书"中收

---

① 参李养正：《当代中国道教》，中国社会科学出版社1993年版，第117—120页。

入的孟乃昌的《道教与中国医药学》、李远国的《道教与养生学》（燕山书社，1992）等；上海陈耀庭、李子微、刘仲宇合著的《道家养生术》（复旦大学出版社，1992）；四川省社会科学院李远国撰写的《气功精华集》（巴蜀书社，1987）、《道教气功养生学》（四川社会科学出版社，1988）、《中国道教气功养生大全》（四川辞书出版社，1991）、《中国道教养生长寿术》（四川科学技术出版社，1992）；上海洪丕谟编著的《道教内丹养生术》（上海书店，1991）、《道教长生术》（浙江古籍出版社，1992）等专著，都曾对道教养生理论特征、历史渊源、现代价值等方面有过探讨，提出一些具有开拓性的意见。如李远国、陈耀庭等学者都曾将道教养生术基本理论总结为：重人贵生的人生哲学，形神统一的生命观念，性命双修的内炼体系，逆修返源的仙道理论。① 这些在当时都具有创新意义。

尽管如此，从总体上看，对于何为"道教养生文化"，学术界还是有不少模糊之处的。这主要体现在：

1. 道教词典类没有关于"道教养生"一词的名词解释。这可通过查阅1994年闵智亭、李养正主编《道教大词典》（华夏出版社）、1999年闵智亭、李养正《中国道教大辞典》［台湾东久企业（出版）有限公司］及《辞海》中相关条目得知。1995年胡孚琛《中华道教大辞典》（中国社会科学出版社）中有关于"道教养生功法""内丹学"等的词条，但都只是养生锻炼角度的解释，没有关于其理论分析方面的内容。

2. 搜索网页，"百度"上至今没有关于"道教养生""道教养生文化"一类的词条，"百度知道"上有关"道教养生文化"的条目中曰：

---

① 参李远国：《中国道教长寿术》，四川科学技术出版社1992年版，第1—2页；陈耀庭、李子微、刘仲宇：《道家养生术》，复旦大学出版社1992年版，第2页。

养生术被认为是能沟通人仙关系的桥梁。李约瑟博士在《中国科学技术史》"道家与道教"一卷中论述这一问题时说："道家只求长生，并不是认为精神不死，而是实体的长生，也并非认为长生是人生问题的解决途径之一，而是唯一的解决途径。"正是这样，养生术与先秦神仙家直至后来的道教结下了不解之缘，并随着这一宗教体系的发展演化而形成一门博大精深的、蕴含着高度健身疗疾价值的古代人体科学和养生方法体系。

这里引了李约瑟《中国科学技术史》中的话，认道教养生文化为"人体科学和养生方法体系"。这是以科学的角度对道教养生文化的评判。但是值得注意的有两点：（1）文字里没有涉及养生文化的内容，而是用养生术加以指代。（2）主语用的是"道家"而非道教。至于道家与道教之间的关系，还是含糊不清的。

类似的认识上的模糊之处，还表现为"养生术"与气功、仙道与养生的关系，等等。至此可以说，关于道教养生文化的主旨，我们还是有不少模糊的地方。学术界数十年来对"道教养生"开展了很多研究，也取得了可观成果。笔者注意到詹石窗教授的独到心得，他曾经提出可以用"养生延年"来概括道教的生存理念与生存技术，"养生"表示生存原则、方法、路径，"延年"表示基本的生活目标、一种长续健康的状态。① 这种"生存原则、方法、路径"的提法，提示我们在理论层面细化、提升"道教养生""道教养生文化"等概念内涵的路径。詹石窗主撰的《道教与中国养生智慧》，定义"养生"："就一般意义而言，在于保养人的身体，以至延年益寿，故而有养生学、医药学之类知识系统。"② 而道教的养生则可以"智慧"冠之，这些说法都具有着启示与新意。思考其中的意蕴，收集、吸取类似

---

① 参詹石窗：《道教文化养生及其现代价值》，《湖南大学学报》2015年第1期。
② 詹石窗：《道教与中国养生智慧》，第2页。

这方面的研究成果，深化与继承这方面的研究，显然是我们在今后道教思想文化研究中需要着力去做的事情。

二、道教养生文化门类及视野的认定

道教养生探究内容的较为正式的提出，大致是 1949 年以后。据李养正《当代中国道教》一书所说，1961 年 3 月 22 日在由中国政治协商委员会宗教组召开的座谈会上，陈撄宁先生提出："道教学术内容包括很广，如气功疗病（吐纳、调息、行气、布气、聚气、散气、六字气诀、十八字诀等）、动功健身（行蹻、引导、五禽戏、龙虎功、八段锦、太极拳等）、静功养性（止念、存神、守中、抱一、定观、坐忘等）、药石延龄（各种丹药法、各种服食法等）。其他高深的，如内丹、外丹、医学、针灸、老庄哲学等，都是道教的学术，而道教的精神也寄托在这些学术上面。"① 考虑到陈先生当时中国道教协会代会长的身份，他的发言当是收集了道教界学者意见的结果。他的发言当场就得到了在座的统战部领导的支持，也为以后道教养生学探究奠定了基础。

陈耀庭、李子微、刘仲宇合著的《道家养生术》中②，曾将道家养生术分为九大类，它们分别是：守一、存思、导引、吐纳、胎息、服食、内丹、房中、起居。书中在每一类之首冠有综述，简要地叙述本类养生术的内容、源流、发展与变化等，所录的每一段落，均设有提示内容大意的小标题，文末注有出处，书尾还附有术语简释和辑引书目。这样就把道教养生类的大致轮廓勾勒清楚了。胡孚琛主编的《中华道教大辞典》③ 中将有关养生的内容，分为道教医药学、道教养生功法、内丹学、房中养生、外丹黄白术等部分，并在

---

① 参李养正：《当代中国道教》，第 118 页。
② 陈耀庭、李子微、刘仲宇：《道家养生术》，复旦大学出版社 1992 年版。
③ 胡孚琛：《中华道教大辞典》，中国社会科学出版社 1995 年版。

道教养生功法部分分出存思、导引、气法、健身术等，内丹学部分分出基本术语、关窍、内丹鼎炉、内丹火候、内丹法诀等。这使道教养生术中的主要内容得到了较好的体现。姜生主编的《中国道教科学技术史》①，也继承了这一传统，将其中的主要体式加以了呈现。不过，由于养生、医药、丹道等名词原本形成于不同的时代，其中依傍的学科体系并不一致，所以会形成区分其中归属的困难。需要我们进一步去努力。

进入21世纪以来，道教学术界在这方面的研究更为深入，收获的体悟也更多。有的研究者选择了由其中某一具体门类切入，从对具体思想资料的细致剖析中，得到对道教养生文化总体的更为准确的把握。这其中给人以较深印象的至少有盖建民的《道教医学》②，戈国龙的《道教内丹学探微》③《道教内丹学溯源》④等等。盖教授尝试从守一、内视、存思、存神、行气、胎息、导引、按摩、辟谷、服食、房中术、调摄、外丹术、内丹术等道教内丹功法中，发掘出所包含的医学底蕴和"合理内核"。⑤他还提出自己之所以要做这样的事情，是因为道教养生术的博大精深，希望能从道教医学的具体内容着手，从不同方面、各个角度和层次进行深入细致的研究，以求在此基础上，获得全面、具体、深刻总结的机会。而戈教授则是因有感于目前学术界对内丹学问题众说纷纭，说法存在混乱，又无系统研究，故欲通过自己对这一课题探究，为进一步对内丹学的系统研究创造条件。他在《道教内丹学溯源》一书中列出"内丹与修道""内丹与方术""内丹与外丹""内丹与佛学"四个主题，对内丹学的起源问题进行思考。这种以问题为切入点的考察方法，给予读

---

① 姜生：《中国道教科学技术史》，科学出版社2002年版。
② 盖建民：《道教医学》，宗教文化出版社2001年版。
③ 戈国龙：《道教内丹学探微》，巴蜀书社2002年版。
④ 戈国龙：《道教内丹学溯源》，中央编译出版社2012年版。
⑤ 盖建民：《道教医学》，宗教文化出版社2001年版，第3页。

者以新的视角。

四川大学詹石窗教授曾在多年研究的基础上，自文化的角度将道教养生体式分成六类。认为其分别是：

1. 斋醮养生。"斋醮"乃是一种祭祷仪式，其程序一般有：设坛摆供、焚香、画符、念咒、上章、诵经、赞颂，并配以烛灯、禹步等。这些程序是先民文化积淀的结果，也体现道门中人的创造性转换。斋醮科仪中的符咒、赞颂等环节，伴随着特殊的音乐、文学、舞蹈，造就了超凡入圣的氛围，引人入静，实际上是建立了一套特殊的符号养生系统，蕴含着养生的旨趣，具有"符号养生"的功能。

2. 金丹养生。金丹学说包含着两个基本的层次：就其原本属于由矿物石炼制而成的药物而言，属于"外炼"功夫，其结果称为"外丹"；就其后来进一步引申的、锻炼人体精气神的功夫而言，属于"内炼"功夫，其结果称为"内丹"。金丹修炼的文化特征是：以天地为法象，以阴阳为进退，以宇宙论为思想基础，所以有"大道"的功用。"金丹"与"大道"连称，表明这种养生延年法门在道教中的突出地位。

3. 伦理养生。伦理本是调节人际关系的基本行为规范。推而广之，伦理也用以处理人神关系、人物关系、人与环境的关系。将伦理资源转化为形体健康手段，这就是"伦理养生"。从某种意义上讲，伦理养生就是通过道德反省，引导人遵守社会基本道德规范，集中到一点就是行善积德。在道教看来，行善积德不仅有益健康，而且能够延年益寿。

4. 治世养生。这个概念包含两个方面的涵义：第一，"治世"即"养生"。作为社会管理者，能够"以百姓心为心"，以"天下为公"，完善社会管理体制，发挥各方面的积极性，提高百姓的物质生活水平、营造精神生活的良好氛围，这就是最大的"养生"，即实现"全民养生"。第二，借鉴社会治理的方式、手段，来进行身体管理，从而使个体健康生活、延年益寿，这是"个体养生"。不言而喻，"治世养生"的核心精神就在于一个"治"字,旨在治国与治身并举,国安与身康两全。《列子》所记载的黄帝故事表明,从黄帝开始就在探讨治世养生问题,并且有了感悟。此后,古典道教与制度道教在这个方面有了更多的理论阐述,并且形成了"身国同构共治"的思路。

5. 文艺养生。《道藏》中包含大量的文学艺术作品,像《周易参同契》《黄庭内景经》《黄庭外景经》《悟真篇》等基本上是用诗、词、赋的体裁写成的;而许多著名道教领袖的个人文集也包含诸多文学作品,例如金丹派南宗五祖白玉蟾的《上清集》《武夷集》《玉隆集》,再如全真道创始人王重阳的《重阳全真集》《重阳教化集》《重阳分梨十化集》等皆是。此外,《道藏》中还有很多图像,而道观里的各种神仙造像,从不同侧面展示了道教艺术的别出心裁。在道教中,文学艺术所传达的是"大道之音",无论是创作还是欣赏,都可以使人意念集中,进入"与道融通"的状态,从而忘记烦恼,忘记忧愁,达到"至乐"境界,这无疑是有益健康的。

6. 环境养生。所谓"环境养生"可以理解为从生态环境和谐的视角来考虑和实践养生;换一句话来说,这就是将"养生"活动自觉地纳入生态环境系统中,使个体的生存成为自然和谐的因素。道教认为人的生存与自然环境是相互作用的,人应当顺应自然规律,营造良好环境。基于这样的认识,道教把保护生态当成修炼养生的重要内容。这种以"宜"为善的主张反映了道教维护资源再生的基本态度,也表现了生态颐养的实践追求。[①]

他的这些认识强调的是"文化"在养生活动中的重要作用,所以他还把自己的认识总结为"文化养生"概念,提出这样所追寻的是"一切有益于健康生活的文化资源向道教养生理论与实践技术转化的综合形态"。道教运用一切可能的文化资源来为整个人类健康生

---

① 参詹石窗:《道教文化养生及其现代价值》,《湖南大学学报》2015年第1期。

存服务，个人养生与人类整体养生不可分离，社会养生与生态环境维护不可分离。他的上述思想在其《道教科技与文化养生》①《道教与中国养生智慧》②中有更为详尽的表述。

这样的认识是在大文化的背景下，谈论道教养生的问题，反映了改革开放以来道教学界在这方面认识的进步，所以在同时代的道家学者中得到广泛的共鸣。与此相关的著作至少有张钦的《道教炼养心理学引论》③、蔡林波的《助天生物：道教生态观于现代文明》④，它们提供的自文化角度理解道教养生的新思路，是我们进一步探讨道教养生文化内容的新方向，值得持续关注。

三、道教养生历程及典籍诠释

道教养生文化有其发展的过程，从这历史演变中能发见其中的规律，因此，在考察道教养生文化时，历史性的梳理便构成必不可少的环节。陈耀庭、李子微、刘仲宇《道家养生术》中将道教养生术的探索历程分成了四个阶段：

第一阶段，从东汉到魏晋南北朝时期。认为这时的道教养生思想随着教义思想的发展而逐渐系统化，提出了"重人贵生""天人合一""我命在我""形神相依"和"众术合修"等一系列的命题，为道教养生术的发展奠定了较完整的理论基础。

第二阶段，隋唐时期。道教养生术在理论上吸收了部分佛教和医家的内容，进一步完整和发展，并且出现了一些新的养生方法。

第三阶段，宋元时期。除了外丹术的衰落以外，道教的各种养生方法继续得到发展，特别是内丹术成为各种养生方法中的主流。

第四阶段，明清直至现代，道教逐渐衰落，内丹术家派系林立，

---

① 詹石窗：《道教科技与文化养生》，科学出版社2004年版。
② 詹石窗：《道教与中国养生智慧》，东方出版社2007年版。
③ 张钦：《道教炼养心理学引论》，巴蜀书社1999年版。
④ 蔡林波：《助天生物：道教生态观于现代文明》，上海辞书出版社2007年版。

发展迟缓。但是，道教养生术逐渐为社会所认识，从而在社会上广泛传播并得到利用。在传播过程中，又同佛教的修持方法和近现代的体育方法相结合，道教养生术中的神秘主义部分逐渐淡化，有的被给以世俗的科学解释。

这里的历史阶段划分法，大致能与卿希泰的《中国道教史》[1]《中国道教思想史》[2]、任继愈的《中国道教史》[3] 等书中的分期观点相合。不过由于受到时代条件等方面的限制，书中对每个阶段具体特征的分析，还没能充分展开。以后也有教内外学者在此基础上的重新阶段划分，大致来看多为在这基础上的细化，基本框架没有太大的变化。

此后数十年，随着道教研究的不断深入，学者们对道教养生术的了解越来越深入，分时期阶段的养生文化著作也逐渐问世，其中如张广保的《金元全真道内丹心性学》[4]、盖建民的《道教金丹派南宗考论》[5]、李平的《宫观之外的长生与成仙——晚唐五代道教修道变迁研究》[6]、王政书、霍克功、封德平的《内丹东派祖师陆西星思想研究》[7]、孙亦平的《唐宋道教的转型》[8] 等，都有独到的见解。

詹石窗教授将道教养生的发生与生成推到三代之前，于是提出它的道教养生的三大历史时期说，认为分别为：

---

[1] 卿希泰：《中国道教史》，四川人民出版社1988年版。
[2] 卿希泰：《中国道教思想史》，人民出版社2009年版。
[3] 任继愈：《中国道教史》，上海人民出版社1990年版。
[4] 张广保：《金元全真道内丹心性学》，生活·读书·新知三联书店1995年版。
[5] 盖建民：《道教金丹派南宗考论》，社会科学文献出版社2012年版。
[6] 李平：《宫观之外的长生与成仙——晚唐五代道教修道变迁研究》，中央编译出版社2014年版。
[7] 王政书、霍克功、封德平：《内丹东派祖师陆西星思想研究》，宗教文化出版社2016年版。
[8] 孙亦平：《唐宋道教的转型》，中华书局2018年版。

1. 元初道教

可以远溯于七八千年前的伏羲氏画八卦事件，到将近五千年前的轩辕黄帝，这一阶段，逐渐树立了以"尊天法祖、修炼成仙"为教化内涵的基本信仰。黄帝时期"尊天法祖"的观念已经形成并在相当程度上固定为行为习俗；与此相联系的则是当时的修仙活动。从《史记·封禅书》前后文的描述可知，黄帝之所以铸鼎，是为了炼丹药，而炼制丹药的目的就是修仙。《史记·封禅书》关于黄帝骑龙升天的描述虽然带有传说色彩，但在本质上却表现了延年益寿、修炼成仙的生命意识。这一点与东汉以来的制度道教思想宗旨完全一致，所以能够被后世道教所接受和广泛宣传。元初道教的文化养生表征：黄帝祭祀山川鬼神、封禅天地，可视为"全民养生"需要的一种基本行动。黄帝铸鼎事件本身所释放出来的信息是：黄帝时期已经形成相当成熟的养生观念，且重视养生实践手段。因为铸鼎的目的是炼丹，而炼丹是为了服食长生，其文化养生的意义跃然纸上。

2. 古典道教

即先秦时期，从学理立场看，以老子、庄子为代表，以讲说道法理论为特征。老子因循黄帝以来的上古圣人遗训，阐述了"道"的教化义理。以《道德经》为代表的先秦道家文献被汉代以来的信仰者奉为经典。这一阶段的道教，也就是通常所讲的道家，可以称作"古典道教"。

古典道教的文化养生表征为：老子《道德经》的"长生久视"之术综合了上古天文、历法、医疗、政治、军事等多方面知识，他提出的养生理念与操作系统，既浓缩了大量的文化信息，也包含了众多的技术成分。《道德经》之后，《列子》描述的"以游为至""斋心服形"，《庄子》记载的"坐忘""心斋"法门等，都从不同侧面展示了古典道教文化养生理念与技术思路。

3. 制度道教

这是在古典道教基础上形成的具有宗教礼仪和组织系统的道教。东汉时期,以张道陵为创始者的正一盟威之道因有比较系统的宗教礼仪和教派组织,意味着制度道教正式诞生。与其差不多同时的"太平道"情况类似,因此可以看作"制度道教"形成的另一个标志,只是因为后来太平道失传,而正一盟威之道虽然几度变更名称,但却世代相袭,成为制度道教的典型代表。

制度道教的文化养生表征为:更具有自觉的生命意识。他们以"长生不老、羽化登仙"作为修道的目标,积极探究宇宙天地与人体奥秘。一方面广泛收集上古时期各种养生益寿故事,编纂神仙传记,为世人提供文化养生的典型;另一方面,继承和改造上古的宗教仪式,成为斋醮礼仪;与此同时,道门中人还积累、发展了大量精神调养、形体修炼的功法,诸如守一、存想、胎息、啸法、五禽戏、太极拳等。这些技术体式,既有静功,也有动功,其背后潜藏着道门中人独到的文化智慧和别具一格的操作技巧。①

这样的历史分期观念,给我们以新的启示,使我们不能不对道教养生文化的历程给予新的审视,而在历史分期问题上的关注,则反映出学术界对相关的历史发展线索尚有不够清楚的地方,乃至反映了我们在相关历史资料方面的不足。

应当说,道教前辈为我们留下了众多的养生文化典籍,使我们获得足够的学习、研究基本资料。自 20 世纪 80 年代以来,曾有较多的养生文献的整理、校勘、注疏之作,文献公开出版物也达到了一定的数量等级,但是应该看到,这些思想材料由于受到实验条件

---

① 参詹石窗:《道教文化养生及其现代价值》,《湖南大学学报》2015 年第 1 期。

的限制，往往还有理解方面的晦涩之处。特别是与内丹相关的概念解释，往往还是只能够以原文注原文，甚至在进入《道教词典》中的文字中也不能幸免。这是我们目前尚有待于弥补的很大遗憾。这些基本的概念是我们搭建道教养生文化体系的基石，没有它们的坚实，体系创新将无从谈起，所以必须引起我们的重视，以攻坚的态度来加以解决。

四、道教养生的实践及新探索

主编《中国道教科技史》的姜生教授，曾在回答记者道教科技史研究方法问题时指出："道教科技'杂而多端'、门类繁多、无所不包，其学科生长特征本来就与传统文化的各个方面血肉不分。根据这种情况，就要按古今学科概念融通兼顾的原则，从多个相对独立、相互关联的方面，多向度开掘宝藏。……总体上主要采用历史学、宗教学与科学史的交叉方法，在不同学科中结合图像、图表、模拟实验等技术手段，实现对研究对象的多角度、多学科方法研究，从古史的兴衰发掘今人正在苦心寻觅的某种制约中国科学的文化之钥。"[①] 这里又一次触及了中国古典的养生术如何与现代科学对接的问题。他在谈话中提出了除采用历史学、宗教学等理论探究方法之外，还应当尝试以图像、图表、模拟实验等技术手段还原、再现学科原貌的问题，这里也包括道教的养生学说在内。

确实，从某种意义上可以说道教养生术，有相当一部分与技术性的展开有关，没有这方面的实践，养生学说无法得到准确的把握。近现代以来的道教养生研究者一直有在这方面的关注，并在进入21世纪之后得到了强化。大致而言，这样的实践包括了这样几个方面：

1. 与医药学实践的结合

这种结合除了研究者涉及医药学科的探索之外，还以医学界学

---

① 姜生：《道教科技史研究再思》，《社会科学报》2018年4月6日。

者的加盟而得到了段位的提升。不少医学院的教师通过争取科研项目、课堂教学等方式接触到道教养生学说，道教界则通过聘请医师讲学或当顾问等方式将医家请入宫观。两者切磋互动的结果，当然能使道教经典及相关功法的解悟，获得质的飞跃，而有的学医者甚至因此而成为道教养生文化的研究者。如《道教养生学》[①]的作者杨玉辉即是其中一例。[②]杨教授本科学的是中医学，后来就读宗教学博士，又是心理学的博士后。由于有在医学、宗教学、心理学等多学科领域学习的根底，所以同样写道教养生学著作，就显得逻辑结构严整、条目清晰、内容详实。[③] 其著结合对人体科学的研究等，讨论道教养生的各种具体方法。

2. 道教动功等方法的继承与修习

道教动功的修炼，是许多道教宫观在逐渐恢复与完善的一项工作。现代在这方面的建设，以武当山道院为最。现代道教中人在1982年成立武当拳法研究会，又于1989年成立武当道教功夫学院。这是武当功夫第一所武术院校，也是武当山道教协会下属的唯一功夫院校，作为武当功夫的代表，多年来，培养了上万名武当功夫人才。他们通过多年对武当武术挖掘整理，除了太极之外，还注意到形意、八卦、太乙、两仪、八宝、八极、八仙、乾坤、天罡、清虚、榔梅、奇门、天风、犹龙、闾山、龙门等众多的派别拳术的鉴别与习练，并考虑在奇兵异械、药功等方面的的传承。这样教内功法修习，随着武当山道协到外地办馆、举办武当文化武术节、相关纪录片拍摄、报刊网络宣传等方式，逐渐在国内外产生影响，而国内各道教宫观、道学院也因此纷纷效法此举，创造条件传播这样的修习方法。

---

① 杨玉辉：《道教养生学》，宗教文化出版社2006年版。
② 杨玉辉，生于1958年12月。现任西南大学宗教研究所所长、政治与公共管理学院教授。
③ 参杨玉辉：《人体科学研究》，科学技术文献出版社1990年版。

武当动功修习不仅在传扬道教养生动功方面具有意义，而且还对理解内丹功法等其他道教养生术方面具有意义。如曾在武当山习练太极拳多年的道长刘嗣传就曾说道："太极拳是我们道士炼内丹的一个副产品。内丹术和太极拳一静一动，是不同层次的。……道教修炼的最高境界是炼虚还道，是在上丹田炼养，而作为武术的太极拳则是在中丹田把力量往四肢去发展，也就是太极拳修炼能够在中丹田炼气化神。"① 这种体悟因为有着实际修炼的基础，而显得具有说服力。这也是我们今后能进一步将丹法解悟结合于实践、从而打通各养生功法间隔膜的一种启示。

2014年11日，中国道教协会在江西省鹰潭市第三届国际道教论坛举行期间，举行了《道教养生方法精粹》首发仪式。中国道教协会副会长黄信阳在会上介绍，由中国道教协会组织人员编写的这本书，分道论、日用、功法、医药、修炼5篇14章，共计45万字，由中医古籍出版社出版发行。它的与众不同在于专门拍摄制作了配套养生功法光盘，收录了桩功、五行功、三丰太极拳等内容，并配有详细讲解，以便学习观摩。这样就起到了"方便实用，易于推广，医道结合，炼养相须"的作用，是道教养生方法的精粹之作、精心之作。本书总主编王哲一秘书长认为，这是本书与以往道教养生书的最大区别，在于以思想理论指导基础上，关注具体方法、讲求实践，文字说明与具体功法演示并重，所以读来让人耳目一新。这也是从道教界内部对功法复杂、良莠不齐的养生方法的梳理，对于在社会上宣传道教养生修习方法具有非常积极的意义。

3. 饮食疗养方技的实施

关于饮食疗养，也是近年来道教养生学界的热门话题。很多学者认识到饮食营养，是保证人体健康的重要物质基础。它不仅维持人体正常生理活动，还能提高机体抗病能力，助益身体生长发育，

---

① 黄永锋：《道教在当代中国的阐扬》，东方出版社2011年版，第229—230页。

促进长生寿老。中医家很早就认识到饮食对人体的重要作用，道教追求长生，饮食也作为养生技术之一而备受重视。在长期的饮食养生实践中，道教饮食逐渐形成了顺应自然、药食一如、荤素结合的特点，并对祖国饮食文化做出独特的贡献。① 当前江西龙虎山有天师八卦宴、河南彭城有彭祖养生宴、广东罗浮山有葛仙太极宴、福建石竹山道院推出道教丹功益寿膳，都颇具特色。此外，在四川大邑鹤鸣山道观、成都青羊宫道观、上海钦赐仰殿等宫观，都在努力打造自己的道教饮食文化。这些做法对道教养生文化的应用性开拓，有很大的帮助，因此也应当进入我们教内养生文化实践的范围。

在今天，以道教养生文化事业来引领整个道教事业的发展也已经具备了现实的可行性。道教养生有巨大的社会需求，它可在一定程度上为我国应对医疗问题、养老问题出力。而作为道观要发展道教养生文化事业，也可从道教养生文化宣传、普及、功法教授等相对简单、容易入手的项目开始做起。对此，现代道教学者杨玉辉提出："中国道教协会应负责制定道教组织养生文化事业发展的总体规划，并承担其规划实施和事业推动的宏观指导、资源整合和组织协调的责任；同时负责制定道教组织养生文化事业活动的规范和标准，以保证道教组织养生文化事业发展运作上的统一性和一致性。中国道教协会应考虑建立道教养生文化事业相关机构，包括道教养生文化促进会、道教养生文化研究会、道教养生文化协会、道教养生文化与养生文化事业研究院、道教养生文化发展基金会等，以推进和提升道教养生文化事业的各方面工作。而社会组织的道教养生文化事业发展规划则可由道教养生文化的相关学术文化团体并会同相关政府职能机构和道教协会来制定。"② 这种从组织层面落实养生文化实践的可行性推广，是很有必要的。

---

① 参黄永锋：《道教在当代中国的阐扬》，第 136、142 页。
② 参杨玉辉：《以道教养生文化事业为抓手，引领道教事业的当代发展》，"北极镇天·万类咸亨"真武论坛论文，《道教之音》2017 年 3 月 22 日报道。

不过诚如丁常云道长所指出的那样：近年来，中国道教界积极弘扬养生文化，通过组织各类形式的养生研修班，举办道教养生文化研讨会，探索和研究道教养生的方法和途径，产生了良好的社会影响。但是，社会上一些"道商"给道教养生文化带来了一定的负面影响。因此，加强道教养生文化建设已成为当务之急。不断丰富道教养生文化的时代内涵，积极探索道教养生文化服务社会的新途径和新方法，才能更好地体现道教养生文化的价值。这也是我们在思考道教养生文化实践过程中值得警惕的一个重要问题。

道教在当代社会的使命与担当

丁常云[*]

摘　要：伴随着时代的步伐，道教迎来了新的发展机遇。面对新时代，道教必须与时俱进、顺势而为，要紧跟时代步伐，有所作为，有所担当。既要有开拓创新的时代精神和化导世俗的社会功能，又要有关爱人类社会的普世情怀和关注世界的全球视野，服务社会，造福人类，为维护社会和谐、世界和平贡献智慧。

关键词：当代道教　开拓创新　关爱社会　历史使命

鲁迅先生曾说："我们从自古以来，就有埋头苦干的人，有拼命硬干的人，有为民请命的人，有舍身求法的人，……这就是中国的脊梁。"[①] 在中国历史上，每一个地方，每一个历史阶段，总需要这样一些人，他们肩负使命，勇于担当，开拓进取，奋勇前行，他们是推动历史进步的先驱，是情系民族复兴的栋梁。翻开中国道教历史，我们同样可以发现，古老的道教对人类社会的贡献也是巨大的，历史上的许多高道同样也是情系民族复兴的栋梁，他们促进了社会进步、推动了科技发展，甚至在世界文明史上也留下了光辉的业绩。然而，历史已经成为过去，曾经的辉煌也只能属于昨天。面对今天，

---

[*] 丁常云，中国道教协会咨议委员会副主席，中国宗教学会理事，《上海道教》杂志主编，上海市道教协会副会长，上海市浦东新区道教协会会长，上海太清宫住持。
[①] 鲁迅：《且介亭杂文》第118页，人民文学出版社1998年版。

我们的道教欲要更好地传承历史，发挥优势，再创辉煌，就需要我们当代道徒奋力拼搏，有所作为，要以开拓创新的精神、勇于担当的勇气，主动肩负起道教振兴发展的历史使命。

伴随着时代的脚步，当代道教已经顺利迈入了新世纪。新的世纪，给古老的道教带来了新的发展机遇，道教事业有序开展，道教宫观正常恢复，道教人才规范培养，道教文化积极弘扬，道教自身建设不断加强。有人说现在是道教近代以来发展的最好时期，这是完全正确的，也是很有道理的。但是，就目前而言，道教现实与当代社会和自身发展的需要相比仍然严重滞后。道教的发展还没有跟上时代发展的步伐，还不能适应社会进步的要求。面对新时代，我们的道教必须有所作为，要有使命担当，既要有开拓创新的时代精神，有化导世俗的社会功能，又要有关爱人类的普世情怀，有关注世界的全球视野。我们要顺势而为，紧跟时代步伐，适应社会要求，服务社会，造福人类，要积极践行社会主义核心价值观，为实现中华民族伟大复兴的中国梦贡献力量，要积极关注人类社会的和谐发展，为维护世界和平与安宁贡献智慧，不断谱写道教历史的新篇章。

一、当代道教要有开拓创新的时代精神

我们所处的时代，是开拓创新的时代。开拓创新是与时俱进的本质要求，是时代精神的核心内容，是推动社会前进的强大动力。面对前进道路上的困难，我们要有战胜困难的决心；面对工作中的诸多问题，我们要有解决问题的办法；面对发展中的各种挑战，我们要有迎接挑战的勇气；这就需要我们具有开拓创新的时代精神。

近现代以来，由于受传统封闭思想和经济社会环境的双重影响，道教的生存与发展遇到前所未有的挑战。具体表现为道教内部组织松散、戒律松弛、教风不正，对外闭关自守、固步自封、无所作为，更有甚者，依道生活度日、靠道敛财谋生、用道追名逐利，致使道教声誉日低，影响日微，与民渐远。缺乏创新活力的道教，逐渐失

去它本有的积极利世的功能，其生存危机也渐渐显露出来，这不能不引起我们道门中人的高度重视。

首先，当代道教要在不断加强自身建设中开拓前行。历史经验告诉我们，不前进就要落后，不发展就要被淘汰。特别是在世界经济走向统一、文化走向融合、宗教走向兼容的时代，世界各大宗教都在不断变革中求发展，在不断适应中接受民众的信仰选择，各大宗教都在展示和发挥其积极向善、利世导人的形象和功能。而信仰缺失的社会民众更需要宗教信仰作为精神的寄托，各大宗教都在展开积极的传教活动，以满足社会民众的信仰需要。因此，当代的宗教在各自发展中相互竞争，民众在真实了解中选择信仰。宗教也必须要与时俱进、适应时代需要，要在服务社会发展中求生存，否则就会失去其存在的意义和价值。道教是中国的本土宗教，虽然不存在中国化的问题，但是也必须不断与时俱进，不断加强自身建设，积极适应社会和时代发展的需要，发挥出道教应有的时代价值。一方面，我们要大力培养道教人才。人才是道教事业发展的关键，是当前道教自身建设的核心内容。当今道教，人才的缺乏已经成为制约道教发展的重要瓶颈，传统培养人才的方式已经相对落后，而现代院校式培养人才的模式还不够完善，还存在许多问题，这就需要我们进行认真研究，尽快找出解决问题的有效办法，形成较为规范的道教人才培养机制。同时，在使用人才方面，要建立一套适合人才生长、成材的培养机制。要打破传统、打破门派之见，更要打破小团体利益，要任人唯贤、任人唯能，不拘一格培养道教优秀人才。另一方面，我们要大力加强道教戒律建设、组织建设和宫观管理。戒律建设是道教制度建设的重要内容，我们必须要建立适应现代社会和道教事业发展需要的规戒制度，促进新时期道教事业的健康发展。组织建设是道教发展的重要保证，必须要不断加强而不能削弱。宫观管理则是道教实现自我管理的有效途径，是道教服务信众的重要窗口，我们必须要探索研究现代道观管理的新理念和新方法。因此，加强道教自身建设，是新时期道教发展的必然要求。我们要通过不断加强道教人才队伍建设，不断加强戒律建设和组织建设，积极引进现代社会管理新理念，建立道教的团队精神和发展愿景，革除个人主义，摒弃山头主义，加强团结，整合资源，形成合力，充分发挥道教团体和宫观组织的积极作用，以开拓创新的时代精神，积极加强自身建设，不断推进道教事业的健康发展。

其次，当代道教要在不断与时俱进中创新发展。在长达几千年的历史发展过程中，道教的教义中积淀了许多中华民族共有的优秀文化道德传统，创造了无数至今仍为人们引以为豪的优秀文化遗产，对于激发人们奋发向上、凝聚中华民族团结一致的精神、实现中华民族伟大复兴，仍然有着十分重要的积极作用。但是，我们也应该看到，时代在前进，人们对于世界的认识领域不断拓宽，体现道教基本信仰的外在形式也在发生着变化。今天的道教信徒所处的社会环境相对过去来说，科学技术知识更为普及，群众所遇到的升学、就业、婚姻、人际关系中的困难和疑虑都带有鲜明的时代特征。虽然道教的基本信仰没有改变，也不会改变，但是人们在对于道教信仰追求的侧重点，因时代不同而有所变化，民众的信仰生活已趋于多元化。这就要求我们的道教跟上时代发展的步伐，适应社会民众信仰的需要，要在不断与时俱进中创新发展。一方面，我们要根据当代社会民众的思想实际和信仰追求，重新审视道教教义中的某些内容和教义解释，不断完善和拓展道教信仰的神学思想内容，探索并建立符合时代发展的道教教义思想体系。对于这项工作，我们道门中人曾经探索过、努力过，并专门召开过多次研讨会，取得了一些成绩。但是，最终还是因缺乏总体设计，缺乏道教代表人士的引领，没有真正形成系统的道教教义思想体系，从而制约了与时俱进中道教前行的步伐。这就需要我们花大力气，集中教内外专家学者的智慧，脚踏实地，求真务实，认真加以解决落实。另一方面，我们还要敢于创新，勇于创新，在创新中求生存，在创新中促发展。

当代道教必须要有开拓创新的时代精神，求真务实，脚踏实地，切实加强道教的教义思想建设，加强道教的神学思想建设，探索道教的现代化与未来发展之路。我们要认真解决道教中存在的一些实际困难问题，要固本强身，顺势而为，不断提升道教服务社会的能力，不断拓展道教服务信众的时代内涵。我们当代道教徒，要积极主动担负起道教振兴发展的历史重任，以开拓创新的时代精神，积极与时俱进，不断开创道教事业发展的新境界。

二、当代道教要有化导世俗的社会功能

在人类社会中，宗教是一种以对超自然、超人间的力量或神灵之信仰与崇拜为核心的社会意识形态。作为一种社会意识形态，社会是宗教存在的基础，宗教必然随着社会的变化而变化。伴随着现代化的进程，世俗化不仅成为现代社会发展的一个重要特点，而且对宗教也产生了一定的影响。当代社会，特别是在中国特有的社会转型时期，一个适应现代社会要求的宗教组织既要处理好适应社会、融入社会的发展要求，也要充分保护好自身的内在本质要求，保持其超越于世俗社会的神圣性和超越性，避免过度世俗化，否则就会失去其宗教本身化导世俗的社会功能。

但是，随着人类社会世俗化的不断发展，加上受到西方文化思潮的冲击和影响，中国社会开始出现明显的"世俗化"倾向，具体表现为：消费主义和享乐主义盛行，个人主义和功利主义同在。如果从社会学意义上看，世俗化完全是一个值得肯定的积极趋向，甚至被当成现代化的一个重要标志，是传统社会向现代化社会转变的尺度。但是，社会过度世俗化必然导致人心私欲的极度膨胀，人类中心主义和极端功利主义时刻影响着社会的健康发展。这不能不引起我们道门中人的关注，如何用传统道教的智慧来化导社会的过于世俗化，这是道教服务社会的重要内容，也是当前道教必须要思考的重要问题。

首先，当代道教要不断增强化导世俗的能力。道教思想源远流长，经久不衰，其中很重要的一点就在于道教思想深深扎根于中华民族古老而不断更新的文化土壤之中，既保留了中华文化的精髓，又能随着时代的变化发展而发展，发挥着服务社会的功能。然而，由于近现代以来的道门不注重戒律建设、信仰建设，也不注重自身修持，道门内开始出现一定程度的"世俗化"倾向，具体表现为"信仰淡化、戒律松弛"和"教风不正"等不良现象，严重影响了道教的形象，败坏了道教的声誉，制约了道教的发展。这就是说，在社会现代化的进程中，道教已经被"世俗化"，道教化导世俗的能力开始下降，这是一个严峻的现实问题。历代以来，化导世俗、教化信众都是道教服务社会的重要内容，也是道教健康发展的重要标志。因此，当代道教必须大力加强自身建设，不断增强化导世俗的能力。一方面，要大力加强道教信仰建设，这是当前道教自身建设的重要内容。各级道教团体组织和宫观都要高度重视，统一思想，提高认识，形成共识，要把信仰建设作为当前道教界的一项重要工作来抓。根据道教目前现状，可以制定出一套切实可行的新的规戒制度，作为当前加强信仰建设的抓手，狠抓落实，坚持抓出成效。另一方面，要大力加强教风建设，树立良好的道教形象。我们要通过"文明和谐道观"的创建活动，将此项工作真正落到实处，不是走过场，也不是搞形式主义。我们要以"争创活动"为抓手，切实解决好教风问题，各级道教组织都要有所作为、有所担当。同时，我们还要大力开展道教文化研究，积极弘扬道教优秀文化。就目前道教现状而言，道教文化研究还没有真正引起道教组织和宫观的重视。这种问题的存在，不仅制约了道教的传播与发展，而且还严重阻碍了道教积极作用的发挥。因此，我们要增强道教化导世俗的能力，就要不断加强自身建设，积极开展道教文化研究，只有在不断加强自身建设的进程中，才能进一步增强道教化导世俗的能力，发挥出道教应有的时代价值。

其次，**当代道教要积极发挥化导世俗的社会功能**。当代社会，科学技术与物质文明飞速发展，而人文精神与公众的道德心性却日益颓废。人心转换，道德建设已经成为当今社会的重要课题。道教关注人生，把人的道德素养作为得道修仙的阶梯，一向是社会道德教化的重要工具。发挥道教对社会人心转换和道德建设的独特作用，是道教适应社会、利益众生的需要，也是道教扩大自身影响和弘道的需要。因此，当代道教要充分发挥道教的道德教化作用，不断发挥道教化导世俗的社会功能。一方面，我们要在宫观开展讲经讲道活动，积极传播道教正能量，引导人类，净化社会，提升人格，建设和谐社会。讲经讲道是道教服务社会的一项重要内容，近年来中国道协和各地道教组织都很重视，定期开展讲经讲道交流活动，有力地推动了此项工作的开展。但是，由于很多道教组织和道教徒并没有真正认识到讲经讲道的重要性，有时往往会出现形式大于内容的现象，实际效果并不明显。这就需要道教组织和道门有识之士的推动，将此项工作做实、做好，做出成效，使讲经讲道真正成为教化民众、化导世俗的积极力量。另一方面，我们要积极倡导道教的道德伦理，担当起理顺情绪、化解矛盾、促进和睦、维护稳定的社会责任。道教是和谐的宗教，追求和平、和顺，倡导慈爱、宽容，劝人弃恶从善。这些积极的道德伦理思想，通过宗教仪式、宗教体验、宗教感情等反复强化，逐渐内化为信教群众的自我意识和自觉行动，有利于促进和维护人与人、人与社会、人与自然之间的和谐。与一般的社会道德相比，宗教道德比世俗道德具有更强的自我约束力，因此，我们要主动弘扬道德伦理思想，自觉开展讲经讲道活动，积极发挥道教化导世俗的社会功能。

三、当代道教要有关爱人类的普世情怀

在中国传统文化中，道教历来就有关爱人类社会的情怀。道教主张"慈爱、和同"，就是强调人与人、人与社会、人与自然之间都

要彼此尊重、相互理解、和谐共存。在关注社会方面，道教提出了"济世利人"的思想，乐人之吉，悯人之苦，救人之危，赈人之急，慈悲众生，关爱他人。这是一种普世的大爱，是道教对人类社会的一大贡献，也表现了道门崇高而宽广的胸怀。在关注自然方面，道教强调"慈心于物"的思想，要求人类善待一切生命，包括他人以及鸟兽、草木等。并指出"蠕动之属皆有知，无轻杀伤用之也"。即蠕动的小生命都有知觉，皆不能轻易杀伤。道教要求人们把慈悲之心扩大到自然万物之中，不要随意杀戮众生，要自觉维护自然生态的平衡与和谐。这些伦理思想，都是道教关爱人类社会的优秀文化资源，值得我们当代社会关注和重视。

首先，当代道教要大力弘扬关爱人类社会的优良传统。道教是中国传统宗教，在继承中华民族传统"仁爱思想"的基础上，形成具有鲜明道教特色的慈爱思想。所谓"慈心于物""悯人之苦""救人之穷""济人之急""救人之危""仙道贵生，无量度人"等，都是道教关爱人类社会的具体体现。在道教神仙信仰体系中，"积善成仙"始终是历代道教徒的理想和追求。葛洪《抱朴子》就明确说"非积善阴德，不足以感神明"。这就是说，积功累德是道士的立足之基和修仙之本。千百年来，中国道教徒始终践行着这一优良传统，始终以关爱人类社会为目标追求，为我们留下了宝贵的精神财富。因此，我们要大力弘扬道教关爱人类的优良传统，积极服务当代社会。一方面，我们要大力弘扬道教优秀文化，倡导慈爱精神，传播慈善理念。俗话说"宗教是慈善之母"，道教慈善文化中有诸多慈善伦理，如慈悲、博爱、宽容、布施等，都是值得现代社会慈善事业倡导的。因此，我们要积极开展对传统道教慈善文化的研究，挖掘整理道教慈善文化精华，逐步形成道教特有的慈善文化。我们还要大力倡导道教的慈爱精神，积极传播道教慈善理念，使道教的慈爱理念成为其信仰实践的组成部分，成为道教徒道教信仰的外化与物化，提升道教慈善道德，传播道教的慈善情怀。另一方面，我们要积极传承道教优良传统,倡导慈善伦理,关爱弱势群体。近年来,中国道教界始终发扬道教"济世利人"的优良传统,积极参与和开展各种社会公益慈善活动,不断弘扬道教慈善文化,倡导慈善理念,关爱社会弱势群体,产生了良好的社会影响。但是,随着现代社会的快速发展,道教慈善文化也要与时俱进、跟上时代发展的步伐。这就要求我们积极探索道教慈善文化服务社会的新理念,而且还要将新的时代内涵赋予道教慈善文化,不断开拓道教服务社会慈善事业的新思路。

其次,当代道教要积极践行关爱人类社会的普世情怀。道教文化是中华传统文化的重要组成部分,在道教典籍中就蕴涵了十分丰富的慈爱思想。如"无量度人"的济世伦理,"齐同慈爱"的爱心思想,就是早期道教关爱人类的思想理念。"济世利人"和"扶贫帮困"的济世情怀,则是道教典型的关爱人类社会的文化,是道教关爱社会的一种功德善举,与现代社会所倡导的"慈善事业"是相一致的,都是人类社会的"爱心"行动,是社会建设的崇高事业。当代社会,我们要积极践行道教关爱人类的思想理念和精神。一方面,我们要主动担当起乐善好施、扶贫济困、服务社会的责任。当代社会,特别是在社会公共领域中,依然有许多人不能正确理解道教的真谛,没有认识到道教的积极功能,甚至还有人对道教存在一定的偏见和误解。然而,道教慈善已经得到社会各界的广泛认可,道教慈善之举已经开始成为更多人了解并理解道教"慈悲济世、利益众生"的最好渠道。乐善好施、扶贫济困,为社会提供公益和公共服务,是道教融入社会的重要途径,也是道教社会化的重要表现,更是道教这一特殊社会组织生命力之所在。另一方面,我们要主动担当起保护自然、关爱自然、维护生态和谐的责任。人与自然的和谐是道教的追求,这是道教对人类的关爱,也是人类的福音。我们要积极宣传道教保护自然、关爱自然的环保理念,倡导道教"少私寡欲"的生态伦理,要求人类必须抛弃消费型、掠夺型价值观,树立适度消费观念和健康的心态。宣传道教的生态伦理，化解自然生态危机，是当代道教关爱人类社会的普世情怀，也是我们当代道教徒的重要责任。

四、当代道教要有关注世界的全球视野

当今世界，政治多极化、经济全球化、文化多元化的趋势正在不断深入，科技进步日新月异，世界经济在总体上保持持续增长。然而，世界也正在经历着复杂、深刻的变化。人类社会仍面临严峻挑战和生存危机，由贪婪、暴戾所导致的霸权主义、强权政治，以及国际恐怖主义、民族分裂主义和宗教极端主义仍时时威胁着地区安全和人类生命安全。环境污染、毒品走私、跨国犯罪、严重传染性疾病等世界性问题也时刻影响着人类生命健康。这就是说我们人类还不安定，我们的社会还不安宁。建设和谐社会和维护世界和平仍然是各国人民的共同期盼。

然而，尽管爱好和平、关心人类前途的有识之士百般努力，人类迄今还没有找到避免战争和化解危机的有效办法。联合国前秘书长哈马舍尔德就曾悲观地表示，他对避免人类战争和毁灭毫无信心。看看他的后任不停地奔波于世界各地调停局部战争和纠纷，就可知情况并无好转。面对如此严峻的社会问题，人们不得不将目标转向宗教，而在诸多宗教中，充满智慧与哲理的中国道教，最能够担当此重任，在世界文明中扮演更为重要的角色。因此，当代道教要主动实现"走出去"的战略目标，积极传播道教文化思想与文明智慧，主动担负起人类心灵"净化器"的重任，主动关注和化解世界性危机问题，为人类社会的和谐与安宁发挥积极作用。

首先，当代道教要主动实现"走出去"战略目标。道教文化是中华文化的重要组成部分，道教经典《道德经》从17世纪进入西方世界后，老子及其道学思想就引起西方人的极大关注，并产生了广泛的社会影响。据联合国教科文组织统计，被译成外国文字发行量

最大的世界文化名著，除了《圣经》以外，就是老子《道德经》。从1870年第一个德译本以来，《道德经》德文译本多达82种，研究老子思想的专著也高达700多种。老子是中国的，也是世界的，他的思想和智慧是属于全人类的。美国学者蒲克明指出："当人类隔阂泯除，四海成为一家时，《道德经》将是一本家传户诵的书。"他认为《道德经》是未来大同世界家喻户晓的一部书。道教的文化与智慧，将会成为人类社会的宝贵财富，当然也是道教通向世界的桥梁。这就需要我们当代道教徒肩负起弘道兴教的历史责任，主动实现道教"走出去"的战略目标，积极向世界传播道教的文化和智慧。

当代道教要主动实现"走出去"战略目标，向世界传播道教文化，解决人类关注的心灵环保问题。面对市场经济和全球一体化所带来的错综复杂的社会矛盾，要想构建"和谐心灵""和谐家庭""和谐社会"与"和谐世界"，就必须善于从道教文化中寻找智慧，寻求解决人类心灵环保的方法。所谓"心灵环保"，就是指对人类心灵的净化和对品德修养的提升。只有不断强化"心灵环保"意识，涵养心灵，使内心充满愉悦、阳光、快乐，那么很多社会问题就能迎刃而解，我们的生活就会更加美好。要实现道教"走出去"战略目标，就必须要在海外建立老子学院，传播老子的道学文化。设立海外老子学院要以弘扬"道"文化为目标，以"服务社会、造福人类"为宗旨。在传播"道"文化的过程中，要特别注重推广道教文化的普世精神和时代价值，如老子的治国之道、老子的经济思想、老子的环保理念、老子的人生哲学等，为和谐社会、和谐世界的建立提供积极的文化资源，为化解人类心灵的迷茫提供智慧资源。当然，在海外建立老子学院，需要我们道门自身的努力，更需要政府部门的鼎力支持。因此，当务之急，就是要培养一大批"老学"研究者，为老子学院输送教学人才，向世界传播真正的道教文化。

当代道教要主动实现"走出去"战略目标，向世界传播道教养生文化，改善人类身心健康问题。道教的医药、养生、武术、艺术、哲学等都是人类社会的宝贵文化遗产，也是道教向世界传播的主要内容。近年来，中国道教协会提出"道行天下"的计划，并开始向世界传播道教文化。一是举行对外文化交流活动。2013年，中国道教首次文化交流活动，以"文化合融，宗教和睦，人类和平"为主题，分别在比利时、英国、法国举行，取得了良好效果。二是举行捐赠《道藏》活动。中国道教协会先后向世界多所知名大学赠送《中华道藏》和《老子集成》等道教典籍，让外国民众更好地了解道教文化，这是道教实现"走出去"战略目标的良好开端。但是，对于道教文化的传播，要以"服务社会、造福人类"为宗旨，要通过认真组织、精心策划和积极宣传，尽可能适应国外民众的生活与信仰需求。当代道教，应重点向世界传播养生文化，因为这是人类社会共同关心的问题。比如，我们可以将道教的一些基本的、简易的、有实效的养生功法，通过举办学习班的形式，由道长现场讲解和演示，并拍摄成CD片或印成小册子广泛传播。可以重点打造道教太极养生、道教音乐养生、道教饮食养生、道教日常保健等，作为道教对外传播的重点内容，我们要力争使太极拳成为世界各国民众强身健体的广播操，普及、推广，使之家喻户晓。我们要充分利用现代科技、网络媒体，广泛传播道教养生文化，服务社会大众。

其次，当代道教要主动关注和化解世界性危机问题。道教是追求和谐的宗教，道教以《道德经》为主要经典，以"尊道贵德"为核心思想，主张慈爱和同，维护人类安宁，强调重生贵命、关爱生命安全，追求身心和谐、自然和谐、社会和谐与世界和谐。当代社会的发展，需要我们大力弘扬道教优秀文化，积极阐扬道教思想精华，赋予其新的时代精神，为其增添新的时代价值，努力为促进社会和谐稳定、世界和平发展发挥正能量。道教文化是人类社会的共同财富，关注道教就是关注人类社会的文明，关注道教就是关注社会的和谐与发展。当今世界，如何更好地传承道教优秀文化，服务社会，造福人类，这是我们道教界人士和道教研究者的责任和使命，更是人类社会的共同期盼。因此，我们当代道教要积极向世界传播正能量，用道教的智慧来化解地区冲突和全球生态危机。

当代道教要积极倡导"关爱人类生命安全、维护世界和平"的主张，积极化解人类所面临的安全危机。道教是一个"贵生"的宗教，在其传统的思想信仰中，就包含着道教徒对于生命的热爱和追求，我们重视今生，以生为乐，以命为贵。道经称"万物之中，人最为贵"，认为人的生命是神圣的，也是至高无上的。为了追求贵生、实现生命永存的理想，道教明确提出了"行王道、反霸道"的主张。所谓"行王道"，就是要遵循老子提出的"爱民治国"，推行"仁政"和"德治"，反对"暴力"和"恐怖"。所谓"反霸道"，就是反对"强权"，反对"战争"。强权和战争，是对道教教义思想的一种亵渎，是人类生命的一大灾难，也是人类社会深恶痛绝的。道教还明确提出了反对"战争"的主张。认为"兵之所处，荆棘生焉"。指出不得"以强欺弱""逞志作威"，更不得"乘威迫胁，纵暴杀伤"。战争是残暴的、可悲的，好杀之徒必遭天谴，反对"暴力"，反对"霸道"的思想，正是中国道教维护人类生命安全和民族生存的人道主义主张。因此，我们要大力弘扬道教优秀传统文化，积极倡导其生命伦理思想，坚决反对霸权主义，时刻关爱人类生命安全，共同维护民族生存权利。

当代道教要积极倡导"重视自然环境保护，关爱生态文明建设"的主张，积极化解人类所面临的生态危机。道教从保护自然环境、维护生态和谐的思想出发，积极倡导人与自然的和谐发展，形成了诸多环保理念和生态智慧，成为当代社会生态建设宝贵的文化资源。早期道教经典《太平经》中就明确提出了"天人一体"的论断。肯定了人对环境的依赖关系，形成了一种生态整体意识。《道德经》则进一步强调"自然之道不可违"的道理，指出任何人都不能违背自然，也无力违背。否则，就会导致灾难，形成生态危机。要求人们尊重自然、保护自然。促进人与自然的和谐发展。道教的生态智慧，强调的是一种自然之道、和谐之道,是一种人与自然和合共生的生存之道。面对全球生态危机,这就需要我们到传统道教文化中去寻找"生态智慧",用传统道教文化来化解"生态危机"。美国环境伦理学家霍尔姆斯·罗尔斯顿(Holmes Rolston)指出:"西方人也许应该到东方去寻求人与自然协调发展的模式。"① 法国著名道教学者索安也指出:"今天的生态学家知道,作为东方传统之一的道教,可以帮助我们找到一种生存方式,使我们被毁坏的星球更加和谐。"② 因此,我们要大力弘扬道教优秀传统文化,积极倡导道教的生态智慧,努力化解全球生态危机,共同开创生态文明新时代。

综上所述,新时期的社会呼唤着新时代的道教,芸芸众生久旱的心灵,渴望着道教智慧的浇灌。我们当代道教徒必须要有所作为,更要有所担当,这是时代发展的需要,也是道教自身发展的必然。有所作为,就是要服务社会,造福人群,净化人类心灵,化解全球生态危机,维护世界和平与安宁。有所担当,就是要不断加强自身建设,主动担负起弘道兴教的历史责任,积极发挥出道教应有的时代价值。当代道教,我们必须要有开拓创新的时代精神,有化导世俗的社会功能,有关爱人类的普世情怀,有关注世界的全球视野,因为这是道教振兴发展的关键所在,也是中国道教走向世界的必由之路。

---

① [美] 霍尔姆斯·罗尔斯顿著,杨通进译:《环境伦理学》,中国社会科学出版社2000年版,第7页。
② 索安著,吕鹏志、陈平等译:《西方道教研究编年史》,中华书局2002年版,第125页。

道教文学在网络时代的表现形态

王 杰[*] 蔡林波[**]

摘 要：道教网络文学是当代中国新兴的一种文学现象。其中，网络仙侠小说值得关注，其文学表达方式、题材内容、思想趋向及其审美气质，无不蕴含与充溢着道教文化色彩。透过这种文学形态，可以看出道教文化因素在现时青年人精神世界中的自然涌现，乃道教在当代环境下被激活化使然。这一现象，充分体现出道教作为中国文化根柢的潜在力量。

关键词：道教 网络仙侠小说 道教文学

道教文学作为一种反映道教基本思想及其宗教生活的文学形式，在中国文学史上占有重要地位，其不仅孳乳了中国文学的发展，同时彰显了道教自身的人文精神。20世纪初新文化运动掀起了一场宗教的"除魅"狂潮，作为中国本土宗教的道教在此历史中受到重创。然而，道教作为中华民族的文化根柢（如同任何一种民族文化），并未就此湮灭，而是以不同的面貌或隐或现地存在于不同的时代。近代道教文学沉寂了一段时间后，却在当今网络时代焕发出了新的生命力，并以一些新的文学形态表现出来，尤以网络仙侠小说为盛。

---

[*] 王杰，华东师范大学哲学系硕士研究生，研究方向为当代道教文化。
[**] 蔡林波，华东师范大学哲学系副教授，研究方向为道教思想、历史与文化。

网络仙侠小说又称为修真小说，是当今网络小说中的一种新兴分支。自2005年萧潜的《缥缈之旅》问世，"修真"概念在网络小说领域备受关注，以修仙求道为主题的小说开始大量出现，继而仙侠小说正式被列入网站文学小说门类，最初开拓这方处女地的只有中文起点网和17k文学网这两家网站。此后仙侠小说以一种势不可挡的趋势发展至今，出现了不少点击量过百万甚至过千万的作品。近年来，一些仙侠小说完成了从小说到影视剧的转换，如《诛仙》一书，销量超过两百万册，并被改编为热门游戏和影视。仙侠小说的游戏化和影视化迎合了当代青少年的娱乐方式使得修真仙侠的观念在年轻一代人中广为流传。可以说，当代网络仙侠小说已经有发展成为新道教小说的主流趋势。2018年3月，在由中国作协网络文学委员会、上海市新闻出版局、上海市作家协会、阅文集团联合主办的"中国网络文学20年20部优秀作品"中，以道教仙侠修真为主题的作品《诛仙》《缥缈之旅》赫然在列。与此同时，在中国网络小说流行的大趋势下，不少优秀作品已被翻译为外文走向国际。由此我们或可以预见关于东方修真、仙侠等特有的道教文化，将会被来自世界各地的人们所熟知。

一、题材类型

从题材形式上来看，当代网络仙侠小说这可分为古典仙侠、现代修真、神话修真、修真文明、幻想修真等几类。

古典仙侠可以视为仙侠小说的正统。其取材背景多为古代社会，一般以主角修仙经历为主要情节并融合了武侠小说的叙事风格。它与古代道教神仙传记相类似，着重对人之感情、德行、感悟、自身修养、尘世沧桑的描写。古典仙侠的思想围绕着"道""情"两方面展开。道是对尘世的超脱，情是对尘世的理解。

仙侠小说的另一大类是修真小说。修真在道教中指的是去伪存真，即在修心中修得真我。在这一点上，仙侠小说与修真小说并无差别。修真小说以主角修行为主线,其中穿插奇遇,但并不限制故事背景的时间与地点,按照故事发生的时间可分为现代修真和神话修真。现代修真指在时间上发生于现代;而神话修真则是穿越时间、空间,在传统的洪荒神话的背景下展开的。

神话修真中的以洪荒为背景的小说在某种程度上可以自成一类。"洪荒"一词指的是远古时期的混沌蒙昧状态,顾名思义,洪荒小说取材自洪荒时期的神话传说,典型的如《山海经》和《封神榜》。其情节多围绕盘古开天、女娲造人、鸿钧得道、巫妖大战、封神等发生于周代以前的上古神话传说而展开。在此基础上,小说把洪荒时期的神话传说,通过使主角穿越于古今时空的手法加以改造,在上古与现代社会之间架起一道虚拟的桥梁,给读者带来一种古今视角对比的冲击。

近年来,仙侠小说中又出现一类新的题材,这一类小说将现代科技引入修真修仙。通常将现代科学产品融入修真修仙的全过程,甚至将社会科学中的科学以修真取代,建立起一个完整的修真文明。也就是说在整个社会中凡人与修真者是平等的存在,并无人与仙的区别,而修真更大程度上是为了整个文明的进步发展出来的工具,作为一种技术而存在。

二、修道主题

在主题内容和结构上,当代网络仙侠小说可谓与道教文化一脉相承,其包括道教的思想教义、神仙谱系、修行方式等。在当今主流的网络仙侠文学作品中都可以看见道教文化的影子,几乎每一本仙侠小说讲述的都是主人公修仙成道,不断提升境界的过程。此一过程,乃直接取自道教传统的修道进阶。

以道教内外丹法的不同侧重,仙侠小说将修真境界命名方式分为两大类,一类是以《缥缈之旅》为首的修真十二境界。主人公的修真进阶分为十二境界:筑基、旋照、开光、融合、心动、灵寂、元婴、出窍、分神、合体、渡劫、大乘。这一修真程序多数取自道教并受到读者的普遍欢迎,此后的仙侠小说也多以此为蓝本,或增或减,作为修真小说中修行境界划分的模板。另一类是以传统道教本就具有的内丹术修行阶段:炼精化气,炼气化神,炼神还虚,炼虚合道为名。这一类划分多数出现在古典仙侠以及洪荒封神的仙侠小说中,由于划分过于笼统,难以推动情节发展,普及度并不是太高。总之,无论仙侠小说中的境界如何设定,都脱离不了现实道教的影响。

下面以传播度最为广泛的《缥缈之旅》为例,在其修真十二种境界中或可一窥传统道教的修道进阶。

筑基:字面理解是道家修炼之基础。伍首阳《金丹要诀》中记载:"构屋者以治地为筑基,炼丹者以死砂为筑基。丹基未固而求成,必至前功尽弃!故先要筑基也。砂汞成银丹之基,丹筑基死汞,与内丹筑基接命,同也。"[1]《金丹要诀·筑基说》讲述了修炼丹道的方式,它强调的是结内丹成纯阴之体,成外丹得纯阳之气,阴阳合一,方可修炼成仙。

修真小说认为,人生而禀先天之气,但在成长过程中又有后天浊气被吸入体内,所以筑基一般来说是借助天材地宝以改造人体。修真小说中常用一些天地精华的物品给人进行脱胎换骨,当然这种脱胎换骨只是为后面的修行奠定一个基础,使人更好地进行修炼。通过一系列对身体的改造以增进人与天地的亲密关系从而得以禀先天之气。诚如庄子讲"道通为一",二程讲先天之气和气质之气,都是在说当人达到天人相通的境界时身体也能达到一种"通达"的状态。然而与"修真筑基"稍有差异,传统道教的炼丹术更基于物质材料,丹术多以铅汞之物来进行筑基、炼丹等活动。

旋照:旋照在道教典籍中不是一个常见的概念,在《洞玄灵宝诸

---

[1]（清）彭定求:《重刊道藏辑要》毕集六,二仙庵版刻,第439页。

天世界造化经》中有"日月旋照四天下及天上品第三"之标题①，比较贴近道教本色。而在《飘渺之旅》一书中对于这一个境界也没有特别的描述。"旋照"从字面上理解是"绕转照耀"之意，与日月旋照相结合，似乎表达了体内修炼过程中阴阳二气的运行流转，相互交融。旋照作为初入门庭的修真者面临的第一个修炼境界，是需要将外部的能量或气输入人体。

开光：开光在佛教与道教都有应用，一般是在仪式中使用。往往是神像塑造完成之后，择日致礼而供奉，行开光仪式。开光仪式目的是给人塑神像赋予神力和灵性。在修行境界中，开光就意味着人从外界吸收的能量，或者说气使人体具有了与凡人不同特性。

以上筑基、旋照、开光此三步骤，实际上是人进入修真的初级阶段。这一阶段的特点是从外界吸收足够的能量（气）。当能量的积累到达一定程度的时候，就需要在修炼功夫上精进了。

融合：则是要将以上修真的初级阶段所吸收的所有能量（气）与人体相结合，成为身体的一部分。

心动：这一修行阶段是一种考验。道士修炼，讲究的是"清心寡欲、淡泊名利"的出世状态。道教有"辟谷"一说，指的是脱离或者减少对于食物饮水的需要，而心动期所要克服的便是一切来自物质生活的诱惑。修真者从融合期到下面将要提到的元婴期，按照《飘渺之旅》的设定，是一段磨练意志克服自身物欲的过程。这个过程的主要目的是要达到一种谨慎收敛的状态。荀子说"虚一而静，谓之大清明"（《荀子·解蔽》），如果不保持这种心志状态，那么身体内修炼的融合的能量（气）就会不受控制，那么前期的修行成果就会功亏一篑。

灵寂：心动期过后是灵寂期。有一些修真小说把心动期和元婴期中间的阶段设定为金丹期，在能量聚集之地会凝结一个"金丹"。金

①《道藏》，上海书店1998年版，第5册，第862页。

丹作为修真者所能掌控的能量核心，其形态上凝结为固态的样子，性质上是密度更大的能量，这一时期修真者的能量更加充沛。灵寂在道经中仅有"耀灵寂思天""散之万殊，回风合灵，寂寞感通"①的描述。按其排在心动期之后的顺序来看，灵寂期的修真者已经能够比较好地克制自身欲望了，此时应当是身体和心灵都处于相当收敛的状态——虚而灵，寂而妙，这是一种静而待动、意志集中感通天地的神妙状态。

元婴：元婴是修真小说中最为常见的状态了。是指身体内部通过能量的积累而形成一个凝聚状态的人形能量体，一般被认为存在于紫府内，所以也称为紫府元婴。紫府一说是神仙居所，《白孔六帖》中说"银宫金阙，紫府青都，皆是神仙所居"②；紫府的另一说法是人体内部的上丹田，《黄庭内景经》中说，两眉之间为上丹田，心下为中丹田，脐下为下丹田。在某一些修真小说中，元婴的位置是在丹田的，即中丹田，但是元婴的功能性质总是差不多的。称为婴，实际上是对人体又一次新生的一种模拟。道教和道家都对婴儿有所"偏爱"。《道德经》云："知其雄，守其雌，为天下。为天下，恒德不离，复归于婴儿。"（二十八章）复归于婴儿状态，是"无极"，是"朴"，是最接近天道自然的状态。婴儿是成人的初期，是具备一切可能的力形态，所以道教修炼有时候也讲回归到孩童的样貌，这是亲近天道的表现。

出窍：元婴作为修真者的能量核心本是与身合一的，但在出窍期元婴可以在自我意识的控制下离开身体于外部世界活动。这种暂时的分离表明元婴本身已经具有了足够的"强力"，以能量的集结体而独自存在，但这并不意味着它是一种实体。所以在一些修真小说中这一阶段也会被称为"化神"。正如道教对元神的修炼的重视，修真

---

① 《道藏》第2册，第70页。
② 白居易原本，孔传续撰：《白孔六帖》卷八九，四库全书本。

者的修行在此阶段开始强调对精神方面的锻炼，将目光转向了虚幻的元神灵魂。

分神：修真小说对元神的特性以道教的分神的神通为底本进行了想象性的解读。《墉城集仙录》中记载老君散形分神："圣母元君者，乃洞阴玄和之，凝化成人，亦号玄妙玉女，为上帝之师。太上老君历劫行化，应接隐显，不可称论。故散形分神，寄胎于元君，孕八十一年而生，诞于左。因指李树为姓，称为老子，号元君为李母。后老子得元君传授，五符九丹，而在世行化。"① 在小说中，分神即可以分裂元神，每个元神都是一个独立的整体但又是许多个被分裂的个体。如老君散形分神，就是一门大神通。"元始天尊分神万天，散形千亿"② 的"分神"这个神通被挪用到小说中，作为一种境界的代表，在一些修真小说中，有的修行者通过秘密法门修炼出数以千亿计的元神和分身。

合体：对于"合体"的解读修真小说中有两种，一种说法是分神之后的元神最终又归一的状态；另一种说法是形神的合一，即元婴和身体完美结合。从道教修炼来看，作为肉体的形和作为精神的神的合一是通向大道的必然路径。司马谈在《论六家要旨》中说："凡人所生者，神也；所托者，形也。神大用则竭，形大劳则敝，形神离则死。死者不可复生，离者不可复反。故圣人重之。"（《史记·太史公自序》）后，高道陶弘景《养性延命录》和吴筠《宗玄先生文集》中都有提及这段话，并延续了此一思想。在他们看来，"形"是生命得以存在的物质基础，而"神"则是生命具有活动能力的表现，人活着就应该是形神相依的。

渡劫：道教的修真者的最终目的还是白日飞升成就仙人，但在飞升成仙的过程中必须要经过天劫的考验，这便是渡劫。道教典籍中

---

① 《道藏》第 18 册，第 165 页。
② 《道藏》第 1 册，第 293 页。

的劫，更多的带有一种自然流转运行的意味。劫首先是一个描述世界从生成到毁灭的时间概念，后来才演变为一种"劫难"。在实际道教概念中，这种劫难缺乏了一种去考核衡量限制的主动性，更多的是天地中自然生灭的规律体现。由于在修真小说中成为仙人远不是终点，仙人只是更高境界的修炼者。然而与道教的劫难相区别，修仙小说中的"劫"成为了水平提升的考官，通过了就进步，通不过就消亡。修真者夺取外部的力量修炼自身，天地作为其考官在其精进时降下劫难，在考验修真者的同时也企求达到一种上升与下降的稳定和平衡。

大乘：渡过了天劫之后，修真者就进入了大乘期。道教中有三乘的概念，道藏经分三洞，第一洞真为大乘，系元始天尊所流演，是为上乘上法。第二洞玄为中乘，系太上道君所流演，是为中乘中法。第三洞神为小乘，系太上老君所流演，是为小乘初法，总称为三乘。道教大乘首先是一种区分于中乘和小乘的经法，但修真小说中的大乘概念与此稍有差异。小说中的解释更接近于道教所谓"大成"——"专心修者，百日小成，三年大成"①。在此，"大乘"表示达到了一种全新的境界，表示修真者在修行的道路上已经得到了阶段性的成果。

以上这十二种境界是仙侠修真小说中最为常见的设定。可以看到，在修仙小说中的基础设定中，融入了大量来自于道教的词汇以及概念。仙侠修真小说中的修行境界，虽然仅仅是根据道教概念进行的创作设定，本身并不代表道教的真实情况，但在某种程度上是代表了普通人对道教修行的理解，人们根据小说中的描述，对道教的修行有了简单的概念，这不再是普通人难以接触到的事物，这也使得人们有理由带着问题更加深入地了解道教文化。

---

① 《道藏》第22册，第240页。

三、叙事范式

作为小说的一种特殊类型，网络仙侠小说同样以讲述某一故事为核心，而作为小说三要素的人物、环境、情节，在仙侠小说中也充分体现了"道教"文化特色。

仙侠小说中的人物形形色色，或正或邪，或凡或仙，但基本都在人、仙、鬼、神、魔、妖的范围之内。但作为小说，必然有对立与矛盾作为推动故事发展的动力。首先在人物形象方面，网络仙侠小说延续了古代道教小说尤其是神魔小说中对立模式——以"仙人"为代表的正派人物与以"妖魔"为代表的魔派人物的对立。这样的人物形象往往有着标签式的特征，如修仙者居于琼瑶仙境，总是仙风道骨，充满灵气；而魔派人物总是出现在荒野棺场，野地僻谷，环绕森森邪气。其次在修行方面，正派人物汲取日月精华，修行金丹元婴等正统修行大道，重视心性，不妄杀生——如《诛仙》中正派功法太极玄清道，讲究以自身感悟天地之道，引天地灵气入体，从而达到强身健体、延年益寿的功效；而魔派人物则总会追求速成法门，其修行总离不开血祭、采阴补阳，杀戮成性——如《诛仙》中的黑心老人，其法宝嗜血珠可吸人精血，用以滋养自身。神仙与妖魔的故事所反映出的二元对立的人物形象在古代道教小说中屡见不鲜，如《铁树记》中主人公许逊真人斩杀恶蛟，《咒枣记》中萨守坚降服王恶，《飞剑记》中吕洞宾斩杀白虎。大体上所有此类道教小说都以神仙除妖魔，正义胜邪恶为结局。

仙侠小说的故事常发生在一个特定的时空范围内，时间上从洪荒到现代，空间上小至一片大陆，大至囊括三千大世界，但总结其共性，脱不开人界——修仙（修真）界——仙界这样层层递进的空间结构。与小说中神、魔、妖、鬼相对应的是神界魔界妖界鬼界。各种类型的人物在各自的世界内不相往来，虽偶尔神仙妖魔也会在人间出现，但他们本身也有各自的居所，并且和人间完全不一样。这个特点与道教文化中，人、仙、鬼，各有其所处的空间有着极大的相似性。《说文》解释"仙":"先,人在山上貌,从人山。"《释名·释长幼》中说:"老而不死曰仙,仙,迁也,迁入山也。"① 这些说法中仙是由人而来,但应当生活在与凡人隔绝的环境当中,有自己的世界,在古时,山对于人们来说是登天之途,因此神仙就常出现在山上,在道教小说中,这些就是道教的洞天福地。

　　道教第一个较为完备的神仙体系《真灵位业图》,以七个层次来区分神仙,分别居住于玉清境、上清境、太清境,这就是道教中根据三清所划分的三天,随着后来道教三十三天、三十六天的天界理论,道教对于神仙所处的天界有了越加具体的描述,众神仙更具不同的等级,依此在不同的世界居住,这一点在网络仙侠小说中表现为修仙者在达到某一境界如大乘,便会飞身进入一个新的世界中,然后开始一段新的故事。如《星辰变》② 中,主角从凡人界升入仙魔妖界,再升入神界,随着主角的修为增加,他也不断前往更上一层的世界。其中一个原因是随着本身所具有的能量的不断"膨胀",他只能向上走,并且难以回到凡人世界,这就形成了人与仙的隔离。事实上,在网络仙侠小说中,一般来说即便是某一界,比如仙界,仍会是一个人仙杂居的世界。但这样的世界中,修仙人一般只会和修仙人交流并以此推动情节的展开,而不会和凡人产生交集。这种换地图模式的故事发展在古代道教小说中是不常见的,古代道教小说往往具有一个"天—地—天"的模式。故事的源头往往是天界的神仙,如《女仙外传》中是天仙嫦娥下凡历劫,主角本身就是来自天界,经过凡间的历练后,最终只是回到天界罢了。在这个过程中,作为修行者或者说谪仙的主角与外界的主要接触对象正是凡人。可以说,古代道教小说的主要情节开展与进行,都离不开凡人,作为正派的修仙者和作为反派的妖魔,正是由于有凡人这一作为中介的

---

① 参汪荣宝撰:《法言义疏》,中华书局1987年版,第518页。
② "我吃西红柿":《星辰变》,https://www.81xzw.com/book/115225/。

存在，才有了交集。

这也是古代道教小说常见的叙事结构，整个故事可以用救世两个字概括。网络仙侠小说与其不同，网络仙侠小说中的核心内容是修炼，主角的境界提升是情节发展的主要表现，从而形成一个常见的修行模式：首先，主角的修炼资质先不被看好，但后来修炼速度和法力却远远超过常人，修为进境神速。其次，主人公离不开法宝、丹药、阵法、符咒的制造和争夺，且法宝、丹药常无意获得，看似平常却神通至极。在修炼过程中，夺宝、争霸、杀人、升级等必不可少。主角虽不断遭遇强手，或暂时失败，但总能转危为安，无性命之忧。最终主角终于修炼成仙，而且争霸得胜，成为一界至尊。这一修炼模式囊括了绝大部分仙侠小说的基本内容及其他模式。再以其中的夺宝为例，夺宝是指小说围绕法宝而展开的一系列情节。广义来讲，所有的法宝、秘籍、阵法、丹药等的获得和争夺，都属于这一模式。仙侠小说的主角必有至上无敌之法宝，这是他修炼到最高境界和战胜对手必不可少的法物。在小说中，主角不仅都有自己的看家法宝，而且随着修炼的提升，其拥有的法宝也不断增加，神通愈加广大。比如《诛仙》除了写张小凡一开始无意得到以自己的精血将两个至邪之物噬血珠和摄魂炼成的噬血棒之外，小说还以"天书五卷"的寻获作为贯穿小说始终的一条暗线。"天书五卷"都是出现在张小凡命运转机之时，每一卷天书的获得，都表明张小凡的修为又提升了一个境界；寻获"天书五卷"的这一暗线与小说的人物成长主线叠合于一体，成为小说的叙事经脉。

综上可见，当代网络仙侠小说不论在题材、内容以及叙事范式上，皆体现了"道教文学"的基本属性；与此同时，也呈现出明显的"网络时代"的特征。可以说，网络仙侠小说实质上就是"道教文学"的一种当代呈现形态。

四、结语

客观来看，当代网络仙侠小说远远谈不上是一种成熟、专业、纯粹的文学形态；但是，可能就是这种青涩、随兴的"文学"表达——恰恰是我们民族文化基因在当代中国青年人身上自然流溢之体现。因为，就其精神态性而言，"道教"本即中华民族对本真生命存在及其意义的追诉方式，其为一种活泼泼的生命伦理及其文化精神传统。它曾寄予着古代中国人最高的自由精神和激情梦想，以及由此而来的对生命价值的珍视，在实践行动中所表现出来的健康活力等。我们民族历史上那些自由精神的骄子——盛唐时期的诗人们，亦是凭借其"形骸寄文墨，意气托神仙"（卢照邻：《于时春也，慨然有江湖之思，寄赠柳九陇》）的理想和气度，跃升到了后人无法企及的审美和精神高度。诚然，在文学水准上，当代网络仙侠小说自不可与之相比拟，但其透显出来的自由、奔放、青春的气息，不正是一种"道教"式的生命精神的当代表现形式吗？

值得思考的是，当代网络仙侠小说兴起的原因，或许是：道教讲求人格独立自然之精神，颇契合当代青年人追求个体独立、自我意识、自由随意的生命精神气质及特点；另一方面，更重要的是，在他们或显或潜的意识里看来，道士们在山林、江湖和宫观里的修道生活和成仙实践，就是他们现在沉醉于其中的那个精神世界的历史原型和现实版本。换言之，今天的青年人在网络仙侠小说中，似乎找到了自己的精神归宿：因为，相比于现实生活，在充满生命刺激的玄幻场景（无论是玄幻小说，还是游戏世界）中，其精神运作，更能激发起他们的活力、勇气、创造性和正义感，以及带来生命的尊严和意义。

那么，对于今天的中国人而言，"道教"究竟意味着什么？西哲黑格尔在审视自己民族的精神信仰状况时说："每一个民族有它自己的幻想的对象、有它自己的神灵、天使、魔鬼或圣者，这些东西继续生存于民族的传统里……除了这些想象的产物之外，在大多数民族,特别是自由的民族的记忆里,也还活跃着祖国历史上的古代英雄、国家的创立者或解放者,以及促进各族人民统一成为一个法治国家的勇士们。"[1] 对于我们而言,道教正是这样一种宗教:它把所有值得纪念的,能引发人们生命激情的人物——我们民族历史上的祖先、帝王、英雄、侠客、隐士、发明家、艺术家、俊男美女等,通通变成"真人""神仙"。正是这种自由的幻想和激情,丰富和活跃着古代民众的心灵,赋予他们以生命的感动和意义。因此,时至今日,网络仙侠小说作为一种"道教式"的、率真的生命情感表达方式,无疑是值得我们关注的。

---

[1] [德]黑格尔:《黑格尔早期著作集》,商务印书馆1997年版,第314—315页。

切实推进当代道教中国化进程

丁常云[*]

摘　要：坚持我国宗教中国化方向是时代发展的新要求。根据这一要求，作为中国本土产生的道教同样需要坚持中国化方向。所不同的是，道教中国化主要解决的应该是"与时俱进"的问题，是发挥道教应有时代价值的问题。当代道教徒，必须要深入理解、准确把握"我国宗教中国化"的思想内涵，主动借鉴道教中国化的历史经验，积极探索解决当代道教中国化问题的途径和方法。当然，坚持道教中国化方向，是一个系统工程，也是一项长期的工作，需要系统研究和精心谋划，制定实施工作计划。要在坚持道教文化自信，坚持对中华文化认同、融合与发展的基础上，稳步推进道教中国化进程。

关键词：当代道教　中国化

党的十九大报告指出："要全面贯彻党的宗教工作基本方针，坚持我国宗教的中国化方向，积极引导宗教与社会主义社会相适应。"报告明确提出了"坚持我国宗教中国化方向"的问题。要求我国宗教界坚持走中国特色社会主义道路的正确方向不动摇，要不断适应

---

[*] 丁常云，中国道教协会咨议委员会副主席，中国宗教学会理事，《上海道教》杂志主编，上海市道教协会副会长，上海市浦东新区道教协会会长，上海太清宫住持。

我国社会主义事业的新发展和新要求，不断充实新的时代内涵，培育和践行社会主义核心价值观，弘扬中华优秀传统文化。这是中国特色社会主义宗教理论的新发展，是新形势下党和政府对我国宗教工作提出的新要求。根据这一理论要求，我们认为坚持道教中国化方向，同样也是新时期党和政府对我国道教提出的新要求，是做好我国道教工作的重要内容，需要我们道教界认真加以研究，积极探索道教中国化路径，稳步推进道教中国化进程，全面推动当代道教的与时俱进和创新发展。

一、中国化历来就是道教的优良传统

道教是中华民族的传统宗教，道教思想和文化已经深深扎根于中国社会，融入中国民众生活之中。道教对中国社会的影响是广泛而深远的。在漫长的历程中，道教思想和文化始终随着社会的发展而发展，适应着不同时期的中国社会，在中国化的道路上不断前行，积累了许多宝贵的历史经验。

第一，从历史发展看，道教有着悠久的爱国传统，爱国已经成为道教同祖国"共命运"的牢固的精神纽带，这是道教坚持中国化方向的政治基础。道教历史表明，道教历来就是爱国的宗教，道教的爱国情怀是由它的"本土性"所决定的。在早期道教经典《太平经》中，就已经有了"助国""保国"的主张，即所谓修道者当"助国得天心"。这里的"助国""保国"表示以某种方式来帮助国家治理，或者保护国家安全，是一种自觉的爱国行为。此后的《老君音诵诫经》还说："老君曰：吾汉安元年，以道授陵，立为系天师之位，佐国扶命。"这里的"佐"即辅佐，"佐国"就是辅佐国家治理，"扶命"即扶持国家命脉的延续，其中蕴含着强烈的爱国情感。还有《太上洞玄灵宝真文要解上经》提出"兴国爱民，普济群生"的思想，《灵宝无量度人上品妙经》提出"国安民丰，欣乐太平"的主张，都表达了道教对赖以生存的国土的热爱。此外，还有相当一批道教经典名称出现"护国"二字。如《太上护国祈雨消灾经》《碧霞元君护国庇民普济保生真经》《太上大圣朗灵上将护国妙经》等，这里的"护国"即以道教所特有的方式保卫国家的安全，彰显着道教强烈的爱国情怀。还有，元代丘处机"一言止杀"的爱国、爱民功绩，已经成为千古佳话。传统道教的爱国思想是朴实而真诚的，这是历代道教徒爱国情怀的真情流露。当今社会，我们的祖国虽然与历史上的祖国已经有了本质上的区别，爱国的思想内容也有所不同，但是传统道教的爱国精神仍然是道教的优良传统。根据"我国宗教中国化"的本质特征和要求，"中国化"的根基就是"爱国"，如果不爱中国，就没有基础可言，更谈不上中国化了。因此，坚持"中国化方向"的首要任务就是"爱国"，这是根本，不能动摇。道教发展历史告诉我们，爱国主义始终是道教坚持中国化方向的坚实基础。

第二，从文化发展看，道教文化早已融入中国社会，成为中华传统文化的重要组成部分，这是道教坚持中国化方向的文化基础。中华文化博大精深、源远流长，在五千年文明发展中孕育的中华传统优秀文化，积淀着中华民族最深沉的精神追求，代表着中华民族独特的精神标识，是中华民族生生不息、发展壮大的丰厚养分，是中国特色社会主义植根的文化沃土，是当代中国发展的突出优势，对延续和发展中华文明、促进人类文明进步，发挥着重要作用。道教是中华民族的传统宗教，在其长期的发展过程中，又对我国的政治、经济、哲学、文学、艺术、音乐、天文、地理、化学、医学、药物学、养生学、气功学以及民族习俗、民族心理、民族性格和民族凝聚力的形成与发展等各个方面，都曾产生深刻的影响。道教文化已经成为中华传统文化的重要基因和组成部分。在当前推进"我国宗教中国化"的进程中，道教与其他外来宗教相比，有着自身的独特优势。因为，在长期发展过程中，古老的道教与中国文化相互渗透、相互影响，又相互融合，已经成为中国传统文化最为重要的组成部分，它传承着中华民族特有的文化基因，承载着东方文化的文明智慧与民族精神，古老的道教从文化上已经顺利地实现了中国化进程。当今时代，我们要继续传承道教文化思想，阐扬道教思想精华，赋予其时代精神，为之增添时代价值，继续发挥道教在促进社会主义文化繁荣发展中的积极作用。

第三，从教义思想看，道教是与时俱进的宗教，其教义思想也是随着时代的变化而不断变化的，这是道教坚持中国化方向的思想基础。在人类历史上，前前后后曾出现过许多宗教，其中有的生存至今，有的夭折消逝，有的从一个地区或者一种民族的宗教演变为世界宗教，有的却仅是残留在史籍记载或者考古遗迹之中。究其原因，最重要的一条就是宗教本身能否适应社会发展的要求，能否随着社会的不断变化而不断调整其教义、组织和仪式等内容，继续发挥其宗教在社会生活中的积极作用。道教历史表明，中国道教不是一成不变的，而是在适应社会发展变化中不断变化着的。早期道教在东汉中叶时主要流行于民间，反映了大多数的农民阶级和下层知识分子的利益和要求。魏晋以后，统治阶级扶持部分道教徒，使道教教义逐渐与纲常名教观念相结合。此后的道教，一直趋于变化和与社会相适应之中。1949年以后，随着我国社会主义制度的完善和发展，道教思想、组织和仪式、规戒等都相继发生，而且在继续发生着适应社会的根本变化。改革开放之后，道教更是得到快速发展，社会的变革和时代的进步，需要我们紧密结合社会实际情况，回应社会和信教群众需求，继续传承道教与时俱进的时代精神，从思想上自觉与社会主义社会相适应。当代社会，我们要积极传承道教与时俱进的时代精神，促进道教与社会主义社会相适应，始终坚持道教中国化方向不动摇。

二、推进当代道教中国化的主要路径

坚持道教中国化，就是要在保持本有的中国特色基础上，不断推进道教与时俱进、创新发展，发挥出道教应有的时代价值。当前，道教中国化问题已经成为新时代发展进程中的新课题，成为当代道教自身建设的新要求，我们必须要主动思考、积极应对和勇于担当，要紧跟时代发展步伐，适应社会进步要求，积极探索解决当代道教中国化问题的途径和方法。

第一，高举爱国主义伟大旗帜，坚持道教中国化的政治方向。中国历史表明，爱国主义是凝聚中华民族的强大精神力量，也是中华民族生生不息的力量源泉。当代社会，我们要大力弘扬中国精神，这就是以爱国主义为核心的民族精神，以改革创新为核心的时代精神。这种精神是凝心聚力的兴国之魂、强国之魄。爱国主义始终是把中华民族坚强团结在一起的精神力量，改革创新始终是鞭策我们在改革开放中与时俱进的精神力量。当代道教徒，要自觉遵守国家《宪法》和法律法规，认真贯彻国家宗教事务条例。要通过凝心聚力，倡导一切有利于民族团结、祖国统一、人心凝聚的思想和精神，倡导一切有利于国家富强、社会进步、人民幸福的思想和精神，把广大道教徒的智慧和力量，凝聚到建设中国特色社会主义事业中来。坚持道教中国化方向，要不断推进道教爱国主义思想的新发展。当代社会，我们要积极引领广大道教徒热爱伟大的社会主义祖国，拥护中国共产党的领导，贯彻习近平新时代中国特色社会主义思想，要在本职工作岗位上爱岗敬业、勇于担当、奋发有为，为国家的繁荣富强贡献力量。我们道教界要始终高举爱国主义伟大旗帜，始终坚持做爱国的表率，自觉担当起传扬爱国思想的先行者，不断助推道教中国化的时代进程。

第二，促进道教与当代社会相适应，强化道教中国化的思想基础。积极引导宗教与社会主义社会相适应，是我国宗教坚持中国化方向的重要条件。引导宗教与社会主义社会相适应，其关键在于引导，重点在适应。从我国各宗教的历史来看，中国化是我国宗教的优良传统，也是各宗教生存和发展的普遍规律。历史经验告诉我们，当代道教必要与时俱进、创新发展，必须始终坚持走与社会主义社会相适应的道路，而这个适应又必须是主动的而不是被动的，是积极的而不是消极的。首先，是道教人才的适应。道教与社会主义社会相适应，归根结底是道教徒的相适应。当然，培养什么样的人才，也是至关重要的。我国社会主义时期的道教，需要培养一支热爱社会主义祖国，拥护中国共产党的领导，坚持走社会主义道路，维护祖国统一和民族团结，有一定宗教学识，并能联系信教群众的道教教职人员队伍。当代道教，必须要站在与时俱进的新高度，努力培养造就一批高素质的道教人才队伍。只有这样，才能适应新时期道教事业发展的需要，才能更好地推进道教与社会主义社会相适应。其次，是道教教义思想的适应。道教历史表明，道教的教义思想也必须随着时代的发展而不断发展，要适应社会进步的要求。道教以"道"名教，以"道"为其教义思想的核心，就是表明它的基本信仰是"道"。我们学道之人，对于"道"的崇拜和信仰是不能改变的，但是"道"的内容是应该随着时代发展而丰富发展的。现代科学技术的发展对于物质本原、宇宙起源以及生命奥秘等都有许多新的发现，这些新发现大大扩展了我们对"道"的认识。我们当代道教徒，应该对"道"作出适应时代进步的阐释，要在继承传统道教教义思想的基础上，丰富和发展前辈道长们对于"道"的论述，为其增添新的时代内涵、阐扬新的时代精神。当代道教徒，必须要积极加强学习，努力提高自身的政治素质、业务素质和文化素质，不断增强道教文化自信和理论自信，不断提升道教中国化的思想理念。

第三，助推中华文化繁荣发展，增添道教中国化的文化内涵。宗教历史表明，宗教文化中国化，是宗教中国化的灵魂。当代社会，我们要积极传承道教优秀文化，继续发挥道教文化的影响力和辐射力。首先，我们要善用道教的道德伦理，助推社会道德文化建设。道教的道德文化是一种宗教性的道德伦理，它是在传统道德和世俗伦理的基础上逐步形成和发展起来的。一般来说，道教的道德伦理要比世俗性道德伦理来得严格，要求也更高。道教的道德伦理主要集中体现在对于"尊道贵德"的倡导和对于"行善积德"的规劝。道教"尊道贵德"的道德伦理，强调个人道德品质和内在修养，是一种积极向善的社会道德人生观，也是提高公民道德素质的重要内容。道教"行善积德"的道德伦理，强调的是劝善伦理，是一种道德式的说教，可以促进社会人心向善，促进社会公民道德素质提高。其次，我们要善用道教的和谐伦理助推和谐文化建设。道教和谐伦理，内容丰富，影响深远。道教倡导"慈同慈爱，异骨成亲"和"济世利人"，强调人与人之间要和睦相处，要相互尊重，相互理解，相互宽容。在人际关系上，要求人与人之间的交往要"诚实守信"。道教视天、地、人为一个统一整体，尊重自然，善待万物，提倡人与自然和谐。倡导道教"众生平等"，促进人与社会之间的和谐。再次，是要善用道教的生态伦理助推生态文化建设。《道德经》称："人法地，地法天，天法道，道法自然。"道法自然，意为纯任自然。"道法自然"的生态伦理，讲的是一种主张天、地、人三者之间自然共生，共同遵循"自然"法则的天人和谐。"天人合一"生态伦理，是人与自然和谐的法则，强调自然、生命、和谐，反映天、地、人三者之间的和谐共生的自然关系。当代社会，我们要积极引导广大道教信徒投身全面建设小康社会的伟大事业，爱岗敬业，尊重科学，诚实守信，与人为善，用实际行动见证道教信仰，彰显道教文化内涵，展示道教文化魅力，以道教优秀文化助推道教中国化进程。

第四，践行社会主义核心价值观，彰显道教中国化的时代价值。坚持与时俱进，推进道教创新发展，积极践行社会主义核心价值观，是坚持道教中国化方向的时代要求。党的十八大指出：培育和弘扬社会主义核心价值观，必须立足中华优秀传统文化。当代社会，我们要积极推进道教与时俱进和创新发展，弘扬道教优秀文化，发挥道教特殊优势，引领道教坚持中国化方向，积极践行社会主义核心价值观。道教文化是中华传统文化的重要组成部分，道教文化中有着独特的伦理道德思想和丰富的文化内涵，是践行社会主义核心价值观宝贵的文化资源。我们要充分发挥道教化导世俗的社会功能。通过开展讲经讲道活动，引导人类，净化社会，提升人格，传播道教正能量。通过倡导道教道德伦理，自觉担当起理顺情绪、化解矛盾、促进和睦、维护社会稳定的责任。我们要积极发挥道教关爱人类的普世情怀，通过倡导"少私寡欲"的思想理念，树立适度消费观念和健康心态，促进社会生态文明建设，为践行社会主义核心价值观和坚持道教中国化方向提供力量源泉。

第五，坚持与时俱进的发展理念，助推道教中国化的时代进程。道教是中国传统文化的重要组成部分，蕴含着中华民族诸多伦理和智慧，曾经对人类社会的发展有过积极贡献。然而，自近代以来，由于种种原因，特别是受西方文化思潮冲击，中华传统文化遭受无情摧残，道教也因此被全盘否定，还被戴上"封建、迷信"的帽子，这是一种严重的西方文化渗透。当今社会，国家强调文化自信，这当然也包括了道教文化的自信。我们要牢固树立道教文化自信，促进道教积极融入社会主义新时代。要积极宣传、弘扬道教优秀文化，积极阐扬道教文化精神。要充分展示道教充满智慧的文化基因，展示激发国人自信的元素，不断提升道教的社会地位，扩大道教的社会影响，积极融入社会主义新时代。我们要通过重建道教文化自信来正本清源，重塑道教的社会形象，唯有如此，才能从文化上真正实现"道教中国化"，保持道教文化与社会主义新时代的融合与发展。同时，要大力加强道教教义思想建设，促进道教积极融入社会主义现代化。当代道教，教义思想建设严重滞后。这个"滞后"的标准就是指社会在飞速发展，社会思潮风起云涌，而这些飞速发展和风起云涌在道教教义思想中都没有反映，或者说，道教教义思想中毫无社会发展的痕迹。这就是说，道教教义思想已经无法适应社会主义现代化的进程，已经无法解决社会和民众关切的诸多问题。当然，道教也由此失去了它应有的话语权，被社会边缘化的趋势也日益严重。面对如此现状，道门中人开始觉醒，道教教义思想建设开始得到重视，中国道协新一届领导班子提出"加强道教教义思想建构"的设想，应该说是顺势而为的重要举措。而加强道教教义思想建设，正是坚持道教中国化方向的重要抓手。因此，我们要抓住这一历史机遇，全面推进当代道教教义思想建设，深入挖掘教义教规中有利于社会和谐、时代进步、健康文明的内容，让教义教规符合当代中国发展进步要求、符合中华优秀传统文化阐释的时代要求。唯有如此，才能从教义上真正实现"道教中国化"，保持道教教义思想与社会主义现代化的融合与发展。

三、推进当代道教中国化需要解决的几个问题

坚持道教中国化方向，是新时期党和政府对道教工作提出的新要求，当然也是当代道教适应社会、谋求发展的重大历史机遇。当代道教，能否继续与时俱进、坚持中国化方向，直接关系到道教的生存与发展问题。我们必须认真学习、深入理解、准确把握"我国宗教中国化"的思想内涵和要求，充分认识到坚持道教中国化方向的重要性和现实意义，稳步推进当代道教中国化的进程。

第一，推进道教中国化方向，必须要走出一个误区，要从思想认识层面上解决好道教的"中国化"问题。有人说，道教是中国本土宗教，本身就已经中国化了，根本就不需要再谈中国化问题。也有人说，讲道教中国化，本身就是一个"伪命题"，毫无实际意义。针对上述看法，我们认为这是一个认识上的误区，如果这个问题不解决，就会严重影响到道教的中国化进程。我们必须大力开展"坚持道教中国化方向"的理论学习，充分认识到坚持道教中国化方向的重要性和紧迫性。一方面，我们要充分认识到道教作为中华文明的重要组成部分，历来都是处在发展和变化的动态之中，只有变化着的道教才能跟上时代发展的步伐，这是一个客观的历史规律。另一方面，我们还要充分认识到道教尽管是产生于中国和成长于中国

的一种宗教，仍然有一个保持中国化和坚持中国化的问题。所谓"坚持宗教中国化方向"，应该是包括所有中国境内的宗教。这就是说，外来宗教需要坚持中国化方向，作为中国本土产生的道教同样需要坚持中国化方向。所不同的是，道教中国化主要解决的应该是"与时俱进"的问题，是如何发挥道教应有时代价值的问题。坚持道教中国化方向，就是要在保持本有的中国特色基础上，不断推进道教与时俱进、创新发展，就是要在坚持道教文化自信，坚持对中华优秀文化认同、融合与发展的基础上，积极践行社会主义核心价值观，充分发挥当代道教应有的时代价值。

第二，推进道教中国化方向，必须要正确处理好"本土化"与"中国化"的问题，要通过道教的现代转型来助推道教的中国化进程。 道教是产生于中国本土的宗教，"本土化"最能体现道教的特色。道教"本土化"的优势就是具有很强的包容性，能够包容一切外来文化。比如，道教在海外传播过程中，就以广阔的胸怀接纳外来文化，这种接纳虽然有时也是一种妥协，但是道教在以本土化的方式进行妥协时，常常会赢得更大的发展空间，逐步得到本土文化的认可。同时，这种本土化的方式，进一步促进了道教的传播，进一步扩大了道教在异地文化中的影响，这在东南亚各国表现得比较明显。又如，佛教传入中国后，主要是吸收了道教的思想内容，道教同样以宽广的胸怀接纳了外来的佛教。据史料记载，创立于古印度的佛教，在公元13世纪初时的印度就基本灭绝了，而只有北传至中国的佛教，通过结合部分道家黄老之学逐渐被中国社会接受。魏晋时期，佛教又通过结合部分道教玄学而逐步完成了中国化的过程，并开始得到快速发展。然而，近现代以来，本土道教的包容性从优势变成了劣势。当代道教，正是由于其本土的包容性，使之成为一个名符其实的"清净无为"之教，严重制约了道教对外传播与发展。因此，有人说道教是本土宗教，并不是"老土"宗教。这里所谓的"老土"，就意味着道教已经远远落后于时代。道教对传统的固守，已经无力回答现代人关切的精神问题。这是现代人的精神危机，也是传统道教在现代社会里的危机，而道教的"中国化"，正是道教与时俱进发展的新要求。道教"中国化"的目的从根本上讲，就是要积极主动适应、服务现实社会。道教中国化也是道教现代化的过程，但是要顺利完成道教中国化的进程，必须实现当代道教的现代转型。这就是说，当代道教必须大力加强自身建设，积极主动处理好道教与现代社会发展的各种关系问题，更好地促进道教与现代社会相适应，发挥道教服务社会的积极功能，逐步实现传统本土道教的"中国化"进程。

第三，推进道教中国化方向，必须重点解决好"两个问题"，就是要大力加强道教自身建设和弘扬道教优秀文化，提升道教融入社会主义新时代的能力，丰富"道教中国化"的思想内涵。当代的道教，遇到了难得的历史发展机遇。但是，就目前道教现状而言，"自身建设"严重滞后，再加上缺乏与时俱进的创新精神，制约了当代道教的发展。面对高速发展的社会，古老的道教要以更加开放、包容的姿态，适应社会现代化的发展。特别是在高科技快速发展的今天，我们的道教是要与之对立矛盾还是要适应发展？答案肯定是后者，我们不仅要更好地适应新时代高科技的发展，而且还要积极服务现代科技的发展。当然，加强自身建设的核心内容还是人才的培养，因为人才建设才是坚持道教中国化、实现道教中国化的关键所在。当代道教，必须大力加强道教人才队伍建设，积极培育合格的道教事业接班人。要通过"内强素质"，不断提高道教徒的道学造诣和品德修养，使广大道教教职人员真正成为有道之士。通过"外树形象"，不断加强教风建设，改善道教的社会形象。当代道教，我们还要大力弘扬道教优秀文化，助推中华文化繁荣发展。道教文化是中华传统文化的重要组成部分，历史上曾对中国社会和民众生活产生过深刻而久远的影响。但是，近代以来，道教文化开始从精英文化滑落至社会边缘，道教文化也失去了原有的影响力和向心力，道教的社会地位也日渐下降。究其原因，主要是道教文化的时代价值没有得到彰显，道教传统文化缺乏创新发展。要积极开展道教文化研究，弘扬道教优秀文化，增强道教文化自信，彰显道教文化内涵，助推道教中国化进程。我们要积极加强道教教义思想建设，根据社会和时代发展需要，对"道"给出适应时代进步要求的新阐释，不断丰富和发展前辈道长对于"道"的论述，为其增添新的时代内涵，阐扬新的时代精神，自觉促进道教与社会主义社会相适应，不断丰富道教中国化的思想内涵。

第四，推进道教中国化方向，必须要精心组织谋划，制定实施规划，落实具体措施，稳步推进当代道教中国化的历史进程。推进道教中国化方向，就是要在新时代中国特色社会主义时期，与时俱进地同我国的国情、社会制度、时代要求、主流文化进行全方位、深层次的对接融合，积极融入新时代中国社会和主流文化中，服务于当代中国特色社会主义社会。这就是说，我们要在保持中国特色基础上，不断推进道教与时俱进、创新发展，要在坚持道教文化自信，坚持对中华优秀文化认同、融合与发展的基础上，充分发挥道教应有的时代价值。当然，坚持道教中国化方向，是一个系统工程，也是一项长期的工作，需要系统研究和精心谋划，制定实施工作计划，扎实稳步推进。我们要全面开展"道教中国化"问题的研究，针对道教现状制定实施纲要，认真贯彻落实，顺利完成道教中国化的历史进程。当代道教，我们要以坚持道教中国化方向为契机，组织制定《推进道教中国化工作规划纲要》，阐明道教中国化的重要意义、基本内涵、目标任务及具体举措和组织保障等。要在思想上高度重视，在行动上贯彻落实。要号召全国及各地道教组织进一步增强责任感和使命感，积极参与和推进道教中国化的建设。要大力加强爱国主义教育，培育和践行社会主义核心价值观；大力加强道教教义思想建设，夯实道教中国化的思想基础；大力加强道教文化建设，丰富道教中国化的文化内涵；大力加强道教人才队伍建设，增强道教中国化的组织保障。要大胆革新传统道教中落后的保守思想，全面推进道教教义、道教文化与社会主义新时代的全方位融合。要从促进道教事业健康发展的思想高度，从立足社会新时代、谋求道教新发展的时代定位，全面推进我国本土道教中国化的历史进程。

综上所述，推进道教中国化方向，既是一个理论问题，也是一个实践问题。在理论方面，要有创新的理论和适应时代的教义思想，而非沉醉在历史的传统中，固步自封，停止不前；要有敢于革新的思维和审时度势的眼光，而非僵化不变的教条主义。在实践方面，要有自觉担当的精神，主动迎接并融入新时代；要有推动道教现代转型的举措，才能赢得多元的生存环境。唯有如此，才能保证坚持道教中国化真正得到落实，才能使古老的道教在新时代得到健康发展。

新时代道教发展亟需解决的问题

张 阳[*]

摘 要：道教界深入学习贯彻落实党的十九大精神及全国宗教工作会议精神，中国道教界进入了"新时代"。新时代道教在发展的同时，也遇到如下几个问题，如对"坚持道教中国化方向"的理解、道风建设的不断创新、道教人才建设等，都有待于去积极应对。只有如此，新时代道教才能更好地创新发展。

关键词：新时代道教 道教中国化方向 道风建设

引 言

新时代道教是一个可持续的命题，存在各种问题，也在不断解决各种问题。道教界要热爱祖国，拥护社会主义制度，拥护中国共产党的领导，坚持走中国特色社会主义道路。要积极引导，牢牢掌握道教工作的主动权。要用社会主义核心价值观引领、用中华文化浸润。鼓励道教界积极对道教思想和教理教义进行符合时代进步要求和中国实际的阐释，紧密结合社会实际情况，回应社会和信教群众需求，从思想上自觉与社会主义社会相适应；主动学习和弘扬中国优秀传统文化，从优秀传统文化中吸取养分。相信道教通过自身

---

[*] 张阳，就职于中国道教协会道教文化研究所，主要研究方向为道教文献、现当代道教问题。

的努力和外界力量的促动，定能解决好当下的一系列问题，最终使得新时代道教更加完善。

一、正确理解"坚持道教中国化方向"的题中之义

2018年是贯彻落实党的十九大和全国宗教工作会议精神的开局之年，可以说，我国道教界整体工作的核心即在于"坚持道教的中国化方向"。但对"坚持中国化方向"与"道教中国化"两个概念的模糊混成，实则需要厘清。一年多来，"道教中国化"一词多次出现在各种讲话、学术研讨会等，实则是对"坚持我国宗教中国化方向"的误解。2018年《世界宗教文化》第一期张弩先生《"坚持我国天主教中国化方向"理念解析》一文，曾对"坚持我国宗教中国化方向"和"宗教中国化"的区别有详细阐述。

自2015年中央统战工作会议上提出，2016年全国宗教工作会议以来，"坚持我国宗教的中国化方向"成为之后宗教工作的重点，党的十九大报告指出，要"全面贯彻党的宗教工作基本方针，坚持我国宗教的中国化方向，积极引导宗教与社会主义社会相适应"。党的十九大精神对宗教工作的阐述，是2016年全国宗教工作会议精神的进一步延伸。"坚持我国宗教的中国化方向"，成为指引新时代宗教工作的基本方针。我们至少可以从中梳理出以下几个方面的内涵。

1. "坚持中国化方向"是对我国五大宗教共同的要求，并不是针对某个或某几个特定宗教，涵盖面广，适用性强。社会总是在发展变化，尤其是近代以来，全球各个国家都发生了迅猛的变革。在经济全球化、社会信息化、文化多样化的当代社会，即使是道教这样我国土生土长、佛教这样中国化非常成功的宗教，在坚守善美本旨，拒绝随波逐流的同时，也存在需要回应社会发展挑战，顺应时代进步潮流，继续坚持中国化方向的问题。

2. 这三次会议中使用的核心概念都是"坚持中国化方向"，而不是"促进XX教中国化"一类的表述。"坚持中国化方向"意味着这

是目标和要求，是长期的、需要不断努力的道路和过程，而不是短期行为，更不是要搞运动。

3. 这三次会议中对"坚持中国化方向"的要求，都是围绕党的宗教工作基本方针中"积极引导宗教与社会主义社会相适应"这一根本方向和目的展开的。俞正声同志在全国宗教工作会议的总结讲话中强调，要"深刻理解坚持我国宗教中国化方向，不断提高宗教与社会主义社会相适应的广度和深度"。因此，"坚持中国化方向"并不是别出心裁、另起炉灶，而是在保持宗教政策连续性和稳定性的同时，根据时代发展和形势变化，与时俱进地发展宗教理论政策，切合实际地推进宗教工作。

4. "坚持中国化方向"的要旨是引导我国各宗教"不断适应我国社会发展，充实时代内涵"。其着力点有多个层面，其中至关重要和事关长远的一条是思想观念方面的守正出新、与时俱进。也就是要用社会主义核心价值观引领，用中华优秀传统文化浸润我国各宗教，支持宗教界加强宗教思想和教理教义阐释，使之更加符合时代进步要求和中国实际，回应社会和信教群众需求，从思想上增强与社会主义社会相适应的广度和深度。①

可见，"坚持我国宗教中国化方向"与"道教中国化"是两个截然不同的概念，在话语表达上，应当注意相关的表述。澄清了这两个概念的不同，问题回到道教本身，很多人都对"道教坚持中国化方向"感到困惑，认为道教本身是土生土长的中国宗教，为什么还要再坚持中国化方向？其实，"坚持我国道教中国化方向"，不仅是对道教传统文化的继承，更应当顺应新时代的发展命题。

道教是我国土生土长的本土宗教，道教文化已经成为中华优秀传统文化的一部分，应当继承和弘扬。道教的文化性，早在1986年

---

① 张弩：《"坚持我国天主教中国化方向"理念解析》，《世界宗教文化》2018年第1期，第9页。

9月，时任中央政治局委员的习仲勋在接见道教界代表时就曾讲过："道教作为我国本土的宗教），在长期的历史发展过程中，对我国政治、经济、文化思想都发生过深刻的影响，积累了大量的经籍和文献资料，是我国古代文化遗产中一个重要组成部分。"[①]《中华续道藏》编纂工程等一大批典籍项目正在有序推进，道教学专业研究人才济济，都为道教传统文化的传承奠定了坚实的文化基础。但这并不能代表道教中国化方向的全部，新时代道教是一种活态的文化，"返本开新"成为新时代道教的历史使命。道教既要继承，但更多的是需要立足当前。坚持我国道教的中国化方向本质是要求道教作为爱国爱教的宗教团体，要积极与社会主义社会相适应，顺应当前的社会和发展趋势，面临新情况、新问题，作出符合时代要求的阐述，不应该单纯理解为将道教传统文化更加地深入发掘。道教在新时代应当积极适应社会发展的要求，把握时代发展脉络，认真反思教义与法制的关系，通过道教文化，在解决当今迫切问题上有更积极的作用。

坚持我国道教的中国化方向，本质上是要求道教顺应时代，多角度、多层次发挥自己的实力，为整个社会作贡献。道教中国化，则是会让道教陷入某种局限，使道教以本土宗教自居，认为道教是中国的，再"中国化"没有必要，殊不知，未能理解党对宗教工作的本义，是自身陷入一种局限，固步自封，制约了自身的发展。

二、开创道风建设新局面

道风建设是立教之基，是道教徒信仰自由的保障。道教教规是对道教徒约束与管理的范式，道教根植于中国文化土壤，道风建设也蓄积了中国传统文化的信仰和成果，包含了宇宙观、社会观和信

[①] 习仲勋：《在接见中国道教协会第四届会议代表时的讲话》（1986年9月17日），《新时期宗教工作文献选编》，宗教文化出版社1995年版，第155页。

仰价值的诸多含义，是道教发展的基石，应当继承和发扬。

宗教要长期生存、发展，必须与所处的社会相适应。要紧密结合社会实际情况，回应社会和信教群众的需求，主动承担责任，服务社会，利益人群。新时代道教的教规、教义开始适应新的发展形势，但当代道教教风建设也有着不少问题。道风建设既需要对传统道教教义的现代阐释，同时也需要对传统有所突破。道教的生命力在于不断推陈出新，在制度传承上，根据当今的时代背景有所更新和修正，道教的优秀文化也逐渐成为社会主义文化建设的重要组成部分。道教与其所在社会相适应，是道教生存发展的趋势与规律。道教团体，坚持党的宗教工作基本方针，全面贯彻党的宗教信仰自由政策，依法管理宗教事务，坚持引导宗教与社会主义社会相适应。做好新形势下道教工作，必须用法律规范政府管理宗教事务的行为，用法律调节涉及宗教的各种关系，提高宗教工作法治化水平。这是全面依法治国的必然要求，也是正确处理宗教领域各种矛盾和问题的根本途径。

当代法治与道教教规教义的契合，是道教发展的新契机。树立法制意识，加强以戒为师，全面从严治教，是道教当今继续解决的问题。要不断改进管理方式，保护广大信教群众合法权益，同时也要引导广大信教群众正确认识和处理国法和教规的关系，使他们认识到遵守法律法规是对他们的最大保护，增强他们依法依规开展宗教活动的自觉性和主动性。当今社会，新兴技术和媒体的发展，不可避免会对道教有所冲击，一定程度上有利于道教文化的传播，同时会使一些负面的东西侵蚀道教，尤其是西式的宗教刻板思维和世俗文化的巨大挑战，主张对道教"脱巫去魅"的现代价值取向，导致道教徒的宗教信念弱化，使得道教被广大民众误解。

作为一个在世俗社会立命的宗教，必须有着一整套规范的制度化结构来使得道教成为一个完整的体系。道教历来重视道风建设，不同时期都制定过许多教规、戒律。《道德经》就围绕着修身、养性、立德等范围进行探讨，建立了以"道"为核心的信仰价值体系，并体现出神圣与世俗的统一。之后的《太平经》《清静经》《云笈七签》等，都包含丰富的教义，《道门十规》《重阳立教十五论》等教规的出现，也反映出道风建设轨迹。道教也一直继承传统并随着时代的发展不断完善自己的教规教义，各宫观也会根据自身的情况制定本门的戒律、道规。我们应当借鉴前人的治教经验，在不违反相关法律法规和《条例》的基础上，结合自身实际，制定出切实可行的戒律规范。"周虽旧邦，其命维新"，中华文明是常维新的，道教的教风建设也应当顺应时代的发展要求，及时调整。

  首先，道教界应当提高信仰素质，对道教的教理教义有符合时代要求的阐释，学习相关法律法规，潜心研读本教经典，开展道风建设的学习与交流，借鉴其他宗教的先进经验，提高自身修养，让自身具备较高的宗教人文素养和政治觉悟，从而更好地服务社会与信众。其次，要严守教规教义，秉持自身教派传统。正一、全真要立足本派教规，正言，正行。重视修道养德，不做违法乱纪之事，抵御大千世界各种诱惑，培养精心修道、荣辱不惊的心态，敢于坚持原则，秉持正道，倡导有利于社会主义建设的正能量。第三，重视制度建设。要重视规章制度建设，既要继承传统的教规教义，又要融摄当前的法律法规，从而做到有法可依，有章可循，提高道教自身的管理能力，发挥道教在社会中的积极作用。对不合时宜的清规戒律，要有突破，订立新的"清规榜"等来适应时代发展的要求。第四，健全道教活动场所民主管理制度。健全民主，防止道教宫观场所"一言堂""家庙"等独断专行局面的出现。民主管理制度，一方面可以形成合理的监督体系，促进道风建设的良性发展；另一方面可以提高决策的科学水平。

  同时，道教界应当协助相关部门将"迷信"与"民间信仰"给出界定。道教根植于中国传统文化，在不同的时期和地域，会有不同的阐释，道教的科仪、符箓都是道教文化的组成部分，也是道教区别于其他宗教的标志,并不能用"迷信"一词去抹杀。应当正确引导道教教风的转变,"取其精华,去其糟粕"。倡导爱国爱教,善于运用法律来维护自身合法权利。道教团体还应当敬业、诚信,防止不法分子有机可乘。相关部门应当严厉打击有人假借道教人员名义,从事卜卦算命等骗人钱财的行为,加强对宗教场所认定及教职人员的认定;道教人士应当加强自身建设和防范意识,正信立教,这样才能优化道教形象,有利于道教自身的发展。

三、解决道教创新发展中的人才问题

道教宗元"道""经""师",修道必修习经诰,需要有名师传授,教学方式历来也是师徒授受、口口相传。道教较西方宗教缺乏正规的学院式培养教育,从而在某种程度影响了年轻道士的素质提高和传承道教文化的能力。

1949年以后,为适应新时期道教事业的传承与发展,早在1961年,陈撄宁会长就主持开办了道教历史上第一所学校——道教徒进修班,实行学校集体招生、集体教学、集体管理的新式学校管理体系。十一届三中全会以后,从中央到地方陆续开办有各种形式的道教培训,既有专修班,也有系统的教学班。但这并不能完全满足新时期道教发展对人才的需求。后经过道教界多方努力,中国道教协会于1990年正式创办中国道教学院,这成为历史上第一所全国性道教高等学府,是道教教育史上的一大突破。随着中国道教学院的创办成功,部分省市也开始创办地方性道教学院,如上海道教学院、青城山道教学院、浙江道教学院等,这让道教人才的培养更加系统化、规范化。同时,道教界也积极与普通高等院校合作,委托培养道教高学历人才,吸收道教学专业人才服务道教界,进一步拓宽了道教人才的培养渠道。在课程设置上因材施教,考虑到年轻道士的文化构成,实行文化课与专业课并重的教学模式,使他们既提高了道教文化素养,又具备外语、计算机等技能。这种传统道教文化与现代科学知识相结合的教学模式使得道士整体素质不断提高，有利于更广泛、快捷、准确地传播道教文化。

2017年8月26日，新修订的《宗教事务条例》（以下简称《条例》）公布，标志着我国宗教工作法制化迈上重要台阶。修订版《条例》的一大亮点，就是明确和规范了宗教院校的权利和义务，这对道教人才建设，提出了新的要求。

2016年全国宗教工作会议上，习近平总书记强调发展中国特色社会主义宗教理论，"要坚持政治上靠得住、宗教上有造诣、品德上能服众、关键时起作用的标准，支持宗教界搞好人才队伍建设"。修订版《条例》的公布，为宗教人才培养工作提供了法律支撑。

道教人才培养工作应当抓住主要矛盾，积极引导信教群众与社会主义社会相适应，积极践行社会主义核心价值观，坚持中国化方向。因此，当代宗教人才培养工作，应当着力破解系统性、专业性、长期性和隐蔽性等难题，修订版《条例》在上述问题上，都积极地给予破解方法，使宗教人才建设工作的相关制度更加完善。

1. 宗教人才建设是一项系统性工程，需要法律法规予以支持。《条例》为宗教人才建设提供了法律支持。宗教人才建设从来都不是一项简单的工作，宗教院校的批建、院校师资的配置、宗教院校的权利保障等问题，都需要法律法规给予支持。

首先，修订版《条例》在相关条款中都特别单列"宗教院校"，相比旧版《条例》是一个显著变化。可见，宗教院校与宗教团体、宗教活动场所成为并列主体。"宗教院校"在修订条例中单列，一定程度上，体现了党和政府对宗教人才培养工作的重视，突出"宗教院校"在培养宗教人才中的特殊作用。

其次，修订版《条例》对宗教院校财产的管理使用也给出了明确规定。宗教院校合法使用土地、房屋、设施、合法财产、收益等均受法律保护，任何人不得侵占、哄抢、私分或非法查扣、冻结、没收处分宗教院校的合法财产。涉及宗教院校的土地使用权变更或转移时，不动产登记部门应当征求本级人民政府宗教事务部门的意见。宗教院校的资产，可谓是宗教人才培养工作的基础，应当有相关的法律法规切实有效地保障宗教院校的合法财产和权利不受侵犯。可见，修订版《条例》对宗教人才建设的支持力度。

再次，修订版《条例》明确了各级人民政府应当加强宗教工作，建立健全宗教工作机制。听取宗教院校的意见，为宗教院校提供公共服务。各级政府尤其是宗教事务管理部门，是积极引导宗教院校坚持中国化方向、积极践行社会主义核心价值观的重要力量。各级政府应当积极做好宗教院校的各项审批工作，为宗教院校服务，使得宗教人才建设工作有序进行。

2. 人才建设具有专业性，需要法律法规予以规范。普通院校培养有相通之处更有差异。宗教院校的办学方式、教学资源，既离不开自身人才培养建设，更需要与普通高等院校交流与合作，从而获得更优质的教学资源。与此同时，宗教院校的培养对象和培养内容又区别于普通院校，其招生对象为宗教界人士，而培养内容除基础的通识课之外，还要传授教内的戒律、教规、仪轨等。正因为有这种特殊性，修订版《条例》对宗教院校活动和开展相关活动，都给予了明确的规范。

第一，修订版《条例》明确了集体宗教活动，应当在宗教活动场所内举行，宗教院校可以组织，按照教规教义进行。非宗教院校不得组织、举行宗教活动，不得接受宗教性的捐赠；不得开展宗教教育培训，不得组织公民出境参加宗教方面的培训、会议、活动等。禁止在宗教院校以外的学校及其他教育机构传教、举行宗教活动、成立宗教组织、设立宗教组织。可见，修订版《条例》对宗教院校组织宗教活动范围等问题予以明确，确保宗教院校的合法权利不受侵害，对非宗教院校假借宗教名义开展活动的行为坚决打击。

第二，修订版《条例》明确了经过批准设立的宗教院校，可以按照有关规定申请法人登记。同时，宗教院校变更校址、校名、隶属关系、培养目标、学制、办学规模等，修订《条例》都一一明确。可见，修订版《条例》进一步明确了宗教院校法人主体的地位，确保了宗教院校的各种登记及变更工作有法可依，保障了宗教院校教职资格、职称、待遇的合法性，使得宗教院校的含金量愈发显著。

3. 人才建设具有长期性，需要法律法规予以保障。"百年大计，教育为本。"宗教院校建设，同样面临着长期问题。宗教院校建设，主要由"硬件"和"软件"两部分组成。

"硬件"方面，修订版《条例》对宗教院校的财务、资产、会计制度予以明确。宗教院校应当按照国家有关财务、会计制度，建立健全会计核算、财务报告、财务公开等制度，建立健全财务管理机构，配备必要的财务会计人员，加强财务管理。并依法办理税务登记、依法纳税申报、按照国家有关规定享受税收优惠。"硬件"方面是基础，是保障，有了相关法律法规的保护，宗教院校建设工作才真正做到没有后顾之忧，发展才有后劲。

"软件"方面，宗教院校的成功与否，与教学资源的优劣有直接的关联。引进人才、留住人才、用好人才，是宗教院校能够可持续发展的重要保障。修订版《条例》对教师的资格认定、职称、外籍专业人员的聘用、教职人员的培训规范等问题，也有明确规定。这就明确了宗教院校教职工的合法权利，使得宗教院校的教学人员的引进与认定工作真正做到有法可依。

4. 宗教人才建设问题具有隐蔽性，需要法律法规予以整治。宗教人才建设工作应当坚持中国化方向，使社会主义法治与宗教建设相融合。宗教人才建设要重视国法与教规的关系，坚决抵制利用宗教违法违规的行为。修订版《条例》从两个方面也突出了这一重要性。

第一，修订版《条例》明确了宗教院校应当坚持独立自主自办的原则，不受国外势力的支配。坚持独立自主自办的原则，最重要的一点是坚持中国化方向。无论是中国的本土宗教还是外来宗教，在中国文化土壤中，经过长时间的融合与发展，必然要顺应中国社会的发展与时代的进步。宗教院校坚持独立自主自办的原则，不等于要求宗教院校固步自封，而是要在法律、法规允许的范围内，平等友好地开展宗教文化的对外交流与合作。

第二，修订版《条例》对宗教院校从事互联网宗教信息服务等违法行为给予了"特殊"关注。过去，宗教很少受到媒体的关注，基本处于"只在此山中，云深不知处"的封闭状态。现如今，随着科学技术的迅猛发展，网络技术已经深入人们日常生活的每个角落。宗教不再是信息的"盲区"，宗教形象被放在聚光灯下，受到全社会的关注。这种关注具有"双面性"，网络技术的发展，扩大了宗教文化的影响，使得"宗教是什么"成为普通民众可以获知的一种内容。但我们也应当看到，通过网络，假冒宗教人士进行非法商业活动或者散布非法言论、冒充宗教名义招生行骗的事件时有发生。因此，修订版《条例》对从事互联网宗教信息服务等违法行为给出明确规定，进一步丰富了依法从严治教的内容，是及时与必要的。

总之，修订版《条例》的出台，对保障宗教院校合法权利给出了明确规定，为进一步完善宗教人才的培养建设提供了法律保障。宗教人才建设，要坚持"政治上靠得住、宗教上有造诣、品德上能服众、关键时起作用"的标准，重视宗教人才队伍的法治教育，遵守《条例》的各项要求，才能使我国宗教人才队伍在社会主义现代化建设中发挥自己的作用。

重视培养政治可信、作风民主、工作高效的道教人才，功在当今，利在千秋。人才匮乏一直是道教的短板，相比于天主教、基督教成熟的人才培养体系，教育问题仍是道教人才建设体系的短板。合理的学历教育是保证道教制度建设、贯彻执行党的宗教政策、使道教适应当代社会发展的必要条件。近年来，相关部门开始重视道士的系统化教育，开办各种形式的学历教育、培训班和读经班教育，积极与相关高校展开合作，开展道教教职人员的硕士学历教育，提高了道士的道德修养和文化素质。

近几年，中国道教协会及地方宗教管理部门，开始加强道教人才培养建设。中国道教学院的招生、地方道教学院的筹建、道教与大专院校合作办学模式的深入，都有利于道教人才培养工作。但地方道教人才培养工作相对落后，地方道教协会组织及人才培养体系急需完善，道教人才培养需要具有创新意识；道教人才培养更应加强与学界的交流与合作，采取与当地高校联合培养的方式，解决师资和教学力量不足等问题。

新时代道教是社会发展进步中的重要力量。一个古老的宗教遇到了全新的问题，道教在新时代能否更好发展，关键是能否与社会主义社会相适应，这也是"坚持我国道教中国化方向"的题中之意。道教创新发展，既面临着一直没有较好解决的问题，同时也面临诸多新问题。新时代道教应当以更加自信的心态来面对社会中的各种问题，加强与其他宗教与文化的交流与学习，不断地发现和改进自身的不足。

图书在版编目（CIP）数据

道教转型中的机遇与应对/丁常云主编. —上海：上海三联书店，2020.5
（当代道教研究）
ISBN 978-7-5426-6634-5

Ⅰ. ①道… Ⅱ. ①丁… Ⅲ. ①道教-研究-中国-现代 Ⅳ. ①B958

中国版本图书馆 CIP 数据核字（2020）第 030589 号

道教转型中的机遇与应对

主　　编 / 丁常云

责任编辑 / 吴　慧
装帧设计 / 徐　徐
监　　制 / 姚　军
责任校对 / 张大伟　王凌霄

出版发行 / 上海三联书店
　　　　　（200030）中国上海市漕溪北路 331 号 A 座 6 楼
邮购电话 / 021-22895540
印　　刷 / 上海新岛印刷有限公司

版　　次 / 2020 年 5 月第 1 版
印　　次 / 2020 年 5 月第 1 次印刷
开　　本 / 890×1240　1/32
字　　数 / 320 千字
印　　张 / 12.625
书　　号 / ISBN 978-7-5426-6634-5/B·673
定　　价 / 68.00 元

敬启读者，如发现本书有印装质量问题，请与印刷厂联系 021-66085336